事典 神社の歴史と祭り

岡田荘司
笹生衛［編］

吉川弘文館

神　明　造

神宮（伊勢神宮，三重県）豊受大神宮（外宮）正殿．20年に1度の式年遷宮に際し建て替えられる．第62回式年遷宮は平成25年（2013）年10月の予定．写真は「神領民」と呼ばれる人々が正殿の敷地に石を運び込む「御白石持行事」の様子．神宮司庁提供．

大　社　造

出雲大社（島根県）本殿．延享元年（1744）造営．高さ8丈（約24メートル）．造営より後，これまで３度修理のための遷宮がなされた．平成25年（2013）はこの遷宮の年に当たり，５月に行われる．出雲大社提供．

※建築様式の解説はP330参照。

流　　造

賀茂御祖神社（下鴨神社，京都府）本殿．文久3年（1863）造営．本殿は東西に2棟ある．賀茂御祖神社提供．

春　日　造

吉田神社（京都府）本殿．慶安元年（1648）造営．東から順に本殿が4棟並ぶ．吉田神社提供．

住　吉　造

住吉大社（大阪府）第二本宮．文化7年（1810）造営．境内には4棟の本殿が建つ．

八　幡　造

宇佐神宮（大分県）一之御殿．文久3年（1863）造営．西から東へ3棟の本殿が並立する．宇佐神宮提供．

日　吉　造

日吉大社（滋賀県）西本宮．天正14年（1586）造営．「山王七社」とも呼ばれる同社の主要な社殿は，すべて同年代の建物．

権　現　造

東照宮（日光東照宮，栃木県）社殿．寛永13年（1636），徳川家光により造営．東照宮提供．

はじめに

神社の祭り(祭祀)について、都内神社の神輿の担ぎ手でもある神道史のゼミ学生は、このように答えた。

毎年の祭りにお神輿を担ぎ、その終わりに、担ぎ手同士が、また来年も祭りで会おうと言葉を交わして別れます。地元の氏子の人たちなので、毎日会うのですが、でも祭りは別もの。祭りを終えた翌日から、次の祭りに向けた日々がはじまります。来年の祭りまで、頑張れる気力を頂くということです。

東日本大震災と原発事故の影響により、平成二十三年(二〇一一)七月、福島県南相馬市鎮座、小高神社の相馬野馬追神事が中止された。翌年、二年ぶりに神事は再興され、氏子たちは「生きる糧ができました」と答えた。神社・神道の祭りは、生きる気力を受け継ぐことに尽くされ、気を頂くことが祭りの原点にある。

地方における古代神社の運営は、天皇祭祀権を代行して、諸国の国司に責任が課せられてきた。因幡守藤原宗成は、元永二年(一一一九)七月、因幡国一宮宇倍神社で神拝を行なった(『中右記』)。因幡守に就任した宗成は、天永二年(一一一一)から九年間にわたり、任国に赴くことなく、宇倍神社へ国司神拝を果たしていなかった。因幡国の人々はこのことに神の祟りによる「恐」の起きることを心配し不満を抱いた。そこで国守宗成は急遽因幡に下向することになる。国司神拝について、任期の最終で行うことに、国人ら国内の人々が「気」を受けられないのではないかとの不安があがり、陰陽師の卜いにより吉が出たので下向した。国守の下向と神拝は、地域の神祇の「気」(神気・霊気)を頂く作法とされ、諸国や地域社会の安定に繋がった。祭りにおける「気」の拝受は、古今変わるところがない。

なぜ、神社は現代まで残りつづけてきたのか。千三百年以上にわたってつづく衣食住文化を継承・更新する第六十二回伊勢神宮の式年遷宮が、平成二十五年十月斎行される。また、同年五月に出雲大社の大遷宮も予定されている。伊勢神宮と出雲大社とは、とくに世界遺産の登録に積極的ではない。それは単なる「遺産」ではないとの理由からであると思われるが、これらは世界遺産を超越した存在になっている。

伊勢と出雲に代表される神々、古代からつづく神社と神道が、二十一世紀の日本に存在の意義をもちつづけているのはなぜか。諸外国では、新たな宗教が受容されると、既成の宗教は、歴史のなかで排除されていく事例は少なくない。古代の中国・朝鮮半島では崇仏と廃仏、崇儒の歴史が繰り返され、現代韓国においては、キリスト教が他宗教を圧倒する存在感を示している。

これに対して日本では、近代以前まで神道が仏教と共存・補完しあいながら神仏習合が維持され、神道が仏教に淘汰・排除されることはなかった。近世の鶴岡八幡宮の絵図を見てみよう(「鶴岡八幡宮」の項、二四六頁)。境内には仏教建造物である仁王門・大塔・薬師堂・鐘楼・護摩堂・経蔵などが建てられている。明治の神仏分離により、仏教色は排除され、境内は近代神道の景観に一新した。近代以前の神社の神仏習合は、神のために寺院である神宮寺が建てられ、僧侶(社僧)による神前読経が行われ、神威の増進が図られた。

厳しい自然環境の地域では、絶対的宗教である一神教が求められ、自然に恵まれた日本のような森の信仰は多神教が遺されてきたといわれる。だが、災害列島日本は、厳しい生活環境のもと、地域の共同体信仰として、神社・神道が生まれてきた。日本列島に住み始めた私たち祖先は、自然の厳しい環境、度重なる災害の苦難にあってきた。こうした苦難を克服するため、共同体の社会が形成され、互いに助けあい、農耕の共同社会のなかで神社と神道が生まれた。むしろ災害が多いことが、神社と神道を必要とされつづけてきたともいえよう。

日本人が災害に向き合い、神道が前向きに生き抜くチカラ、混沌から秩序づくりへ、再生能力、復興・回復を目指す志向性と精神を大切にしていることも、ここに原点があるといえる。また、『大祓詞』を読み、祓いによって罪や禍事《まがこと》を除去し、やり直しを認めることも、この一貫のなかにある。こうした神道と祭祀における回復能力と、「前向きに生きる」という生き方は、人々の生業と生活の基本にあった。これに清浄観とか清明心とか浄明正直が神道的徳目として意識され、さらに、無常観に代表される仏教的理解が、神仏習合の展開のなかで加わることになる。

自然・災害の恐さを感じる神社神道論こそが、神社と祭祀、祓いと斎戒の意義に触れることになる。災害に遭った多くの人々は、口を揃えて、普通の時間を取り戻すこと、日常生活の大切さを知ったという。そこには特別の教義はなく、齢《よわい》を重ね、生きていくなかでえられる「あるもの」と言えよう。

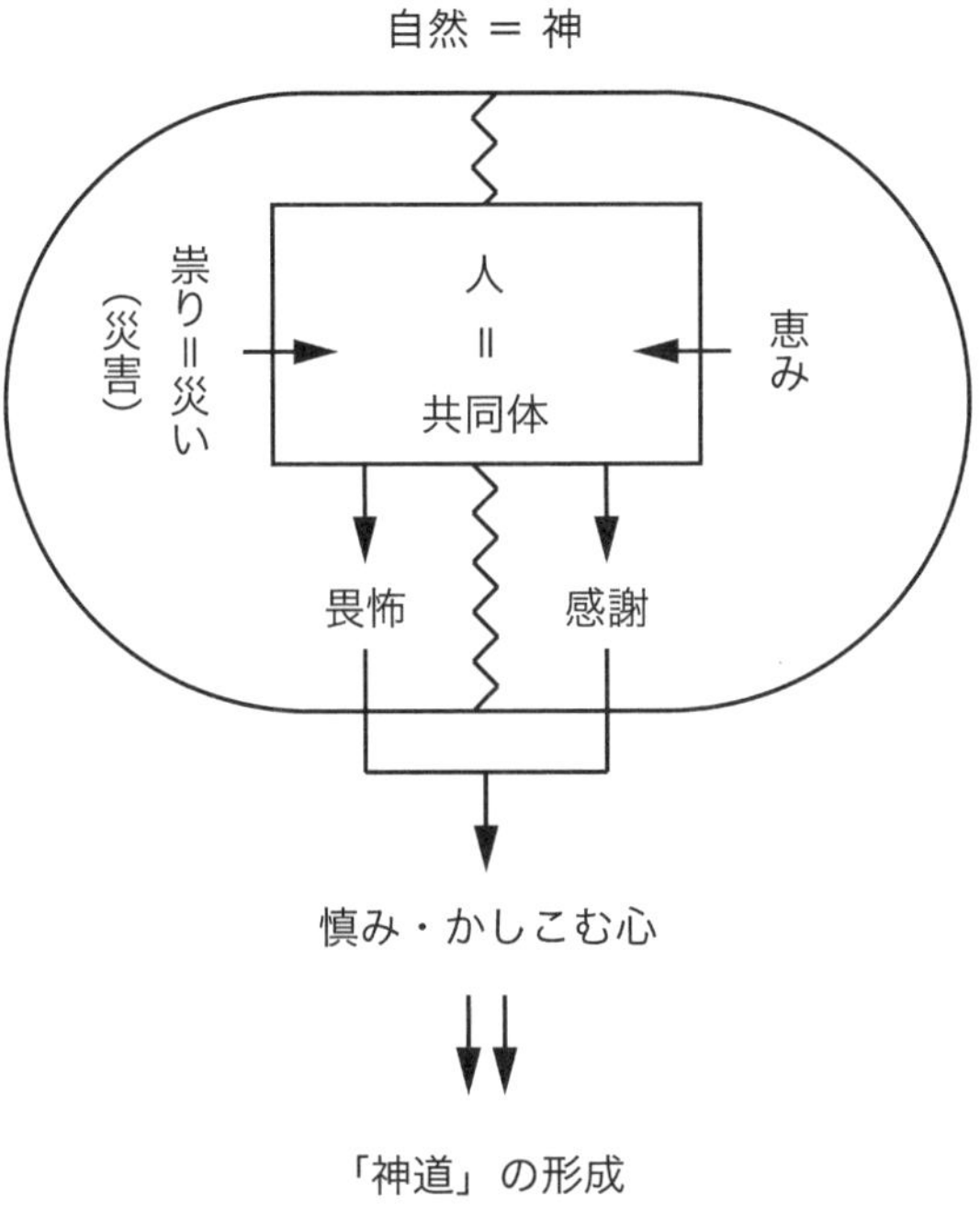

自然＝神の概念図

生きることの本源にあるのは、古来、謹慎の作法であり、一日一日を勤め励む真摯な姿勢が大切にされてきた。吉田兼倶と吉田神道では、これを重んじ「慎みて怠ることなかれ」の文句を、近世の神職に引き継いでいくことになる。

神社と神道への理解は、新しい段階に入った。近代と現代神道の神観念は、作図(「自然＝神の概念図」参照)のなかの、恵み(右側)の部分のみが意識されてきた。私たちの祖先は自然の恵みに感謝の誠を捧げてきたが、一方では地震・津波・火山噴火・台風・洪水・旱魃《かんばつ》・冷害・大火事・疫病など、さまざまな災異の現象に出逢ってきた。古代の神道は、災い(左側)の部分を組み込むことで、神観念の全体像が完成する。未来の神道は、古代神道と融合するなかで、新たな方向性が示されるだろう。

古代の朝廷では、度重なる災異の事態に神社奉幣・大祓・寺院読経・賑給・恩赦・減税・施薬などで対応した。とくに毎年のように生起する疫病の流行と旱魃は、国家と人びとを悩ます重大事であった。衣食住を確保することは、人類の営みの基本である。とりわけ食糧を永続的に供給しつづけることは、社会の安定に大きく作用した。

古代の神社は、共同体祭祀によって氏神・地域神が祀られた。天照大神をはじめ、すべての神々は、祟り・災いをもたらすとともに、あわせて守護する神であった。平安中期以後、個人祈願や現世利益の願いが強くなり、外から霊威ある神々の来臨・影向《ようごう》を仰ぐようになる。祟り・災害の恐さを吸収する御霊・天神信仰の始まり、庶民信仰の隆盛、初宮詣・天神詣・稲荷詣・熊野詣・伊勢参宮・初詣など、人々が自由に神を選んで参詣する現代の信仰に通じる形式がここから始まる。神に近づくことへの畏怖心は薄れ、利益と加護を享受する信仰に転換していった。

古代において、神を論じることは避けられてきた。言挙げしないことが原則であったが、中世以後は神の由緒を説くことに熱心になり、神道説が流布していった。こうした変容を促進させたのは、神仏習合による仏教の影響があげられる。この神社に対する神意識と信仰の変容は、古代神道と現代神道との境界線になっている。現代神道から古代神道へ、神社と神道の根原を理解するためには、平安中期以前の信仰史へと遡らなければならない。

本書は、古代を中心に中世・近世に至る、それぞれの時代に輝いていた歴史上重要な「日本の神社五十選」と近代に創祀された「近代の神社十選」を掲載した。現在、神社は約八万あり、地域に根ざした神社の歴史は八万とおりあることになる。ただし、掲載できた数はわずかにすぎない。平安時代から中世にかけて展開する国家的祭祀体制である二十二社・一宮についても、その一部の神社を省かざるをえなかったことは残念であるが、巻末の付録「都道府県別旧官国幣社一覧」によって、その不足を補った。

神社と神道の歴史の全体像は『日本神道史』に詳述しており、特定の神社の歴史を論じた本書は、『日本神道史』の姉妹編にあたる。日本の歴史と文化を凝縮してきた神社史研究の奥は深い。その専門的入門と基礎研究の書籍を、以下に掲げておく。

神宮式年遷宮の年にしるす

岡田莊司

神社研究のための基本図書十選(刊行順)

式内社研究会編『式内社調査報告』全二四巻、皇學館大学出版部、一九七六〜九〇
神道大系編纂会編『神道大系　正・続』全一七〇巻、神道大系編纂会、一九七七〜二〇〇六
二十二社研究会編『平安時代の神社と祭祀』国書刊行会、一九八六
岡田莊司『平安時代の国家と祭祀』続群書類従完成会、一九九四
虎尾俊哉編『訳注日本史料　延喜式』上、集英社、二〇〇〇
中世諸国一宮制研究会編『中世諸国一宮制の基礎的研究』岩田書院、二〇〇〇
岡田莊司編『古代諸国神社神階制の研究』岩田書院、二〇〇二
薗田稔・橋本政宣編『神道史大辞典』吉川弘文館、二〇〇四
岡田莊司編『日本神道史』吉川弘文館、二〇一〇
笹生　衛『日本古代の祭祀考古学』吉川弘文館、二〇一二
「神道・神社史料集成(神社資料データベース)」　http: //21coe. kokugakuin. ac. jp/db/jinja/

目次

付　録

凡　例

項　目

一　本事典では、「二　日本の神社五十選」で記紀以前から近世まで、歴史上重要な、また特徴的な五十社を選んだ。また、「四　近代の神社十選」では近代以降創建された神社のなかで同様に十社を選んだ。これらの神社がどのような性格をもち、現在までいかなる歴史をたどったのかを明らかにし、総論と併せて日本的な信仰世界を考えていこうとするものである。

二　見出し

1　各項目の冒頭には、神社名と読みを付し、併せて鎮座地・祭神・例祭日(近代にはほかに創祀年代)を記載した。

2　人物名の祭神については、敬称を省略した。

3　本文中には、内容に対応したゴチックの見出しを置き、読者の便宜を図った。

配　列

一　「二　日本の神社五十選」では、それぞれの神社が歴史上特筆すべき活動を行った時期で「古代(記紀以前)」「古代(奈良・平安前期)」「平安中期～中世」「近世」の四つの時期に分類、五畿七道諸国の順で配置し、二十二社の順位を勘案して配列した。また、「四　近代の神社十選」では創祀年月日をもとに古い順に配列した。

記　述

一　文体・用字

1　漢字まじりのひらがな書き口語文とし、かなづかいは引用文をのぞき、現代かなづかいを用いた。

2　漢字は、歴史的用語・引用史料などのほかは、なるべく常用漢字・新字体を用いて記述した。

3　数字は、漢数字を使用し、千・万などの単位語を付した。ただし、年月日・世紀・概数などには十・百などの単位語を付した。

二　年次・年号

1　年次表記は、年号を用い、各項目の初出部分に（　）内に西暦を付け加えた。

2　改元の年は、原則として新年号を用いた。

三　各項目の記述の最後に、基本的な参考文献となる著書・史料集をあげ、研究の便を図った。

四　各項目の最後に、執筆者名を（　）内に記した。

一　神社の歴史

神輿（旧岡田本『年中行事絵巻』，國學院大學神道資料館所蔵）

1　神社の発生

神社・社・宮

神社は、いつ頃どのような形で発生したのか。答えは、「神社」をどう定義するかで大きく異なってくる。「神社」の言葉は、『日本書紀』天武十三年(六八四)十月十四日、大地震の記事に初めてみえる。「諸国の郡の官舎、及び百姓の倉屋、寺塔神社、破壊《やぶ》れし類、勝《あげ》て数《かぞ》ふべからず」とあり、少なくともこの時点で、神社は地震で倒壊するような建造物を備えた施設と考えられていた。また、『常陸国風土記』香島郡条には、天智天皇の時代に「初めて使人を遣《つか》はして、神の宮を造らしめき」とあり、天皇の住まい「宮」にあわせて、鹿島(香島)の神のため神の宮が初めて造営された。ここから、七世紀後半は、建物を備えた「神社」、神が住まう「宮」が成立する上で大きな画期となっていたと考えられる。

しかし、「神社」を広く神を祀る場と見れば事情は異なる。天武紀以前の『日本書紀』では、神を祀る場として「社《やしろ》」の言葉を使い、その歴史はさらにさかのぼる。「社」は「屋《や》十代《しろ》」の意で、祭りの度に作る仮設の建物、またはそれを建て祭りを行う場と解釈される。古くは、神は特定の場所に常在せず、祭りのたびに神霊を招き、屋外・露天で祭祀を行なったという理解に基づく。

その一方で、石上神宮《いそのかみじんぐう》と禁足地、大神神社《おおみわじんじゃ》と三輪山周辺の祭祀遺跡、宗像大社沖津宮と沖ノ島祭祀遺跡の関係のように、古墳時代の祭祀遺跡と神社がつながる例は少なくない。この場合、その祭祀遺跡が成立する年代、四世紀後半から五世紀という時代が、「神社・社」成立と深く関係することは間違いない。

「神社」を、特定の神の考え方「神観」にもとづき、一定の作法と構成「祭式」で「祭り・祭祀」を行う場と定義すれば、神社の発生は、神観や祭式により一様ではないだろう。そこで、①祭祀用具と祭式、②神観から古代祭祀の実像を推定し、それをもとに古代祭祀の舞台、神社・社の発生を探ってみよう。

祭祀用具と祭式

延長五年(九二七)に完成した『延喜式』は、祭祀で使う品々を列挙し、筆頭に、神々への捧げ物「幣帛《へいはく》」をあげる。幣帛の内容は、織物の布帛類を基本とし、祈年祭・月次祭・鎮花祭・大忌祭・風神祭など重要な祭祀では、刀・弓矢、盾などの武器・武具類、農具の鍬、鉄素材、馬・馬具が加わる。

幣帛の内容と共通する品々は祭祀遺跡から出土する。五世紀代の祭祀遺跡からは鉄製武器・武具、農・工具、鉄素材の鉄鋌、布帛類を作る紡織具などが出土し、それは、関東から九州まで日本列島内の広範囲にわたる。五世紀後半から六世紀には、これに実用の馬具が伴うようになる。つまり、古代祭祀で神へ捧げた「幣帛」は、五世紀代の祭祀遺跡から出土する品々に起源があると考えられる。

では、これら品々を捧げる祭祀は、どう進められたのだろうか。『古事記』上巻「天の石屋戸」段は、天照大神を祀る様子を描写する。まず、鉄の原料を取り、鍛人《かぬち》の天津麻羅《あまつまら》を招く。おそらく刀剣など鉄製品を作ったのだろう。さらに、石斯許理度売命に鏡を、玉祖命に勾玉《まがたま》を作らせる。この前段では、忌服屋《いみはたや》で神に奉る神御衣《かんみそ》を織ることに触れている。つづいて、天児屋命・布刀玉命は鹿の肩の骨を焼き神意を占う。そして、布刀玉命は、鏡や勾玉、白丹寸手・青丹寸手の布帛類を榊《さかき》につけ捧げ物とし、天児屋命は祝詞《のりと》を読む。祭りに先立ち神への捧げ物を準備し、神意を占い、これを受けて捧げ物を供え、祝詞を奏上する形で祭祀は進行する。この中で、鹿の肩甲骨を焼く卜占方法は、すでに紀元前三・四世紀頃、弥生時代中期には日本列島に伝わっており、古墳時代に連続する。

祭りに先立ち捧げ物を準備することは、五世紀代の祭祀遺跡で確認できる。愛媛県出作遺跡・千葉県千束台遺跡の祭祀跡では、鉄素材の鉄鋌とともに鍛冶の痕跡が認められ、あわせて祭祀用の滑石製玉類、鏡・剣の模造品が作られていた。さらに、静岡県山ノ花遺跡、奈良県南郷大東遺跡では実用の紡織具が出土し、ほかの多くの祭祀遺跡では紡錘車が出土している。神に捧げる布帛類も祭りの場周辺で織られていたのだろう。『古事記』「天の石屋戸」に描かれた祭祀の様子は、古くは弥生時代以来の要素を含みながら、古墳時代中期、五世紀代の祭祀遺跡と一致する点が多い。

延暦二十三年(八〇四)に成立した『皇太神宮儀式帳』(以下、『儀式帳』)をみると、そこでも、祭りに先立ち祭具や神御衣《かんみそ》、御贄《みにえ》を特別に製作・調理している。祭祀は基本的に「天の石屋戸」と同じ流れで行われる。神宮月次祭と神嘗祭では、神前に供える御贄を、食材の採集・確保から調理まで慎重に準備する。調理には調理具が必要だが、これも五世紀代の祭祀遺跡で出土する。静岡県明ヶ島五号墳下層の土製模造品は、柄杓や杵・臼、匏を含み、三輪山麓の山ノ神遺跡でも同様の品があり、静岡県山ノ花遺跡からは実用の柄杓と杵が出土している。

また、神嘗祭の翌日には朝廷の幣帛と馬が神宮に奉られる。玉串御門の前で捧げられた後、幣帛は正殿、馬具は宝殿に収納される。このほか、神宮では御饌《みけ》に使う御稲《みしね》などを御倉院で収納管理しており、祭祀を行う上で収納施設、倉は不可欠な存在であった。この倉も、五世紀代の祭祀遺跡には存在した。奈良県南郷大東遺跡や千葉県長須賀条里制遺跡からは門穴のある木製扉が出土し、静岡県山ノ花遺跡からは、扉を装着する楣材《まぐさ》と梯子が出土した。ここからは、門をかけられる扉を持つ高床倉の存在を想定できる。

以上をまとめると、古代祭祀の基本的な構造は、①「事前の祭具・供献品(幣帛など)の製作、神饌の調理」、②「これらを捧げ、祈願を行う祭祀」、③「幣帛など供献品の収納」で構成されていたことになる。このような祭祀の構成は、考古資料から五世紀代には成立したと推定でき、祭りの場「神社・社」は、これら機能を果たす施設の集合体だったと考える必要があるだろう。

神観と神社

祭祀の場の立地や施設は、祭る神の考え方「神観」と深く関係する。古代の神観は、やはり『記紀』や『延喜式』祝詞を参考とせざるをえない。『古事記』の神について、本居宣長は「尋常《よのつね》ならずすぐれたる徳《こと》のありて、可畏《かしこ》き物を迦微《かみ》とは云なり」とし、普通ではない特別の働きがあり、畏れ多いと感じさせるものは、人や動植物、自然環境も含めて神と呼ばれたとまとめている。

『延喜式』祈年祭祝詞では、分水嶺の「水分《みくまり》に坐《ま》す皇神《すめがみ》たち」が生産・生活に欠かせない水を配分し、山麓の「山の口に坐す皇神たち」は材木を供給する。また、大忌祭祝詞では山口に坐す皇神たちは、灌漑用水を平野に勢い良く下し、その水が集まる川の合流点「川合《かわい》」で、穀物神の若宇加能売能命《わかうかのめのみこと》は祭られる。このように、自然環境の中でも、水分・山口・川合は、特別な自然の働きが発現する場である。その働きに神を感じ、そこを神が坐す場所とし、祭祀の対象となり、祭りの場が設定されたのである。

実際、五世紀以降、多くの祭祀遺跡は山麓や水辺に営まれた。三輪山麓、大神神社周辺の祭祀遺跡はその典型例で、先に紹介した山ノ花遺跡・長須賀条里制遺跡・南郷大東遺跡は、いずれも水辺の祭祀跡である。そして、宗像大社三社の場所は、九州から朝鮮半島へ船で渡るとき、港湾機能や航海上、極めて重要な地形である。ここに神の働きを認め、長く祭祀は続けられ、玄界灘の孤島、沖ノ島の巨岩を対象に祭祀遺跡が残されたのである。

一方で、石上神宮の韴霊のように、鋭利な刀剣の働きに神を見れば、それを納める倉が神社・社の中心的な施設となる。四世紀後半の七支刀、五世紀の鉄盾が土中せずに現代まで伝世する事実は、その時代から収蔵施設の倉が、石上神宮にとって重要な建物であったことを示唆する。武器庫との深い結び付きは、これを反映していると考えられる。

また、『儀式帳』では、神霊の存在を象徴する「御形《みかた》」の言葉が多く使われる。天照坐大神の「御形」は鏡であり、相殿の天手力雄神は弓、萬幡豊秋津姫命《よろづはたとよあきつひめのみこと》は剣である。神宮が所管する「国津社」では、「小朝熊神社」をはじめ多くが「石」を形《みかた》とし、「江神社《えのかみのやしろ》」は「形は水に在り」とする。このほか、大水神社のように「形無し」とする例も少なくない。御形が鏡や刀剣・弓ならば、これを収納する倉が神社の中心施設となり、水ならば水辺で水を拝する形となる。形がなければ、祭りの場そのものが大きな意味を持っていたのだろう。倉・石・水辺という条件は、祭祀遺跡の状況から五世紀以来の伝統をうかがわせる。

「神社・社」成立の背景

列島内で共通の遺物を持つ祭祀遺跡が出現する五世紀は、「神社・社」が成立する上で最も大きな画期である。この時代、埼玉県稲荷山古墳の辛亥年(四七一)鉄剣銘文に「大王」「治天下」の文字があるように、大王が統治する国家領域「天下」の意識が形成され始めていた。その範囲の中の重要な働きがある場所で、共通した捧げ物と一定の祭式により神祭りが行われ、祭祀遺跡を形成した。ここから出土する鉄製品や初期須恵器は、神々への捧げものとして、大和王権が供与した貴重な品々であり、律令時代、祈年祭で諸国の神々へ捧げた幣帛へと受け継がれたと考えられる。

五世紀には、祭りを行う人々の集団や系譜も成立した。鹿島神宮の北側、厨台遺跡群で五世紀中頃、神戸へつながる集落が成立し、鹿島神宮の祭祀集団が明確となる。この西に広がる宮中野古墳群では、六世紀から七世紀後半まで継続して古墳が営まれ、厨台遺跡群の墓域として機能し続ける。祭祀集団の系譜が代々受け継がれていたことを示している。宗像大社でも、辺津宮の西、津屋崎古墳群では五世紀中頃の勝浦峯ノ

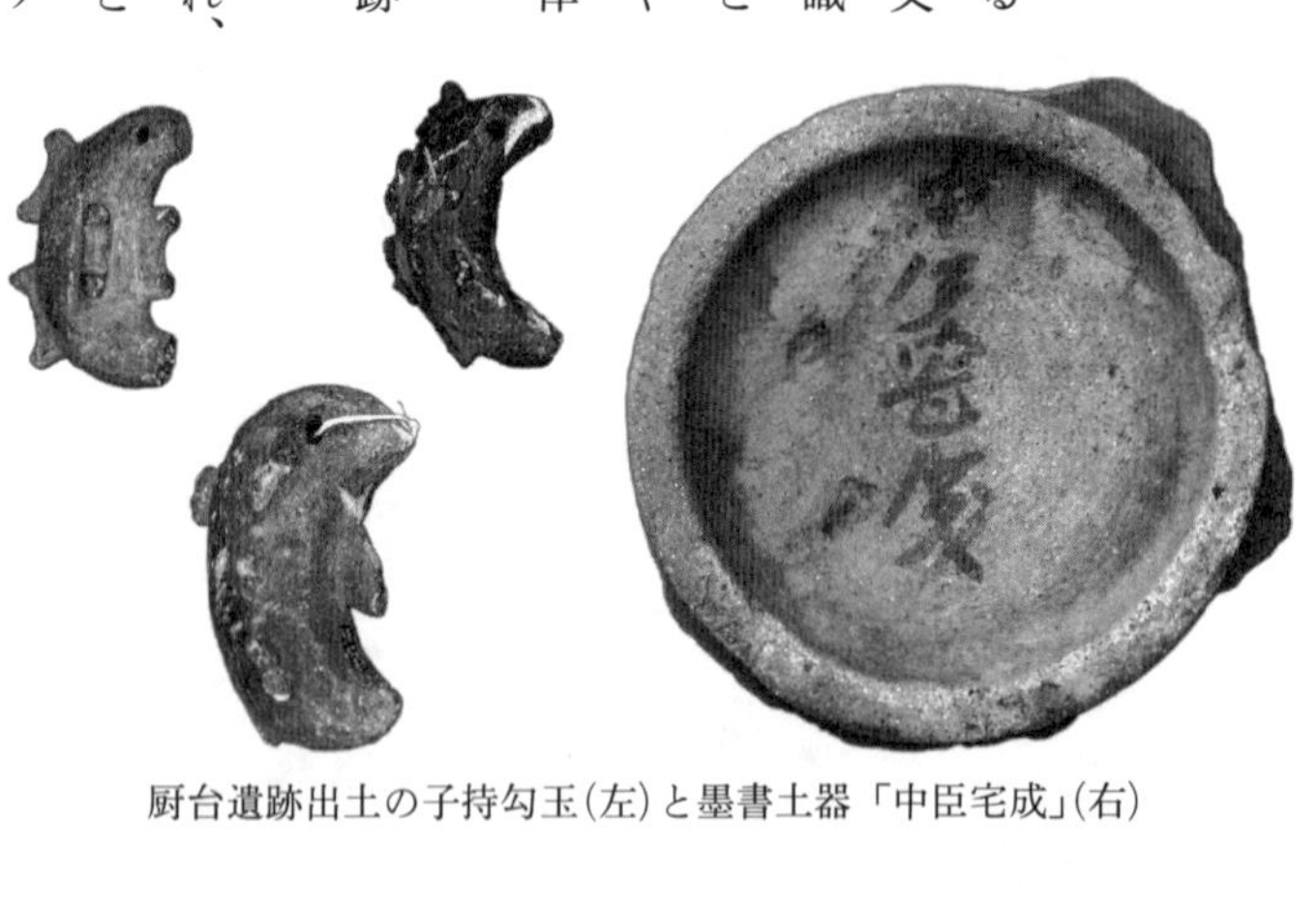

厨台遺跡出土の子持勾玉(左)と墨書土器「中臣宅成」(右)

畑古墳から七世紀の宮地嶽古墳・手光波切不動古墳まで継続的に古墳が作られ、一定の系譜意識が受け継がれていたことを示す。ここは、宗像君の墓域と考えられ、宗像大社を祀る宗像君の系譜は五世紀に成立していた可能性は高い。

社殿を備えた神社、律令期の祭祀制度は、七世紀後半に整備された。しかし、その基礎となる「祭りの場」「捧げ物や祭式」「祭る人々の集団や系譜」といった要素は、五世紀代を画期に成立していた。それは、「大王」が統治する「天下」という国家領域意識の形成と歩調をあわせていたと考えられる。神社・社の発生は、国家形成の道のりと密接な関係にあったといえよう。

（笹生　衛）

2　国家と神社

古代律令祭祀と神社

前近代における国家の統治と神祇祭祀の体系とは、不可分の関係にある。神社史の制度的な変革の画期となっているのは、古代における律令国家祭祀・平安祭祀制と近代明治国家祭祀制とであった。国家と神社との関係は、戦後軽減されていくことになるが、現代の神社制度の形態は明治祭祀制に起源をもち、その基本は古代祭祀制までさかのぼる。

古代の律令国家祭祀の体系が形成していったのは、七世紀後半、天武・持統天皇朝(六七三〜九七)の時代であった。中央集権的祭祀体系は、祈年祭の幣帛供進《へいはくきょうしん》を中心とした官社制度にある。天武四年(六七五)二月の成立説(『年中行事秘抄』所引の「官史記」)をはじめ、『日本書紀』天武四年正月二十三日の、諸社に「祭幣」が奉られる記事などが、祈年祭班幣の初例とみられている。稲作豊穣の予祝儀礼は国家の祭祀の基幹とされた。同じく天武四年四月、大和の風水害防止と農耕生産祈願である龍田神社の風神祭、広瀬神社の大忌祭が始まり、翌五年には、七月にも行われ、毎年四月・七月恒例の「神祇令」祭祀に組み入れられる。また、臨時大祓の制が立ち上がる。同十年には、「天社・地社」の神の宮を「修理」したとある。律令用語で「修理」とは新造を意味しており、この頃から神殿をもつ社殿造営が進められた(『日本書紀』)。

持統三年(六八九)飛鳥浄御原令が定められ、「神祇令」祭祀の大枠が確定する。「天神地祇」の語が用いられ、神祇官が置かれたのもこの時期からである。持統四年元旦の持統天皇即位は、新たに整備された即位儀礼に基づき行われ、代替わりごとの大嘗祭が翌持統五年に行われた。この前後の同四年に第一回伊勢内宮、同六年外宮式年遷宮が開始され(『太神宮諸雑事記』)、平成二十五年(二〇一三)十月、第六十二回式年遷宮を迎える。

災異と天皇・神社

古代国家の関心事は、治安維持のため、疫病《えきびょう》流行や旱魃《かんばつ》・風水害など自然災害の脅威への対応であった。疫病・旱魃など災異の事象と古代律令祭祀制の展開とは密接な関わりをもつ。祭祀制成立の背景には、天皇の病気と死があげられる。これらの災異現象は神の祟りとされ、天皇も数多くの神の祟りに遭うことになる。神と天皇、神と人との間は、祭祀を軸にして常に緊張した関係の中にある。

朝倉山遠景

斉明七年(六六一)五月、筑前国に天皇の宮殿である朝倉宮を造営するにあたり、後方の朝倉社(『延喜式』神名帳「麻氏良布神社」)の木を伐採したため神の怒りがあり鬼火が現われる。その二ヵ月後の七月、斉明天皇は亡くなり、喪儀にあたり、朝倉山(麻底良山)から大笠を着けた鬼が現われたと伝える。神の祟りが天皇の身体に及んだとみられる。また、朱鳥元年(六八六)五月、天武天皇は病気にかかり、翌月、病の原因を卜うと、草薙剣《くさなぎのつるぎ》の祟りと特定され、草薙剣は即刻、熱田神社に送り戻された。その年九月、天皇は亡くなる。天武天皇の母は斉明天皇、持統天皇にとっては祖母にあたり、持統天皇からみて祖母と夫の二代にわたり、神威の災いを受けたことは、天武・持統朝神祇祭祀制の形成に反映していったであろう。ここに神祇祭祀制の基本が固まり、畿内の神祇を対象に運用されたが、大宝律令施行後は全国的神祇制度に拡大された。

大宝二年(七〇二)二月十三日「大幣」(祈年祭幣)を受けるため諸国の国造が入京

した。これは全国的官社制度の初例と推定されている(『続日本紀』)。以後、霊験のある神が「大幣」の例に入り官社となる。その神名は神祇官の記文である「神祇官記」に記載された。

聖武朝の神亀二年(七二五)、国司の長官に対し、神社の祭祀興行と清掃を奨励する。聖武天皇は仏法による鎮護国家の政策をすすめたが、神祇に対しても、災害への対応で積極的な施策を図っている。『古語拾遺』に「天平年中に至りて、神帳を勘へ造る」とあるとおり、新たに官社台帳である「神帳」が作成され、官社制度の整備が進んだ。これが、のちの『延喜式』神名帳へとつながる。

特に、天平九年(七三七)の疫病蔓延と旱魃により農民の多くが亡くなる。この時、国家のために霊験があり、官社に入っていない神に対して「悉く供幣の例に入れよ」(『続日本紀』)と官社化が促進される。さらに同年十一月、使を全国に遣し、神社修造が行われ、神税・正税が支出されている。仏法による鎮護国家と神祇尊重とは、国家運営の両輪になっていったが、国家の神仏への対応は異なり、律令の「神祇令」では祭祀尊重の姿勢を示しているのに対し、「僧尼令」は寺院・僧侶の統制が定められている。

祭祀権の二重構造

律令祭祀制の起源伝承は、『日本書紀』崇神天皇紀の三輪山祭祀にあたり、「天社・国社」と「神地・神戸」を定めたことが記されている。崇神天皇五年、国中に疫病が蔓延《まんえん》し、多くの人々が死亡した。疫病の流行は天皇自身の徳では治めることができず、天皇は朝から夜遅くまで神に罪の許しを乞う祈願を行った。天皇はこの災害を究明するため卜うと、大物主神の神意が示され、わが子大田田根子《おおたのたねこ》をして祭祀を執り行うことが求められた。神意のままに、大田田根子を神主とし、また、他の神々を祀り、ここに祭祀は尽くされ、疫病は終息し、五穀も豊かに稔った。神祇祭祀は、災害を鎮め秩序ある状態に回復させる復興機能をもった。

自然に繋がる神の世界は、天皇といえども貫徹できない祭祀権の限界があり、神祭りの厳しさ、畏怖感を表現している。律令祭祀制の祖型となる三輪山祭祀は、天皇直接の祭祀は認められず、氏族祭祀に直接介入できない原則が確立していた。天皇祭祀権と氏族祭祀権とは、不可侵の関係にあり、祭祀権の二重構造のもと、氏族祭祀は独自性をもち、地域については委託・代行の祭祀が、災害を鎮め、地域の安定化に効果があった。

地域の首長は、共同体を代表して神祭りに関わり、神意を知り災害などの神の怒りに対応した。その上に天照大神の皇孫として国土を統治する天皇が、国家の祭り主として、国土に起こり、人々に災害をもたらす状況に対して、社会秩序の回復と統治に責任をもつ地位にあった。天皇による神への祭祀と神祇官社制をはじめとする諸神祇制度は、災害への対応を原点としている。

神社の運営は、もともと地域・氏族に委ねられてきた。社殿修造に必要な材木は現地で調達し、労働力は地域が自力で勤め、寺院のような高額の財物は必要としなかった。その上で、祭祀権の二重構造のもと、緩やかな国家の保護、官社化が進んだ。神社運営のための経済的裏付けになったのが神郡と神戸《かんべ》である。

神郡は伊勢大神宮をはじめ、安房神社・香取神宮・鹿島神宮・熊野大社と出雲大社・日前国懸神宮・宗像神社の各社に設けられた。また、朝廷が特定の神社に寄せた封戸である神戸は、一七二社、四八八六戸を数える。その上位は、①宇佐八幡一六六〇戸、②伊勢大神宮一一三〇戸、③大和神社三二七戸、④気比神宮二四四戸、⑤住吉神社二三九戸、⑥大神神社一六〇戸、⑦日前・国懸宮一一六戸、⑧鹿島神宮一〇五戸、⑨安房神社九四戸、⑩石上神宮八〇戸、⑪宗像神社七四戸、⑫香取神宮七〇戸（『新抄格勅符抄』「大同元年牒」による）などが、朝廷から優遇された。

神社の神々が天皇へ祟る事態は、天皇と神との間に介在した諸国の国司・神職に対して、神祇の管理を徹底していくことが要請された。神社修造の責任は国司に課せられ、神戸の神税または正税が支出され、神事の興行、神職の管理が進められ、循環型祭祀体系が構築される。

中世以後になると神社修造は、国司から守護へ、さらに戦国大名から徳川幕府と藩主へと、時々の権勢者が担った。彼らは棟札に「大檀那」と記され、修理費用を負担することで、地域の安定を神の加護に求めた。

平安祭祀制

律令制の導入は、日本的思考とは乖離《かいり》し、完全に定着することはなかった。古代における祭祀制は、律令国家祭祀制から平安祭祀制へと展開する。律令祭祀は祈年祭班幣による官社制度を主軸としたが、都から遠隔地の神社の中には幣帛を受け取りに来ない事態が生まれた。これを是正するため、延暦十七年(七九八)全国の官社を二系統に分け、神祇官から幣帛を直接受け取る官幣社と諸国の国司から幣帛を受け取る国幣社とに区別した。また、霊験の高い神社に臨時祈願を行う名神奉幣制が桓武朝から盛んになる(『延喜式』臨時祭によると二八五座〈二〇三社〉)。さらに、神階を奉授する制度が始まり、神々も霊験に応じた格差社会を迎える。

平安時代になると、特定神祇へ天皇近臣および内廷機関が関与する恒例の公祭制が始まる。奈良後期の春日祭が最も早く、おもに平安前期の時期に集中して天皇外戚の氏神祭祀の公祭化が進められる。賀茂・石清水・平野社では、恒例祭祀の公祭化のほか、天皇御願の臨時祭が開始し、これが恒例の臨時祭として定着する。さらに臨時祭を拡大した形式として、賀茂行幸・石清水行幸がはじまり、一条天皇の時、七社行幸、後三条天皇の時には、十社行幸に定まる。また、名神の中から平安京近辺の数社を選んだ奉幣、さらに十六社・二十二社を選定した臨時奉幣制度が成立し、中世後期まで存続した。地方では国司への委任による天皇祭祀権の代行行為として諸国一宮制が展開した。こののち、東国に武家政権が樹立されると鶴岡八幡宮を核とした祭祀制へ、近世には徳川幕府により東照宮祭祀制が確立する。これらも祭祀権の代替の一環といえる。

こうした祭祀制の筆頭に置かれたのが、最高最貴の神とされる伊勢大神宮の天照大神である。『古語拾遺』によると、「天照大神は祖宗にして、尊いことはほかになく、他の神々は子であり、臣である」と説かれている。大神宮は天皇祭祀権直轄の場に位置づけられ、私幣禁断を厳守してきたが、中世に入ると大神宮信仰は、御師の活躍により武士と庶民へ、公祈願から私祈禱へと信仰は広がりをもつことになる。

（岡田莊司）

3　神社景観

神社と山との関係

六国史などの、古代成立の確かな文献史料からは、地勢に特徴がある場に神社が存在していた点がうかがえる。

その典型は山である。大和大神社《おおみわしゃ》のはじまりは、大己貴神が国づくりのため、みずからの幸魂《さきみたま》・奇魂《くしみたま》を祀ったことによるものとされるが、その祭りの場は、日本国《やまとのくに》の三諸山と記されている（『日本書紀』）。「たたなづく青垣」と詠われる、大和盆地を囲む山々の中でも、ひときわ秀麗な山容の三輪山に鎮まる同社は、古墳時代から、現代の神道祭祀に通ずる神祭りが行われており、朝廷からも古代以来特に重んじられ続けてきた。困難を乗り越えつつも、神の坐す山としてその神域の景観が保たれたこともあり、今でも大神社は、古代の神祭りの適地を今に示す存在となっている。

また、古代においては、神名が山自体を指すこともあった。駿河浅間神（富士山）、出羽大物忌神（鳥海山）、肥後健磐龍神（阿蘇山）、薩摩開聞神（開聞岳）は、六国史にみられる例である。いずれも当時活動していた火山で、古代より朝廷が崇め、中世には一宮とされた。また、当地の人々の神に対する意識がうかがえる例もある。

こうした神の坐《いま》す山の景観保全が図られたのも、古代からのことである。平安時代初期にあたる承和八年（八四一）、大和の春日社では、神山での狩猟や木の伐採を禁じられている（『続日本後紀』）。この禁制が、春日山原始林が今も残り、世界遺産登録にまで至った契機ということもできよう。これとほぼ同じ時代の貞観九年（八六七）、同国の石上社《いそのかみしゃ》では、神山を焼き、稲豆をまくことが禁じられている（『日本三代実録』）。春日社・石上社いずれの禁制も、山の中を神の領域として認識し、人々の生活範囲と一線を画そうとする意識の反映といえる。

山が神祭りの場として重んじられた背景には、人間生活と隔離された環境を保ちやすいという考え方があったと見られる。常陸国の賀毘礼高峯の神は、人の穢《けがれ》による祟《たたり》を恐れられ、高山の浄境に遷し祀られた（『常陸国風土記』）。また、大和国の丹生《にう》川上社《かわかみしゃ》は、人の声を聞くことのない深山が、神託により鎮座地として選ばれたものとされる（『類聚三代格』）。

神が鎮まる山の景観は、祭りを行なった人々が、神威をおそれ、神と一定の距離を保とうとした結果作られたものといえる。換言すれば、自然美やそれを醸し出す生態系を損ねることが、みずからの生活の危機に結びつくことを、古代の人々は、神祭りを通じて理解していたのである。

三輪山遠景

水が織り成す景観

神社の立地には、水が深くかかわっている。常陸国行方郡の県祇《くにつかみ》の社には、大井という清泉があった（『常陸国風土記』）。生活基盤となる水源が神社と密接な関わりを持つことは、越中国射水郡の東大寺荘園である、須加荘や鹿田荘の開田図を見ると確認できる（『東南院文書』）。図には、「社」・「神社」を通過する水路が記されている。これは、神社の場所に、水路の水勢を増す湧水があったことを示している。

朝廷が律令に定めた祭祀においても、水の流れに関係するものがある。豊稔を願う祈年祭や月次祭では、大和の水分《みくまり》の神四社に祈願がなされる（『延喜式』祝詞）。水源の神に対する特別な関心をうかがうことができよう。

このほかにも、神社の場を選ぶ際に、川が意識されたことを示唆する史料もある。伊勢大神宮は、伊須須乃河《いすずのかわ》（五十鈴川）の川上と称される場を鎮座地とし（『皇大神宮儀式帳』)、また、山城賀茂社は、祭神の賀茂建角身命が、清き河とした今の鴨川を遡上して鎮座したとされている(『山城国風土記』逸文)。

特筆すべきは、両社とも稲作との関連が考えられる点である。伊勢大神宮においては五十鈴川の下流で灌漑により御饌田《みけでん》を作っていたとされる。また、賀茂社は山の麓に鎮まったとされているが、そもそも山の口から流れる水は、田を潤すものとして重んじられた(『延喜式』祝詞)。水流の要の地で、水をつかさどるとされる神々は、大和盆地の山口の神社など、日本各地に鎮まる。

鎮守の森

市街地でも農村でも、鎮守の森は、神社の存在を示す指標にもなる。『万葉集』では社を「もり」と読んでおり、社と森のむすびつきは古かったと考えられる。それらの森が斧を入れない原生林である場合もあるが、たとえ自然植生が失われていたとしても、現存する樹木の維持が図られることは多い。現在も多くの神社では、立木の伐採について厳しく律している。

この背景には、いうまでもなく、樹木に神が鎮まるという考え方がある。しかしそれは、安易に人の手が加えられていないことに、その価値が求められる。それは、貞観六年(八六四)の富士山の噴火による溶岩が、自然に甲斐国浅間明神の社を作り、しかもその美しさが賞賛されているという事実から理解できる(『日本三代実録』)。樹木の存在を想定しえない神社への評価は、人力の及ばない造形をなす、神を崇める姿勢の存在を推定させる。そうした姿勢こそが、自然に生育する樹木への重視にも結びついたものと考えられる。

実際、古代神社の樹木の伐採は、神の祟を発動させた。斉明天皇六年(六六〇)、天皇は筑前朝倉社の木を伐って宮殿の用材にしたが、神の怒りにより、その宮は落雷で壊れてしまう(『日本書紀』)。天長四年(八二七)には、淳和天皇不予の原因が、山城稲荷社の木の伐採に端を発する神の祟であったことが、うらないによって明らかとなっている(『類聚国史』)。

そもそも、古代の人々は、木を伐ることそのものが、神道を軽んじる行いと評価していた(『日本書紀』)。これは、摂津生国魂社の木を伐った孝徳天皇に対して向けられた。天皇は晩年、政権の要人と対立し、難波宮で孤独の日々を迎える。天皇への評価は、その境遇が、神意を損ねた結果であることを暗示したようにも受け止められる。

こうした考え方は中世へ受け継がれる。推古朝の説話として、寺の用材として木を伐採しようとしたときに神の祟が起きたため、散供と中臣祓により対応したといったものが伝わっている(『今昔物語集』)。

山・水・森と、神社の景観を構成する主たる要素についてみてきたが、人との懸隔を重んじ、人の介在が神の祟りを招くという意識がうかがえる。景観保全の背景には、神への畏怖心が存在している。

(加瀬直弥)

4　神社信仰の分布と背景

信仰分布を概観する

神社は、一社一社において独自の由緒と神祭りの基盤を持つが、他方で、同様の名称を有している神社が多く存在するのもまた事実である。これは、祭神の神霊を他所に移して新たに祀る「勧請」を経て、特定の神社の祭神が各地で信仰された結果だが、この展開過程をみると、神社全体の歴史を垣間みることができる。

全国神社の大多数を包括する神社本庁が、平成初年に約八万社を対象に「全国神社祭祀祭礼総合調査」を実施した。これをもとに神社の名称を整理し、そこから祭神の特定できる神社をおおまかに分類すると、多い順に①八幡、②伊勢、③天神、④稲荷となる(表参照)。以下、神社が多く勧請され、信仰が広まった理由と背景を考える。

古代朝廷に重んじられた神社

まず、数の多い神社信仰を俯瞰すると、古代の段階から朝廷に重んじられた神社が多いことがわかる。特に数の多い上位十の信仰の多くは、中心的な神社が、朝廷の制度上、特に丁重な祭祀に預かっている。皇祖神天照大神を奉斎し、格別の祭祀が行われてきた伊勢大神宮が代表的だが、天皇の御意による公祭の対象となった神社が含まれる信仰も、上位十種のなかで五つを数える(八幡・天神・稲荷・祇園・日吉)。これら神社はいずれも二十二社に数えられ、朝廷の神祇信仰の中心として意識されていた。神社の朝廷との関わりが、信仰拡大に少なからず影響を及ぼしていることは指摘できる。

表　神社数の多い信仰（上位二〇位）と祭祀制度との関係

	信　仰	神社数	中心的な神社	名神（延喜式）	二十二社	一宮
1	八　幡	7,817	宇佐神宮（大分）	○		○
			石清水八幡宮（京都）		○	
2	伊　勢	4,451	神　　宮（三重）		○	
3	天　神	3,953	北野天満宮（京都）		○	
			太宰府天満宮（福岡）			
4	稲　荷	2,924	伏見稲荷大社（京都）	○	○	
5	熊　野	2,693	熊野本宮大社（和歌山）	○		
			熊野速玉大社（和歌山）			
			熊野那智大社（和歌山）			
6	諏　訪	2,616	諏訪大社（長野）	○		○
7	祇　園	2,299	八坂神社（京都）		○	
8	白　山	1,893	白山比咩神社（石川）			○
9	日　吉	1,724	日吉大社（滋賀）	○	○	
10	山　神	1,571	—			
11	春　日	1,072	春日大社（奈良）	○	○	
12	愛　宕	872	愛宕神社（京都）			
13	三島・大山祇	704	三嶋大社（静岡）	○		○
			大山祇神社（愛媛）	○		○
14	鹿　島	604	鹿島神宮（茨城）	○		○
15	金毘羅	601	金刀比羅宮（香川）			
16	住　吉	591	住吉大社（大阪）	○	○	○
17	大　歳	548	—			
18	厳　島	530	嚴島神社（広島）	○		○
19	貴　船	463	貴船神社（京都）	○	○	
20	香　取	420	香取神宮（千葉）	○		○

神社本庁「全国神社祭祀祭礼総合調査」（平成２～７年〈1990～95〉）より

都道府県別　神社数の多い信仰の分布(神社数の少ない沖縄を除く)

中世における信仰の展開

中世朝廷の神祇信仰は基本的には古代にならうことになるが、宮廷社会における神社信仰を特徴付けるものとしては熊野信仰があげられる。熊野の神社も古代以来朝廷から重んじられてきたが、院や貴族からの関心を特に集め、参詣が盛んになったのは、院政期に入ってからのことである。

この流れとは別に、武士の信仰が神社の勧請に大きな役割を果たしたと考えられる例がある。八幡の神は、前述のとおり朝廷からも、さらには仏法に帰依し、仏教を守護する菩薩として仏教者からも重んじられてきたが、武士の中核であった源氏の氏神でもある。この源氏の活動に合わせて、神社が勧請されてきたことは、東国の神社の創建の由緒から推測できる。相模鎌倉の鶴岡八幡宮は、それが明らかな神社の一社である。そして、源頼朝が幕府を構えて以降、近代に至るまで、源氏による武家政権が続き、必然的に八幡神を崇めてきたことが、八幡神への信仰が全国に展開した要因になったと考えられる。また、古代・中世を通じて、多くの神社の勧請元であった山城の石清水八幡宮や、さらなる大元というべき豊前・宇佐宮が各地に荘園を有していたことも、信仰の拡大に関係する。西日本を中心とする各地にある八幡別宮は、八幡神を勧請して作られ、荘園を治める上での拠点としての役割を果たしていた。

信仰拡大と所領との関係は、天神信仰からも推測ができる。菅原道真の廟が没後まもない十世紀初頭に作られ、以降天神信仰の拠点となった太宰府天満宮は、大宰府の鎮守として重んじられ、境内整備や祭祀の執行などが大宰府主導でなされてきた。こうした密接な結びつきは、天神を崇敬する素地になり、現在天神信仰が九州に多い要因になったものと考えられる。同様の傾向は伊勢信仰にもみられ、神戸の多かった愛知・三重、御厨《みくりや》のあった南関東一帯や富山は相対的に神社の数が多い。

宗教者の活動

信仰の伝播については、神領の関係だけでなく、特定の神社を信奉する人々によるところが多い。その典型は、中世以来活躍した、伊勢大神宮の御師《おんし》や熊野の先達《せんだつ》であろう。これらの人物は、院政期からその活動がみられる。これは人々の個人的な祈願に対応した活動であるが、庶民にまでこうした形態の信仰が広がった。御師や先達は、各地を廻国し、神社の利益を説きながら、各地の信仰の担い手である道者を獲得し、彼らの祈願に対応した。それとともに、神社のある場へと道者をいざなうことも行なった。御師や先達の活動は、遠隔地に神社の信仰が広まる契機と考えられる。

このような活動とは別に、各国を巡る宗教者が、みずからと関係する神社の信仰を広めることがあった。北陸地方に神社の多い日吉信仰や白山信仰は、これらの元となった神社を影響下においていた天台宗の僧侶によって展開されている。また、東北地方の稲荷社は、その創建が古代にさかのぼる例も多いが、中世以降の展開の背景には、山岳での行を修めた宗教者の存在が想定される。

特定の願意に対応した神々・地域に根ざした神々

上位二〇の信仰にまで関心を拡げると、特定の願意(利益)と密接にかかわる神を祀る神社が多い。愛宕信仰は、火防の神として崇敬を集めた山城の愛宕神社を中心とする。火災を防ぐ信仰は、人々の日常生活に密接にかかわるものといえよう。水上交通の守護としては金毘羅信仰や住吉信仰が著名である。

このような例は、上位一〇の信仰においてもみられる。特に近世以降、天神信仰は学問上達と密接に関わっている。また、疫病をつかさどる牛頭天王(素盞嗚尊)を主にまつっていた祇園信仰も、はやり病を防ぐ意識のもとで、その信仰が展開されている地域がある。そして、商売繁盛、五穀豊穣の神として近世の人々の信仰を集めたのは稲荷の神である。特に江戸とその周辺においては、町場の発展や新田の開発にあわせるように信仰が拡大していった。

他方、地域の拠点となる神社が、鎮座する周辺地域で信仰を拡げる状況も見られる。鹿島信仰はその典型といえる。信濃の諏訪社の信仰や下総香取信仰のように、神社に隣接する県に集中する例もある。また、今あげた信仰がそれにあたるが、これらの中心的な神社の中には、古代は朝廷祭祀制度上重んじられ、中世以降は一宮とされたものも多い。

特定の願意に対応した信仰の中でも、顕著な地域差が見られる場合がある。祇園信仰には、尾張津島社を中心とする信仰も含まれているが、これは東海地方が中心である。また、同地方は、愛宕信仰の神社が比較的少ない地域であるが、かわりに遠江を拠点とする秋葉信仰が盛んである。同じ願意であっても、具体的な信仰対象が相違する例は少なくない。

（加瀬直弥）

5　人を祀る神社の系譜

人霊祭祀の淵源

人を神に祀る人霊祭祀が顕著な展開を遂げるのは、平安時代中期の御霊信仰と天神信仰に始まる。つぎに近世の最初期、豊臣秀吉を祀る豊国大明神と徳川家康を祀る東照大権現の「英雄祭祀」の信仰が広がり、近代国家の神道において、南朝の臣として功績があった人物と歴史上大きな変革に取り組んだ天皇の御霊、また戦没者の御霊などが、祭祀の対象とされた。

古代律令国家の神祇祭祀では、人霊は祭祀の対象から除外されていた。日本は唐の律令制度を模範としたが、神祇祭祀に関しては独自性を貫いた。『唐六典』によると、祭祀の名称について、①天神を祀る、②地祇を祭る、③人鬼を享す（人霊祭祀）、④先聖先師を釈奠す（孔子廟）、の四種に分類しているが、日本の神祇制度では、飛鳥浄御原令から「天神地祇」と「神祇官」の名称が用いられ、①・②は採用されたが、孔子廟は律令制下の大学・国学の中に設けられ、人霊は祭祀の制度から外された。律令官社の台帳である『延喜式』神名帳には、二八六一神社が登録されているが、この内には八幡系（応神天皇）を除くと、祭神に人霊はみられない。

ただし、民間において人霊祭祀がなかったわけではない。道首名《みちのおびとな》の卒伝記事によれば、筑後・肥後の国守を務め、池・堤を築いて農耕生産の発展に功績があったことから、能吏として評価され、没後、彼の霊は農民たちに「祠《まつ》」られた（『続日本紀』養老二年〈七一八〉四月乙亥条）。熊本市上高橋町の高橋東神社（天社宮、高橋西神社の飛地境内社）、玉名郡天水町の小天少《おあますくな》彦名命《ひこなのみこと》神社（天子宮）では、首名を祭神とする伝承がある。しかし、こうした事例は記録の上では稀であり、安芸・周防国では、禍福を説き人々を集めて「死魂」を「妖祠」することがあったため、これを禁止している（『続日本紀』天平二年〈七三〇〉九月庚辰条）。

このほか、霊廟としては、仲哀天皇・神功皇后を祀る香椎廟《かしいびょう》、藤原鎌足の遺骸を納める多武峯廟《とうのみねびょう》があるが、これらが神社化するのは、後世まで待たなければならない。香椎廟が香椎宮と呼ばれるようになるのは、平安時代中期以後であり、多武峯の鳴動、鎌足木像の「御破裂」で、朝廷から恐れられた鎌足の御霊は、七百年後の室町中期に大明神号が奉られ（『宣胤卿記』）、神社化して談山神社となる。

御霊信仰と天神信仰

貞観五年（八六三）五月、疫病の蔓延を鎮めるため、朝廷と京内の人々が一致して、桓武天皇の弟、早良親王《さわらしんのう》（崇道天皇）はじめ六人の霊を鎮める神泉苑御霊会が盛大に行われた（『日本三代実録』）。この御霊信仰の系譜の中に、菅原道真を祀る北野天満宮とその墓所とされる安楽寺廟（のちの太宰府天満宮）が創建され、天神信仰が新たな神社信仰の形態として成立していった。

古代において、神霊と人霊とは、明確に区別されていた。人霊が神霊に高められるには、相応の時間を要した。『北野天神縁起』（承久本）に伝える道真神話によると、菅原是善《これよし》の家の庭で、児童（道真）が遊んでいると、「容顔ただ人にあらず」と感じた是善は、「定まれる居所もなし、父もなく母もなし、相公（是善）を親とせん」と答えた児童を家に迎えた。道真は是善の実子とされるが、神話では、父母をもたない、別格の出自であったとし、人霊ではないことを示唆した。同縁起では、道真の霊は、神仏習合のもとで「権者の化現《けげん》」とされ、また同縁起（弘安本）には、「現人神」となって現われたことを伝える。

安居院《あぐい》の作『神道集』によると、応迹・示現の神道は、仏・菩薩がわが国に迎えられるとき、必ず人間の胎内を借りて、衆生の身になり、苦悩を受けて善悪を知り、神の身になり、人々に利益を与える、とある。中世の衆生を擁護する神道は、人霊と神霊との間に道筋をつけた。

平安末期には、保元の乱で敗れた崇徳上皇の霊を祀る崇徳院廟社が、後白河法皇によって創祀され、また、承久の変で隠岐に流された後鳥羽上皇の霊は、水無瀬離宮跡に御影堂を建てて祀り、のち明応三年(一四九四)隠岐国より新たに神霊を迎え、水無瀬宮とした。ともに御霊信仰の系譜の中にある。

一方、東国では鎌倉権五郎景正が、源義家の後三年の役に従い、眼を矢で射抜かれながらも奮戦し功績をあげ、死後「神と祝はれ」(『保元物語』)、御霊神となって東国武士の守護神と仰がれた。鎌倉市坂ノ下と同市梶原に鎮座する御霊神社を中心に、東国独自の御霊信仰が展開する。

鶴岡八幡宮の今宮

鶴岡八幡宮の白旗社

近世までの間に、平将門を御霊神とする信仰(東京・神田神社の項)のほか、平治の乱に敗れ、非業の死を遂げた源頼朝の父義朝を祭神とし、藤沢市と横浜市南部に鎮座する左馬神社(義朝の官職名である左馬頭に由来)・佐波神社・鯖神社も、御霊神的性格により、地域の信仰となっていった。また、鶴岡八幡宮の境内には、鎌倉幕府によって今宮(祭神・後鳥羽上皇)と「英雄祭祀」の原点ともいえる白旗社(祭神・源頼朝)とが創祀されている(神奈川・鶴岡八幡宮の項)。

近世の人霊祭祀

明治川神社

近世初頭になると、豊臣秀吉の霊は豊臣家の守護神に、徳川家康の霊は日光山へ遷され、「関八州鎮守」となって、新たな「英雄祭祀」が出現していった。この背景には、吉田兼倶と吉田神道の成立が影響している。兼倶(神龍大明神・吉田神社末社)以降、兼右・兼見ら吉田卜部氏の葬送は、遺骸の上に霊社が創建された。吉田神道では、人心を重んじ、神・人の関係を密接に捉え、人を神として祀る人霊祭祀に積極的立場をとった。

近世の東照宮信仰は幕藩体制に支えられ、国家的祭祀体制に昇格していくとともに、郷土に功績をあげた人霊を顕彰する義人祭祀も盛んになる。こうした人魂祭祀観は、幕末の長州藩における殉難者の霊魂を祀る招魂社の創祀、戦没者慰霊のため創建される東京招魂社(明治十二年〈一八七九〉、靖国神社に改称)の人霊観へと繋がることになる。

人霊祭祀の中には、例外的に生霊祭祀もみられた。江戸後期から明治初期には愛知県安城市の明治川用水が開削されたが、この事業に都築弥厚・大庄屋伊予田与八郎らが尽力した。明治十三年明治川神社(祭神・大水上祖神ほか)を創祀し、境内末社には伊予田与八郎ら生祠を祀る伊佐雄社を遷座した。伊予田は用水事業で財産を失い、地域の人々は貧乏になった伊予田の生活を支えるため、神職に迎える。こののち、神職伊予田は自身の神霊を祭祀することになった。末社伊佐雄社の祭典において、伊与田は神殿の前で横向きになり蹲踞《そんきょ》(両膝を折ってうずくまる作法)の姿勢で奉仕したという。伊予田の神霊は、没後の昭和十七年(一九四二)本殿に遷され、合祀された。

(岡田荘司)

6　祭りと年中行事

神饌と織物

祭りは神饌《しんせん》(食料)と織物を奉献することが重要な作法とされてきた。記紀神話によれば、天上において天照大神《あまてらすおおみかみ》は御田を耕作して新嘗《にいなめ》を聞こし召し、斎服殿(忌服屋)で神衣が織られている。地上における農耕と機織《はたおり》とが、生業の基本となっていたことを示す神話といえる。「大祓詞」にある天津罪の畔放・溝埋・樋放は水田稲作のための公共灌漑施設への妨害行為、生剝《いきはぎ》・逆剝《さかはぎ》は家畜への虐待行為である。紀神話では素戔嗚尊《すさのおのみこと》が機織の斎服殿に家畜を投げ入れる妨害行為が記されている。天上世界における農耕・機織は、天皇祭祀の大嘗祭・新嘗祭、また伊勢大神宮の祭料品目と共通する。

大嘗祭における神への供膳の品目は、稲と粟の御飯、海産物の生物・干物、汁漬、栗・柿などの菓子、御粥などが奉られる。神座には三河国の和妙《にぎたえ》、阿波国の荒妙《あらたえ》の織物が用意される。また、伊勢大神宮では外宮の豊受大神が神饌調理の役割を担い、毎日朝夕の御饌殿《みけでん》祭祀が執り行われ、年三度の三節祭(六月・十二月の月次祭、九月神嘗祭)には、由貴大御饌が奉られる。年中の律令祭祀である四月・九月の神衣祭では、和妙・荒妙の織物が供えられる。

祭祀考古学の成果によれば、五世紀以降の祭祀遺跡において、食物供膳のための土師器《はじき》・須恵器《すえき》の杯・壺・甕類の模造品、農具・酒造りの道具、また機織の器具の実物や土製模造品が出土している。これらは供える布の製作や食物による饗応を実際に行い、または農耕と酒作りの作業、紡績の労働の所作を、祭祀の中で見立てて、神にその過程を報告することで報賽する儀礼を復原できる。その祭料は、七世紀後半の律令祭祀に引き継がれ、『延喜式』に載せられる祈年祭をはじめ公祭の祭料とも共通している。その品目は、布・木綿・麻など織物の幣帛、米・酒と鰒・堅魚・海藻などの海産物を中心とした神饌類からなる。生活に必要な衣料・食料が用意されるのは、神々の世界(神話)と祭りとが、人々の生活文化に密接していることの表れである。

旱魃・冷害などの自然災害は、食料の供給を不安定にし、人々を苦しめた。衣食の確保は国家の存亡にかかわる大事であった。古代人のそうした危機意識を反映したものが、祭りに表現されている。

祭りの「内と外」「静と動」

祭りには二つの方向性がある。内は静的、外は動的で、内と外とが繋がる。内は斎戒・物忌をし、神饌を供え、厳粛に整然と祭祀を執り行うことに尽くされる。一方、外への方向性は動的な神賑《かみにぎ》わいの行事である。それは、祭りの根本義の周縁・外延にある祭りの歓びを皆で共有する。大嘗祭の斎場に、悠紀・主基両国の人々によって曳き立てられる「標《しめ》の山」は、外延の代表例といえる。

「標の山」は「山」を標識としたもので、「山」の景観が重要な意味をもつ。悠紀《ゆき》・主基《すき》両国の景観に見立てた「山」を祭祀の場に再現することで、新天皇が全国土の統治者・祭祀者であることを表現する。「標の山」は、山形に木綿・榊・日月などを飾り物とした台車で、二〇人で曳かれ、祇園祭の山鉾の源流となる。

「標の山」を出発点に、山車《だし》は祭礼の豪華さを競う出し物として庶民の熱狂を集める。山車は祇園祭から近世城下町の都市祭礼へ波及した。夏祭りに町内を練り歩く各種の飾り車は、それを「山車」と書いてダシと読んだのも、出し物という意味からであったが、そのもとは「標の山」にあり、起源は自然景観の山にある。

平安時代に最盛期を迎える庭園は、築山に池・川を配したもので、自然景観を借景に利用し、自然と人工の景観を一繫ぎにすることが作庭の妙味とされた。さらに、饗宴の飾り物とした洲浜《すはま》・島代(折口信夫「髯籠《ひげこ》の話」)、自然を邸内に取り込んで居間の飾りとした盆栽・盆景(盆石)は、破壊されない自然世界を自らの思考に封じ込め、自然と対話する心意の世界を観想し楽しんだ。外への方向性は、祭りを原点にしながら日本文化の隅々まで浸透していった。祭りには、その象徴性と「見立て」の思考表現が秘められている。

（岡田莊司）

神社の年中行事

神社の祭りは、臨時の祭りから始まり、これが恒例化し、年中行事として定着する。本書で取り上げた神社、主に二十二社・一宮では、年中行事として農耕祭祀、節日神事、仏教法会が共通して行われている。

農耕祭祀は、一年の農事暦に合わせて、春の初め稲の豊作を願うための予祝行事に始まり、田植祭や田遊び行事が行われ、秋になると収穫感謝の祭りが行われる。また、風水害予防の祈願祭も組み込まれる。神田をはじめ田圃の春秋の祭りには、多くの地域の人々が集まり、共同飲食をして敬老の意識を共有することが、『養老儀制令』に規定されている。

古代の朝廷では、季節の節目である節日を規定し(『養老雑令』)、その節日に元日節会(一月一日)、白馬《あおうま》節会(一月七日)、踏歌節会(一月十六日)、曲水宴(三月三日)、端午節会(五月五日)、相撲《すまい》式(七月七日)、重陽節会(九月九日)、豊明節会(新嘗祭の翌日の辰日、大嘗祭の後の午日)が行われ、天皇を中心に秩序を可視化する行事として機能した。平安時代以降、二十二社や一宮を中心に、節日に神祭りが行われていたことが中世・近世の神社史料から確認できる。節日に合わせて神社でも、白散(一月一日)、七草(一月七日)、草餅・桃花(三月三日)、菖蒲(五月五日)、麦縄《むぎなわ》・素麵(七月七日)、菊花(九月九日)を神前に供える節供が行われた。これらの品目は、宮中の節日行事で供される季節の品目と共通している。正月元日に奉る白散の出所は、賀茂社・松尾社では朝廷より、宇佐宮では国衙からの供進物であり、公的な関わりのある行事であることを示唆する。このほか、宮廷文化の舞楽・神楽なども、神社の芸能として定着している。

神社の仏事・法会は、明治の神仏分離によって、神社から仏教施設が除かれるとともに、神社恒例行事から除外されたが、それ以前は、神の霊験を高める作法として、仏事が重視された。その代表的な仏事として、修正会、灌仏会、一切経会、八講会、法華会などがあげられる。仏教行事を行う場は、神霊が宿る神殿以外の社殿施設や廻廊、神域近くに建立された神宮寺やその他の仏教施設などを中心に催された。神社内では神職と僧侶とは協力・補完の関係にあったが、神事の中で隔離意識もみられた。

このほか、神社独自の創祀伝承に関わる神事、朝廷や国衙が関与する公的性格の強い祭祀などが組み合わされ、神社ごとの年中行事が成立した。年間の恒例神事が繰り返されることは、地域の秩序づくりと安定化につながり、疫病や自然災害を鎮める臨時の祭りは、復興を促進する機能をもった。

（鈴木聡子）

二　日本の神社五十選

獅子(旧岡田本『年中行事絵巻』, 國學院大學神道資料館所蔵)

日本の神社五十選（五十音順）

阿蘇神社（熊本県）／熱田神宮（愛知県）／安房神社（千葉県）／生田神社（兵庫県）／伊勢神宮（三重県）／石上神宮（奈良県）／嚴島神社（広島県）／出雲大社（島根県）／石清水八幡宮（京都府）／宇佐神宮（大分県）／大神神社（奈良県）／大山祇神社（愛媛県）／香椎宮（福岡県）／鹿島神宮（茨城県）／春日大社（奈良県）／香取神宮（千葉県）／賀茂御祖神社・賀茂別雷神社（京都府）／神田神社（東京都）／北野天満宮（京都府）／吉備津神社（岡山県）／熊野本宮大社・熊野速玉大社・熊野那智大社（和歌山県）／気多大社（石川県）／気比神宮（福井県）／金刀比羅宮（香川県）／寒川神社（神奈川県）／志波彦神社 鹽竈神社（宮城県）／白山比咩神社（石川県）／住吉大社（大阪府）／諏訪大社（長野県）／太宰府天満宮（福岡県）／鶴岡八幡宮（神奈川県）／出羽三山神社（山形県）／鳥海山大物忌神社（山形県）／貫前神社（群馬県）／東照宮（栃木県）／筥崎宮（福岡県）／氷川神社（埼玉県）／日前神宮・国懸神宮（和歌山県）／日吉大社（滋賀県）／平野神社（京都府）／富士山本宮浅間神社（静岡県）／伏見稲荷大社（京都府）／二荒山神社（栃木県）／真清田神社（愛知県）／松尾神社（京都府）／三嶋大社（静岡県）／宗像大社（福岡県）／八坂神社（京都府）／彌彦神社（新潟県）／吉田神社（京都府）

伊勢神宮（いせじんぐう）

（正式名称は「神宮」）

（内宮）皇大神宮
（外宮）豊受大神宮

祭　神　（内宮）天照坐皇大御神《あまてらしますすめおおみかみ》（天照大神）
　　　　（外宮）豊受大御神《とようけのおおみかみ》
鎮座地　（内宮）伊勢市宇治館町
　　　　（外宮）伊勢市豊川町
例祭日　（神嘗祭）
　　　　（内宮）十月十七日
　　　　（外宮）十月十六日

式年遷宮　杉木立ちの鬱蒼《うっそう》とした浄闇《じょうあん》の中、「カケコウ」という鶏鳴三声を合図に、勅使（古くは奉遷使という）が「出御」を告げると、絹垣《きんがい》に囲まれた「神御」（御正体《みしょうたい》）は、威儀を正した神職の行列に守られながら新宮に遷される。来る平成二十五年（二〇一三）十月、第六十二回神宮式年遷宮の遷御《せんぎょ》のはじまりである。

式年遷宮は、律令国家の祭祀制度が整備された天武天皇のとき、立制された。皇后の持統天皇は天武天皇の遺志を引き継ぎ、第一回内宮遷宮は持統天皇四年（六九〇）、外宮は二年後の同六年開始された（『太神宮諸雑事記』）。遷宮制度の導入は、皇位継承儀礼の整備とともに進められた国家の大事であった。

持統天皇の即位儀礼は内宮遷宮の年の元旦に行われ、代替わりの大嘗祭は翌年十一月に斎行される。神宮祭祀と宮廷祭祀との間には一体の関係が保たれ、その最大儀礼が式年遷宮と大嘗祭であった。毎年旧暦九月、初穂を奉献する神嘗祭が二〇年に一度式年遷宮となり、十一月の天皇祭祀、はじめての新嘗祭が大嘗祭となる。

二〇年という周期は、建築の耐用年数の限界説をはじめ諸説あるが、天皇一代一度の大嘗祭との対応関係をみていくと、二〇年を一世代とする秩序回復の志向に由来している。

第四回内宮遷宮は天平十九年（七四七）に行われ、この時から荒祭宮《あらまつりのみや》・月読宮《つきよみのみや》・伊雑宮《いざわのみや》・瀧原宮《たきはらのみや》の四院の別宮遷宮が加わり、規模は拡大された。また、『正倉院文書』のなかに、天平十九年の遷宮に使用されたと推定される金物を書き記した「内宮殿舎飾金物注文」という文書があり、これが現存する最古の確実な遷宮関係の記録である。

古代の遷宮は、朝廷から造宮使が任命されるほか、神宝

式年遷宮(歌川国芳「伊勢太神宮遷御の図」)

使、遷御を司る奉遷使(祭主大中臣氏が任にあたる)が遣わされた。造営は神戸《かんべ》がおかれた伊勢・美濃・尾張・三河・遠江の五ヵ国の国司・郡司が役夫《やくぶ》を率いて工事にあたり、その費用は神郡と神戸の神税が用いられ、不足したときは正税から支弁された。

平安中期になると、全国一律平均に荘園・公領を問わず、すべての土地に対して賦課していく役夫工米《やくぶくまい》の制度が導入され、中世的造営形式が始まる。こうした全国的な賦課制度は、遷宮のため役夫工米のほかに、造内裏役・大嘗会《だいじょうえ》役があり、ともに国家の重事とされた。

遷宮は中世後期になると、財政事情により中断を余儀なくされた。この事態に、尼僧慶光院清順《せいじゅん》は諸国を勧進し、宇治橋の造替を成し遂げた。ついで朝廷の許しをえて、勧進をすすめ、一三〇年間絶えていた第四十回外宮遷宮が永禄六年(一五六三)に行われた。さらに織田信長・豊臣秀吉の支援により、第四十一回内宮と外宮遷宮が天正十三年(一五八五)の同年に斎行された。これまで二年間隔で内宮と外宮の遷宮を行うことを原則としたが、天正遷宮は両宮同年遷宮の開始である。以降、同年遷宮が恒例となった。

近世に入り徳川幕府の体制が確立すると、遷宮費用は幕府が全面負担するようになる。また、近代の遷宮費用はすべて国庫支弁となる。そして戦後の遷宮は、国民一般の寄進を募って行われる民間総意の造営となっている。

内宮と外宮の鎮座

神宮の創祀は、垂仁天皇の時代と伝える(『日本書紀』)。皇祖神天照大神は自身の御魂代《みたましろ》として御鏡を皇孫《すめみま》に授ける。宝鏡奉斎の神勅に基づき、以後は天皇の御殿に鎮まることになったが、前代の崇神天皇六年に国内は乱れ、天皇の御殿の内に天照大神と倭大国魂神《やまとおおくにたま》とを一緒に奉斎することは、畏れおおいことであるため、皇女豊鍬入姫命《とよすきいりひめ》に託して倭の笠縫邑《かさぬいのむら》に祀った。ついで垂仁天皇二十五年(一説に同二十六年)皇女倭姫命により伊勢の五十鈴《いすず》川《がわ》の川上に鎮祭されたという。

神宮鎮座の時期にあたる垂仁天皇の宮都は纏向珠城宮《まきむくたまきのみや》、つづく景行天皇は纏向日代宮《ひしろ》に置かれていた(『日本書紀』)。纏向は奈良県桜井市、三輪山の北西にあたり、近年三世紀中頃の宮殿遺跡が発掘されている。この地域は初期ヤマト王権の発祥地ともいうべきところで、纏向の地から立春の頃、太陽は三輪山の山頂に姿をあらわすという。その延長線上、東南東の方向八〇キロ先に、内宮(皇大神宮)は鎮座している。さらに進むと志摩半島を海へ突き抜けたところに、倭姫命によって御贄《みにえ》のアワビを天照大神に納めるように定められた国崎《くざき》がある。纏向・三輪山・神宮・国崎がほぼ一直線上にあることは、纏向の地から三輪山に向かい、山頂に昇る太陽を拝して、その東方に太陽神(日神)をまつる聖地が求められた。

内宮の祭神、天照大神は唯一絶対ではなく、最高最貴の神として位置づけられてきた。忌部氏伝来の諸伝を集めた『古語拾遺』によると、天照大神は祖宗にして、尊いことは他になく、そのほかの神々は子であり、臣であると記されている。戦後、神社界が新しい神社の体制づくりを試み、八幡教・天神教・稲荷教など、同じ神社信仰で結集する意見も一部にあったが、神宮を全国神社の「本宗」に仰ぐことが選択されていったのも、古代以来の歴史と伝統に基づいている。

外宮(豊受大神宮)の創祀は、雄略天皇二十二年(戊午の年=四七八)と伝える(『太神宮諸雑事記』)。天皇の夢に天照大神があらわれ、丹波の比治《ひじ》の真奈井《まない》に坐す御饌《みけ》つ神を、わがもとに来るように、と告げられた。以来、神宮における毎日の食事、日別朝夕大御饌祭は、外宮の御饌殿《みけでん》の殿内で、天照大神はじめ諸神を迎えて、朝夕二度欠かすことなく供えられてきた。異伝(『諸雑事記』)によれば、当初、御饌は外宮から内宮へ搬送していたが、神亀六年(七二九)御饌殿が創建されたと伝える。御饌の品目は、御水《おんみず》・御飯《おんいい》・御塩《みしお》・

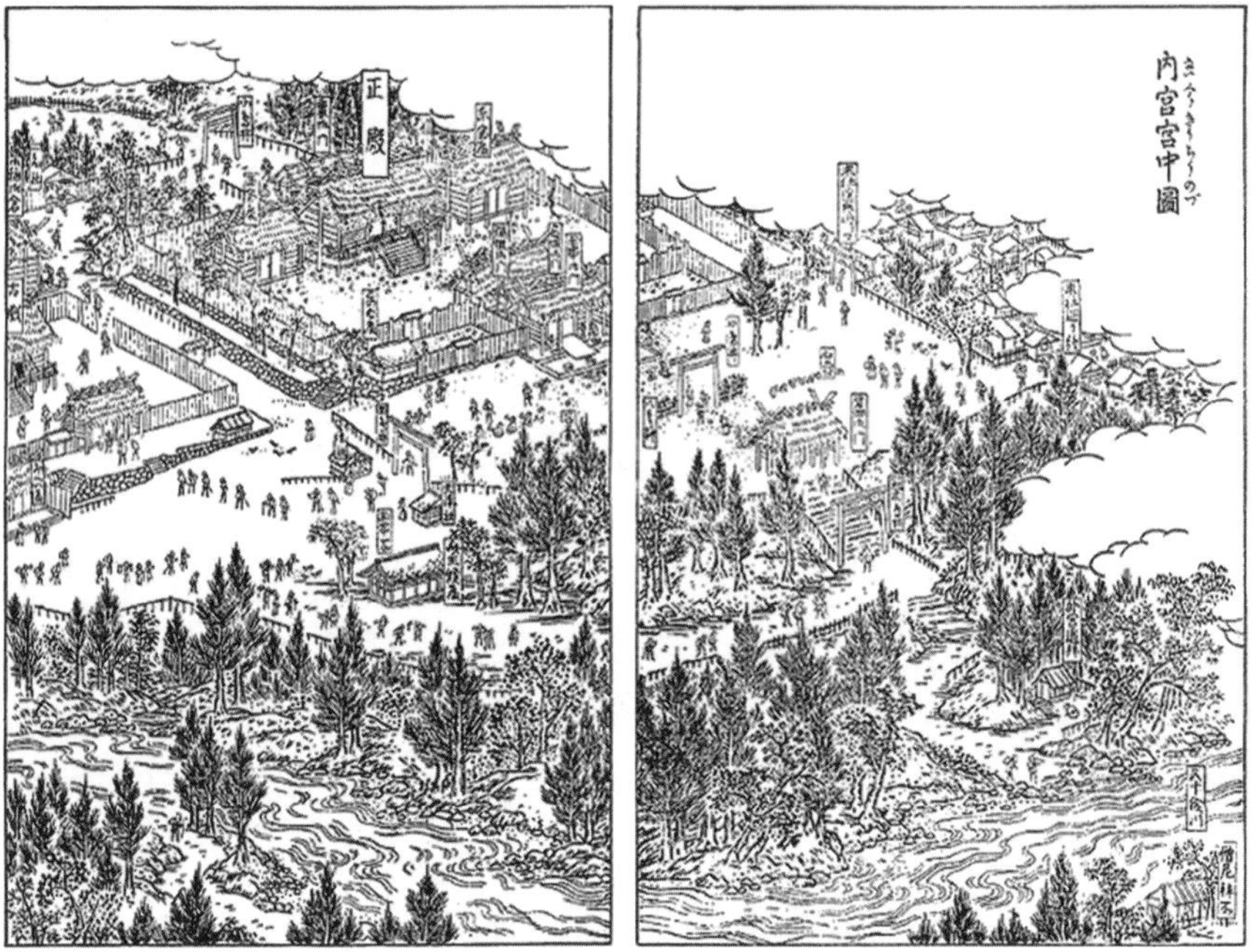

内宮宮中図(『伊勢参宮名所図会』巻之五)

御正殿(伊勢神宮の内宮，神宮司庁提供)

御贄《みにえ》などであった（『止由気宮《とゆけぐう》儀式帳』）。

稲荷山古墳の鉄剣銘（辛亥の年＝四七一）にみえるワカタケル大王（雄略天皇）の時代、内宮・外宮の二宮祭祀は成立し、外宮を先に祀る「外宮先祭」を例とした。これは、御饌つ神を先に祀り霊威をたかめ、最上の神饌を天照大神に差し上げるための、祭祀の本義に基づくことであった。

神宮が特に注目を集めるようになるのは、天武天皇朝からである。壬申《じんしん》の乱（六七二年）に際して、吉野に兵をあげた大海人皇子《おおあまのおうじ》は、伊勢国に入り朝明郡から遙かに皇祖神を祀る神宮を拝して戦勝祈願を行なった。大友皇子側に勝利した皇子は、宮都を近江から旧都の飛鳥に戻し、翌年、浄《きよ》御原《みはら》宮において即位する。天武天皇は即位後、直ちに斎王に大来《おおく》皇女を定めて伊勢に遣わし、神宮重視、報賽の気持ちをあらわした。式年遷宮の立制もその一つであった。その後、斎王制度は南北朝期、後醍醐天皇皇女、祥子内親王まで続いた。

神宮は律令国家の祭祀体制のもとで、別格の待遇をうけ、神郡は伊勢国度会《わたらい》・多気《たき》の二郡（のち神八郡）、神戸は一一三〇戸（『新抄格勅符抄』）が設けられている。また、平安期に入り、大神宝使・二十二社の筆頭社に位置した。神階では、多くの著名神社が神階を上昇する中で、神宮の神は神階を授与されることはなかった。これは天皇が位階をもたず、授与権者であることに相当することであり、天皇と皇祖天照大神はつねに不離一体の存在として意識されていた。

神宮の創祀説は、『日本書紀』垂仁天皇の時代、三世紀代から、律令国家の形成期とされる七世紀後半まで、四〇〇年間の幅があり、諸説混沌としているが、祭祀用の土器が大量生産されていた北野遺跡が六世紀、内宮の神域からも五世紀に遡る祭祀関連の遺物が採集されており、五世紀以前に伊勢祭祀の源流を求めることが可能である。この時期は、全国的に祭祀遺物の体系化、共通項が確認できる、祭祀上の転換期でもあった。

心の御柱と由貴大御饌　神殿の隣の御敷地《みしきち》（古殿地《こでんち》ともいう）に見える小さな覆屋、ここが次期遷宮の御正殿の床下に「心《しん》の御柱《みはしら》」が建てられる場所である。平安初期に朝廷に提出された『皇太神宮儀式帳』には、「正殿の心柱」とあり、別名を「忌柱《いみはしら》」と呼んでいる。遷宮儀式は、山口祭と心の御柱の用材を伐り出す木本祭《このもとさい》から始まり、心の御柱については、口外してはならない秘儀とされてきた。

神明造の建築工法からいえば、心の御柱は建物を支える役割はなく、棟持《むなもち》柱の方が重要である。心の御柱は、二十年間にわたり、御正殿の床下に奉建され、その後も次の遷宮まで、覆屋の中に残されつづける。それは先例どおり、最初に定めた場所に交互に移る基軸になっているのであり、「天御量柱《あめのみはかりのはしら》」と呼ばれる所以《ゆえん》である。

明治以前まで、年中三度の神嘗祭《かんなめさい》と六月・十二月の月次《つきなみ》祭（三節祭《さんせつさい》）のとき、御饌は、御正殿床下の心の御柱の前に、柏の葉に盛られていた。これを由貴大御饌《ゆきのおおみけ》という。御柱を中心とした庭上祭祀は、御正殿が出来る以前の祭祀形式を想定することができる。心の御柱の上に御正殿が完成すると、古形の祭祀伝統を踏まえつつも、「神御」（御正体）である八咫鏡《やたのかがみ》を真下で支える杖となる。斎王は御杖代《みつえしろ》として祭祀に奉仕し、つねには心の御柱が御杖の役目をつとめた。御杖である心の御柱が破損し、不吉な前兆が起これば、大神の怒りをかうと恐れられた。

この由貴大御饌の品目の中で最も重視されてきた神饌は、志摩の国崎（鳥羽市国崎町）の海の民が納める産地直送の新鮮なアワビである。

由貴大御饌の供進は、午後十時に夕大御饌《ゆうべのおおみけ》、午前二時に朝大御饌《あしたのおおみけ》が奉られる。時刻は大嘗祭・新嘗祭とも一致する。神饌は忌火屋殿《いみびやでん》で調理され、内宮では生のアワビのみ最後の調理が残されている。平安初期、五十鈴川は二股に分かれ中島となっており、ここに黒木の橋をわたして御贄の神事が行われ、この三節祭以外は渡ることはできなかった（『皇太神宮儀式帳』）。今は五十鈴川の瀬の階段下に御贄調舎は移され、儀式は豊受大神の石畳の御座の前で、御贄のアワビに小刀《かたな》で切れ目をつくり、御塩をかける所作がある。調理が終ると、辛櫃《からひつ》に納められた神饌は瑞垣の奥深くへ進

五十鈴川の清流

み、浄闇の中に消えてゆく。

明治以前までは三節祭の前に内宮の荒木田《あらきだ》神主、外宮の度会神主らの一族が伊勢と志摩の神堺の島々へ行き魚介類を獲る神事があった。内宮は贄海《にえうみ》神事、外宮は荒蠣《あらがき》神事という。外宮の度会神主と磯部(石部)とは、同族の伊勢・志摩の磯辺に住む海の民を出身としており、磯部は「伊勢部」(『古事記』応神天皇条)に通じ、伊勢の呼称の語源になっている。みずから収獲した新鮮な魚介を、丁重に供進する神主の姿は、古代祭祀の基本形とされる。

私幣禁断と公卿勅使　古代の神宮では、天皇以外の奉り物を禁止する私幣禁断と仏法禁忌が厳しく守られてきた。皇祖神をまつる神宮は、天皇のみが祭祀権を掌握する国家の宗廟《そうびょう》であり、天皇以外の者が、個人的な奉り物(私幣)を納めることは禁じられていた。したがって、私的な祈禱・祈願は認められてはいない。

臨時奉幣のため、参議と三位以上の公卿を勅使として遣わす伊勢公卿勅使は、国家祈禱のための重要な公務であった。神宮は平安中期に確立する二十二社奉幣の筆頭社として高い地位を維持し、臨時奉幣とも連動していた。律令国家が運用する伊勢奉幣は、皇親の王、中臣氏・忌部氏(これに卜部が伴われ四姓使といった)が遣わされたが、さらに公卿を加え、天皇御願の意志をより鮮明にし、天皇の筆が入った宸筆宣命を携えることもあった。

永久二年(一一一四)正月から二月にかけて、神宮に権中納言藤原宗忠が遣わされた。勅使に選任されると、その夜から、潔斎のため念誦の仏事を中断し、僧尼に面会することも禁ぜられた。そして、勅使経験者からの助言では、信心を先とすること、道中安全のため武者を同行することなどが伝えられた。また、私の奉幣は禁止であり、公家を祈り、のちに心中で思うところを祈念するようにと指示された(『中右記』)。出発の当日、天皇から宣命をいただき、関白から神宮で宣命を読み上げたあと、焼却するようにとの指示があった。これは近代の例であるという。

宗忠は参宮の帰途、大風雨になり宮川を渡ることができず、徹夜で天候の回復を待った。宮川の内で勅使は宿泊しないという禁忌があったからである。神宮でこの災難を受けた宗忠は、「風雨においては、何の祟りの事かを知らず、慎むべく恐るべきなり」と日記に綴っている。

平安後期に入ると、個人祈願を扱う伊勢の下級神官である権禰宜《ごんねぎ》層の活動が目立つようになる。権禰宜たちは東国に新天地を求めて、神宮の所領である御厨《みくりや》の建立に積極的に関与した。東国の領主たちは土地を神宮に寄進して、権禰宜たち口入神主《くにゅうかんぬし》との間で師檀関係を結び、檀主の私的祈願の仲介に応じた。ここに私幣禁断の原則は崩れ、伊勢の御師《おんし》(御祈禱師)の淵源となり、大神宮信仰による神徳の宣揚が努められた。

特に、源頼朝は大神宮信仰に熱心であり、外宮の度会《わたらい》氏を御祈禱師にして「公私」の祈禱を行わせ、砂金・神馬を奉納した。また、遷宮にあたっても、役夫工米の徴収に積極的に協力した。武家政権の神宮への崇敬は、農村を基盤とした武士らの信仰的営みに連係していった。公家とともに鎌倉・室町の幕府も神宮重視の政策は一貫しており、室町将軍家の義満は明徳四年(一三九三)以来何度も参宮を遂げ、十五世紀前半には義持・義教もたびたび参宮している。この時に、祈禱する御師の役を務めたのは朝廷の官であり神宮の頂点に立つ祭主(大中臣姓藤波家)であった。

僧徒と庶民の参宮　神宮でも仏教の影響から免れることはできなかった。奈良後期には、大神宮寺(逢鹿瀬寺)が神宮から一〇キロ離れたところに建立された。神仏関係のなかで、もっとも距離を置いた関係であった。平安時代には仏・経・寺・僧など仏教語を忌詞にして、仏法禁忌と神仏隔離は実践されつづけたが、平安末期になると高僧の間に、日本の神の力添えを得て仏道に励むことこそが末法の世に生きる僧侶のありかたとされ、神宮側も仏教を排除する伝統が薄れていく。

とりわけ東大寺の再興に尽くした俊乗房重源《ちょうげん》は、外宮・内宮に参詣して大神の加護をうけることを望んだ。文治二年(一一八六)重源は東大寺造営の大事業を控えて、成就祈願のため僧侶六〇人を引き連れ集団参宮した。昼間の僧侶参宮は憚られるので外宮では夜陰に紛れて詣で、内宮では二、三人ずつ分散して参宮した。以後も何度か参宮し、大神の加護により、難事業を完成させた(『東大寺衆徒参詣伊勢太神宮記』)。鎌倉時代を通して僧侶の参宮は跡を絶たず、貞慶・叡尊・無住・一遍・他阿など、多くの僧侶が参宮した。

こうした僧侶の参宮と仏教側の神道への理解・傾斜が、これまで清浄を専らとし、言挙げすることを避けてきた神宮神主の間に、神道に対する自覚意識が現われ、外宮神主を中心にして伊勢神道の形成へとつながった。

中世以降は、武士層に限らず幅広い階層まで大神宮信仰は浸透していった。その発展の担い手は、御師の動向である。御厨を活動の基盤にしながら、次第に地方へ地域へと広がりをみせ、農村地帯の農民層に受け入れられる信仰となっていった。

その祈願は、農耕の順調な成育と現世の利益に願いの中心がおかれていた。祈禱の作法は、中臣祓を読み念じることで、すべての願いは叶うといわれ、病気・お産などに効能があるとされ、度数祓のほか、略祓の一切成就祓によって、檀主の願望に応えた。その際に祓串《はらいぐし》の御麻《みぬさ》を箱に納め、祈願主に送って祈禱札としている。現在、各戸に配られる神宮大麻《じんぐうたいま》の源流はここにある。

庶民の信仰は式年遷宮にも向けられた。鎌倉期、弘安の外宮遷宮の参詣人は「遠近万邦の参宮人、幾千万を知らず」(『勘仲記《かんちゅうき》』)と書かれている。遷宮をめざして参詣人は増加し、静寂の中で行われる遷宮から、神領の民・庶民をも巻き込んだ動的な祭祀へ変貌したのは、中世以降である。現在も旧神領民によって盛大に催される「お木曳《きひ》き」「お白《しら》石《いし》持ち」行事の起源は、室町時代の記録によって、この時代までさかのぼることができる。遷宮の最大行事である遷御も、参詣人で溢れ、絹垣の中にまで人々が入り込むという活気ある動的な祭りになっていった。これらも、大神宮信仰が庶民に支えられていったことの結果といえる。

中世後期になると都市民・農民層を問わず、庶民に幅広く信仰が伝播していった。伊勢の神をまつる神明社は、各地の御厨の成立に伴って、勧請されることが多かったが、さらに、神領・御厨に関係なく、飛神明・今神明と称して勧請される例が増えてくる。特に京都とその近辺の洛中洛外である都市民に信仰された。新しく外から来る今来神《いまきのかみ》は霊威の強い神として丁重に迎えられた。

御師たちは各地の伊勢講に出向き、檀那廻りをして御祓祈禱の御麻と一緒に、宮笥《みやげ》物(土産物)として、熨斗《のし》・海苔や伊勢特産の白粉《おしろい》などを配って廻った。近世になると伊勢暦が加わる。農耕生活に欠かせない農事に詳しい伊勢暦の頒布は大いに歓迎された。

京都の医師、坂十仏は康永元年(一三四二)伊勢参宮に出掛けた。外宮では度会家行が案内し、真実の参宮作法は、こころにいのるところなきを内清浄といい、潮をかき水をあびて、身にけがれたるところなきを外清浄といい、この二つを実践することにより、内外清浄になり、神の心と我が心とが一体になると説明を受ける。また祈願のことは、直接、大神にお願いするよりも、荒御魂《あらみたま》である多賀宮を先にお参りして祈るように薦められている(『伊勢太神宮参詣記』)。大神宮信仰には、ほかの神社では窺うことのできない、特別の禁忌・秘事が数々伝承されていた。

伊勢参詣曼荼羅の世界　中世末期、キリスト教宣教師の報告によると、伊勢に「行かざる者は人間の数に加ふべか

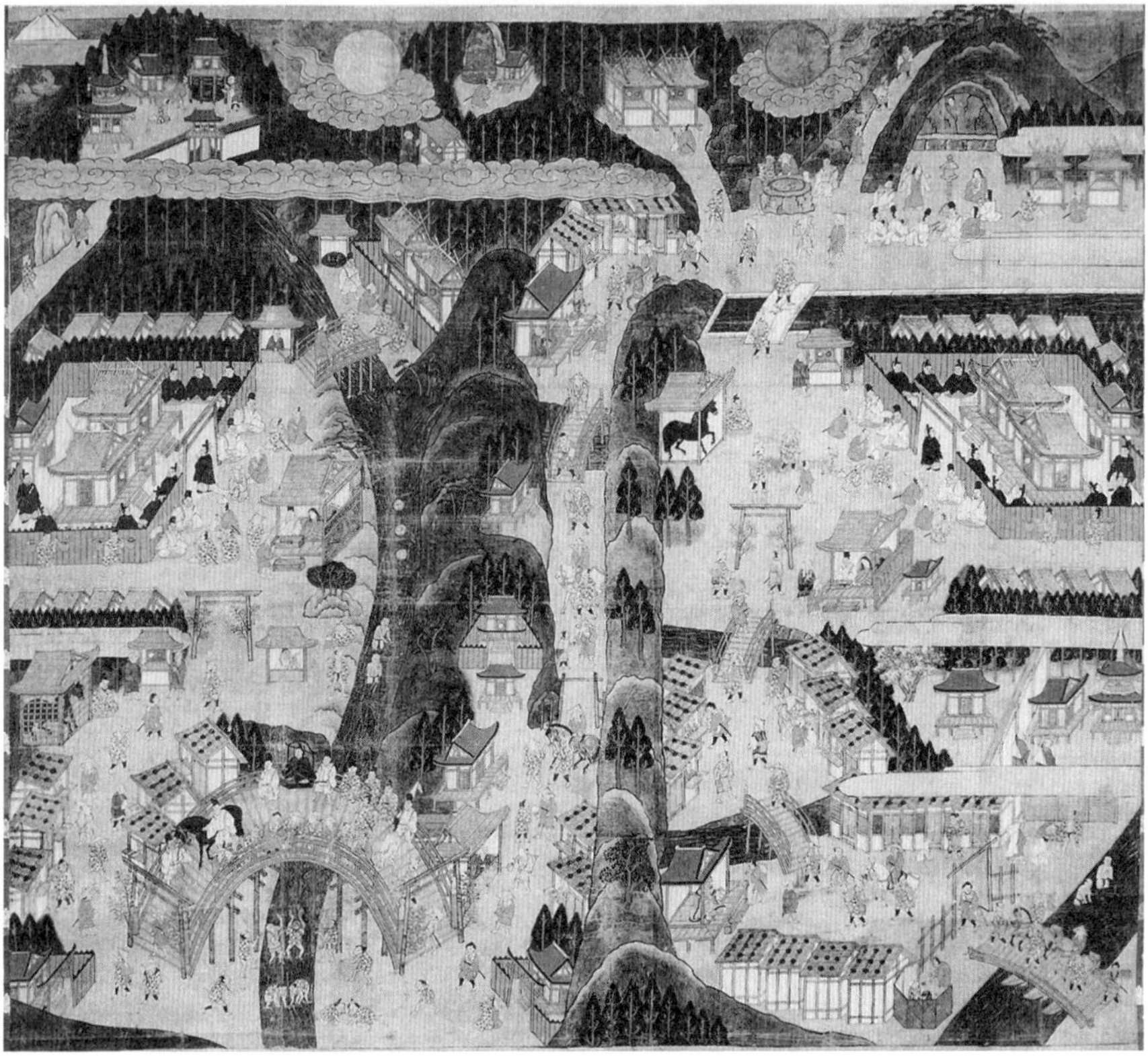

伊勢参詣曼荼羅(神宮徴古館農業館所蔵)

らず」といわれたほど、熊野詣を凌ぐ勢いで伊勢参宮は活況を呈していた。その様子を描いた画面が「伊勢参詣曼荼羅」(神宮徴古館所蔵)である。

左右対称に日輪・月輪と内宮(左側)・外宮(右側)が配された参詣曼荼羅は、素朴な筆致であることに特徴がある。

画面は伊勢へ伊勢へと、参宮人の波は外宮と内宮をめざして進んでいく。右下の宮川が神境の入口であり、宮川を渡ると木戸があり、ここで禊・代垢離《だいごり》をし、巫女から川原の祓を受ける。外宮の神域までは、賑やかな門前町山田の町並みがつづく。

外宮の神域では束帯姿の神主が並ぶ。瑞垣の前では、白張姿の御師が参詣人を案内する様子が描かれている。外宮の裏には高倉山があり、天の岩戸と称する霊窟(高倉山古墳、現在は立入禁止)に参宮人は登り、巫女の神楽で祈願をしてもらう。岩戸から覗く女性の姿は天照大神であろうか。絵解きを受ける者たちが、その姿を発見した時、新鮮な感動を味わったに違いない。

次に内宮をめざして、間《あい》の山(古市)から宇治橋へと、天から地へ下って行く。宇治橋の側には慶光院の勧進尼の建物がみえる。橋の上では参宮人らが橋銭を五十鈴川に投げ、その下では銭を受けようとする人々の姿がある。ほかに、橋の上では神馬と輿に乗った貴人の一団がある。室町将軍家の神馬奉納のため、将軍家御師である大中臣祭主が、代参する様子を描いている。ここを過ぎると内宮神域へ至る。鳥居の右手では川で水垢離をする人たち。神域では正殿のほか摂末社へ数多く巡り参拝することが信仰的営みとして重んじられた。左上には天照大神のお姿である雨宝童子を祀る朝熊山金剛証寺がみえる。

この絵図は、庶民とともに勧進の僧尼、先達の修験山伏をはじめ、民間宗教者の姿も多く、庶民の大神宮信仰を支えた原動力と広がりを見ることができる。

参考文献　大西源一『大神宮史要』(平凡社、一九六〇)、西垣晴次『お伊勢まいり』(岩波書店、一九八三)、上田正昭編『伊勢の大神』(筑摩書房、一九八八)、桜井勝之進『伊勢神宮の祖型と展開』(国書刊行会、一九九一)、藤波家文書研究会編『大中臣祭主藤波家の歴史』(続群書類従完成会、一九九三)、上山春平ほか『伊勢神宮と日本の神々』(朝日新聞社、一九九三)、所功『伊勢神宮』(講談社、一九九三)、虎尾俊哉編『訳注日本史料　延喜式　上』(集英社、二〇〇〇)、神宮司庁編『神宮史年表』(戎光祥出版、二〇〇五)、中西正幸『神宮式年遷宮の歴史と祭儀』(国書刊行会、二〇〇七)、藤森馨『(改訂増補)平安時代の宮廷祭祀と神祇官人』(原書房、二〇〇八)、『伊勢市史』古代編・中世編(二〇一一)

(岡田莊司)

大神神社(おおみわじんじゃ)

鎮座地　奈良県桜井市三輪
祭　神　大物主大神《おおものぬしのおおかみ》
例祭日　四月九日、十月二十四日

大和の神奈備と大物主神　奈良盆地をめぐる青垣のなかでも、円錐《えんすい》形の秀麗な山容を見せるのが、標高四六七メートルの三輪山《みわやま》である。この山は、大和を去る額田王《ぬかたのおおきみ》が「三輪山をしかも隠すか」と、雲間に隠されたのを嘆きつつ惜別した山であり、その姿は大和を象徴する存在でもある。大神神社は、古代以来この三輪山を、神霊の鎮まる場として祭祀を続けてきた。

三輪山は別名「みもろやま」と言う。「みもろ」は神の来臨する所や神を祭る場所を意味し、「神奈備の三諸山《かんなびのみもろやま》」、「三諸の神奈備山」(『万葉集』)と歌われた。「神奈備」とは、神の座としての森林を指す言葉で、三輪山を「神奈備」とする大神神社には本殿はない。現在も、拝殿奥の三ツ鳥居から山を拝する形で参拝する古い形を残している。

この山に神が鎮まったのは、『記紀』では、出雲神話の国作りにまでさかのぼる。ともに国作りを行う神を求めていた大己貴神(大国主神)の前に海を光らして依り来る神が現われ、「吾をば倭の青垣東の山上に伊都岐奉れ《いつきまつれ》」と告げる。この神が「御諸山の上に坐す神」で、大己貴神の「幸魂・奇魂」とされる。

『出雲国造神賀詞』は、出雲の大己貴神の「和魂」を「倭の大物主櫛𤭖玉命」と呼んで、八咫《やた》の鏡に取り託《つ》けて「大御和の神奈備」に「天皇の近き守り神」として祀ったと伝える。

三輪山に祀られる「大物主神」は大国主神の別名である。「天皇の近き守り神」という宮都の守護神であり、朝廷の篤い崇敬を受け、天神地祇のうち「地祇」筆頭の神とされた(『令義解』)。

その一方で、この神は祟《たた》る恐ろしい神としての性格も垣間見せる。『記紀』は、次の伝承を伝えている。崇神天皇の時代、疫病がはやり、国中の人々が死に絶えるほど犠牲者が出た。この時、天皇の夢に大物主神が現われて大田田《おおたた》根子《ねこ》(意富多多泥古)に祭祀を行わせるよう教える。そこで、彼を探し出し、祀らせたところ、疫病は終息し、国内は平穏になったという。

古代の神々は、恵みを与えると同時に、祀り方を違えれば祟る恐ろしい神でもあった。このため、古代では祭祀が重要だったのである。三諸山(三輪山)に祀られる大物主神は、そのような古代の神の性格を象徴する存在といえるだろう。

三輪山の伝承　この大物主神は、『記紀』に多くの伝承を残す。その代表例が、神と女性が結ばれて子を生むという神婚譚である。『古事記』中巻、神武天皇の皇后選定は、その一つである。「美和の大物主神」は、三島溝咋《みしまみぞくい》の美しい娘、勢夜陀多良比売《せやだたらひめ》のもとへ丹塗《にぬ》りの矢となって川を流れ行き、厠《かわや》でホトを突く。神は麗しい男性となり娘と結ばれ、生まれた神の子が神武天皇の皇后となる。

崇神天皇の時代、大物主神の祭祀者として登場する大田田根子(意富多多泥古)の出生も、神婚譚で語られる。陶津耳命の美しい娘、活玉依毘売《いくたまよりひめ》のもとに、夜ごと端正な男が訪れていた。二人は結ばれて娘は懐妊するが、娘の父母はその男性の素性を知らない。そこで、帰る男の衣に糸を付けさせ、それを辿ったところ三輪山の「神の社」に到り、男は三輪の神であったと判明した。また、糸は三勾《みわ》が残されていたので、三輪の地名となったという(『古事記』)。神と活玉依毘売の子供の子孫が、大田田根子であり、彼は後の大神氏・三輪君の祖先である。

また、箸墓伝承《はしはかでんしょう》も著名だ。『日本書紀』は記す。孝霊天皇の皇女、倭迹迹日百襲姫《やまとととひももそひめ》は、大物主神の妻となる。神は昼には姿は見えず夜のみ通い来ていたが、妻の願いを聞き入れ、「美麗《うるわ》しき小蛇」の姿を現わす。しかし、この姿に妻は驚き、怒った神は三輪山に帰る。これを悔やむ妻、倭迹迹日百襲姫は、落胆したはずみに箸でホトを突き亡くなってしまう。彼女を葬ったのが「箸墓」だという。

三輪の神が蛇の姿だという話は、『日本書紀』雄略天皇七年にもあり、古代には広くそう信じられていたのだろう。この山の神はしばしば蛇の姿で現われ、時に人の姿となり、人と思いを通わし、子孫を残す神として語られた。

これら伝承の舞台となった三輪山周辺は大和王権成立の地である。大神神社の北西には、初期大和王権の中心地、纏向遺跡が広がり、近年の発掘調査では大型の建物跡が発見されている。また、倭迹迹日百襲姫が葬られたとされる「箸墓古墳」は、墳丘全長約二八六メートル、三世紀中ごろの築造と推定され、最初期で最大の前方後円墳である。大物主神や三輪山の伝承は、大和王権黎明の地を舞台に、三輪の神と大和王権との伝統的で深い結びつきを物語っている。

禁足地・祭祀遺跡の古代祭祀　三輪山祭祀の古さを象徴するように、三輪山の西麓には、大神神社拝殿奥の禁足地をはじめ古墳時代の祭祀遺跡が多く残る。

五世紀から七世紀の祭祀遺跡の多くは、山麓の大宮川と狭井川《さいかわ》沿いに見られ、須恵器と子持勾玉《こもちまがたま》を伴う点に特徴がある。三輪の神は、川を流れてその姿を現わしたと伝えられるが、三輪山祭祀は山麓を流れる河川と密接なつながりを持っていると言える。代表的な祭祀遺跡の山ノ神遺跡は、三輪山中の狭井川上流にあたり、巨岩周辺から滑石製子持勾玉や各種土製模造品などが多量に出土した。巨岩を磐座《いわくら》とし、三輪山の神を祭った人工の祭場と考えられる。多数の須恵器や子持勾玉が採集され、現在も信仰の対象となっている禁足地も三輪山から流れ出る大宮川に面している。こうした祭祀遺跡の立地は、三輪の神が水の恵みをもたらす神として、信仰されていたことを教えてくれる。そして、五世紀から六世紀にかけて、三輪山麓に複数点在していた祭祀の場が七世紀以降、次第に整備・統合されて古代の大神神社になったと考えられる。

三輪の神は、酒の神でもあった。「うま酒の三輪」と枕詞に詠まれるように、三輪と酒との縁は深い。「みわ」は神酒や酒を入れる器の古語とされ、「うまさけ」(味酒)の名の通り、三輪の神は酒造りの神とされる。『万葉集』には「い串立て神酒《みわ》すえまつる神主部《はふりべ》がうずの玉蔭見ればともしも」とあり、神主が「い串(斎串)」を刺し立て、酒器を地中に掘り据え神酒を奉るさまを詠んでいる。

三輪山と酒の伝承は古く、崇神朝に大物主神の祟りを鎮めるため、大田田根子は神主となって祀ったが、この時、高橋邑の活日《いくひ》は大神の掌酒《さかひと》となり酒を醸造した。活日は宴で天皇に神酒を献上する際に「この神酒は我が神酒ならず倭なす大物主の醸みし神酒幾久幾久」(『日本書紀』)と歌っている。大物主神は造酒神の神格を併せもっていたのである。山ノ神遺跡からは、杵・臼、匏・杓子、箕などを模った土製模造品が出土しており、大場磐雄は、これを酒造用具と関連すると考えている。

また、三輪山麓の祭祀遺跡を特徴づける須恵器は、四世紀末期、朝鮮半島から日本に伝わった、灰色をした硬質の焼き物だ。一〇〇〇度以上の高温で焼かれ、液体の保存に適している。これが三輪山の祭祀では、いち早く多量に使われている。おそらく、神酒を醸し、祭りの場では神酒を捧げたのだろう。その初期の産地が、『日本書紀』で大田田根子の出生地とされた「茅渟県陶邑」、大阪府陶邑窯なのである。大田田根子と須恵器・陶邑の関係、三輪の神と酒との深い縁、これら『記紀』が語る内容は、考古学的にも古く古墳時代まで遡る可能性が高い。

このような酒と三輪の神との関係から、現在では十一月十四日に酒まつり(醸造安全祈願祭)が行われる。この時、酒造家に「しるしの杉玉」が下される。三輪山の杉は、神が憑りつく神木として「三輪の神杉」と称され、その杉の葉を球形状にしたのが「しるしの杉玉」である。拝殿前には直径一・八メートルの大杉玉があり、祭り前夜、杉の葉の香も芳しい新たな玉に架け替えられる。杉玉は「酒ばやし」ともいわれ、酒蔵の軒下に吊り下げ、全国の造酒家の守護神として信仰されている。

律令時代の祭　律令時代、『神祇令』では大神神社を祭る「鎮花祭《はなしずめのまつり》」が、国家の恒例祭祀として位置付けられた。春三月、疫病を防ぐため、大神神社と荒魂《あらみたま》を祀るものである。春の花が飛散する時に疫神が分散するのを防ぐため「鎮花」と呼ばれるという(『令義解』)。もう一つ、『神祇令』で四月の恒例祭祀とされた三枝祭は、平城京内に鎮座する率川神社《いざかわじんじゃ》(率川に坐す大神御子神社)で行われる。ここに祭られるのは、その神社名からもわかるように三輪の神の御子神で、三枝花《さいぐさのはな》(山百合)で酒罇を美しく飾り神へと捧げる。大神神社が、飛鳥・藤原京の守り神であるのに対し、率川神社は、新たな都、平城京の守り神としての性格があったのだろう。いずれも、大物主神の子孫、大田田根子の系譜に連なる大神氏が祭祀を担当し、古代氏族が奉仕する古い祭りの伝統を残している。

春秋の例祭の大神祭は、この大田田根子を神主に迎えた故事に始まる。明治六年(一八七三)の改暦以前は四月と十二月の上卯の日に行われ、卯の日神事と称された。貞観年間(八五九〜七七)にはこの日が公祭と決められており、内蔵寮、中宮職から幣帛が奉られた(『延喜式』)。

また、『延喜式』神名帳には、大神神社は「大神大物主神社　名神大。月次。相嘗。新嘗」とあり、名神大社が複数存在する大和の地主神とされた。さらに、『延喜式』臨時祭では「祈雨神祭八十五座　並大」に含まれ、祈雨の神でもあった。そして、平安時代後期以降は、二十二社のうち中七社として幣帛が捧げられ、中世の祭りへと次第に移行し、大神氏の祖先神、朝廷の守護神から、大和国の一宮、三輪明神として多くの人々から広く信仰を集めることとなった。

三輪山の神仏習合　大神神社は、古代から独自の神と仏の関係が展開した場でもあった。神宮寺の大御輪寺(大神寺)は、その舞台となった。この寺の仏堂は、現在、若宮(現在の大直禰子神社《おおたたねこじんじゃ》)の社殿として残り重要文化財に指定されている。この建物は鎌倉時代、律宗を再興した叡尊《えいぞん》の頃のものであるが、これを解体修理する際、建物の下から、奈良時代の仏堂跡、さらに七世紀頃の豪族居館の跡が発見された。

『今昔物語集』によると、持統天皇の時代、中納言であった大神高市麻呂《おおみわたけちまろ》は自邸を大神神社に奉り大神寺としたという。七世紀頃の豪族居館は、大神神社の至近距離であることから、大神氏の居館と考えられ、『今昔物語』の説話を裏付ける。発掘調査成果から、奈良時代には仏堂が立ち、寺院として機能していたことは間違いない。

この時代に、本尊の十一面観音は作られた。現在、聖林寺に安置される国宝の十一面観音像である。木芯乾漆像で金箔をおしており、八世紀を代表する仏像の傑作である。古代、大神神社には神祇祭祀だけでなく、仏教信仰でも美しい文化が花開いていたのである。

このような大御輪寺も、鎌倉時代には衰退していたが、叡尊により再興された。西大寺の思円上人叡尊は、仁治二年（一二四一）に三輪宿で文殊像の開眼供養を行なって以降、たびたび三輪を訪れた。弘安六年（一二八三）には、三輪非人宿堂で四五八人に菩薩戒を授け、弘安八年（一二八五）には大御輪寺を再興して、供養の法会や授戒を行うなどして、三輪の地を戒律復興の一拠点とした。

再興の背景には、伊勢参宮との関係が考えられる。山の辺の道が通る三輪は、「いせみち、はせみち」に通じ、大和から伊勢へ通う要衝の地で、伊勢神宮への参詣路だった。平安時代末期に僧侶の伊勢参宮が頻繁になったことで、多くの僧侶が、この地に集まり、神宮寺の大御輪寺（大神寺・三輪寺）と平等寺を拠点に、真言密教と一体となった三輪流神道が成立したのである。

もう一つの神宮寺であった平等寺は、鎌倉時代の初期に三輪上人慶円《きょうえん》が真言灌頂の道場として開いた三輪別所から発展した寺で、真言系両部神道の三輪流神道が展開した。秘事口伝の相承のうち、慶円の弟子の幸円の記した神祇灌頂《じんぎかん》《じょう》の所作をみると、三種の神器を授ける秘伝では天照大神の神意に近づくよう念じるなど、伊勢に対する信仰が色濃く反映されている。

本来、三輪山麓は伊勢に御神鏡が鎮座する前の元伊勢の地である。また、三輪山は奈良盆地の東南隅、日の出の方向に位置し、山頂は式内社、神坐日向神社《みわにますひむかいじんじゃ》（大、月次、新嘗）の旧鎮座地であった。この地域は、もともと日の神の信仰と深い結びつきがあり、これが、伊勢の信仰と密接に関わる三輪流神道が成立する素地となったのであろう。

仏教と深い関係にあった中世以降においても大神神社の信仰の中心は、やはり美しい三輪山であった。「三輪山絵図」は、神社拝殿を中央に、その手前に神宮寺の伽藍を配置するが、最上段には堂々とした三輪山を描く。その山への信仰は現在も変わらない。そして、山から流れ出る大宮川の清い流れは境内を潤し続けている。

三輪山絵図　この古絵図は、大神神社の中世の景観を伝えている。最上段には三輪山が三峯の山に描かれている。中央の山裾には拝殿などの神社本宮の社殿がみえる。ほぼ中央の参道の東上部には平等寺の諸伽藍が、西側下部には若宮(大御輪寺)などが描かれている。この三所を中心に、里の寺院を霊場とする信仰が展開していたことがうかがわれる。

三輪山絵図(大神神社所蔵)

参考文献　『大神神社史』(一九七五)、『桜井市史』(一九七九)、大場磐雄編『神道考古学講座』五　祭祀遺跡特説(雄山閣、一九八二)、和田萃編『大神と石上』(筑摩書房、一九八八)、『奈良県史』(一九八九)、岡田莊司編『日本神道史』(吉川弘文館、二〇一〇)

(渡辺瑞穂子)

石上神宮(いそのかみじんぐう)

鎮座地　奈良県天理市布留
祭　神　布都御魂大神《ふつのみたまのおおかみ》・布留御魂大神《ふるのみたまのおおかみ》・布都斯魂《ふつしみたまの》大神《おおかみ》
例祭日　十月十五日

布留の社　大神神社から山辺の道を北に巡ると、布留《ふる》山《やま》の麓に「布留の高庭」の社、石上神宮が、深い緑に囲まれて見えてくる。太古の面影を残す七万坪の境内地は、『万葉集』に歌われた「檜原《ひばら》」のヒノキの木立を今にとどめ、訪れる人を静かに古代へ誘《いざな》う。

石上神宮は『延喜式』神名帳では「石上坐布都御魂神社」とあり、祭神は布都御魂大神・布都斯魂大神という、刀剣の神である。神名のフツとは、刃物を振った時に空を切る音、ものを吹っ切る時にする音を表した言葉で、不吉なもの、邪悪なものを吹っ切る力があるという。布都斯魂大神は、素戔嗚尊《すさのおのみこと》が八岐大蛇を退治した天十握剣で「蛇の麁正《おろちのあらまさ》」(『日本書紀』)ともいう。

主祭神・布都御魂大神の伝承は神武東征にさかのぼる。熊野の丹敷浦《にしきのうら》では、土地の神の毒気が行く手を阻んだ。熊野の高倉下が夢のままに得た刀を神武天皇に献上すると、一行は俄かに元気を回復したという(『日本書紀』)。起死回生の呪力を秘め、窮地を救う霊験を現わしたこの平国《くにむけ》の剣は国土平定の神と尊ばれたという。

神剣は、宮中で物部《もののべ》氏の遠祖・宇摩志麻治命《うましまじのみこと》が祀っていた。崇神朝に物部氏の祖・伊香色雄命《いかがしこおのみこと》によって石上布留高庭の地に祀られたので、当社は古代軍事を司る物部氏の氏神となったとされる。

石上神宮が鎮座する地は、特徴的な地形をしている。丘陵から麓へ流れる布留川は、神社周辺を谷口として奈良盆地に注ぎ込んでいる。川岸の布留遺跡からは玉造や祭祀遺構が発見され、その最も古いものは水に関する祭祀跡である。古墳時代中葉以降に祭祀場は布留川南岸の高台に移り、これが現在の鎮座地と推定される。「いそのかみ」の「かみ」は上、ほとりを意味し、石上は「磯の上」つまり、布留川の川べりの意味といわれ、布留川の川辺は古くから祭祀に関わる、祭祀の源流の場と考えられている。

この石上の地には、かつて安康天皇や仁賢天皇の宮が置かれ、刀剣・武具を納める古代朝廷の武器庫でもあった。同時に神宝に宿る神のための特別な祭りの庭とされた。累代の宝物は天武天皇の時に忍壁皇子《おさかべのみこ》が膏油《こうゆ》で瑩《みが》いて各氏族に返されたという(『日本書紀』)。それでも、桓武天皇が京へ搬出した時、一五万七千余人が必要だったというから(『日本後紀』)、武具の多さがうかがわれる。この時、石上の大神が頻りに鳴鏑《なりかぶら》を放つ音が聞こえ、神宝を納めた庫は倒壊するなどの怪異が続いた。宝を兵庫寮に収めたものの、桓武天皇は病に臥すという事態となる。平城京の女巫の託宣で、武器移送が天皇の不予の原因と判明したので、天皇の長寿を布留御魂に祈る鎮魂がこころみられた。さらに、天皇の年齢と同じ数の六九人の高僧に読経させ宣命を下すなど、神の慰撫につとめた。そして、武器は再び石上へと納められた(『日本後紀』)。この後、石上の門の鑰《かぎ》は官庫に納められ、神殿はたやすく開かぬよう、厳重に管理された(『延喜式』)。

禁足地と神剣　「布留の高庭」と呼ばれた当社は、明治まで本殿はなかった。拝殿の奥に石の瑞垣に囲まれた「禁足地」がある。そこは、古絵図に「御本地」「神ノ御座」等と書かれ、最も神聖視されてきた。なぜなら、ここに神剣、韴霊《ふつのみたま》が埋納されていると伝えられてきたからである。この言い伝えに基づいて、明治七年(一八七四)、大宮司の菅政友《かんまさとも》が発掘調査を行なった。その結果、青色管玉二五一をはじめとする多数の玉類、剣・矛などとともに剣が出土した。なかでも内反素環頭大刀《うちぞりそかんとうたち》は、内反りの刀身で、柄に直接、環状の装飾が付く特徴的なものである。禁足地から見つかった唯一の刀剣である。刀の特徴から、古墳時代前期、三〜四世紀頃の年代が推定できる。

祭神を刀とし、刀剣にまつわる神話伝承を鑑みても、この刀の存在は重要で、神剣・韴霊とされて、その奉斎のために、大正二年(一九一三)に建てられた本殿に納められた。現在も本社の御霊代として本殿内深くに安置されている。その他の出土品も四世紀頃の品々が多く含まれ、石上神宮の起源と、この時代は密接に関係することがうかがえる。

また、神聖な禁足地がある当地は、宗教的に特殊な場所とされた。住吉仲皇子《すみのえのなかつみこ》の叛乱の際には、皇太子だった履中《りちゅう》天皇《てんのう》は石上振神宮にかくまわれたという。

また、雄略朝には阿閉臣国見《あへのおみくにみ》という者が人を欺むいた報復をおそれて石上神宮に逃れたという(『日本書紀』)。禁足地だけでなくその杜も特別な場所で、隠れたら追いかけられずに、争いを免れることができたと考えられていた。

七支刀と鉄盾　垂仁天皇《すいにんてんのう》の時に高倉が建てられてから、さまざまな武器が神庫に収められてきた。その代表が、国宝の七支刀である。神功皇后《じんぐうこうごう》の時には、朝鮮半島の百済からもたらされた(『日本書紀』)。鉄剣・七支刀は、サボテン状に刀身の左右にそれぞれ三本の枝刃をもつ、特殊な両刃の剣である。その剣身の表裏には金象嵌《きんぞうがん》で六〇あまりの文字が記しており、冒頭の「泰□四年」が、東晋の年号「太和」とすれば西暦三六九年の製作となる。

このほか、高さ約一・五メートルの鉄盾が二面ある。「日の御盾《みたて》」と伝えられ、鉄板を鋲でつなぎ幾何学文様《きかがくもんよう》を表現している。大小さまざまな鉄板を鋲《びょう》で接合する技法から五世紀後半の製作と見られる。古墳に埋められた盾は、多くが有機質のためにくさってしまうことが多いが、この鉄盾は地上の神庫にしまわれたため、当時のままに残された、貴重な伝世品である。

神剣渡御祭　七支刀は神庫にねむる刀ではなく、祭りに現れる御霊代とされてきた。

六月三十日、夏越《なごし》の大祓《おおはらえ》を前に、神剣渡御祭が行われる。神剣渡御祭は別名「でんでん祭」という。太鼓をでんでんと打ち鳴らして行列が進む。大和では、春の祭が大和神社の「ちゃんちゃん祭」で始まり、夏祭はこの「でんでん祭」から始まる、という。昔は祭が終わると人々は浴衣《ゆかた》を着るならわしだったそうだ。

夏祭りの先駆けとなるこの祭では、太鼓を打ち鳴らしながら七支刀が境外末社の神田《こうだ》神社まで渡り行く。錦に包まれた神剣は邪気を祓いながら、大鳥居の先まで渡御する。神田神社では例祭に続き、菅笠を被った乙女のお田植祭などが行われる。

現在祭りに用いられる剣は国宝七支刀を模した代用の剣であるが、以前は百済からもたらされたという国宝の七支刀を馬上で振りつつ渡った。

かつてはこの祭りが布留川の川辺で行われていたとも伝えられる（『石上大明神縁起』など）。また、明治初年までは市内の三島町小字神田に鎮座していた神田神社の境内御旅所まで西北一〇町余りを渡御した。この旧社地には神饌田があって、この田で収穫された米一石が年間の諸祭に用いられた。神に捧げる御米が無事に育つよう、七支刀に祈りが込められていたと考えられる。

古代祭祀と石上神宮　石上神宮周辺の山は「石上振の山」（『万葉集』）と歌われた。布留社の「布留」は剣や神宝を「振る」の意味があるという。古代では霊威ある物を手に取り、振るうことでその威力が発揮されると信じられ、鎮魂祭はそうした信仰に基づく祭の一つと思われる。

新嘗祭の前の十一月二十二日の夜には、「一二三四五六七八九十」などの呪文を唱え、大榊に十種神宝《とくさのかんだから》をかけた神具を左右にふり動かすと、鈴の音に玉の緒が結ばれるといわれている。布留御魂大神の宿る十種の神宝は、崇神朝に神剣が石上布留高庭の地に祀られた時に、ともに祀られたと伝えられるものだ。

そもそも、十種瑞宝というのは、饒速日命が天降りの際に天津神から授けられ、「若し痛む処あらば、この十宝をして、一二三四五六七八九十と謂ひて振るへ。ゆらゆらと振るへ。此く為さば、死《まか》れる人も生き反らむ」と伝えられている。神武天皇即位時に、この宝で天皇の魂を鎮めて寿命長久を祈る鎮魂祭が行われたのがはじまりだという。

鎮魂祭、神剣渡御祭とならぶ祭礼は十月十五日に祀られる例祭(ふるまつり、田村渡り)である。鳳輦を中心に時代行列が厳島神社境内の御旅所まで片道約四キロを往復する。白河天皇が永保元年(一〇八一)九月に参議源俊明を勅使として奉幣し、走馬・十列が奉られたことが起源とされる。その渡御の様子は、絵額に二面一対で描かれて永享四年(一四

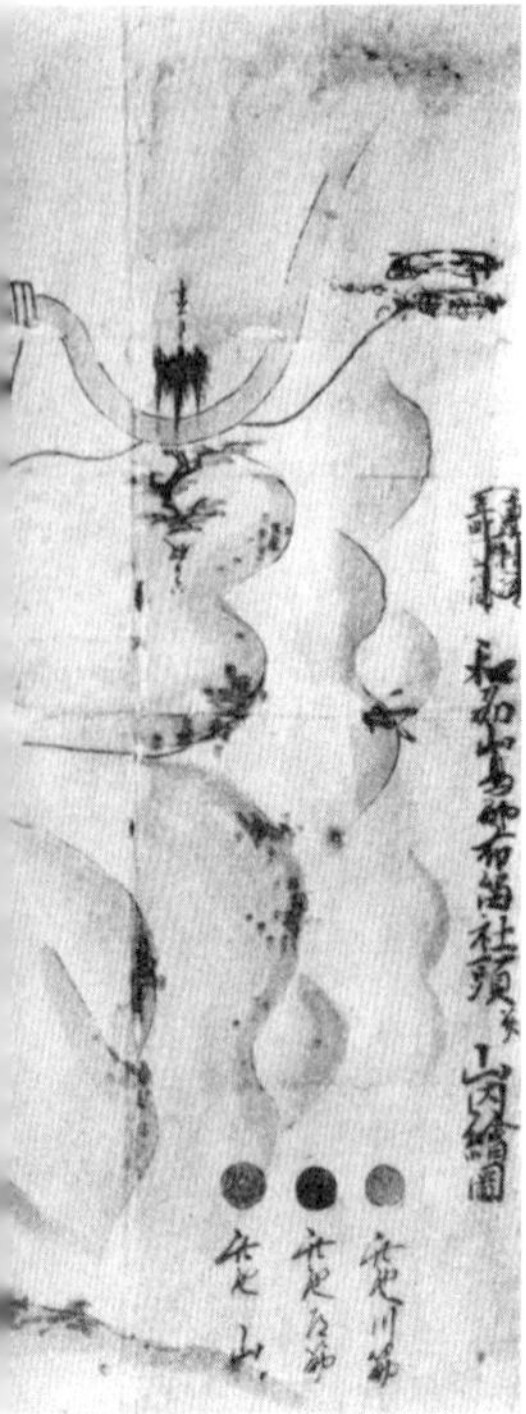

三二)の墨書銘がある。楽人・僧侶・神官・田楽法師・騎馬武者など五十余人の渡御の行列を窺うことができる。

朝廷の崇敬の篤かった当社は、月次・相嘗・新嘗に預かる名神大社で、二十二社に列した。神階は、石上神は嘉祥三年(八五〇)に正三位(『日本文徳天皇実録』)、貞観八年(八六六)には石上神宮寺が造営中の記事があり、翌貞観九年に正一位が奉授された。また、勲六等にも叙されている(『日本三代実録』)。

中世後期には朝廷の祭祀から久しく遠ざかり、布留川を挟んで布留郷が形成され、布留社の祭祀にあずかった。春日・興福寺による大和一国支配が進むなか、布都御魂は建御雷神《たけみかづちのかみ》の佩刀《はいとう》とする伝承から春日社の分身と解釈され、春日の神木による強訴には布留社の神剣の御輿が加わった。十五世紀中頃には興福寺の荘園支配に対抗して年貢不払いをし、布留一揆をおこすなど、布留社を中心に独自の団結をした時期もあった。

戦国時代には戦乱の影響も受けている。永禄十一年(一五六八)には、松永久秀が織田信長の援助をうけて大和に侵入したとき、尾張勢の乱入により拝殿

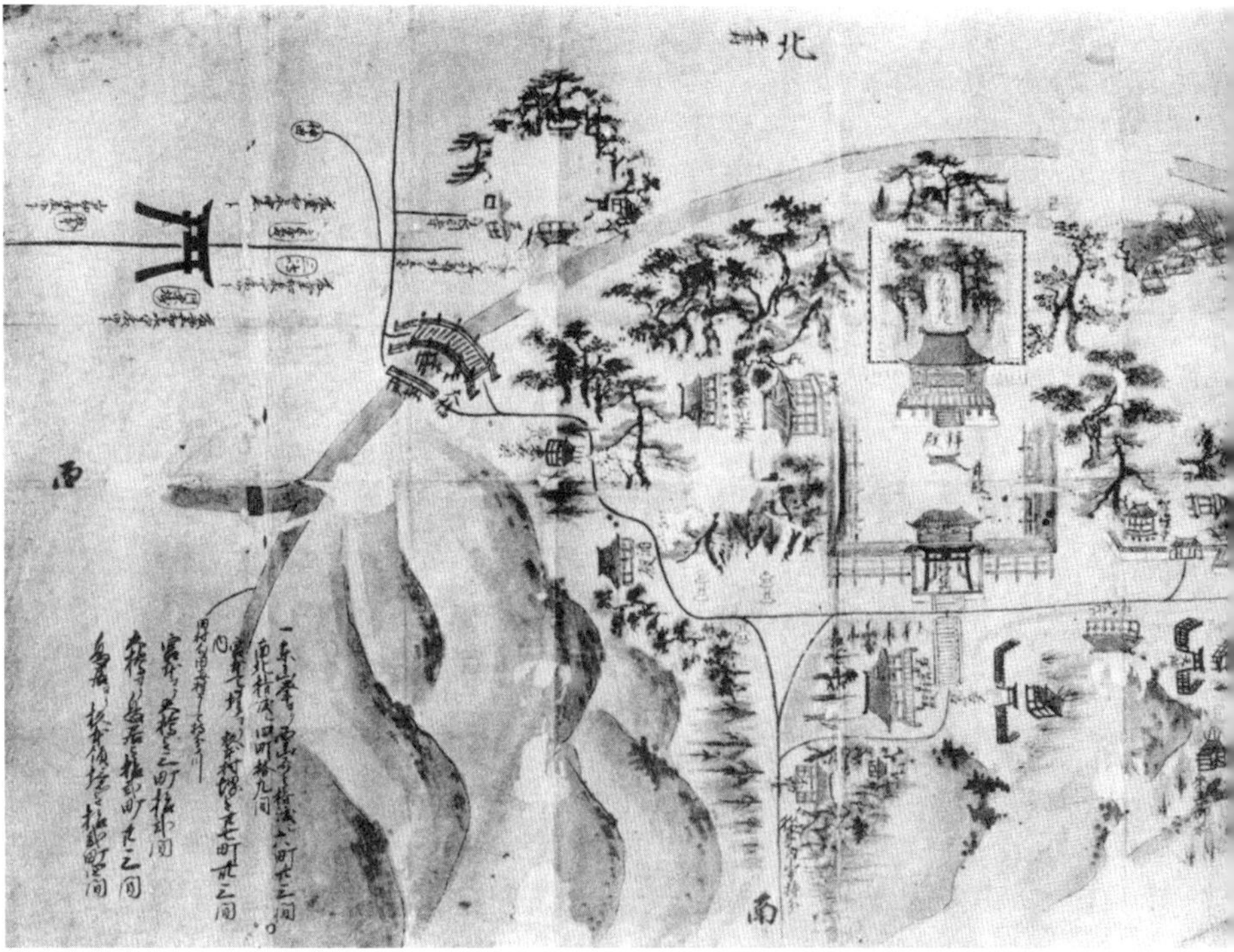

和州山辺郡布留社頭幷山内絵図（石上神宮所蔵）

や神庫が打ち壊され、宝物や文書類が散逸した。

社殿建築と境内景観　禁足地を拝むように建つ入母屋造りの拝殿（国宝）は、平安時代の建築を偲ばせる趣がある。寛治六年（一〇九二）七月に白河院の御幸があるなど、平安末期まで宮中での崇敬がみられ、宮中の神嘉殿を移築したとも伝えられる。その一方で、大仏様をした一部の様式から、現在では平安の古材を用いて鎌倉時代に作られたと考えられている。

また、大正三年（一九一四）には内山永久寺から摂社・出雲建雄神社拝殿（国宝）が移築された。内山永久寺は、興福寺大乗院の末寺で神宮寺的存在だったが、神仏分離によって廃絶し、残された鎮守社・住吉神社の拝殿が石上に移された。十二世紀にさかのぼる遺構は、かつて「西の日光」と呼ばれた大寺院を物語る貴重な姿をとどめている。

和州山辺郡布留社頭幷山内絵図　江戸後期の境内図「和州山辺郡布留社頭幷山内絵図」には、建物や木々が細部まで着色されて描かれている。禁足地は「石上御本地」と記し、剣先上の瑞垣に囲まれている。菅政友の発掘調査時には、禁足地の封土の下方から武器や玉類、上方からは中世の遺品類が発見されたことがうかがわれる。中世の古瓦類の発見から、かつてこの場所に建物があり、戦国時代の混乱時に倒壊して、現在に至った可能性が考えられている。

参考文献　『天理市史』(一九五八)、和田萃編『大神と石上』(筑摩書房、一九八八)、『奈良県史』(一九八九)、大場磐雄『まつり』(学生社、二〇〇〇)、〈新装版〉、『石上神宮』(二〇〇七)

(渡辺瑞穂子)

住吉大社（すみよしたいしゃ）

鎮座地　大阪市住吉区住吉

祭　神　底筒男命《そこつつのおのみこと》・中筒男命《なかつつのおのみこと》・表筒男命《うわつつのおのみこと》・神功皇《じんぐうこう》后《ごう》

例祭日　七月三十一日

社殿と社頭景観　住吉大社は神社の西側が正面である。阪堺電車が路面を通る道から境内に入り、大きな弧を描いた太鼓橋・反橋を渡ると、小高い丘に登る階段がある。これを登り、角柱の柱に貫が収まる、住吉鳥居という様式の石鳥居をくぐると、社殿の建つ場所に入る門に至る。

門の内側はひらけているが、その社殿の鎮まる場所は境内奥まったところではない。門を入るとすぐに第三本宮の正面となり、その向かってすぐ右に第四本宮が並んでいる。第一・第二本宮は第三本宮の奥にあるが、これら三棟の社殿は前後、つまり東西一直線に並んでいる。その様子は、戦の陣形にも、船の列にも例えられるものである。

第三・第四本宮の脇から奥に進むと、各社殿を間近に（第一本宮以外は本殿をも）拝することができる。本宮はおのおの前方の拝殿と後方の本殿からなる。本殿は、朱の梁・柱に白い壁、千木《ちぎ》をのせる直線的な切妻屋根が特徴的である。色鮮やかながらも、装飾のための部材が少ない様式は、住吉造という神社建築形式特有のものである。現在の社殿は、江戸後期、文化七年（一八一〇）に建てられたものだが、その様式は、天皇一代一度の大嘗祭の時に仮設される、古態を留めた大嘗宮と共通する。

平安時代はじめ、弘仁三年（八一二）には、朝廷によって、二十年に一度正殿が作り替えられるよう定められ、例となる。当時そうした対応がなされていたのは、当社のほかは下総香取・常陸鹿島両社のみで、すべての建物を作り替える伊勢大神宮につぐ丁重さである。古代の建築様式の継承を後押しする制度が、住吉社には特に存在していたのである。

古代からの神への信仰のかたちを受け継いでいるのは社殿ばかりではない。現在の神社境内の様子からでも、神社の由緒と密接に関わる要素は多く確認できる。特に、丘の上にあることや、西、すなわち大阪湾側に全ての本宮が向いている点には、世を越えて伝えられてきた、神社創建時の事情が深く関わっているものとみられる。

祭神と鎮座伝承　神社の鎮座の経緯はさまざまな形で伝わるものだが、『日本書紀』などの官撰正史に残されるよ

住吉大社の四殿が並ぶ社殿

うな例は限られる。住吉社は、その限られた中でも、鎮座の経緯がきわめて具体的に示された神社であり、祭神の神威、鎮座の契機、神社の立地などが詳細に書き留められている。

記紀によれば、主祭神である底筒男命・中筒男命・表筒男命(住吉三神)は、伊《い》弉《ざ》諾尊《なぎのみこと》が黄泉の国から帰り、筑紫の日向の小《お》戸《ど》の橘の檍原《あはぎはら》で禊《みそぎ》を行った際に生まれ出た神とされる。これは現在、海の神、祓の神とされている所以《ゆえん》でもあるが、このとき即座に住吉社に鎮まったとはされていない。鎮座は神功皇后の時代のことである。

神功皇后の夫君、十四代仲哀天皇《ちゅうあいてんのう》の御代、新羅を攻めよとの神意が天皇に伝わる。しかし、天皇はこれに従わなかったため崩御する。これを受けて皇后は、神に改めて対処を請う。その結果、住吉三神の命であることが明らかになった。遠征を決意した皇后は、いわゆる臨月でありながらも出兵し、神の助けにより三韓の王を降伏させたものとされる。この時、住吉の神の荒魂《あらみたま》は船の舳先で敵を討ち、和《にぎ》魂《みたま》は皇后の船を守ったという(『日本書紀』)。

遠征を成功させた後、皇后は瀬戸内を経由して畿内に戻ることになる。その際、神託に基づき、神の荒魂を穴門の山田邑に鎮めた(今の山口県下関市の住吉神社に比定)。さらに住吉三神は、みずからの和魂を大津渟中倉《おおつのぬなくら》の長峡《ながお》に祀れと託宣した。この時、神が述べた理由は、往来する船を看るということであった。これにより、神を祀り始めたのが、住吉社のはじまりとされる。現在、第一本宮から第三本宮にそれぞれ鎮まるのが、住吉三神である。第四本宮には神功皇后が祀られているが、天平三年(七三一)の年紀があり、古代住吉社の由緒を伝える『住吉神代記(住吉大社神代記)』には、第四殿の存在と息長帯比売命、すなわち皇后の奉斎についての記載がある。

このように、詳細な由緒からは、古代神祇信仰のさまざまな点がうかがえる。みずからの意に従わなかった天皇を崩御させた経緯は、利得ばかりをもたらさない神の姿を端的に示すものであり、ここから古代における神観念が理解できる。同時に、海を越え、新羅を降伏させようとした神功皇后を守ることからは、国土安全のほか、武神、航海の神という、祭神の神威を知ることができる。

また、港の美しい細長い地という意味の、大津渟中倉の長峡とは、異説はあるが今の鎮座地を指す。住吉社は、現在の大阪中心部を南北に貫く、上町台地の南西端にある。今でこそ台地一帯は都市化されているが、古代、台地の西側は茅渟海《ちぬのうみ》、すなわち大阪湾が迫り、北東側には難波潟と呼ばれる浅い内海があった。そして住吉社のある場所は、付近に住吉津があり、瀬戸内海に接した水上交通の要衝であった。交通の要衝であることは、古代朝廷が重んじた多くの神社と同様である。

奈良・平安時代の住吉社　古代神社制度に見られる住吉社は、朝廷との、さらにいえば天皇との深い関わりがあったことをうかがい知ることができる。天武・持統朝における住吉社の奉幣は、天皇の玉体安穏や遷都、さらには新羅の調が至った時など、相対的に国家的な大事による場合が多い。

また、同じく国家の重大事である、中国との外交面において、住吉神は大きな役割を果たしていた。特に、遣唐使と住吉神との関係は不可分のものである。船居、すなわち遣唐使船の港開きに際し、住吉社で祭りを行うことは制度化されていた(『延喜式』臨時祭)。『万葉集』からは、その港が住吉津に置かれていたことがわかる。

さらに、遣唐使船には住吉神が祀られていた。住吉津のことを詠んだ『万葉集』の同じ歌には、「懸けまくも　ゆゆし恐き　墨吉の　吾が大御神　舶のへに　うしはき坐し　舶ともに御立し坐して」(巻十九・四二四五)とあり、住吉の神が遣唐使船の前後に祀られていたことが分かる。神功皇后遠征時の船の神の坐す場所ときちんと対応している。『万葉集』には他にも、神と遣唐使船との関わりを示す歌が載録されている。遣唐使の発着を理由に、神階や幣帛が奉られてもいる。外交・航海の神としての神威が重んじられていた証左である。

天皇即位に伴う神事においても、住吉社の特殊性がうかがえる。養老律令には、天皇即位時に神々に大幣《おおみてぐら》を奉る定めがある。その官撰注釈書『令義解』には、その具体的事例として、伊勢神宮の紡織具と、住吉社の楯・戈のみをあげている。古代朝廷にとって、住吉神は武神の典型であったのだろう。

また、文徳天皇の仁寿元年(八五一)九月には、天皇に仕える女官・典侍と神祇官の宮主などが、摂津国で八十島《やそしま》を祀っており、その後報賽を目的に、住吉社へは神祇官の使が遣わされている(『日本文徳実録』)。この祭儀を八十島祭という。

八十島祭は鎌倉時代中期まで、天皇即位時に行われていた祭祀であるが、その意義には諸説ある。いわゆる国産み神話との関連性から、国土安泰の祭りとされたり、その御衣を振り動かす所作から、鎮魂祭との共通性が見いだせたり、用意される料物から、祓の祭という見方がなされたりしている。ただし、八十島祭が、その契機からも、祭祀組織から考えても、祭儀で用意される品々を見ても、天皇の内々に関わる祭祀であることは揺るがない。

八十島祭に住吉社が預かっていた点は、朝廷にとっての同社の位置付けが、山城・大和に多い、公祭の対象になる神社に並ぶような存在であったことを示している。そもそも同社は公祭に預かってもいる。そうした神社が多く選ばれた十六社、さらに二十二社に列していることも、故あることといえよう。

さらに、住吉社は、多くの朝廷恒例祭祀の対象となっている。のみならず、神階も高位を奉られている。平安初頭、大同元年(八〇六)には従一位に叙されてた。この時期までに一位以上の昇叙が確実なのは、豊前宇佐宮の八幡神・比売神と、山城賀茂神のみである。朝廷における神への意識がうかがえよう。なお、極位、正一位への昇叙に関する史料はないが、遅くとも嘉祥三年(八五〇)の天下諸神への神階奉授までに叙されたとみられる。

前近代、神職を担っていたのは津守氏である。同氏は住吉神の荒魂の奉斎にかかわった田裳見宿禰《たもみのすくね》を祖としており、そのはじまりは鎮座以来のこととされる。

また、遣唐使神主となった人物も『住吉神代記』には登場しており、特に朝廷においての認知度は高かったものと考えられる。平安時代初期の延暦二十年(八〇一)には、神主が笏《しゃく》を持つことを認められている。神職が笏を持つことも当時は限られていた。

古代の住吉社で特筆すべき今一つの点は、信仰圏の広さである。『延喜式』神名帳をみると、住吉神社は、住吉坐神社とされる摂津の本社と、先述の長門の住吉坐荒御魂神社《すみよしにますあらみたまじんじゃ》のほか、陸奥・播磨・筑前・壱岐・対馬にそれぞれ一社ずつ鎮座している。東北・九州の住吉社については、神功皇后の故事や、航海に関わる神威に、人々があやかり祀られたのであろう。『住吉神代記』には、唐や新羅も含む九ヵ所で祀られる住吉神のほか、部類神や子神として、摂津およびその近隣を中心とする神社の名が列挙されている。

この内、長門や筑前などは、単に神社があるのみならず、経済面でも摂津の本社と関係があった。貞観十三年(八七一)には、筑前国における住吉社の封戸、つまり神領から納められた調庸の綿を、大宰府の船が神社に運ぶよう、特に定められた(『日本三代実録』)。長門の封戸の租についても、摂津の本社と長門の御蔭社《みかげしゃ》(荒魂社)での取り扱いが定められている(『延喜式』臨時祭)。平安時代初期において、住吉社の神社封戸は二七五戸に及ぶ。当時、住吉社よりも封戸数が多い神社は、確認できるだけで三社しかない。これらの神領が分布していた国の多くは、今でも住吉神社が多い地になっている。

なお、特に近世以降、住吉信仰は、その神威によってか、海運を担う商人が主要な担い手となった。神社境内に奉納された多くの石燈籠や、海路でのつながりのある九州や北陸に、住吉神社の密な分布域のあることが、それを示している。

仏教との関わりと年中行事　平安初期までの住吉社と仏教との関係を示す史料はほとんどない。しかし、貞観八年(八六六)には神社で金剛般若経などの転読が行われるなど、朝廷主宰の仏事は行われていた。また、神宮寺もあり、近世まで存続していた。奈良時代創建と伝わるが、明確に存在を確認できるのは、天慶三年(九四〇)のことで、この時は朝廷による天慶の乱平定祈願の場となった。

時代は下って院政期、永長元年(一〇九六)になるが、時の神主津守国基は大伽藍を建立し、時の白河院に近い僧の慶朝を導師に供養を行なったときは、数千人が市をなしている(『中右記』)。この時期の信仰上のあり方に沿っていた面が強いが、仏教の受容に対しては、神職の氏族も積極的であった。鎌倉時代初期には、神仏同体説に基づく本地仏も明確化されており、第一本宮は薬師、第二は阿弥陀、第三は大日、第四は聖観音とされている。これも神主の認識に基づいている。

この後、中近世を通じて神宮寺は、この津守氏との関連を保ち、関与する行事は中世の同社の年中行事に組み込まれるまでになる（『住吉太神宮諸神事次第』）。特によく知られるのは三月の一切経会《いっさいきょうえ》（大乗会）であり、多数の曲目からなる舞楽が奏された。舞楽の伴う一切経会は他社でも行われるものだが、住吉社の場合、社殿の中やその近くで法会を行うわけではない。境内南の舞台まで神輿を渡御し、一連の舞供養・舞楽の前には、社司による神事を行なっていた。同社では、神仏隔離の思想がよく反映されており、名称や目立つ儀式が仏教的である行事も、その中核を神事としていたのである。

なお、舞楽そのものはこの法会に限らず、ほかの神事でも多く行われていた。現在同社には、綾切・秦王など、重要文化財に指定された平安・鎌倉期の舞楽面や、近世の装束などがある。また、多数の演目が奏される祭祀としては、神社鎮座を寿ぐ五月の卯の葉神事が知られている。これらからは、神社に根ざした舞楽の歴史をうかがうことができる。

一切経会のほかにも、中世の住吉社の年中行事には特徴的なものがある。その中ではまず、二月の祈年祭と十一月の相嘗祭があげられる。これら豊稔を祈り祝う祭祀にあたっては、国祭という、摂津の国司が奉仕する祭儀が行われていた。住吉社への国司の関与は他の神事にもみられ、中世前期の神社造営の例からもわかる。当時、七道諸国の一宮では国司との密接な関係がよくみられるが、畿内では珍しい。

無論、中世の住吉社に、天皇との接点がなかったということではない。二十二社への列格が端的にそのことを示している。また、後村上天皇の時代には、住吉社が南朝の拠点となっており、神主邸内に行宮・正印殿が構えられた。天皇は都合九年御し、崩御の時を当所で迎えた。住吉社は、中世の大社のさまざまな性格を兼ねそなえていた神社ともいえよう。

なお、祈年・相嘗両祭の前には、大和畝傍山《やまとうねびやま》において埴土を取る行事を行う。この土を用いて、祭に供する土器を作成するのである。これは『住吉神代記』の天平瓫《あめのひらか》の故事、すなわち神功皇后が国内を平定する際、天香山《あまのかぐやま》に埴土《はにつち》を取ったことに因むものとみられる。土地の土を用いて祭を行うことは、神武天皇の東征の故事にも見られるものであり、

『源氏物語絵巻』澪標(國學院大學図書館所蔵)

国土安穏の意義を有していたことを示すものであろう。

さらに、中世住吉社の神事で特筆すべき点は、祓の神事が二式あることである。それは、六月晦日の荒和御祓《あらにごのおはらえ》と九月晦日の玉手島《たまでしま》御《お》祓神事《はらえしんじ》である。特に前者は、神輿が今の堺にある宿院頓宮《しゅくいんとうぐう》まで渡御する大掛かりなものであった。開口水門姫神社での祓が原型と見られ(『住吉神代記』)、住吉社を中心とする地域の、南辺の海際における丁重な祓行事として受け継がれてきたのであろう。本社と頓宮ではともに、神事と、神主以下神職などが菅を取り割く祓を行なっていた。

現在の例祭、住吉祭は、この荒和御祓のことであり、大阪南部・堺の「おはらい祭」として、当地の人々に親しまれている。中心は、七月三十一日の社殿での祓神事・大祭だが、宿院頓宮への神輿渡御が近年復活し、翌日の一大行事となっている。

このほかに、大阪にふさわしく、近世以降、庶民に親しまれた行事もある。九月の相撲会は、相撲十三番を行う神事であった。宮中の行事にならい始められたものとみられ、中世以前は勅使参向の行事であったとされているが、近世になると、新羅の調物に因み「財市」が開かれ、升が売られるようになっていた。現在十月に行われる「宝之市神事(升の市)」の原型である。

芸術の中の住吉社　住吉社は芸術面でも注目を集めた。『源氏物語』は、同社が話題に登場する作品の中でも、特に知られたものであろう。作中、光源氏は住吉社に二度参詣している。特に二度目は、孫である一の宮の立太子の御礼参りであった。源氏の住吉明神への祈願は、須磨で不遇をかこっていた時に始まる。その地で結ばれたのが、一の宮の祖母、明石の上であった。

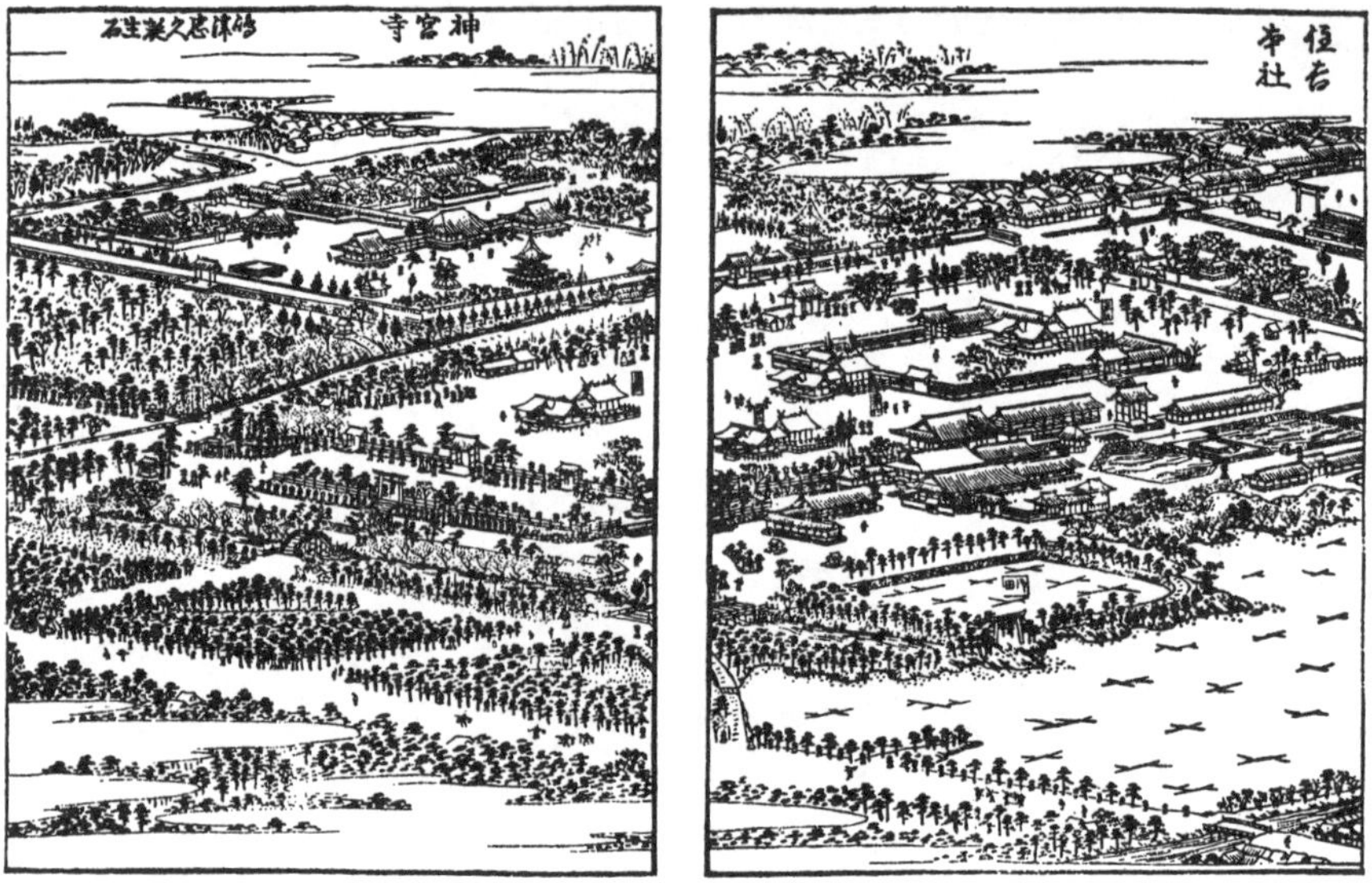

住吉神社（『摂津名所図会』巻一）

また、住吉社の景観は近世絵画の格好の題材であった。同地の四天王寺や、厳島社・天橋立といった全国の名勝とともに描かれた屏風がその典型であろう。ここに紹介する『摂津名所図会』（寛政十年〈一七九八〉）の図は地誌の挿絵だが、境内の全体像を把握しやすい。廻廊に囲まれた第一本宮や、北方（左側）の神宮寺の存在など、現在とは相違する箇所も明確にわかる。

参考文献　田中卓ほか『住吉大社史』上・中・下（一九六三―九四）、『住吉大社（改訂新版）』（学生社、二〇〇二）、真弓常忠編『住吉大社事典』（国書刊行会、二〇〇九）

（加瀬直弥）

熱田神宮（あつたじんぐう）

鎮座地　名古屋市熱田区神宮
祭　神　熱田大神《あつたのおおかみ》（天照大神《あまてらすおおみかみ》・素戔嗚命《すさのおのみこと》・日本武尊・宮簀媛命《みやずひめのみこと》・建稲種命《たけいなだねのみこと》）
例祭日　六月五日

文化・交通の要衝の地　その昔、草薙神剣《くさなぎのしんけん》を祀る社地を定めたところ、そこにあった楓の樹が自然に燃え上がり、水田に倒れて田の水が熱くなった。以来、その地を熱田と呼ぶようになったという（『尾張国熱田太神宮縁起』）。

名古屋市の南部に位置する熱田の地は、日本有数の肥沃さを誇る濃尾平野の要にあたる。東には御嶽《おんたけ》、西には伊吹の山々がそびえ、木曾川を隔てて鈴鹿山脈と相対している。現在は、周辺の干拓と都市化が進み、その面影はみられないが、もともとは南にひろがる伊勢湾の最も奥地に位置し、そこは名古屋城から南に延びる熱田台地が海に突出した先端部であった。

熱田神宮が鎮座するこの熱田台地は、ひときわ周囲より高い。縄文時代から弥生時代の遺跡が多く、古くから文化が栄えた土地であることを示している。当宮の北一・五キロほどのところには、広大な弥生遺跡である高蔵貝塚《たかくらかいづか》があり、さらに重複するように高蔵古墳群がある。また、当宮西門の北西三〇〇メートルのところには、六世紀初めの白鳥古墳があり、北六〇〇メートルのところには断夫山古墳《だんぷさんこふん》がある。特に断夫山古墳は東海地方最大の規模を誇っており、両者は尾張氏の墳墓と考えられている。

熱田は中世以降、「蓬萊島《ほうらいじま》」と称され、不老不死の神仙が住む幸運に満ちた仙境であると考えられていた。熱田以外にも蓬萊といわれたところは全国各地にみられ、いずれも風光明媚《ふうこうめいび》な地であり、一般的に徐福伝説と結びついている。熱田蓬萊説の特徴は、楊貴妃伝説《ようきひでんせつ》を媒介にしている点であり、熱田明神が楊貴妃に姿を変えて唐土に飛び、日本の危機を救ったという伝承が、鎌倉中期以降生まれていく（『渓嵐拾葉集』）。このような伝承の背景には、元寇を契機に高まった神国思想にもとづく、熱田の神に対する鎮護国家の信仰がうかがえる。いずれにしても、重波寄せる伊勢湾に面し、松や杉の生い茂る神域が岬のように突き出し、小高く浮かんでいる熱田の姿は、蓬萊の名にふさわしい景観を呈していたのだろう。名古屋を蓬左《ほうさ》、名古屋城を蓬左城とする呼称は、名古屋が京都から見て、熱田の左であることから名づけられたという。

熱田神宮本殿

中世には東海道(鎌倉街道)が当宮の北側を通り、近世に入ってからは、東海道五十三次の第四十一番目の宿場である宮宿が置かれた。人々はここから海上七里の渡しで伊勢の桑名まで舟で渡った。また熱田は、美濃路・佐屋路の分岐点でもあり、古代より交通・文化の要衝の地であった。

草薙神剣をめぐる伝承と創祀　熱田神宮は、三種の神器の一つである草薙の神剣を祀る。熱田大神を主祭神とし、相殿に天照大神《あまてらすおおみかみ》・素戔嗚尊《すさのおのみこと》・日本武尊《やまとたけるのみこと》・宮簀媛命《みやずひめのみこと》・建稲種《たけいなだね》命《みこと》の五柱の神を祀る。

『日本書紀』によれば、草薙神剣は素戔嗚尊が八岐大蛇《やまたのおろち》を退治したときにその尾から得た剣で、天照大神に献上された。またこの神剣について「今し尾張国の吾湯市《あゆち》村に在り。即ち熱田の祝部が掌れる神、是なり」と注記されており、この剣は古くから当宮の祭神とされ、その背景には日本武尊にまつわる神話があった。

第十二代景行天皇の皇子である日本武尊が東征する途上、伊勢で叔母の倭姫命《やまとひめのみこと》から神剣を授けられた。そして駿河国に至り、賊に焼き殺されそうになったとき、神剣が自然に抜け出て四方の草を薙ぎ払い難を逃れた。このためその剣は草薙と名付けられた。その後、日本武尊は東国各地を平定して尾張に至り、尾張氏の女宮簀媛を娶り、剣を預け伊吹山に向かったが、山の神の祟りにより病になり、能褒野《のぼの》(三重県亀山市)の地で亡くなった。そして当宮に伝わる『熱田太神宮縁起』によれば、宮簀媛は残された神剣の霊威を畏み、熱田の地を社地と定めて神剣を奉祀したとあり、これが当宮の創祀とされる。

その後、奈良時代には朝廷・天皇との関係を示す記録はみられない。上代において当宮は国幣大社の一つであって、神祇官の幣が奉られるような特別な処遇は受けなかった。平安時代初期の大同二年（八〇七）、斎部広成《いんべのひろなり》は『古語拾遺』の中で、皇位のしるしとして継承される草薙神剣を祀る当宮の礼遇が薄いことを嘆き、例幣にあずからないことを問題点として記している。やがて弘仁十三年（八二二）、従四位下を授けられ、貞観元年（八五九）には正二位、そして十世紀の中頃までには正一位という最高の神階が授けられた。『延喜式』神名帳では名神大社に列し、また神税の穀は社用のほかに用いることを許さないと定められ、経済的にも特別な保護をうけている。その後、寛仁元年（一〇一七）には、後一条天皇の一代一度の神宝を奉献されるなど厚い礼遇が寄せられ、尾張国第一の大社であった。鎌倉時代初期までには尾張国三宮と称された。

大宮司交代と公武の信仰　当宮は古くから尾張氏族によって奉斎され、神職はすべて尾張氏一族でしめられた。その尾張大宮司の威勢は国司を凌ぐものであったという（『宇治拾遺物語』）。しかし、十一世紀後半に大宮司家の交代というに大きな転換が起こる。寛徳二年（一〇四五）、大宮司尾張員信《かずのぶ》は、三男員職《かずもと》に大宮司職を譲った。この大宮司員職の女が、尾張目代の職にあった藤原季兼に嫁いで季範《すえのり》を生んだ。そして応徳元年（一〇八四）、この季範が外祖父員職の跡を継いだため、ここで大宮司は藤原氏へ移ることになった。季範は藤原氏による初代の大宮司職に就き、その出自にもとづいて、公家と深い関係をつなぐに至る。以後、尾張氏は権宮司職にとどまることとなり、大宮司藤原季範の子孫は「千秋家」として明治まで続いた。

当宮はすでに平安時代中期から後期にかけて広大な社領を有していた。大宮司が尾張氏から藤原氏へと移った平安後期の鳥羽上皇時代には皇室領となり、上西門院領（鳥羽天皇皇女）から宣陽門院領（後白河院皇女）を経て持明院統の有力御領として伝領された。それらは尾張一帯にひろがり、伊勢神宮・宇佐八幡宮・石清水八幡宮につぐ広大な社領であり、全国屈指の経済力を有していた。

また神剣を祀ることから、武家からも篤く信仰を集めた。鎌倉時代に、武家支配の基礎を築いた源頼朝は、その母が大宮司藤原季範の女であったため、当宮を外戚神として崇敬し、元暦元年（一一八四）、鎌倉の鶴岡八幡宮境内へ熱田社を勧請した（『吾妻鏡』）。義経も熱田大宮司を烏帽子親《えぼしおや》として、神前で元服している（『義経記』）。また、足利氏の始祖である足利義康（一一二七～五七）の妻も熱田大宮司藤原範忠の女であった。室町時代に入っても武家の信仰は篤く、四代将軍義持・八代将軍義政・十二代将軍義稙《よしたね》の三代により造営事業が遂行されている。特に八代将軍義政は遷宮の際、数々の神宝類を奉納しており、現在重要文化財に指定されている。その後天文十八年（一五四九）、織田信長は造営のために熱田八ヵ村から規定の人夫を徴集してもよいなどの制札を発している。そして永禄三年（一五六〇）、桶狭間に赴く途中、当宮に詣で戦勝を祈願したことはよく知られている（『信長公記』）。その後、豊臣秀吉・徳川家康はいずれも当宮を尊崇し、社殿の修造を行なっている。以下、江戸時代にも各将軍と尾張藩主が社殿などの修理を行なったが、特に五代将軍綱吉のときに行われた貞享三年（一六八六）の遷宮は大規模なものであった。

神剣を語る神事　当宮には年間約六〇度の恒例祭祀のほか、一〇度ほどの特殊神事がある。そのうち直接に神剣を語る神事は、酔笑人《えようど》神事と神輿渡御《しんよとぎょ》神事である。『日本書紀』によれば、天智天皇七年（六六八）、新羅の法師道行《どうぎょう》が神剣を盗んで帰国しようとしたが果たされず、神剣は宮中に安置されていたが、朱鳥元年（六八六）、天武天皇の病が草薙剣の祟りであるとの神託があったので、ただちに神剣を熱田の社へ還座された。五月四日に行われる酔笑人神事はこのことを社人たちが歓喜した故事を今に伝えるものである。祝詞も神饌もなく、境内のすべての火を消し、暗闇の中に笑い声のみを響かせて歩きまわるという神秘的な神事で、天下の奇祭といわれる。四ヵ所を歩きめぐるが、このうちの清雪門《せいせつもん》は道行が神剣を盗んだときに通った門と伝えられ、以来不吉の門として閉ざされたままとなり、「あかずの門」と呼ばれている。

翌日五日に斎行される神輿渡御神事は、神約祭《しんやくさい》ともいい当宮の重儀にあたる。神剣が還座したとき、今後この熱田の地において王城を守護することを約束するという熱田大神の神約にもとづくもので、神輿が鎮皇門《ちんこうもん》（西門）まで渡御して門の上に奉安され、はるかに西のかたの皇居を望んで祭典が行われた。雅やかな装束をつけた奉仕者が御神宝を捧持し、神輿を中心に行列を整え、本宮から鎮皇門跡である西門まで神幸し、ふたたび本宮に還幸する壮大な祭典である。

宮中行事と五穀豊穣を願う神事　一月十一日に行われる踏歌神事は、平安時代以前から宮中で行われていた踏歌節《とうかのせち》会《え》の流れをうけたものである。宮中の踏歌は、中国から伝えられた、足で大地を踏みならし歌い舞う儀礼で、初春に青草を踏んで生命力を強める予祝行事であった。九世紀末頃から男踏歌と女踏歌と分けて行うようになったが、十世紀後半には宮廷での男踏歌は途絶えた。この男踏歌を今に伝えるのは熱田神宮を含め、大阪の住吉大社、熊本の阿蘇神社など全国に数例残すのみであり、宮廷踏歌の古儀をほぼ完全な形で今に伝える貴重な祭儀である。陪従《べいじゅう》が万春楽を歌い、舞人が卯杖《うづえ》で卯杖舞を舞う。続いて高巾子《こうこじ》が降り鼓を振り鳴らし、この音でその年の豊凶を占うという。ほかに宮中行事の流れをうけた神事に一月十五日に行われる歩射神事《ぶしゃしんじ》がある。神楽殿前庭で大的をねらい、六人の射手が矢を放つ。魔を除き福を招く最後の矢が放たれると、大的につけた千木《ちぎ》を争って奪い合う。これらはいずれも文明十七年(一四八五)に成る「文明十七年年中行事」にも記載されている古来より続く神事である。

一方で、五穀豊穣を願う神事に、封水世様神事《ふうすいよだめし》と豊年祭がある。一月七日に行われる封水世様神事は、年の初めに一年の豊凶を占う神事である。毎年一月十二日に清水を斎《いみ》甕《がめ》に入れて封じ、翌年の一月七日に取り出し、神木で作った尺木で減水量を量り、その年の雨量の多少と豊凶を占う神秘的な神事である。また、五月八日に行われる豊年祭は「花の撓《とう》」ともいう。農作業の風景を農作物や人形の造り物であらわした飾り物を展覧する。この飾りつけによってその年の豊凶を占うものである。花の撓は、元来四月八日の行事であり、「文明十七年年中行事」には「仏生会《ぶっしょうえ》」と記されており、仏教儀礼として行われていたものと思われる。

そして六月五日の例祭は、以前は六月二十一日に行われ「熱田祭」「尚武祭」ともいい、勅使が参向する荘厳な祭典である。摂社南新宮社の天王祭を包摂したもので、かつては、熱田八ヵ村から大山と車楽が出され、それは京都祇園の山車《だし》より大きく日本一と称したが、明治に入り大山の運行が不可能となり、山車を舟に乗せる巻きわら船となった。現在は三六五個の提燈をつけた「献燈まきわら」が、各門に飾られ、花火・献茶・献花など数々の行事が催されている。

尾張造から神明造へ　明治元年(一八六八)、神宮号が宣下され、社号が熱田神社から熱田神宮と改められ、王政復古と即位を奉告する奉幣使が遣わされたが、これは伊勢と熱田の二社のみであった。そして同四年、官幣大社に列せられる。明治二十六年、明治天皇の勅命により、社殿構造が尾張造から伊勢神宮と同じ神明造の本殿を中心とする形に改められ、大正四年(一九一五)に勅祭社に定められる。尾張造とは、尾張地方の神社に見られる配置構造で、流造

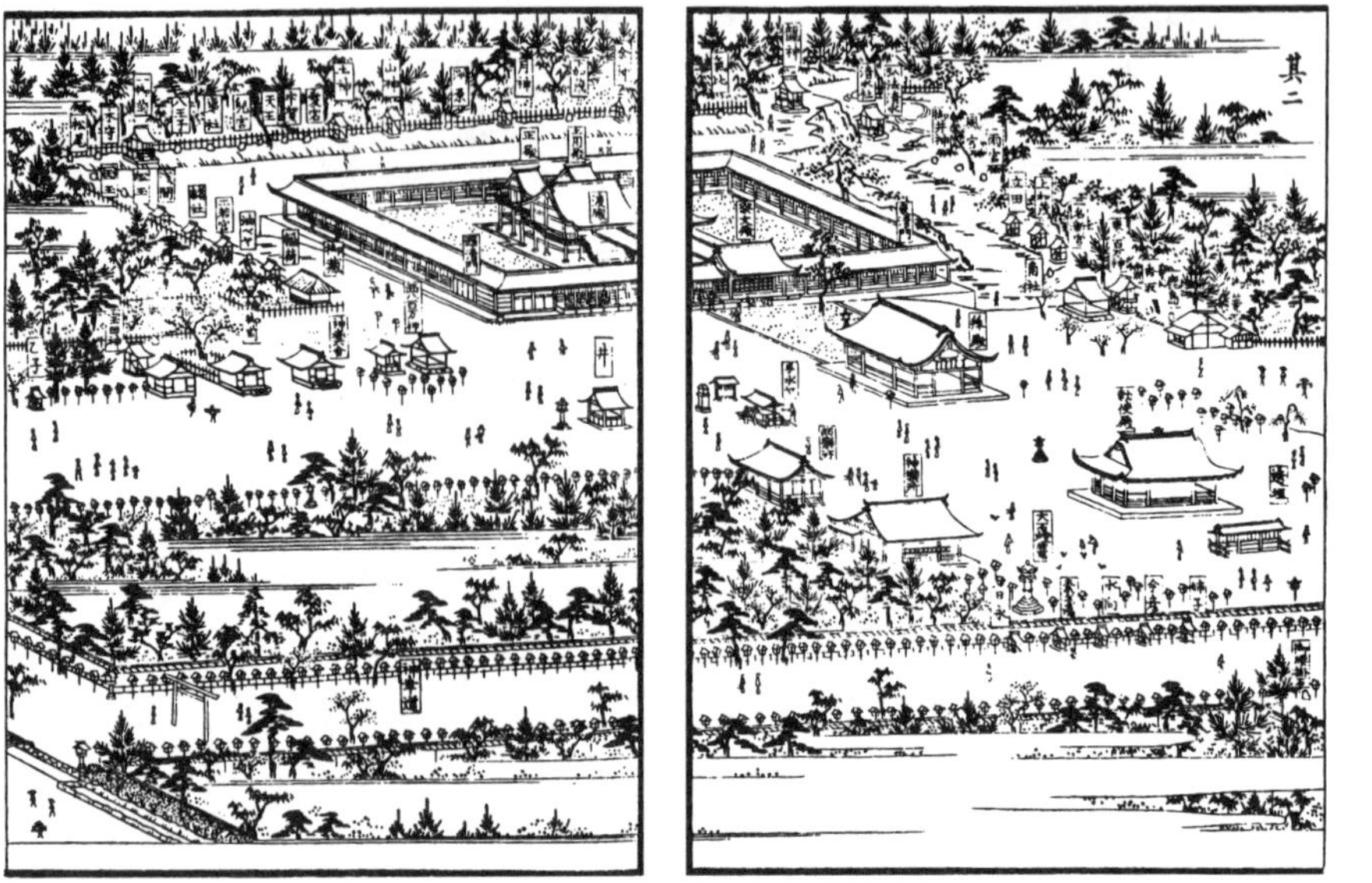

熱田大宮全図　其二（『尾張名所図会』巻三）

の本殿の前には中央線上に祭文殿・渡殿・拝殿がならび、祭文殿の両脇から回廊が延びて本殿を囲むのが特徴である。かつては、当宮も基本的にこの形式によっており、その中央には先の五柱の神を祀る正殿と、神剣を奉安する土用殿が並びその前に大きな渡殿が建っていた。神明造への改造は、当時の大宮司角田《つのだ》忠行《ただゆき》の働きかけによるところが大きく、三種の神器の一つを祀る神社として、伊勢と熱田は同格たるべしとの考えに基づき、神器奉斎の社としてふさわしい偉容が整えられた。

尾張名所図会　巻三（熱田大宮全図　其二）　江戸時代における尾張造の社殿構造を描く。奥の正殿・土用殿から手前の渡殿・祭文殿そして拝殿と一直線上にならぶ。明治二十六年、神明造の本殿へと改められた。

参考文献　『熱田神宮史料』年中行事編（一九七一）、『名古屋市史』（一九九八）

（金原佳子）

安房神社（あわじんじゃ）

鎮座地　千葉県館山市大神宮
祭　神　天太玉命《あめのふとだまのみこと》
例祭日　八月十日

『古語拾遺』と安房神社　アワビやサザエ、カツオなど、さまざまな海産物に恵まれる南房総。早春には色とりどりの花が咲く温暖な地である。この自然豊かな房総半島の先端に安房神社は鎮座する。『延喜式』神名帳、安房国安房郡の名神大社、安房坐神社である。

安房神社の起源は、大同二年（八〇七）に斎部《いんべの》（忌部）広成《ひろなり》がまとめた『古語拾遺』に詳しい。忌部氏は、中臣氏とともに朝廷の祭祀を司ってきた古代氏族で、延暦二十三年（八〇三）に「忌部」から「斎部」へ姓を改めている。『古語拾遺』は、忌部氏の祖神、太玉命（天太玉命）以来の伝承を記す。これによると、太玉命の孫、天富命は、神武天皇の時代、四国阿波の忌部氏を分け、麻や穀《ゆう》（木綿の原料、梶の木）の栽培に適した地を求めて東国を開拓した。この時、麻がよく生育した所を総の国（のちの上総・下総）といい、阿波の忌部が住んだ所を安房と名づけた。そして、天富命は安

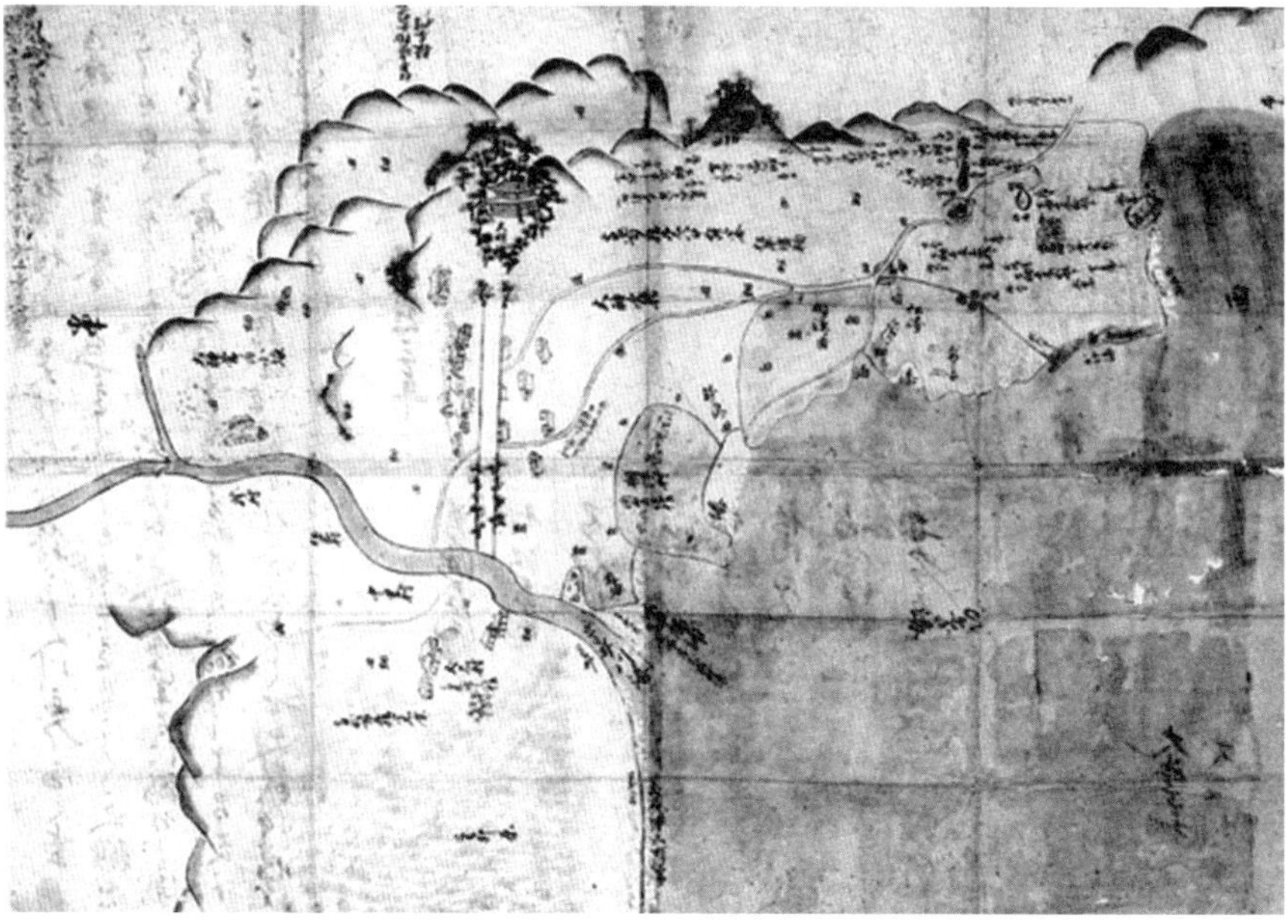

安房神社境内，相浜村・大神宮村・犬石村巴川舟入論裁許絵図（岡嶋千暁氏所蔵）

房で祖神太玉命を祭り、これが安房の社、つまり安房神社の起源であるという。

安房神社洞窟と境内出土の土器　現在の安房神社境内は、海岸から八〇〇メートルほど入った谷あいにある。社殿は南に吾谷山を背負って建ち、境内は吾谷山と一体となった緑に囲まれた神域となっている。ここには、神社の長い歴史を物語る痕跡が残されている。大鳥居をくぐり桜並木の参道を進むと右手に潔斎所《けっさいじょ》（斎館《さいかん》）が建つ。その背後に千葉県指定史跡、安房神社洞窟遺跡がある。この洞窟は、昭和七年、斎館の井戸を掘削した際に発見され、神道考古学の提唱者、大場磐雄《おおばいわお》が調査を行なった。この時、人骨二二体（一五体は抜歯あり）、貝製腕輪一九三点、石製丸玉三点が出土、弥生時代頃の年代が推定されている。人骨は、古代の安房に入植した忌部《いんべ》との関係が想定されたため、境内の東、宮ノ谷に作られた忌部塚へ埋葬された。ここでは現在も七月十日に忌部塚祭が行われる。

また、現在の本殿の西側、天富命を祭る摂社、下の宮が建つ場所からは、古墳時代中期、五世紀代の土師器が出土している。この中の土師器高杯《はじきたかつき》は現在も保管されており、館山市指定有形文化財となっている。いずれも、安房神社の境内が、弥生・古墳時代から人間活動の舞台だったことを物語る。

小滝涼源寺遺跡（上）と出土石製模造品

安房神社の東約八キロ、南房総市の小滝涼源寺遺跡《こたきりょうげんじいせき》では、房総で最も古い段階の神祭りの跡が発見されている。鉄の剣や鏃、貴重な鉄素材の鉄鋌といった大和からもたらされた品々、滑石製の勾玉や有孔円板（鏡の模造品）、尾張など

出土したカツオの骨

出土した土師器高杯

東海地方の土器も出土した。年代は四世紀後半から五世紀前半、この時代に大和や東海地方と深く関係しながら、南房総の地で祭りが行われていたことを具体的に示している。安房神社の創祀と無関係ではないだろう。

『高橋氏文』と安房大神　安房の神は、平安時代初期成立の『高橋氏文』にも登場する。『高橋氏文』は、天皇の食事を担当した高橋氏の祖先伝承を記しており、なかでも高橋氏の祖先、磐鹿六狩命《いわかのむつかりのみこと》が、安房の海で初めて擬餌針《ぎしばり》を使いカツオを釣った伝承は著名だ。これを裏付けるように、南房総市沢辺遺跡では、六〜七世紀頃の多量のカツオの骨と擬餌針が出土している。さらに、『高橋氏文』には、安房大神を「御食津神《みけつかみ》」として大膳職（宮中の厨房）に祭るとも書かれている。安房国安房郡からは律令国家へアワビ・カツオなど貴重な食材が伝統的に供給されており、その地の神、安房の神は、御食津神、つまり食べ物の神としての神徳もそなえていたのである。

神郡と神狩祭　豊かな自然に恵まれ、貴重な食材の供給地である安房、その神の祭祀は国家にとって重要だったはずで、安房郡は養老七年（七二三）に神郡として確認できる。その背景には、開拓や食材の供給を通じた、大和王権と安房との深い伝統的な結び付きがあったのだろう。

安房神社の東国開拓神としての性格を示す祭りが、十二月二十二日の「神狩祭《みかりまつり》」である。神が農作物を荒らす獣を狩ったことに始まるとされ、神前に獣の舌の形の「舌餅《したもち》」が供えられる。ここからは、古代以来の人間と自然環境との間を仲立ちする安房の神の姿がうかがえる。安房神社は、房総半島の豊かな自然環境とその恵みを象徴する神の信仰が、現在も息づく場なのである。

参考文献　『古語拾遺・高橋氏文』(『新撰日本古典文庫』4、現代思潮社、一九七六)、『千葉県の歴史』通史編古代2(二〇〇一)、『図説　安房の歴史』(郷土出版社、二〇〇九)

(笹生　衛)

香取神宮（かとりじんぐう）

鎮座地　千葉県香取市香取
祭　神　経津主大神《ふつぬしのおおかみ》
例祭日　四月十四日

香取神宮と香取の海　伊能忠敬は正確な日本全図を作製したことで著名だが、彼が商人として活躍したのが香取神宮の門前町、佐原である。ここは、利根川の水運で江戸と結ばれ繁栄した街である。利根川の流れは、古代・中世には香取の海と呼ばれる広大な湖であった。この湖面を見下す、標高四〇メートルほどの台地「亀甲山《かめがせやま》」に香取神宮は鎮座する。香取の海の北、北浦湖畔には鹿島神宮が鎮座し、古来、香取の海を間に挟み鹿島の神と香取の神は祀られてきた。

水と関わりの深い香取の地に祭られた神は、『日本書紀』や『古語拾遺』にその名を残している。まず『日本書紀』では神代下第九段、天孫降臨の部分に登場する。特に第二の一書では、葦原中国《あしはらなかつくに》の平定のため経津主神と武甕槌神《たけみかづちのかみ》が遣わされ、悪しき神、天津甕星《あまつみかぼし》を征討したという。経津主神は「斎主《いわいぬし》の神」「斎の大人」ともされ、「この神、東国の檝取の地に在す」と明記している。経津主神は武甕槌神とともに武神として語られ、斎主の神は「祭主」の意味になり、祭祀者としての側面も窺わせる。また、「檝取」は香取の古い表記で、船の檝を取ると書かれ、水運との関連を想定できる。

忌部氏の伝承を伝える『古語拾遺』には「経津主神（これ、磐筒女神《いわつつめのかみ》の子、今、下総国香取の神これなり）・武甕槌神（これ、甕速日神《みかはやひのかみ》の子、常陸国鹿島の神これなり）」とあり、鹿島・香取の神が並んで登場する。また、物部氏の伝承を伝える『先代旧事本記』にも「経津主神、今、下総国香取に坐す大神これなり」とあり、香取の神は、朝廷や古代の有力氏族にとって重要な神として信仰されていた。これを示すように、養老七年（七二三）年の太政官処分（『令集解』所引）では、神郡として下総国香取郡が、鹿島郡や安房郡とともに名を連ねている。また、『延喜式』神名帳では「香取神宮」と表記され、伊勢の神宮以外では鹿島神宮と香取神宮のみが「神宮」の文字を使用している。これは、鹿島神宮と同様、東国の水陸交通の要衝に祭られる武神としての性格によるものだろう。

朝廷の篤い信仰を伝える古代の宝物がある。国宝の「海獣葡萄鏡」だ。直径二九・五センチと銅鏡としては異例の大きさで、白銅の美しい鏡である。同じ型で作られた鏡は、正

香取神宮海獣葡萄鏡(香取神宮所蔵)

倉院にも納められており、遣唐使が唐から持ち帰った優品である。唐の鏡の傑作は、海を渡り日本へ、さらに東国の武神、香取の神に捧げられたのである。

神幸祭と大饗祭　このような香取神宮の歴史と伝統を物語る祭りが、神幸神事と大饗祭である。神幸軍神祭は、四月十五日、例祭に続いて行われるが、十二年ごとの午年には式年神幸祭が盛大に挙行される。御神霊を移した神輿は亀甲山を下り、利根川沿いの津ノ宮河岸に向かい、そこで御座船に移る。御座船では船上祭が行われ、さらに鹿島神

香取神宮神幸祭絵巻(香取神宮所蔵)

宮側のお迎えも受けられる。その後、御座船は多数の船団に随行され利根川を遡上して佐原河口で上陸、翌日は陸路で還御される。香取の海の水運や鹿島の神との深い縁を象徴する華麗な祭りである。

一方、十一月三十日の大饗祭は、国土平定に従った神を御馳走で労《ねぎら》った故事により、多くの特徴的な熟饌《じゅくせん》を供える。なかでも目を引くのが、卵形をした巨大な「巻《まこも》行器《ほがい》」である。利根川の菰《こも》で作られ、蒸した米を盛り一六個を神前に供える。このほか、鴨を飛び立つ姿に盛り飾った「鴨の羽盛」、干鮭、干鮫、鮒、鮭胎子などを、現在も古い形でお供えする。蒸し米を水辺に生える菰に盛り、水鳥の鴨、鮭や鮒などかつての香取の海で獲れた食材を多く含む。古式にのっとり香取の海の恵みを感謝する祭りとも言えよう。いずれも、香取の神と香取の海との深い結び付きを象徴する祭りである。

神宮と周辺の古代景観　古代の香取神宮は、考古学的にも解明が進んでいる。香取神宮周辺では既に多くの発掘調査が行われ、古代の集落遺跡が発見されている。神宮の南東約一・五キロの吉原三王遺跡では、六世紀から十一世紀頃までの長期間営まれた集落遺跡が発掘調査された。東関東自動車道の佐原・香取インター周辺の場所である。ここからは、平安時代初頭九世紀の墨書土器がまとまって出土した。そこには、「□香取郡大杯郷中臣人成女之替承(和)」「□占部中臣」「(郷)戸主中臣□」などの文字が墨書されており、この遺跡は、香取郡大杯郷で、中臣や占部姓の人々が住んでいたことも判明した。大杯郷は「オオツキゴウ」と読め、天平勝寶三年(七五一)の正倉院文書には「香取郡神戸大槻郷中臣部真敷」とあり、大槻(杯)郷は香取神宮の神戸であったのである。『新抄格勅符抄』によると、九世紀初頭、香取神宮には神戸七〇戸が所属しており、その神戸の集落そのものが発掘調査で明らかになったのである。古代、神宮周辺には、神戸の集落が広い範囲で点在していたのだろう。

香取神宮境内でも発掘調査は行われ、これまでに大規模な造成の痕跡だけでなく、古墳時代後期六世紀前半の竪穴住居跡や古代の掘立柱建物跡などを確認している。特に掘立柱建物跡は現在の本殿の西隣で発見され、回廊を伴う構造で、主要な社殿の一部と考えられる。宮柱を掘り据えた柱穴は一辺約一メートルと大規模で、発見された層から考えて年代は平安時代にさかのぼる可能性が高い(『香取市内遺跡発掘調査報告書』六、平成二十三年度、香取市教育委員会)。

鹿島・香取神宮、住吉大社の社殿に関しては、『日本後

香取神宮古絵図（香取神宮所蔵）

記』弘仁三年（八一二）六月五日条に神祇官の次のような申請が載せられている。それまで住吉・香取・鹿嶋の三神の社は、建物を二十年ごとに全て改め作ってきたが、弊害が多いので、今後は正殿（本殿）だけ造り替え、その他は破損に応じて修理したいというものだ。おそらく、造替が大規模で莫大な費用が必要だったのだろう。香取神宮の境内で発見された造成や古い建物跡は、この社殿造替が如何に大規模であったのか、断片的ながらも教えてくれる。

社殿と香取神宮古絵図　正殿の造替・整備は、延引・中断した時期はあったものの鎌倉時代以降も行われてきた。そして元禄十三年（一七〇〇）、江戸幕府により社殿の建て替えと整備が行われ、現在の社殿と境内の景観が成立する。その本殿は檜皮葺の三間社流れ作りで、柱・長押は黒漆塗り、斗栱《ときょう》・虹梁《こうりょう》・垂木先《たるきさき》などに極彩色の模様を描き、黒塗りの破風《はふ》には金色の餝金具が輝く。伝統的な社殿建築に華麗な桃山様式を取り入れた形で、現在、朱塗りの楼門とともに国の重要文化財に指定されている。しかし、元禄以前の社殿は、随分と異なっていたようだ。

その様子を伝えるのが「香取神宮古絵図」で、中世の神宮境内を描写したものと考えられている。絵図の上段、遥か遠くには香取の海や津の宮の朱の鳥居を描く。中央には杉や松に囲まれた神宮境内を表現し、その中心に檜皮葺三間社流れ作りの本殿を配置する。柱・長押だけでなく虹梁・斗栱、高欄まで朱塗りで、黒塗りの破風が全体を引き締めている。拝殿は存在せず、その点も元禄造営の現在の社殿とは異なる。この本殿を、さらに細かく見ると、正面の階を登った縁には、左右に小さな狛犬が配置されている。現在、宝物として十四世紀代の古瀬戸《こせと》黄釉狛犬《おうゆうこまいぬ》が伝えられ、重要文化財となっているが、絵図に描かれた狛犬のように使われたのだろう。

本殿の南には楼門と朱塗りの鳥居を描く。楼門内には阿《あ》吽《うん》の仁王像が納められている。さらに境内には、宝形造《ほうぎょうづくり》の経蔵や愛染堂《あいぜんどう》と思われる建物も存在する。また、絵図の下段、鳥居の左には、仁王門と三重塔を備え、本地仏の十一面観音を本尊とした神宮寺、宝金剛寺を描いている。この絵図は、古代以来の香取の海との繋がりを意識しながら、神と仏が深く関係し信仰された中世の境内の雰囲気をよく伝えているといえるだろう。

東国三社参詣と香取神宮　江戸時代初期、江戸幕府は江戸を水害から守るため、江戸（東京）湾に注いでいた利根川を香取の海に流し込む川回しを行い、銚子を河口とする現在の利根川が作られた。この利根川は大都市江戸への物流の大動脈となったため、香取神宮の門前町であり、利根川の河岸でもあった佐原の町は水運の拠点として繁栄する。そして、その水運を利用する江戸では東国三社参詣が盛んとなる。東国三社とは、香取神宮と鹿島神宮、それに茨城県神栖市の息栖神社で、江戸の人々は利根川の船に乗り水郷沿いのこれら神社を巡拝した。これにより江戸と佐原の文化交流も活発化する。

伊能忠敬が婿入りした佐原の商人、伊能一族の一人、伊能茂左衛門は国学者の賀茂真淵に入門し、国学・詠歌を学んでいる。彼は、楫取魚彦《かとりなひこ》と名を改め、語学書『古言梯《こげんてい》』を刊行している。また、国学者の村田春海《むらたはるみ》、平田篤胤も香取の地を訪れており、篤胤は香取神宮の神官、小林重規《こばやししげのり》が著わした『香取志』の序文を書いている。利根川の水運、香取神宮を含めた東国三社参詣は、香取神宮の門前町、佐原の経済的な繁栄だけでなく、文化の発展にも多く寄与した。その環境の中で、伊能忠敬の偉業が準備されたのである。香取神宮と佐原の町並みは、利根川に面して現在もその歴史と景観を伝えている。

参考文献　『新修香取神宮少史』（一九九五）、『千葉県の歴史』通史編古代２（二〇〇一）、同通史編近世１（二〇〇七）、『ふさの国の小さな旅』（二〇〇九）

（笹生　衛）

鹿島神宮（かしまじんぐう）

鎮座地　茨城県鹿嶋市宮中
祭　神　武甕槌大神《たけみかづちのおおかみ》
例祭日　九月一日

鹿島の神と『常陸国風土記』　茨城県と千葉県の間には、霞ヶ浦の広大な水面が広がる。大きな白帆を広げた帆引船がワカサギを獲る風景で知られた湖である。その北浦の東岸に鎮座するのが鹿島神宮である。ここに祭られる神は、霞ヶ浦の南、香取の地に鎮座する香取神宮とともに、古くから東国の守護神として篤い信仰を受けてきた。

古代の鹿島神宮については、東国で唯一残る古風土記『常陸国風土記』香島郡条（「香島」の地名は、八世紀前半の養老年間以降、「鹿島〈嶋〉」を使用）に詳しい。これを手かがりに、古代の鹿島の神と鹿島神宮について見てみよう。

まず、鹿島の神とは如何なる神なのか。風土記は記す。「香島（鹿島）の神は、天孫の降臨に伴い、豊葦原水穂国《とよあしはらのみずほのくに》の荒ぶる神たちを、事向け平定するため、高天原《たかあまのはら》から降った神」で、天大神の社（鹿島神宮）・坂戸の社・沼尾の社の三ヵ所を合わせて「香島の天の大神」と呼ばれたという。この神

鹿島神宮の拝殿と本殿

は『日本書紀』天孫降臨の段で活躍する「武甕槌神」であり、ともに遣わされた経津主神は、霞ヶ浦を隔てて香取神宮に祭られる神である。

さらに風土記は続ける。崇神天皇の時代、香島の天津大神は「私を祭れば、天皇が全ての国を統治できるようにしよう」との託宣を下し、天皇は大刀・鉄の弓矢・鉄鋌(鉄延板)・馬・鏡・五色の絁などの幣帛《へいはく》を奉ったという。これら伝承からわかるように、鹿島の神は国土を平定した武神であり、その祭祀は天皇が国を統治する上で不可欠と考えられていたのである。この神格を象徴するような古代の直刀《ちょくとう》(真っ直ぐな鉄刀)が神宝として伝えられ、国宝に指定されている。全長二・七一メートル、金銅飾り金具と漆塗平文の拵えが完全な形で残る貴重な古代刀である。金と黒で彩られた長大な姿は、力強い鹿島の神を彷彿とさせる。

このように重要な神社に奉仕するため、古代の律令国家は神郡を設定した。東国では、香取神宮の下総国香取郡(千葉県香取市)、安房神社の安房国安房郡(千葉県館山市~南房総市の一部)と、鹿島神宮の鹿島郡の三ヵ所である。香島(鹿島)神郡の設立経緯は風土記から判明する。設置は大化改新の後間もない孝徳天皇の大化五年(六四九)、中臣氏と中臣部氏の申請により設置されており、鹿島神宮・鹿島郡と中臣氏との関係は七世紀までさかのぼる。現在も鹿島神宮西側の低地に、藤原氏の祖、中臣鎌足の出生地とされる鎌足神社があり、その関係の深さを物語る。奈良春日大社の『古社記』には神護景雲元年(七六七)、鹿島の神が鹿の背に乗り大和へ向かい、香取の経津主神とともに中臣・藤原氏の氏神として春日大社に祀られたとある。その姿は、「鹿島立御影図《かしまだちみえいず》」として中世に多く描かれた。中臣氏を通じて、鹿島の神は都とも深い繋がりを持っていたことになる。

また、神郡が設置された時、鹿島の神に仕える神戸も五〇戸を一挙に加増した。

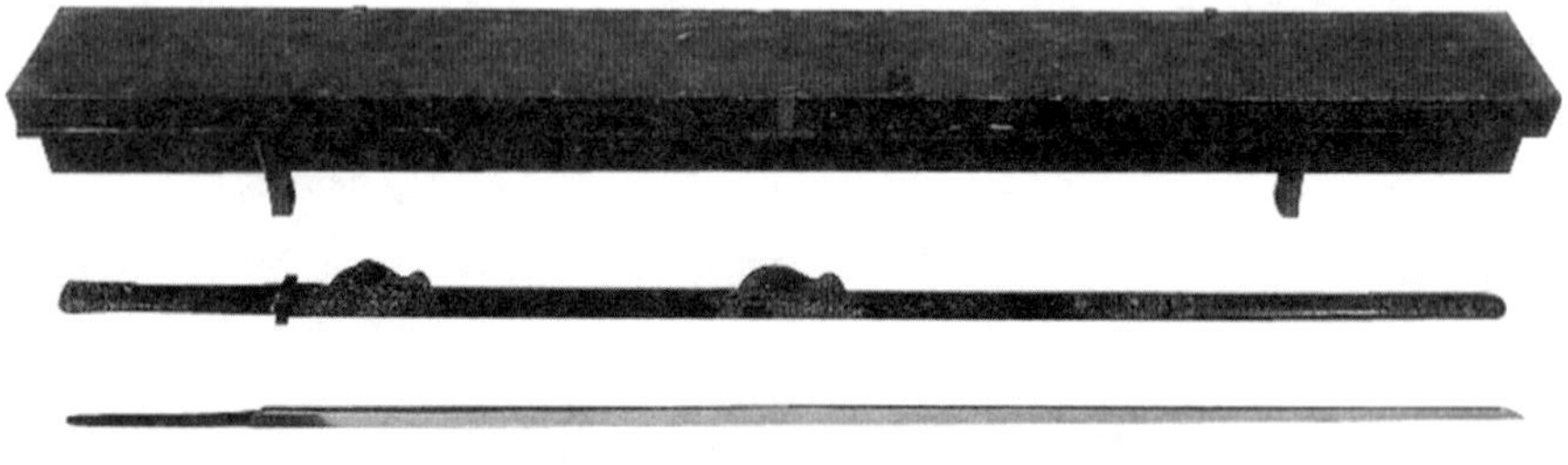

「直刀」金銅黒漆平文拵附刀唐櫃(鹿島神宮所蔵)

『新抄格勅符抄』によれば、九世紀初頭には神戸は一〇五戸にまで増えており、東国の三神郡では最多である。神郡として最も東にあり、東北地方に面して鎮座する武神「鹿島の神」が、国家にとっていかに重要だったかが窺えよう。そして、鹿島の神や、その御子神「苗裔神《びょうえいしん》」は、古代国家の東北経営と関連しながら、陸奥国、東北地方に多く祀られていくことになるのである。

卜氏の住まう所　古代、東国で最大規模の神戸を擁した鹿島神宮。その神戸が生活した村の様子は、風土記に記述されるとともに、その実態は発掘調査でも明らかになっている。

風土記は、八世紀前半頃の鹿島神宮周辺の景観を美しい文章で描写している。そこには神に仕える卜氏《うらべうじ》が住み、春には多くの花が咲き乱れて芳香が漂い、秋には木の葉が紅葉し錦のようだ。そして、このような美しい景観なのは、神仙が居る所だからだと結んでいる。また、ここに住む卜氏は、毎年、四月十日に祭りを行って、男も女も酒を酌み交わし、楽しく舞い歌ったという。この景観は、文章上の修飾もあり全てが事実かはわからないが、卜氏を含め神へ仕える人々が住んだ神戸の村の様子を伝えると考えられる。

この神戸の村の実態を示すと思われる遺跡が、鹿島神宮北側の台地上にあった厨台遺跡群《くりやだいいせきぐん》である。これまでの発掘調査で古墳時代中期(五世紀中頃)から平安時代後期(十一世紀)までの竪穴住居や掘立柱建物が発見され、長期にわたり集落が営まれたことが判明した。ここからは、鏡を模造した有孔円板、剣形などの石製模造品、子持勾玉、手捏土器といった五世紀から七世紀頃の祭り用具が出土し、八世紀代の須恵器には「鹿嶋郷長」、十世紀代の土師器椀には「中臣宅成」の文字が墨書されていた。この集落は成立した五世紀中頃から祭りと関係し、そこには神郡鹿島郡鹿嶋郷の郷長や中臣姓の人物が居住していたのである。そして、竪穴住居数の変遷をみると七世紀代に急速に軒数が増加しており、風土記が伝える孝徳天皇時代の神戸五〇戸加増に対応する可能性が高い。

また、鹿島神宮境内では五世紀後半頃の子持勾玉が採集されており、境内の発掘調査でも六・七世紀から八世紀代の祭り用の手捏土器や土師器・須恵器といった土器類が出土している。これら遺物から、五世紀代には現在の鹿島神宮境内が祭祀の場として定着し始めていたと推定できる。つまり、五世紀代には、鹿島神宮境内で祭りの場が定着し、その祭りを担った人々の集落が成立しており、その集落に暮らした人々の子孫が神戸となっていたと考えてよいだろう。神郡の神社と神戸との結び付きは、神郡が設置された七世紀に始まったのではなく、それ以前、古墳時代からの長い歴史と伝統を受け継いでいたのである。

御船祭と大船津　『常陸国風土記』は、日本武尊を常に「倭武天皇《やまとたけるのすめらみこと》」と表記し、天皇として特別に扱うが、風土記は、その倭武天皇の時代の不思議な伝承を記している。鹿島神宮の大宮司、中臣鹿島連《なかとみのかしまのむらじ》の祖先である巨狭山命《おみさやまのみこと》(臣狭山命《おみさやまのみこと》)に、鹿島の神(香島の天大神)は「神の船を管理して奉仕しなさい」と託宣を下す。彼は「承知しました」と答えるが、「お前の船は海の中に置いたぞ」との天の大神のお告げがあり、海を見ると船は岡の上に、また「船は岡の上に置いたぞ」とお告げがあり、見ると今度は、船は海にあった。このような不思議なことが二度・三度あったので、巨狭山命は恐れ畏まり、新しい船を三隻建造し、天の大神に奉った。これが、毎年七月、北浦湖畔、大船津の津の宮に船を納める御船祭の起源となったという。この伝承は、鹿島神宮と船との深い関係を示し、それは倭武天皇の時代以来の古い伝統を持つと考えられていたのである。

この伝統を引く祭りが、十二年ごとの午年に行われる「式年大祭御船祭《しきねんたいさいみふねまつり》」である。現在は九月に勅使を迎え行われている。鹿島の神の御神霊《ごしんれい》は、神輿に遷られ出御、北浦湖畔の大船津に向かわれる。ここには、北浦に面して巨大な赤い鳥居が建っており、そこで神輿は御座船《ござぶね》へ乗り、数十隻の船が随行し、大船団は北浦を南へ進む。そして、霞ヶ浦、水郷地帯で香取神宮のお迎えを受けられ還御される。古代風土記の伝承が一大絵巻の形で現在に再現されるのである。

御船祭《みふねまつり》で神輿が発着する大船津の大鳥居と鹿島神宮の間、鹿島城跡直下の水田の中、宮中条里遺跡《きゅうちゅうじょうりいせき》大船津地区の発掘調査で鹿島郡域では最古の祭祀遺跡が発見された。小川の跡から、鏡・剣・勾玉を模った石製模造品、神饌を捧げたと思われる高杯や壺などの土師器がまとまって出土した。石製模造品の多くは丁寧に作られており、土師器の型式を合わせて考えると、その年代は、神戸の集落跡、厨台遺跡群よりも古い五世紀前半である。この遺跡は、鹿島神宮の本殿の西、約八〇〇㍍の地点で大船津にも近く、同神宮や御船祭の起源と密接な関係を推定でき、その歴史の古さを物語るように思われる。

『日本書紀』では、日本武尊は、大和から伊勢にぬけ、東海道沿いに東国に入り、上総を経由して陸奥に向かう。その時、陸奥には船を使い海路で向かっている。鹿島の地は、香取とともに、海につながり波の穏やかな香取の海、現在の霞ヶ浦（北浦）に面しており、大和から陸奥へと向かう場合、水陸交通の結節点といえる場所である。古代国家を築きつつあった大和王権にとって、そのような場所で武神を祭ることに大きな意味があったのであり、その歴史と記憶が、風土記にも記され、鹿島の神の御船祭に反映されているのではないだろうか。

鹿島神宮寺と満願　古代の鹿島神宮には、先進的な文化・信仰も逸早くもたらされた。その代表が仏教信仰であり、東国では最古の神宮寺が建立された。『類聚三代格』の嘉祥三年（八五〇）八月五日太政官符によると、天平勝宝年中（七四九―五七）、修行僧の満願が鹿島の地を訪れ神のために神宮寺を建立し、大般若経を書写して仏像を描いたところ、神は感応されたという。また、天安三年（八五九）二月十六日の太政官符によれば、この寺の建立に鹿島神宮の元宮司中臣鹿嶋連大宗と鹿島郡の大領中臣千徳が協力したという。満願は、諸国を遍歴し後に箱根山を開く人物で、元宮司や神郡大領《しんぐんたいりょう》の職にあった中臣一族が、新たな文化・信仰を積極的に受け入れ、古代の神仏習合を展開させたのである。

この神宮寺跡が、昭和四十八年（一九七三）に発見された。鹿島神宮から、東南約二キロにある鉢形神宮寺址である。発掘調査の結果、塼（レンガ）を並べた基壇（建物の基礎部分）と思われる遺構などが発見され、この遺跡の周辺からも三鈷鐃（三鈷に丸い鈴を付けた密教仏具）や錫杖、仏像といった古代の優れた仏教遺物が出土している。また、神宮寺址の北西約一キロの中山遺跡からは緑釉陶器《りょくゆうとうき》の華瓶（仏前に花を供える用具）の優品も出土している。これら遺跡の状況や出土遺物から考えて、神宮寺は規模・内容ともに整った寺院であったと推定できる。しかし、ここで注意しなければならないのは、鹿島神宮との位置関係である。古代の神宮寺は神宮境内ではなく、神宮から二キロ近く離れており、鹿島の神に仕えた中臣氏や修行僧の満願は、仏教信仰は神との間に一定の距離を置いたほうがよいと考えていたようだ。いわゆる「神仏隔離」の意識である。古代の人々は、節度を保った神仏の関係を望ましいと考えていたのかもしれない。

鉢形神宮寺は、十一世紀に落雷で焼失したとされており、出土土器の年代とも符合する。この後、神宮寺は、神宮の境内地、現在の鹿園の場所に移され、それまで以上に密接な神仏関係を結び、中世へと移行する。

中世鹿島社と武家の信仰　古代、鹿島神宮の南には鹿島郡衙（神野向遺跡）があり、神郡の行政拠点となっていた。しかし、平安時代の中頃、十世紀には郡衙の機能は失われ、その一方で十一世紀頃には神宮の北側、厨台遺跡群に大型の建物群が成立、政治・行政的な機能も持つようになったと考えられる。鹿島神宮を中心とした中世的な景観が形成され始めたのである。そして、十二世紀末期、源頼朝を征夷大将軍とする鎌倉幕府が開かれ、東国に武士政権が成立すると、鹿島神宮(鹿島社)は、東国に基盤を持つ新たな勢力、武士の篤い信仰を受けることになる。

源頼朝は、建久三年(一一九二)七月、征夷大将軍となり、武士の政権、鎌倉幕府が名実ともに成立する。その前年の建久二年十二月二十六日、一つの事件が起った。『吾妻鏡』は記す。鹿島社の禰宜中臣広親が報告するには、去る二十二日の子の刻(午前零時前後)に、鹿島社が大地震のように鳴動した。音を聞いた人々は驚き、これは兵乱や大葬(天皇・皇族の御葬儀)の予兆ではないかと。そこで、頼朝は謹慎し、鹿島六郎を使者として、神馬を鹿島社に奉納させたという。武士の棟梁、源頼朝は、鹿島の神の御神意が、国家の大事と密接に関係すると考えていたことが窺え、武士が鹿島社へ寄せた信仰を具体的に物語る逸話と言えるだろう。

ここで神馬奉納の役を仰せつかった鹿島六郎は、鹿島六郎頼幹である。彼の一族、鹿島氏は、桓武平氏の流れを汲む常総平氏の武士だが、鎌倉時代以降、中世を通じて惣大行事という立場で、鹿島社の神官として活躍することになる。

また、この時に奉納された神馬に付けられた鞍が現存する。現在、宝物として大切に保管され、重要文化財に指定されている「梅竹蒔絵鞍《うめたけまきえくら》」が、それである。蒔絵で梅や竹の図柄を表現した優美な逸品で、頼朝の篤い信仰と典雅な趣味を現代に伝えている。

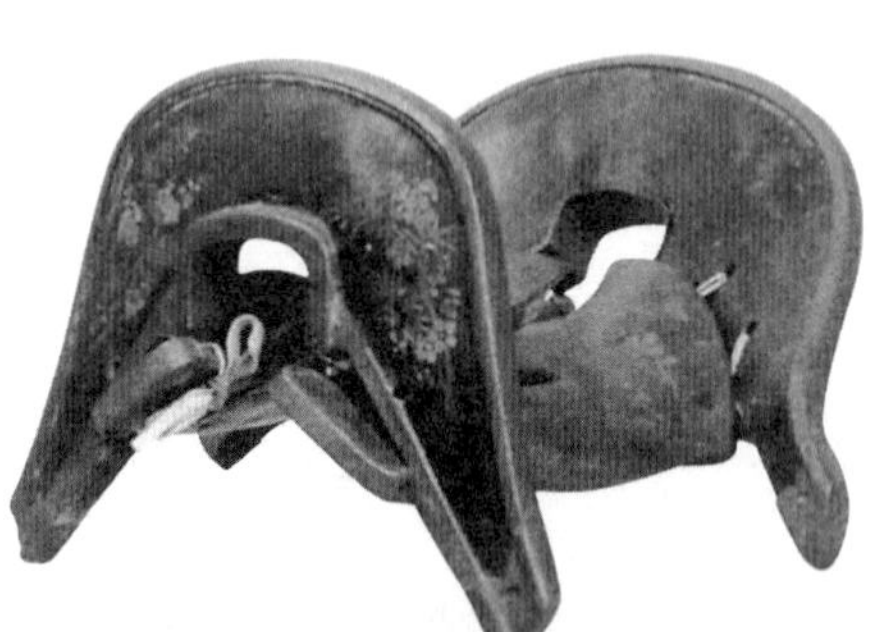

梅竹蒔絵鞍(鹿島神宮所蔵)

要石と鯰絵　時代は降り、江戸時代には鹿島神宮は一般庶民からも広く信仰を集めるようになっていた。その一つが、要石の信仰と鯰絵《なまずえ》だろう。要石は、鎌倉時代末期の成立とされる『鹿島宮社例伝記《かしまぐうしゃれいでんき》』に、奥の院の奥に「石ノ御座」があり、これを「カナメ石」とも呼び、鹿島大明神が降臨した時に御座としたとあり、金輪際(大地の底)に連なると説明する。また、常陸国には地震が多いが、この石御座があるので動かないとも書かれている。「御座《みまし》の石」の文言は貞治五年（一三六六）の『詞林采葉抄』にもあり、「日本を藤根国《とうこんこく》と呼ぶが、これは鹿嶋明神が金輪際から生え出でた御座の石を柱として藤の根で日本国をつなぎ留めておられるからである」と書いている。日本の大地を固定するという要石の信仰は、鎌倉時代末期から南北朝時代には成立していたと言ってよいだろう。大地を揺るがす地震は前触れもなく発生し、多くの被害をもたらす。国家だけでなく庶民にとっても恐ろしい災害である。それを抑えるのが鹿島の神であり、御座の石・要石だと古くから信仰されていたのである。

鹿島神宮境内にある要石

『浮世画手本』（弘化四年〈1847〉序，歌川国盛著）

幕末の安政二年（一八五五）十月、江戸に大きな被害を与えた安政大地震の後、地震の原因として鯰を表現した「鯰絵」が多く描かれた。そこには、当然、鹿島の神と要石が登場し鯰を封じ込めている。鹿島の神は鯰の頭上に立ち、要石を置いて鯰を抑え、鯰は鹿島の神の前で平伏する。ユーモラスななかにも、恐ろしい地震を抑える守護神、鹿島の神への素朴な信仰が表現されている。

古代、大和王権や律令国家の武神として信仰された鹿島の神は、武士の時代を経て、庶民の守護神としての性格も加わった。現在でもわれわれを守ってくれる頼もしい神への信仰に変わりはない。

参考文献　秋本吉郎校注『風土記』（『日本古典文学大系』二、岩波書店、一九五八）、東実『鹿島神宮』（学生社、一九六八）、『図説　鹿嶋の歴史』原始・古代編（財）鹿嶋市文化スポーツ振興事業団、二〇〇六）『図説　鹿嶋の歴史』中世・近世編（鹿嶋市教育委員会他、二〇〇九）

（笹生　衛）

諏訪大社（すわたいしゃ）

鎮座地　上社本宮《ほんみや》　長野県諏訪市中洲宮山
上社前宮《まえみや》　長野県茅野市宮川
下社春宮《はるみや》　長野県諏訪郡下諏訪町
下社秋宮《あきみや》　長野県諏訪郡下諏訪町
祭　神　建御名方神《たけみなかたのかみ》・八坂刀売神《やさかとめのかみ》
例祭日　上社　四月十五日
下社　八月一日

諏訪の御柱　諏訪では、干支の寅と申にあたる年の四月、「ここは木落し、お願いだぁ」と始まる木遣りの声にあわせ、巨大な御柱《おんばしら》が、その巨体に張られた綱の曳き手たちによって、次々と崖の上から曳き落とされる。御柱が男衆たちを乗せたまま地響きを立ててすべり落ちると、数十万ともいわれる群衆の歓声が周囲に広がっていく。この熱狂的ともいえる行事は「木落し」と呼ばれ、諏訪大社の「御柱祭」のクライマックスとされる。

御柱祭とは、山から伐り出された御柱が、諏訪大社の上下両社に曳行され、境内の四隅に曳き建てられる神事である。むかしから、「人を見るなら諏訪の御柱」といわれるほど大勢の人々が御柱祭には繰り出され、現在でも、諏訪地方の市町村が参加して行われる、日本有数の大祭の一つである。

御柱曳きの神事は、鎌倉時代には、幕府から信濃国の地頭や御家人などに公役として割りあてられていたが、江戸時代になると、高島藩と諏訪社の神主家である大祝《おおほうり》が中心となって民衆も参加するようになり、現在に見られるような、数々の催し物が出される賑やかな御柱祭となった。

上社《かみしゃ》の御柱祭は、その二年前から準備としての行事が行われる。まず、御小屋《おこや》山の社有林において御柱用の木を選ぶ「仮見立て」を行い、仮見立ての確認決定である「本見立て」が御柱祭の前年に行われる。八本の御用材には注連縄が張られ、「本宮一之御柱」「前宮一之御柱」などの標示板と、「尾根鎌《おねがま》」とよばれる薙鎌が打たれる。御柱祭の年の二月十五日、御柱の曳行分担を決める「御柱抽選式」によって、八本の御柱に八組の集落が割り当てられ、各組は、引き当てた御柱にかける「曳綱打《ひきづな》ち」を行う。三月の上旬には、忌火によって御柱伐採用の斧《おの》・鋸《のこぎり》・鉈《なた》を清める「火入れ式」が行われ、その翌日に「御柱伐採斧入れ式」が行われた後、御柱の伐採が始まる。そして四月上旬、「山出し祭」が行われる。御柱が山から曳き出された後、曳行が始まり、木落し、宮川の「川越し」を経て御柱屋敷に着いたところで山出し祭が終わる。ついで五月の上旬に「里曳き祭」が行われ、御柱は町の中を上社に向かって曳行される。里曳きでは騎馬行列をはじめ数々の演し物が練り歩き、社と町は人であふれかえる。そして、本宮・前宮それぞれの境内の四隅まで曳かれた計八本の御柱は、先端を三角錐状にそぎ落とす「冠落《かんむりおと》し」が行われた後、人々によってその巨体を徐々に起こし、直立するのである。この「建て御柱」も、建ち上がる御柱に男衆たちがしがみつく勇壮な行事である。翌日、それぞれの一之御柱の前で神事が行われ、八本の御柱の根本が打ち固められ、上社の御柱祭におけるすべての式が終わる。

下社《しもしゃ》の場合は、御柱は東俣国有林から伐り出され、仮見立ては御柱祭の三年前、本見立ては二年前、伐採は前年に行われる。八本の御柱の曳行分担も順番が定められている。下社では、山出し祭・里曳き祭ともに、上社より一週間遅れで行われる。

御柱の長さは、一之御柱が五丈五尺で、二・三・四となるごとに五尺ずつ短くなる。

祭神と伝承　現在、諏訪湖のおよそ南東に上社の本宮と前宮、諏訪湖の北に下社の春宮と秋宮が鎮座し、これら計四社を総称して「諏訪大社」とよぶ。もともと上社と下社は、別々の組織として神事などが行われていたが、明治以降に上下社あわせて「国幣中社諏訪神社」となり、大正五年(一九一六)には官幣大社に昇格した。上社の本宮と下社の春宮・秋宮には、祭神が鎮座する本殿がなく、幣拝殿から祭神である建御名方神と八坂刀売神を遥拝するかたちである。

建御名方神《たけみなかたのかみ》は、『古事記』では大国主神の子神として登場する。国譲りにおいて、建御雷神《たけみかづちのかみ》と力比べをして敗れ、科野国(=信濃国)の州羽海(=諏訪湖)まで追い詰められたとき、「この地《ところ》を除《お》きては他処《あだしところ》に行かじ」と約束して助命を請うたのである。諏訪社の創建につながる伝承は『古事記』が最も古く、『日本書紀』「神代巻」には建御名方神は登場しない。

また、建御名方神の后神とされる八坂刀売神も諏訪大社の祭神として祀られている。諏訪湖では、冬期に湖面が氷結して亀裂ができる。その亀裂は左右から盛り上がり、氷脈となって湖面を蛇行して貫く。この現象は「御神渡《おみわた》り」とよばれ、建御名方神が八坂刀売神のもとへ通う道筋であるという伝承を生んだ。

軍神としての諏訪社　諏訪社が歴史に登場するようにな

るのは、『日本書紀』の持統天皇五年（六九一）である。朝廷が使者を派遣して、信濃の「須波の神」を祭らせたことが記されている。

平安時代になり、承和九年（八四二）、建御名方神と八坂刀売神にそれぞれ無位から従五位下が奉授されると、貞観元年（八五九）までには建御名方神が従一位、八坂刀売神が正二位に昇階する。諏訪社は、『延喜式』では「南方刀美神社」と記され、名神大社であった。さらには信濃国一宮と称され、大神宝使が派遣される社でもあった。

建御名方神は、承和九年まで無位であったが、すでに勲八等という勲位が奉授されていた。神の勲位は、軍功に関して霊験を示した神に奉授される傾向があり、院政期に後白河法皇によって撰集された『梁塵秘抄』にも、「関より東の軍神、鹿島・香取・諏訪の宮」という今様の歌詞が見られるように、諏訪社の神は軍神として広く知られていた。

中世になると、諏訪社の社家は武士化するが、戦乱によって社殿は荒廃し、神事は衰退していった。やがて、武田信玄が諏訪を支配下におさめると、武田家は諏訪社に大きな影響力を持ち、社殿や神事の再興につとめるようになる。信玄は、永禄八年（一五六五）から翌九年にかけて、諏訪社の神事再興を命じた一一点の沙汰書を出した。これらの文書は「諏方上下社祭祀再興次第」とよばれ、武田家の力が諏訪社に浸透したことを示す史料とされている。信玄に関しては、法性兜《ほっしょうかぶと》をかぶった像や、「南無諏方南宮法性大明神」「諏方南宮上下大明神」と記した軍旗が有名であるが、これは諏訪社が、神仏混淆により「法性大明神」と称されたことや、軍神として信仰されていたことをよくあらわしている。

江戸時代には、諏訪は高島藩の領内となり、諏訪社もその藩政下にあった。

諏訪大神大祝　諏訪社については、南北朝時代に上社大祝の一族である小坂円忠によって作成された『諏方明神画詞《すわだいみょうじんえことば》』（以下『画詞』）によって広く語られてきたが、そこでは、『古事記』にある建御名方神の敗走の部分は削除され、地元神の洩矢《もりや》神との抗争に勝利して諏訪入りしたと伝承されてきた。『画詞』では、上社大祝の成立についても伝えており、「童男があてられた」「建御名方神が化現し、御衣《みそ》を脱ぎ着せて御衣着儀式《みそぎ》を行なった」「大祝をもって祭神とせよとの神勅があった」ことが記されている。

一方、熊本県の阿蘇神社に伝わる「阿蘇家略系図」によれば、「科野国造麻背君《ませ》」には二人の子があり、倉足《くらたり》は諏訪評督になって金刺《かなさし》氏の祖となり、乙頴《おとえい》《おとかい》は「諏訪大神大祝」

になり、子孫が大祝を世襲したとある。乙頴の添書きには、「八歳の乙頴に、建御名方神が化現して御衣を脱いで着せ、「我に体無く、汝をもって体とせよ」と神勅を申し、用明天皇二年（五八七）に諏訪湖南方の山麓に社檀を構え、諏訪大神と神々をまつった」とする内容が記されている。ただ、「阿蘇家略系図」は、その史料性に疑問が呈されており、詳細な検証が必要とされる。

上社大祝は御衣着祝とも称され、その姓に「神《じん》《みわ》」を用いており、大祝が氏子に述べることばは「大宣《おおのつと》」とよばれ、明神のことばとされてきた。大祝が諏訪社祭神の御正体《みしょうたい》・現人神であるとの信仰は、源頼朝が下文で「大祝の下知は明神の下知と同じである」と公認したことによって、武士社会に浸透する。

上社大祝は、上社前宮に神殿《こうどの》とよばれる居館をかまえ、清浄と郡外不出の掟があった。大祝への就任は職位《しょくい》または即位《そくい》と称され、「位付《くらいつき》・位立《くらいだて》」と書かれた。退職は「下位・下居《おりい》」という。「大祝職位事書」には「式の準備」「即位式次第」「十三所社参」が記され、その即位式では、御衣着の儀をはじめ厳重な儀式が行われた。雞冠《けいかん》社における柊の木の下、磐座《いわくら》上での御衣着儀式と授職式は特に重要であった。即位式は明治以前まで行われた。

また、上社では、祭神の御正体とされる大祝の他に、祀る側の神職として五官《ごかん》が存在した。五官とは上社神職の五つの職名であり、近世の五官は神長官《じんちょうかん》・禰宜《ね ぎ》太夫《だいふ》・権祝《ごんのほうり》・擬祝《まねのほうり》《ぎほうり》・副祝《そいのほうり》であった。神長《かんのおさ》は、洩矢神の後裔と伝えられる守矢家が世襲し、五官の筆頭に位置付けられ、上社大祝の即位式を主導した。

下社については、その成立についてほとんど記録がなく、平安時代には、下社の社人は金刺氏を名のった。下社には「賣神祝印」という銅製の社印が伝えられている。平安初期に制作されたものとされており、下社大祝である売神祝も同時期に成立したと考えられている。

鹿食免と諏訪の神事　諏訪大社の神事では、古くから鹿・鳥・猪・兎などの鳥獣が神饌として供えられることが多く、その狩猟的性格が特徴としてあげられる。諏訪社の御札の一つである「鹿食免《かじきめん》」と「鹿食箸」は、獣肉を食してよいとする御札で、その成立は不明だが、諏訪社でも神仏混淆が進み、伝統的行事と仏教の教えである不殺生戒との整合性がはかられるなかで生まれた御札であると考えられている。

次に、諏訪大社の神事で特徴的なものをいくつか紹介したい。

一月一日、上社本宮で行われる「蛙狩神事《かわずがり》」は、上社本宮の前の御手洗《みたらし》川の氷を割って、冬眠中の蛙二匹を生け捕り、神前において柳の小弓と篠竹の矢でその胴体を射ぬき、そのまま贄として供える神事である。

二月一日と八月一日には、下社で「遷座祭」が行われる。古くは一月一日と七月一日に行われていたこの神事は、下社の春宮と秋宮のあいだを、半年ごとに神霊が遷御される神事である。二月一日に神霊を秋宮から春宮にうつして半年間まつり、八月一日には再び春宮から秋宮に神霊を遷御するのである。特に八月の遷座祭では、遷御の行列に続いて御頭郷《おとうごう》の氏子によって巨大な御舟が曳行されることから、「御舟祭《おふね》」ともよばれる。

御頭郷とは、近世に諏訪頼水《よりみず》の「信州諏方御頭帳」によって定められた郷で、高島藩領の諏訪郡の郷村が頭役《とうやく》を負担する神事組織である。鎌倉・室町時代には、頭役は、幕府が地頭・御家人にあてた公役であったが、戦国末期に廃絶したため、新たな頭役負担の体制

信濃国下諏訪大明神春秋両社之絵図(諏訪大社所蔵)

が必要となったのである。「諏訪上社社例記」によれば、上社では、蛙狩神事の後、神卜によって御頭にあたる郷村が定められる。正月に御頭屋がつくられ、そこで亭主番とよばれる世話役が寝起きする。ミシャグジ(御左口)を迎える御神屋が建てられると、神事は本格的になり、二月に入ると、鹿肉を木串に刺して御頭屋にかける「御贄掛神事《おにえがけ》」が行われる。三月には「御贄おろし」が行われ、同月の酉の日に「御頭祭《おんとう》」が行われる。鹿肉をはじめ、さまざまな饗膳と酒が用意され、神人同座で会食するのである。かつては神前に七十五もの鹿頭が献じられたといわれる。三月の酉の日に行われていたことから、「酉のまつり」とも称されるこの神事は、現在では四月十五日、上社の例祭日に行われる。

八月二十六日から二十八日にかけては、上下両社で「御《み》射山《さやま》祭」が行われる。古くは七月の二十六日から二十九日までの期間、上社は八ヶ岳山麓の神野《こうや》、下社は霧ヶ峰にそれぞれ鎮座する御射山社において行われていた。七月二十六日、出発の儀式を終えた大祝は、神職・氏子たちを従えて御射山社へおもむく。御射山には「穂屋《ほや》」とよばれる仮屋が数十もつくられ、この穂屋に参籠して山宮の神霊をまつり、御狩りの行事を行なったのである。中世以来、幕府や武将たちから特別な庇護と崇敬をうけた神事であり、特に鎌倉時代には、神事の他に、武士たちによって数々の武技が演じられ、全国に広く知られた大祭となった。

参考文献　宮地直一「諏訪神社の研究」(『諏訪史』二、一九三一-三七)、『長野県史』(一九八六-九二)、『茅野市史』(一九八六-八八)、『諏訪市史』上・中・下(一九九五・一九八八・一九七六)

(小林宣彦)

気比神宮（けひじんぐう）

鎮座地　福井県敦賀市曙町
祭　神　伊奢沙別命《いざさわけのみこと》(気比大神《けひおおかみ》)
例祭日　九月二日〜十五日

祭神の伝承と信仰　主祭神、伊奢沙別命は社伝(『気比宮社記』)によると、天筒山の嶺より境内の聖地・土公に降臨したと伝えられる。別名「気比《けひ》(笥飯)大神」、食物を司る神である。『日本書紀』において神功皇后が武内宿禰《たけのうちのすくね》に命じ、皇太子であった応神天皇を敦賀の笥飯大神のもとに参拝させた、とあるのが初見である。

『古事記』にはその折、太子の夢に大神が現われ「自分の名と御子(太子)の御名を取りかえて欲しい。お礼に御子のお食事をご用意しよう」と告げられた。すると翌朝にはイルカが大量に海岸に打ち上がったという。この御名易《みながえ》の伝承をもって敦賀の大神を御食大神《みけつおおかみ》、気比(笥飯)の大神とも呼ぶこととなった、とある。これにちなみ、現在は三月八日に御名易祭《みながえさい》として、海の幸の神饌をささげて大漁を願う。

また、応神天皇の父母である仲哀天皇・神功皇后も敦賀の行宮に滞在されたという古事にちなみ、本宮に主祭神と共に祀られ、あわせて応神天皇・日本武尊(仲哀天皇父)・武内宿禰・玉妃命《たまひめのみこと》(神功皇后妹)も祀られている。

持統天皇の時代に封戸二〇戸を充てられ(『日本書紀』)、天平三年(七三一)に二〇〇戸が加増され、同じ北陸道の気多社の三〇戸と比較しても、地方神社の中では破格の経済基盤を有していた。神階は全国神祇の中でも最も早く、天平三年に従三位となっていたことが確認でき、寛平五年(八九三)、正一位勲一等の極位に進んでいる。『延喜式』神名帳では越前国敦賀郡四十三座のうち、気比神社の祭神七座が名神大社となっている。平安時代中期には、国司が入国した翌日に気比神宮、ついで気比神宮寺を参拝している記録があり、越前国を代表する神社としての役割を果たしている。

海陸の要衝　気比神宮は海と深い関係にある。当社の北六〇〇〇《メートル》に位置する敦賀湾は天然の良港として栄えた。『延喜式』によると敦賀の松原駅は越前国の他の駅馬が五頭のところ駅馬八頭、伝馬五頭を備えた大きな駅であり、越前・加賀・能登・越中・佐渡からの海路を通る官物はいったん敦賀港に陸揚げされ、愛発《あらち》の関と北陸道を経て京へ向かう。

また、この地は古くからの塩の生産地であり、明治に入るまで敦賀に塩田が営まれていた。武烈天皇の即位前に反乱がおき、討伐された首謀者平群真鳥臣《へぐりのまとりのおみ》は、海の潮を指して呪いをかけた。しかし、敦賀の海の潮のことは失念したため、この海からとれる塩のみが天皇の食膳にあがることができたという言い伝えが残る（『日本書紀』）。

古くは「角鹿《つぬが》」と称し、意富加羅《おほから》国の王子都怒賀《つぬが》阿羅斯等《あらしと》が来着し、その額に角のようなものがあったため「角額」が転化して「つるが」という地名となったと伝わる。この地名伝承のごとく、のちに敦賀は主に半島との対外関係の要衝となる。

高句麗が新羅によって滅ぼされた後、旧高句麗北部に大祖栄が震国《しんこく》を起こし、唐より「渤海国王」の冊封を受けた。渤海国は高句麗の対外政策を引き継ぎ、神亀四年（七二七）以降、使節を日本に派遣するようになった。渤海使節は秋から初冬にかけて能登半島西岸へ到着し、北西からの季節風に乗って日本海を横断する、高句麗以来の伝統的な航路を使用したとされる。使節はおおよそ一〇〇～三〇〇人からなり、雪が降り出す前か、雪が解ける四月以降に入

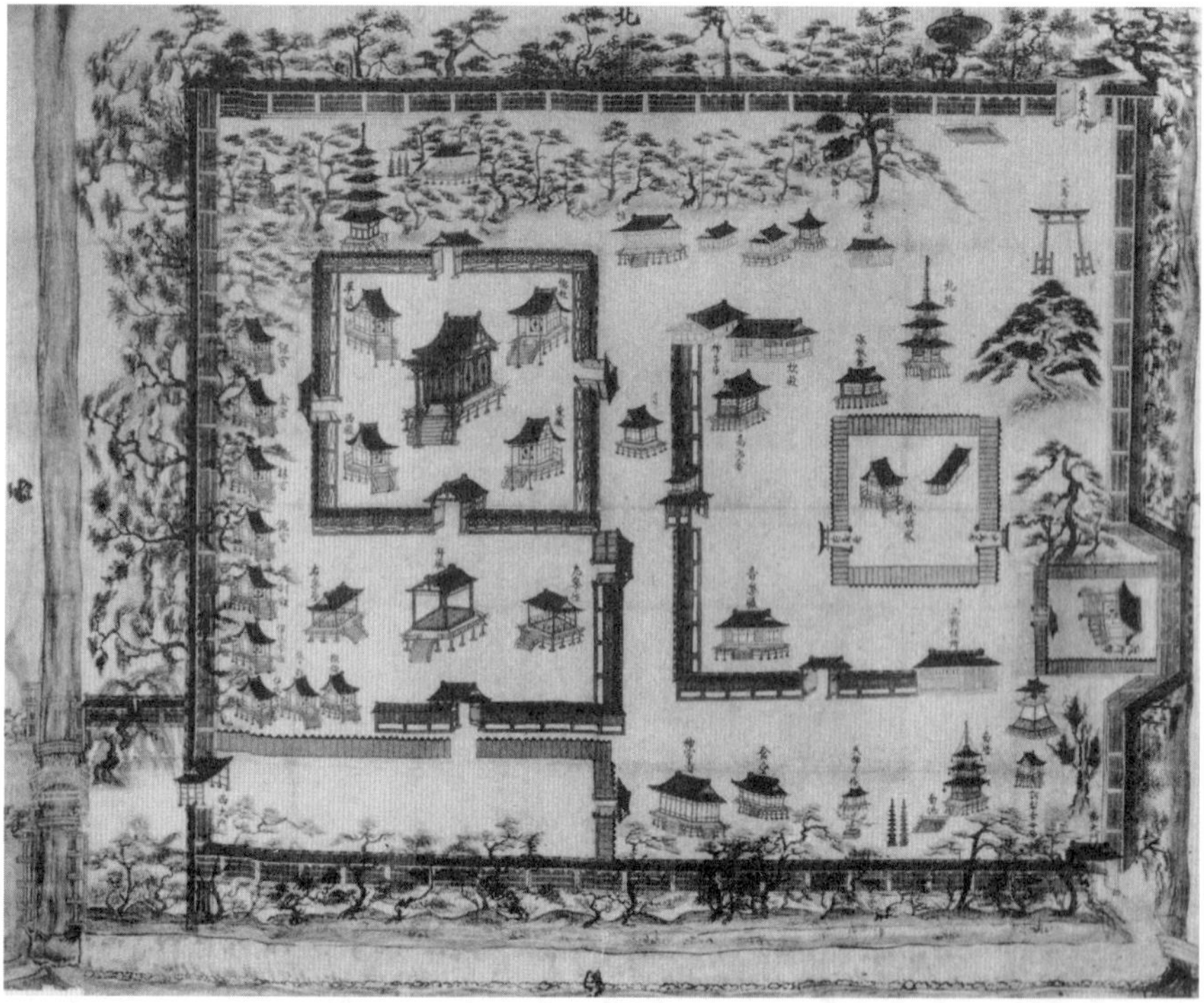
気比神宮古絵図（伝室町時代，気比神宮所蔵）

京した。到着から入京までの数ヵ月間は来着地近くの便処に留め置かれ、その間にかかる経費は受入国の負担となっていた。これだけの大人数の使節団を越冬させるには大規模な施設が必要であった。

延暦二十三年(八〇四)には渤海国使が能登に多く来着するために客院を造れ、との勅が下され(『日本後紀』)、おそらくその前後に越前国松原に客館が造られたとされる。『延喜式』によるとこの松原客館の検校を気比神宮司が行うことが定められている。

このような対外活動は九二六年に渤海が契丹に滅ぼされるまで続き、敦賀はのちに日宋貿易の基地ともなった。当社は日本海航路の畿内への玄関口に鎮座し、日本海の対外関係の要衝であり、北陸道における重要な拠点でもあった。

神宮寺と遊行上人　天平宝字年間に成立した『藤氏家伝』によると、藤原不比等《ふじわらふひと》の長男武智麻呂《むちまろ》が、近江守であったときに夢に奇人が現われた。奇人は「仏道への帰依という自分の願いを助けるために、寺を造って欲しい」と告げた。武智麻呂はこの奇人を気比神であると知り、越前に気比神宮寺を建立したという。

神が仏法帰依を望むという神身離脱の思想による神宮寺建立の、最も早い事例であり、朝廷はたびたび、度者《どしゃ》(神宮寺のための出家者)を下している。気比社とともに神宮寺の造替・修理は宣旨や官符によってなされており、貞観二年(八六〇)に定額寺(朝廷の保護を受け、官寺に准じる寺)となった。

室町時代後期の境内図にも、境内の東側に神宮寺や塔・鐘楼などが書き込まれており、現在には見ることのできない、神仏習合時代の当社の風景を彷彿《ほうふつ》とさせる。また、正安三年(一三〇一)に時宗開祖一遍上人の弟子、遊行上人他阿が、気比神宮の参道がぬかるみ、参詣者が難儀しているのを哀れみ、浜から砂を運び始めた。参道を埋め立てている遊行上人とともに、敦賀の人々もこれに加わり、無事に参詣を行えるようになったという。『遊行上人絵伝』にはその人々の参道埋立の姿が描かれ、松尾芭蕉は敦賀滞在の折にこの故事を聞き、「月清し遊行のもてる砂の上」の句をつくっている。このお砂もちの行事は現代でも時宗総本山清浄光寺の法主交代の度に当社を訪れ、法主が海岸より参道へ砂を運ぶという。

武家の信仰　当社の社領は八条院領の一部として後醍醐天皇がこれを管領し、南朝方の重要な地域であった。

『太平記』によると、延元元年(一三三六)、足利尊氏が九州より上洛し、後醍醐天皇がやむなく延暦寺より京都へ還幸され、南朝方が危機に陥った。その際、後醍醐天皇は新田義貞に、東宮恒良《つねよし》親王及び尊良《たかよし》親王を奉じて越前に下された。敦賀津に到着した東宮一行を気比大宮司弥三郎氏治《やさぶろううじはる》は三百余騎にて迎え、天筒山脈が海上に突出した天然の要塞である金崎城《かながさきじょう》へ籠城した。

のちに金崎城は落城し、尊良親王は自害、新田義貞子息の義顕と気比大宮司以下もこれに倣い殉死し、社領は減ぜられた。この合戦の折に気比氏治が出陣に際して旗を掲げ置いたと伝わる中鳥居前の旗掲《はたかけ》の松の根が現在も残っており、往事の風景を今に伝えている。

戦国時代に入り、越前守護の朝倉氏も気比神宮を信仰し、社殿の修復造営なども行なったが、元亀元年(一五七〇)織田信長の朝倉討伐に気比大宮司憲直《のりなお》もこれを迎撃し、社殿のことごとくを焼失、神宝も失われた。江戸時代に入ると、福井藩主となった結城秀康《ゆうきひでやす》の命により、社領の寄進や社殿造営が行われた。代々の福井藩主の崇敬厚く、正保二年(一六四五)年には大鳥居(重要文化財)が建てられる。

昭和二十年(一九四五)、第二次世界大戦中の敦賀大空襲により、敦賀市と当社は大鳥居を遺してことごとく灰燼に帰した。しかし、神職はじめ氏子崇敬者の尽力により、戦後、昭和二十五年に全国でも異例の早さで本殿の再建がなった。

気比の長祭り　例祭は「気比の長祭」として、氏子町内が参加する山車行列の次第をくじで決定する六月十六日(旧五月十六日)の午腸祭《ごちょうさい》より始まる。江戸時代の次第によると、九月(旧八月)の二日に宵宮祭《よいみやまつり》、神殿で幣帛《へいはく》・神宝・神饌《しんせん》を捧げた後、敦賀の老若男女が終夜参拝を行い、先の午腸祭のくじで番に当たった町内はこの後二日間の練山《ねりやま》の目録を献上する。三日の神輿の渡御する神幸祭、四日の例大祭には当番の町内の氏人が神饌を供え、両日ともに壮麗な練山が引き出され、神覧にあずかる。その後五日から十日まで、毎朝祭祀を行い、十五日の月次祭をもって終了する。例祭の正確な起源は不明であるが、社伝によると、文武天皇の大宝二年(七〇二)八月四日、仲哀天皇と神功皇后が合祀された日が例祭の起源として伝わっている。江戸時代に当社神職であった平松周家が記した『気比宮社伝旧記』にある次第と同じく、現在も北陸最大の祭・敦賀まつりとして盛大に執り行われている。

参考文献　『気比宮社記』(一九四〇)、『敦賀市史』(一九七六)、網野善彦編『日本海と北国文化』(『海と列島の文化』一、小学館、一九九〇)

(松本昌子)

古代（記紀以前）

出雲大社（いずものおおやしろ）

鎮座地　島根県出雲市大社町
祭　神　大国主大神《おおくにぬしのおおかみ》
例祭日　五月十四〜十六日

巨大柱の発見　平成十二年（二〇〇〇）四月、大社本殿前の八足門《やつあしもん》付近から、鎌倉中期（宝治二年〈一二四八〉造営の遺構か）と推定される神殿の巨大柱が発掘された。杉の大木三本を束ね一本にしたもので、中央の心御柱《しんのみはしら》、南中央の宇豆柱《うずはしら》、南東側柱の三ヵ所が確認されている（島根県立古代出雲歴史博物館で展示）。

「天下無双の大廈《たいか》、国中第一の霊神」（平安後期の官宣旨）と呼ばれた当大社は、『延喜式』の名神大社、大神宝使発遣神社、出雲国一宮に列し、巨大神殿の存在が古くから伝承されてきた。大社造の建築平面図である『金輪御造営差図』は、出雲国造《いずものくにのみやつこ》千家家に伝来し、その図には、三つの円を一つの大円に束ねた形式で、田の字状に九箇所に図示されている。図の写しは、千家俊信《せんけとしざね》から本居宣長《もとおりのりなが》に伝わり、宣長の『玉勝間《たまかつま》』に載せられ、広く知られるところとなったが、宣長も巨大神殿の実在には、疑問をもっており、明治以後、近年まで、建築史家を中心に、その否定論は強かった。ところが、巨大柱の発掘により、その疑問は解消され、信憑性は高まったといえる。

源為憲《みなもとのためのり》が天禄元年（九七〇）に編集した貴族子弟の教養書ともいうべき『口遊《くちずさみ》』には、大型建築物の順位として「雲太、和二、京三」が挙げられている。第一位は出雲大社神殿、第二位は大和の東大寺大仏殿、第三位は平安京の大極《だいごく》

宇豆柱の出土状況（出雲大社提供）

殿《でん》の順で、国家公的の天皇儀礼の場である大極殿よりも、最大の仏教寺院よりも高層であったことは、注目してよい。その高さは、上古は三二丈（一丈＝約三メートル）、中古は一六丈、現在（近世中期）は八丈であると伝える（『玉勝間』）。東大寺大仏殿は一五丈、約四五メートル（『東大寺要録』に引く「延暦僧録」）とあるので、これ以上の高さということになる。平安中期の記録によれば、風がないのに、神殿が倒壊したと書かれている（『左経記』）。その原因は高層建築であったから、と

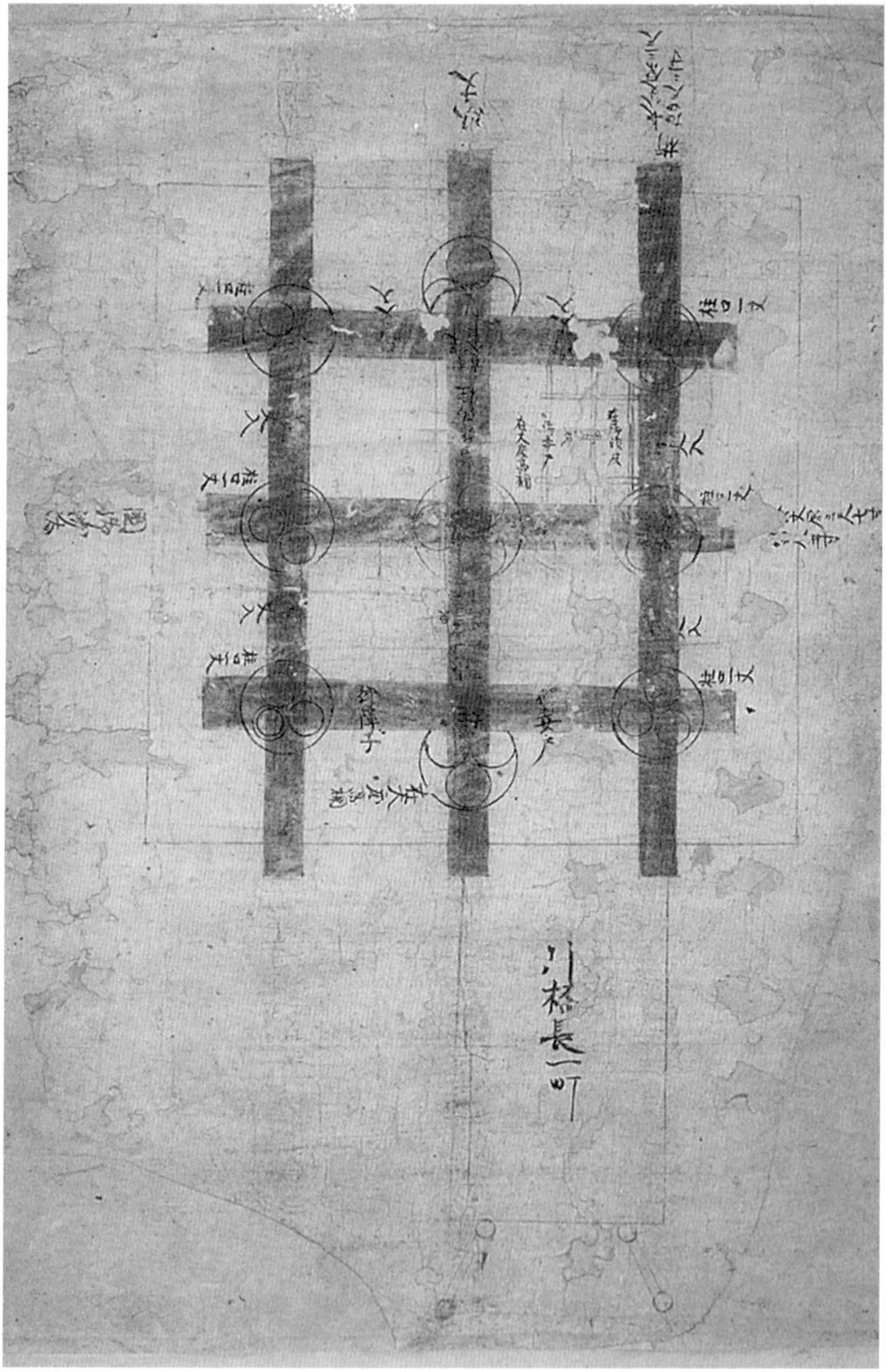

金輪御造営差図（千家家所蔵）

もいわれる。

出雲神話では、天の下の国作りをすすめた大国主神《おおくにぬしのかみ》(『日本書紀』の神名表記は「大己貴神《おおなむちのかみ》」であるが、以下『古事記』の神名表記に統一した)は、葦原中国を天つ神に献上する。いわゆる国譲り神話である。天つ神高皇産霊尊は大国主神に勅して、大国主神の治める顕露の事は、天つ神の皇孫《すめみま》が治め、大国主神は神事(幽事)を治めること、そして大国主神の住むべき「天日隅宮《あめのひすみのみや》」の創建を約束した。その建物は「其の造宮の制は、柱は高く太く、板は広く厚くせむ」(『日本書紀』神代下)とあり、この巨大神殿において、天つ神から遣わされた天照大神の御子天穂日命《あめのほひのみこと》(出雲国造出雲臣の祖神)が祭祀を掌ることとされた。ここに、天つ神の皇孫による国家統治の正当性が確認され、その譲渡神話の地上的表現が、出雲における大社の創建につながる。

神話と歴史の間　古代の大社と祭神・大国主神(大己貴神)は、神話・建築・儀礼において特別の存在感を示してきた。とりわけ、記紀神話の三分の一は出雲神話で占められており、天皇神話のなかで、出雲は一地方ではなく、大和・伊勢と対比できる重要な役割を担っていた。

記紀神話の基本構想は、高天原〈天つ神〉世界と天下(出雲)〈国つ神〉世界との二極の構造のなかにあり、出雲は根国・底国につながった異郷世界として映し出された。国作りの大神である大国主神は、葦原中国を天つ神に献上することで、神話に基づいた神殿の創建と儀礼・祭祀が整えられていった。

古代の祭祀体系の基本軸は、宮都(大和の藤原京・平城京)からみると、東(または東南)の方角は、東国の入口、東方経営の出発基地に伊勢神宮を配し、西(または西北)は外部に接し東アジアに広がり、朝鮮・韓半島との結びつきが強く、大陸と筑紫・北陸地域との交流の接点である出雲の地に出雲大社が置かれている。

東西軸の対極にある伊勢と出雲とは、神殿建築でも比較されてきた。伊勢神宮の神明造は、稲倉様式の切妻・平入構造、出雲大社の大社造《たいしやづくり》は、宮殿様式の切妻《きりづま》・妻入《つまいり》構造であり、ここでも対極にある。現存の大社本殿は、延享元年(一七四四)の造営(国宝指定)になり、建物の高さは、伊勢神宮正殿の二倍を誇っている。

大社の鎮座地である出雲郡杵築郷の地名起源は、天平五年(七三三)に編纂された『出雲国風土記』によると、「天の下造らしし大神の宮」(出雲大社)を創始するにあたり皇神たちが集まって「杵築《きつ》きたまひき」とある。巨大神殿の柱の根元を衝き固めたことに由来して名付けられている。出雲

寛永御絵図に描かれた社殿(千家家所蔵)

大社は、古代においては「杵築大社」(『延喜式』)と呼ばれてきた。戦後、「大社」号は地方の有力神社を中心に増えつづけてきたが、それ以前までは、出雲大社などに限られた社号であった(『出雲国風土記』に意宇《おう》郡「熊野大社」がある)。

巨大柱の発見は大きな驚きであったが、もう一つ、大和の都である藤原宮から、小さな木の板が発掘されたことも、神話と歴史をつなげる大きな発見であった。その木簡には「出雲評《いずものこおり》支豆支《きずき》里大贄《さとおおにえ》煮魚《にざかな》　須々支《すずき》」と記されていた。この文字で書かれた内容は、「出雲評」(のち評から郡となる)の大社が鎮座する「支豆支」(神亀三年〈七二六〉「杵築」に字を改める)里(郷)より、天皇のもとに大贄として「須々支」(鱸《すずき》)の煮魚が貢納されていた。

持統朝の藤原宮造都(六九四年)以降、「郡」の字が使われるようになる大宝律令制定(七〇一年)以前に、神殿創建と深く関わる「支豆支」(杵築)の地名は、持統朝には用いられていたことになり、巨大神殿は、持統朝以前に創建されていたことになる。

『古事記』上巻の国譲り神話は、木簡にある鱸貢納の史実を反映した事項が記載されている。大国主神は国譲りにあたり、出雲国多芸志浜に天つ神のために天の御舎を建て、海人が鱸を釣り、天の御饗として鱸の魚料理を献じて服従する神話が描かれている。これは、出雲の杵築から天皇供御のための鱸の貢納が行われていた史実を前提として神話が伝承されている。大和(天皇)と出雲とが、神話と歴史で緊密な友好的関係が保たれていたことを窺うことができる。鱸は杵築の地の前に広がる神門水海《かんどのみずうみ》から漁獲されており(『出雲国風土記』)、近世には松平不昧公が好んだ郷土料理「鱸の奉書焼き」(腸をとらずそのまま濡れた奉書で包み、ほうろくで焼く)の素材として知られている。

神殿創建と殿内祭祀 大社から東へ二〇〇《メートル》行くと、命主社《いのちぬしのやしろ》が鎮座している。この場所から、近世前期、寛文五年(一六六五)に銅戈《どうほこ》・勾玉《まがたま》が出土した(真名井遺跡)。また、大社境内の神域中心部からは、古墳時代前期(四世紀後半)の土師器・甕・勾玉・臼玉類が出土した。この時期には、宗像沖ノ島や大和三輪山の山ノ神遺跡と共通する祭祀形態が、出雲の大社神域内でも始まっていたことを確認することができる。大社内における祭祀は、古墳時代前期、さらに弥生末期までさかのぼることが可能であり、その起源は古い。

この出雲の神域の地に、神話に語られた神殿を再現した、天皇の宮殿に匹敵する「神の宮」が創建されていった確実な記録は、『日本書紀』斉明五年(六五九)是歳条の大社創建の記述である。神社建築を記録から確認できる最古のものといってもよい。

その創建には、出雲国造の本拠地である意宇郡の人々が参加しているので、これを同郡の熊野大社に比定する説もあるが、神話の構図と斉明天皇が特に天穂日命の後裔である出雲国造に命じていることを考えれば、出雲大社の創建の方が妥当性が高い。

出雲の神殿創建に関しては、『古事記』垂仁天皇条に、出雲大神の祟りにより、本牟智和気皇子が成人しても言葉を喋らなかったため、皇子を出雲に参拝させ、神宮を造らせたと伝える。出雲大神の神殿は、「天皇の御舎《みあらか》」のような宮殿と同様の立派な建物の造営が求められている。この垂仁記の伝承に対応しているのが、神殿創建の前年、斉明四年(六五八)五月、八歳で亡くなる斉明天皇の皇孫、建王(中大兄皇子の御子)と重なりあってくる。建王も言葉を発することができず、天皇は自身の没後、陵墓に建王との合葬を望まれるほど悲しんだ。皇孫建王の死は、斉明天皇をして神話を現実に映し出す、出雲における神殿創建の動機となっている。斉明天皇は多くの大型公共工事を進めたが、これもその一環であった。また、対外交流の拠点となっていたことから、この頃、朝鮮半島における新羅・百済の争乱が少なからず影響していた。

大社神殿における祭祀の特徴は、明治以前まで殿内祭祀（同床共殿）であった（出雲大社教所蔵「出雲大社本殿内の図」）。これは、大社以外の神社祭祀が、神殿の外、屋外や庭上祭祀の作法を基本としていることと大きく異なる。伊勢神宮では立派な神明造の建物がありながら、明治以前まで、正殿の床下で祭祀が行われてきた。殿内祭祀は大嘗祭《だいじょうさい》と新嘗《にいなめ》・神今食《じんこんじき》など、天皇の親祭祭祀に限られていた。それは皇御孫命である天皇が天照大神の祭祀者となる祭祀と、天つ神から遣わされた天穂日命の神孫出雲臣・出雲国造が大国主神の祭祀者となる祭祀において、殿内祭祀であったという共通点を見出すことができる。

さらにいえば、出雲の殿内祭祀は祭神大国主神の神裔ではなく、天つ神側から派遣された天穂日命の神裔による同床共殿の祭祀法であることに重要な意味をもっている。大社では、住居形式の神殿内に出雲国造が奥深く入られ、厳しい斎戒のなかで、奉仕された。

神賀詞奏上儀礼　大化前代まで、大和朝廷任命の地方官として各地に置かれていたのが国造《くにのみやつこ》である。律令制下になると、国司制度に移行し、国造は名目のみとなったが、大社の大国主神祭祀を掌った出雲国造のほか、日前国懸神宮《ひのくまくにかかすじんぐう》の紀国造など数例は、その後も世襲的に祭祀職を受け継いできた。

奈良時代の霊亀二年（七一六）から平安初期の天長十年（八三三）まで、国史上二〇例ほど、出雲国造が都に上京して、天皇の御世が永く続くように寿《ことほ》ぎ、「出雲国造神賀詞」（『延喜式』祝詞）を奏上し祈念する儀礼があった。その詞章では、大国主神（大穴持命）の和魂を三輪山に鎮め、天皇の「近き守り神」とし、大神みずからは出雲大社に鎮座したことが奏される。ここに大和の大物主神は、出雲の異郷世界から特別の霊威を受けることで、緊密な関係をもち一層の神威強化が図られた。「神賀詞」詞章の原形成立は、飛鳥の宮域守護を意図していることから、天武朝・斉明朝までさかのぼることが可能である。

出雲国造の職を世襲した出雲臣の祖神天穂日命は、記紀神話によると、葦原中国《あしはらのなかつくに》の平定のために派遣されたが、大国主神に媚びて、三年になるまで復命することがなかった。その復命儀礼として創始されたのが、この奏上儀礼であった。出雲国造上京儀礼は、①出雲国造の任命と神祇官における横刀以下の負幸物の下賜、②第一次、献物奉献と神賀詞奏上、③第二次、献物奉献と神賀詞奏上の、入朝して三度の儀礼が行われる。これは天つ神によって遣わされた天穂日命の子孫によって、神話の故事に因んで奉仕される返り事報告であり、出雲側の象徴物である神宝が奉献される。

奏上儀礼に用いられた「神賀詞」には、「天の下を見廻りて、返り事申し給はく」と、天穂日命の「返り事」が奏上されており、この儀礼によって復命が完了することになる。霊亀二年の儀礼成立時の前後には、『古事記』『日本書紀』が成立している。記紀神話にみえる復命がないままでは、天つ神と国つ神、朝廷と出雲との繋がりは確保されない。神話の不復奏を解除するためには、復命・返り事の儀礼を必要とした。神話と神賀詞奏上儀礼は連動した関係にあり、神話と儀礼により完結する数少ない事例である。

この儀式には、出雲国造が出雲国内の神社祝部百数十名を引率して入朝している。出雲の国内神社の官社数は、『延喜式』神名帳によると、一八七座(神社数も同数)で、これは大和国、伊勢国についで多い。天平五年成立の『出雲国風土記』では、官社一八四所、非官社二一五所とある。奈良前期から『延喜式』成立時までに、わずか三座しか増えていない。これらの官社数に匹敵する祝部が、大和入朝へ参加する人員の中心になっていた。

『古事記』では大国主神の御子を「百八十神」、『日本書紀』では「一百八十一神」とある。「百八十」の数は、「八十」「八百万」などとともに、数量の多さを示すものであるが、出雲国内の官社数が、全国的な律令官社制形成当初から百八十余に選定されているのは、記紀神話に記された大国主神の御子の数字を前提として、その実数の官社が選ばれており、出雲国内の官社制は出雲神話に対応した構図となっている。出雲国内の神社祝部が国造とともに入朝して、神賀詞奏上と献物奉献をするのは、出雲の国譲り神話の地上的表現であり、国つ神・出雲世界へとつながる律令祭祀制のもう一つの柱として機能した。

神在祭と古伝新嘗祭　大社では、年間数多くの神事が行われる。出雲国内最大の祭礼は、「山陰無双の節会、国中第一の神事」といわれた、三月一日から三日までつづく三月会である。鎌倉期の文書によると、国内の地頭が頭役を分担して神事に仕えた。この三月会は現在五月に移り、十四日の例祭では勅使が参向するほか、三日間つづく大祭礼になっている。

全国では旧暦十月を神無月《かんなづき》という。これは出雲に神々が参集したとする伝承に由来している(平安末期成立の『奥義抄』)。これに対して出雲では神在月《かみありづき》といい、出雲における神々の祭祀月であった。『神祇令』『延喜式』に規定する年中恒例祭祀は、十月の祭祀は空白になっており、この一ヵ月、朝廷祭祀は避けられている。一方、出雲国では神事の斎戒《さいかい》のため、国衙《こくが》の役所は廃務とされていた（『権記』長徳元年〈九九五〉十月条）。毎年十月は、神々が出雲にお出掛けになり、神事を受けられて、帰国される。神々が滞在する期間は、静かに斎戒・物忌《ものいみ》することから「御忌祭《おいみまつり》」とも呼んでいる。大社の神在祭は、旧暦十月十日夜、稲佐浜で神迎神事が行われる。このあと、大社末社の御旅社で過ごされ、大社を出発する同十七日と出雲国を旅立たれる同二十六日に神等去出祭《からさでさい》が行われる。近世に入ると、全国から集まった神々は、大社で男女の婚姻の縁などを結ぶ協議に入ると伝えられ、その様子を描いた錦絵が作られた。

古伝新嘗祭は十一月二十三日夜、大社で行われる新嘗祭のことで、明治以前は新嘗会といい、出雲国造の本拠地とされる大庭（松江市）の神魂《かもす》神社で斎行されてきた。当日は、出雲国造（出雲大社宮司）が、神聖な火で炊いた御飯と醴酒《ひとよざけ》を頂く相嘗《あいなめ》の儀と、歯固《はがため》・百番の舞・御釜神事が行われる。このほか、国造の代替わりごとに、神火・神水を受け継ぐ火継神事が、これも神魂神社で執り行われてきた。これらは祖神の霊威を受け継ぐ古式の稲作収穫祭儀であり、毎年の天皇新嘗儀礼と天皇代替わりごとの大嘗祭に類似した出雲国造家に伝わる特殊神事である。

参考文献　千家尊統『出雲大社』（学生社、一九六八）、大林組プロジェクトチーム編『古代出雲大社の復元』（学生社、一九八九）、『大社町史』上・中巻（一九九一・二〇〇八）、西岡和彦『近世出雲大社の基礎的研究』（大明堂、二〇〇二）、奈良文化財研究所編『出雲大社社殿等建造物調査報告』（大社町教育委員会、二〇〇三）、奈良文化財研究所編『出雲大社境内遺跡』（大社町教育委員会、二〇〇四）、椙山林継・岡田莊司・牟禮仁・錦田剛志・松尾充晶『古代出雲大社の祭儀と神殿』（学生社、二〇〇五）、新谷尚紀『伊勢神宮と出雲大社』（講談社、二〇〇九）、京都国立博物館・島根県立古代出雲歴史博物館編『特別展　出雲―聖地の至宝―』図録（二〇一二）

（岡田莊司）

日前神宮・国懸神宮（ひのくまじんぐう・くにかかすじんぐう）

鎮座地　和歌山市秋月
祭　神　日前大神《ひのくまおおかみ》、国懸大神《くにかかすおおかみ》
例祭日　九月二十六日

伊勢の御神と紀伊の大神　紀ノ川の河口に近い和歌山市秋月で、深い緑に包まれた神域に、二つの社は並んで鎮座している。境内奥の木々の中、西半分が日前神宮、東半分が国懸神宮である。森厳とした境内は、その歴史の奥深さを忘れさせるほど、静かで清らかな佇まいである。

祭神は「天照陽乃大神」（『日前國懸神宮御鎮座略記』）である。平安以降、伊勢神宮について皇祖神に準ずる神として朝廷から格別の崇敬を受けてきたが、そのいわれは神話伝承にさかのぼる。

岩戸開き神話では、闇に閉ざされたなかで八百万の神は天照大神の出現を願い、その姿を象《かた》った鏡を作り祈禱する。この時に石凝姥が日矛を作り、天羽鞴《あまのはぶき》というフイゴを作る。このフイゴで造られたのが、「紀伊国に坐します日前神」という（『日本書紀』）。また、太陽を象った鏡（日象之鏡）を二つ作ったが、初めの鏡は上手くいかず、二回目に作ったものが美麗だった。そこで最初の方を日前宮の神、後の方を伊勢大神の鏡として祀ったという（『古語拾遺』）。

天照大神の八咫の鏡に先立って作られたものが日前神宮の日像鏡《ひがたのかがみ》と国懸神宮の日矛鏡《ひぼこのかがみ》ともいわれ（社伝）、皇祖神の伊勢神宮と同じく宝鏡を神体とすると伝えられる。

神話伝承のままに、宮中の温明殿《うんめいでん》にある内侍所《ないしどころ》には、天皇の御位の印となる神鏡が忌辛櫃に納め置かれていた。この忌辛櫃の中には三面の鏡があり、一面は伊勢の分身で「伊勢御神」といい、一面は「紀伊大神」と呼ばれていた。天徳四年（九六〇）に内裏が焼亡した時、「伊勢御神」の鏡のみが無事だったという。焼け損じた二面の鏡は、日前神と国懸神を表すと考えられたという（『小右記』）。この後、寛弘、長久に起こった内裏焼亡で、伊勢御神の鏡はその鏡の形を失ったにもかかわらず、内侍所御神楽《みかぐら》などの祭祀が年々行われた。しかし、紀伊御神《きのみかみ》の御鏡は焼失したまま、宮中での祭祀は途絶した。

この失われた鏡については、のちに天孫降臨の際に鏡三面が奉じられ、一面は天照大神の御霊代の天懸大神、もう一面が天照大神の前御霊の国懸大神《くにかかすおおかみ》、もう一面が天皇の御饌の神であると解釈された（『釈日本紀』）。また、日前神宮は御鏡、国懸神宮は日矛を御正体として天照大神の前霊《さきみたま》(『紀伊国名所図会』)とも考えられた。

神体の解釈の違いは、この神が皇祖神に準ずる神とみなされたことに由来しており、創祀伝承以来、伊勢の大神との深い関係を伝えている。

神郡名草郡　朝廷の崇敬は古く、朱鳥元年(六八六)七月、「紀伊国に居します国懸神」と、飛鳥四社、住吉大神に幣が奉られたとあるのが初見である(『日本書紀』)。持統六年(六九二)五月には藤原京遷都に際し、「伊勢、大倭、住吉、紀伊大神」に幣を奉ったとあり、「紀伊大神」は両宮をさすと考えられる。

紀伊国一宮でもある当社は、朝廷から格別の崇敬を受けた。それをあらわすのが神階で、神格の高さから伊勢の神宮と同様、朝廷から神階が奉授されなかった。紀伊国では、天慶三年(九四〇)に熊野早玉神が正一位になったが(『長寛勘文』)、両宮には神位が奉られていない。にもかかわらず、村上天皇は、天暦元年(九四七)、即位後の諸社大神宝使発遣にあたり、当社に神宝二具と宣命二巻を奉献した(『北山抄』)。その後も大神宝にあずかったことが、延久元年(一〇六九)(『江家次第』)、天仁二年(一一〇九)(『殿暦』)にもみえる。また、これより先、文徳天皇は嘉祥三年(八五〇)に、両宮に神宝を献上して天下の平安を祈願されており(『日本文徳天皇実録』)、皇室が篤く崇敬する宮であった。『延喜式』では「日前神社」・「国懸神社」(祈年・月次・相嘗・新嘗、名神大社)と「神社」とされたが、皇室の崇敬とともに、祭神が皇祖神の天照大神であることから、後世、「神宮」と呼ばれたと考えられる。

また、名草宮とも称された。これは、鎮座地一帯の名草郡が神郡だったからで、養老七年(七二三)の太政官符に記され、大同元年(八〇六)には日前神に五六戸、国懸神に六〇戸の神封が寄せられた(『新抄格勅符抄』)。

神郡となった背景には、当地が天然の良港だったことがある。紀伊・伊勢両国は、大和からみて東西の外港に位置する。伊勢が東国の出発点とされたのに対し、当社は、紀ノ川河口域にあり、西国につながる瀬戸内水運の基点の港があった。伊勢、紀伊ともに神郡を擁する両宮制の神社であり、神郡神社成立の背景には、古代交通における要衝の地と大和王権との関係が考えられる。

紀伊国造　当社は、皇祖神と同体といえるほどの神格をもちながら、伊勢のような三節祭や式年遷宮もなく、私幣禁断もされていない。その一方で紀伊国造であった紀氏が、白冠、人母、行事の神職と共に奉仕したという独自の祭祀組織を有していた。

代々社司として奉仕してきた紀伊国造家は、初代を天道根命とし、第五代の大名草彦命《おおなくさひこのみこと》の時に現在の社地に遷座したと伝えられている。社伝によると、天孫降臨にあたり、天道根命に両宮の鏡が授けられ、神武天皇によって紀伊国造に任じられた。この時、毛見の浜の宮で奉祀していたものを、垂仁天皇十六年に当地に遷座し、名を改めて今に至るという(『元官幣大社日前神宮國懸神宮御鎮座略記』)。または、神武東征時に天道根命に託された神鏡と日矛は、毛見の琴浦海中の岩上に安置されたとする説も残されている(『紀伊国造職補任考』に引く『紀国造系譜』)。

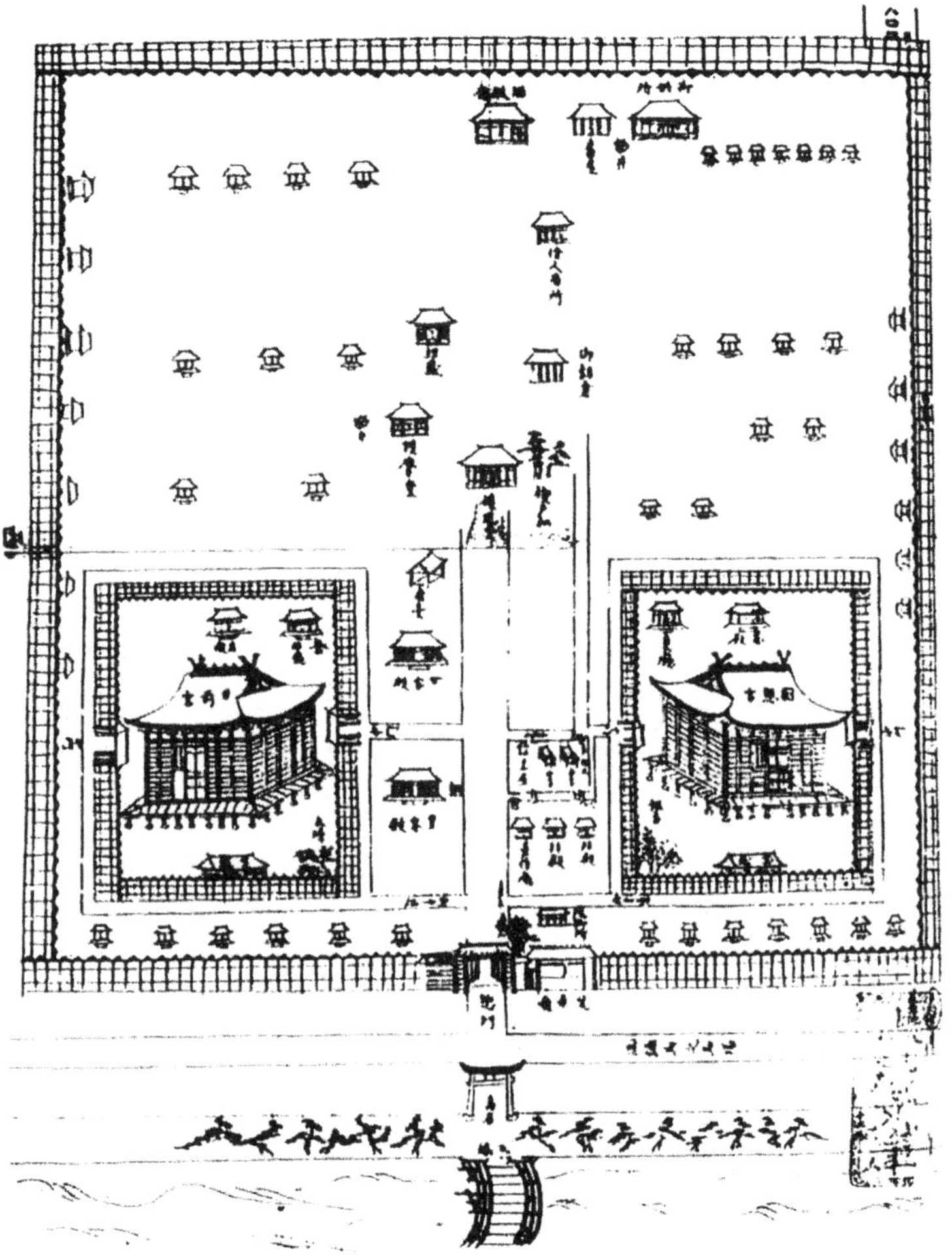
日前國懸宮図(東京大学本居文庫所蔵)

紀伊国造は「木国造」であり、その祖は宇豆比古である。彼の妹、山下影比売《やましたかげひめ》と孝元天皇との間に建内宿禰が生まれたと『古事記』は伝える。この紀伊国造の墓所とされるのが、両宮の東方の丘陵上にある岩橋千塚《いわせせんづか》である。五世紀から七世紀前半にかけて築造された大古墳群で、約八五〇基の古墳からなっている。片岩を横積みにした石室構造は美しく特徴的である。出土遺物には朝鮮半島の焼き物などがあり、紀ノ川河口域の在地勢力が朝鮮半島まで赴いた様子も窺え、水運の便で栄えた往古をしのばせる。古墳群中で最も高い場所にあり、最大規模の前方後円墳、大日山三五号墳の後円部に立つと、足下に日前・国懸神宮の社叢が見えて、その先には紀ノ川の河口を望むことができ、両宮とこの古墳群との密接なつながりを体感できる。

貞観の『儀式』には、出雲国造と並び、紀伊国造就任の儀式次第を載せる。出雲国造は新任にあたって宮中で「出雲国造神賀詞」を奏上し、出雲と大和に坐す神々の関係の深さを示すが、紀伊国造にはこの種の神賀詞は残されていない。紀伊国造任命儀式(太政官曹司庁任紀伊国造儀)では、「弁大夫が官姓名を曰い、紀伊国造に任じることを宣る。これに国造は称唯し再拝両段拍手四段」すると記される。

かつて、国造就任に当たっては、世継ぎの一世一代の神事があり、祓川の七所で修祓を行い、「七瀬祓」といわれた。現在では行われていないが、名草山の榊を用いて神霊を奉遷し、鉾などの神宝を移したという。古代以来、当社は、伊勢と並び朝廷の篤い信仰を受けてきたが、その祭祀では、紀伊の豪族、紀伊国造が重責を果たし続けてきた。この神事伝承は、その伝統を象徴するようである。

社殿の変遷　現在の本殿は、大正十四年(一九二五)造営のもので、両宮とも同規模・同形式である。正面に入母屋の屋根が掛かる形式は、十六世紀末に豊臣秀吉の破壊を受けた後に、寛文四年(一六二七)徳川頼宣が復興した。大正八年(一九一九)には境内建物はすべて改修工事が行われ、今日に至っている。

参考文献　『官幣大社日前神宮国懸神宮本紀大略』(一九一六)、『和歌山市史』(一九九一)、佐伯有清編『日本古代政治史論考』(吉川弘文館、一九八三)

(渡辺瑞穂子)

宗像大社（むなかたたいしゃ）

鎮座地　(辺津宮)福岡県宗像市田島
　　　　(中津宮)　同　大島
　　　　(沖津宮)　同　沖ノ島
祭　神　田心姫神《たごりひめのかみ》・湍津姫神《たぎつひめのかみ》・市杵島姫神《いちきしまひめのかみ》
例祭日　十月一～三日

要衝宗像の地　宗像大社は九州地方北部の福岡県宗像市にあり、九州本土、玄界灘のみぎわより三キロほど内陸に鎮まる辺津宮と、沿岸近くにある大島の中津宮、そして沖合の沖ノ島にある沖津宮を祭りの場とする。

この中でも沖ノ島の立地は特徴的で、九州本土から最短で六〇キロ、朝鮮半島までは対馬経由で一五〇キロ弱に位置する、周囲四キロの絶海の孤島である。本州以東と大陸との往来という観点からすると、沖ノ島は、肥前—壱岐—対馬—大陸、という経路よりも、海上部は長いが短距離で両地を結ぶ中継点となる。立地上、沖ノ島は海上交通の要衝といえる。

また、玄界灘は回遊魚から貝類まで漁獲できる水産資源の宝庫だが、他方で季節風などの影響により、冬場を中心に海が荒れることでも知られており、人々の生活に多様な影響をもたらしている。

こうしたことから、宗像は、漁撈、交易、さらには外交・防衛上の拠点になり得る地といえよう。事実、宗像大社も地理的特徴を反映した歴史をたどっている。

『古事記』『日本書紀』にみる祭神　宗像大社の祭神は田心姫神・湍津姫神・市杵島姫神の三神であるが、その出生は『古事記』上巻、『日本書紀』巻一の瑞珠盟約章に明記されている。親神や、祭神を生み出した物実、神名表記、それぞれの神が鎮座する社地についての説の異同はあるものの、高天原で天照大神と素盞嗚尊が誓約をしたときに生まれた神とされている点は諸説一致する。また、『日本書紀』同章第一の一書(別説)には、高天原から筑紫洲に三神が降る際、天照大神から「道中に降り、皇室を助け、皇室にまつられよ」という旨の神勅を受けたことが記載されており、さらに、第三の一書には「道主貴」という別名がある。神社祭神は古代から、いわゆる交通の神とされる条件を備えていた。

沖ノ島の古代祭祀　宗像の地における祭祀は、考古学によってもその実態が明らかになっている。特に、昭和の戦後に実施された沖ノ島の調査は、日本古代の神祭りの具体

沖ノ島全景

金銅製高機(宗像大社所蔵)

像解明に結びつくような大きな成果をもたらした。

この調査の対象となった神宝には貴重なものが多い。古墳時代、四世紀後半の神祭りのあとが残る巨岩の上には、多様な鏡のほか、鉄剣、玉類、石製腕飾類などがあった。これらからは、当時すでに日本と大陸との交流に深く関連した神まつりが行われていたことが解明されている。

続く五世紀のものとして、鉄製の各種武具・工具、六世紀の神宝として、金銅装馬具や飾り大刀、朝鮮半島製のものとみられる金製の指輪などが、巨岩の陰から発見されている。特に五世紀以降の品の中には、後代の伊勢大神宮式年遷宮時に作られる神宝と共通するものもある。このことは、現在にもつながる神道祭祀の確実な原型が、当時存在していたことの証左ともなる。

この他にも、沖ノ島の祭祀の品は、平安時代前期、九世紀のものまで存在する。このうち、七世紀の神宝の中には金銅製の紡織具、奈良時代、八世紀のものとしては奈良三彩なども出土している。さらに金銅製龍頭、唐三彩のような大陸からの船載品も供えられていた。これらはいずれも、大陸からの船来、国産を問わず、当時の日本においてはき

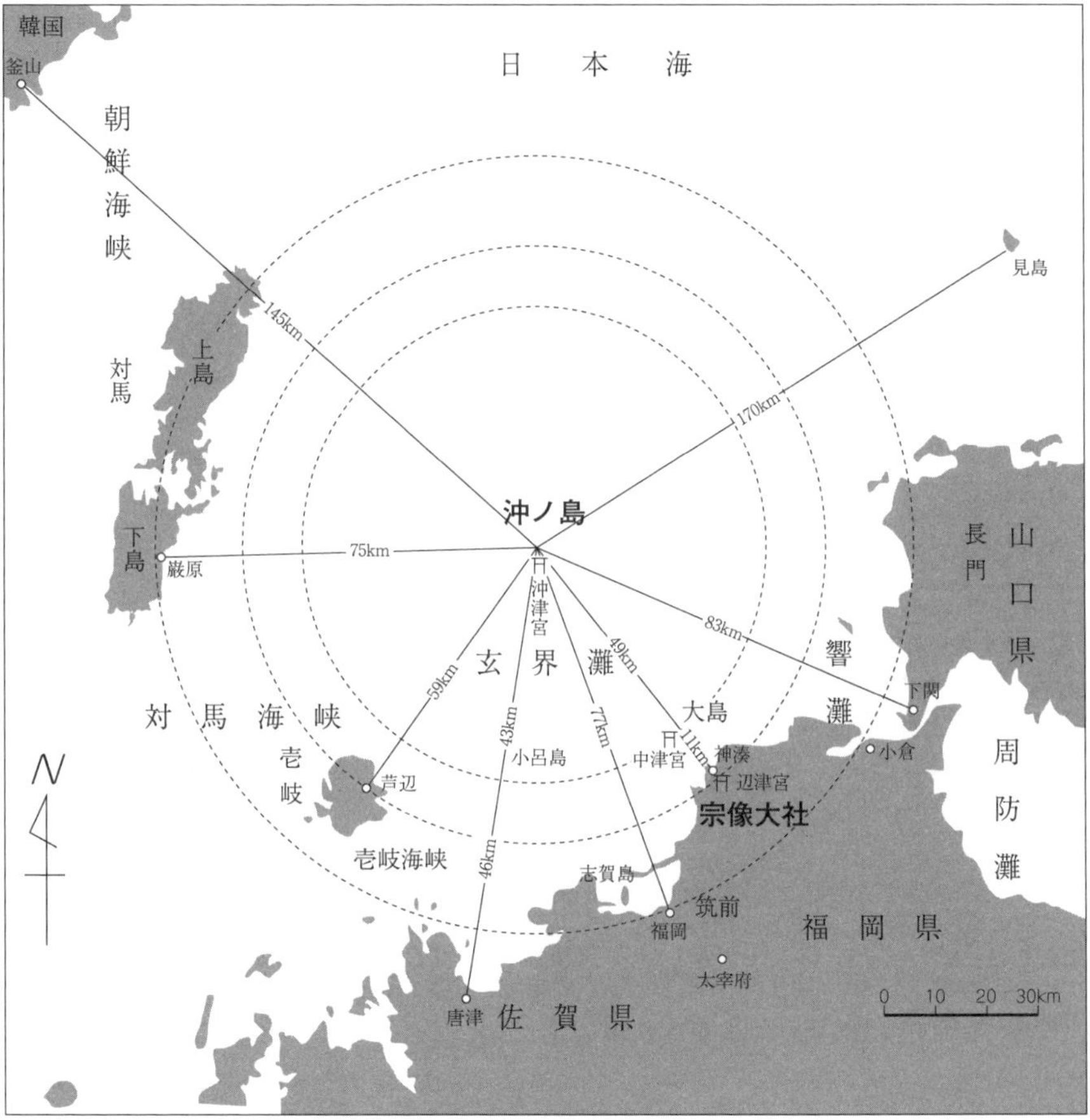

沖ノ島の位置図(『むなかたさま』より)

わめて貴重な品々である。

これらから、「海の正倉院」とも呼ばれる沖ノ島が、国家的かつ大陸との密接な関係を持つ祭祀の場であることは明らかだろう。そして、前出の天照大神の神勅が示すとおりの、皇室守護を願う祭りの存在もうかがえる。

古代宗像神郡と宗像神主・大宮司　宗像社と皇室との密接な関係は、文献史料からも知ることができる。『日本書紀』雄略天皇九年条には、天皇の意による宗像社への祭祀が記録されている。

律令に基づく朝廷祭祀制度においても、平安時代中期に制定された『延喜式』で名神大社とされており、預かる祭祀や幣帛の内容面で重んじられていた。神に奉る神階も、九世紀後半には、西海道内では宇佐八幡神・比売神につぎ、筑後高良玉垂神《こうらたまたれのかみ》や肥後健磐龍命《たけいわたつのみこと》に比肩する高位、正二位にまで叙され、天慶の乱後には極位の正一位勲一等にまで至った。宇多天皇の時代、九世紀末にはじまった、天皇即位一代一度の大神宝使《だいしんぽうし》が遣わされる神社にも選ばれている。

また、神社の鎮座地、宗像郡は奈良時代には神郡とされていた。神郡は、祭祀・神事の面で天皇との密接な関係を保つ神社のある所に設けられている。神郡では、郡司に近親者を同時任用でき、祭祀に奉仕する氏族の意向を郡行政に反映させやすかった。さらに、平安時代初頭、延暦十九年(八〇〇)までは、神社の長である神主が郡司の長である大領も兼ねていた。同様の例は出雲国の出雲国造の他にはなく、宗像社の祭祀と神社周辺地域との関係が、密接であったことがうかがえる。

仏教の影響が及ぶ平安中期以降は神職組織も変化を遂げた。天慶の乱後、仏教行事への対応から宮司職が社内の長たる職として設置され、天元二年(九七九)には、大宮司の設置が認められた。中世までの神職の長者は一貫して、宗像氏がつとめた。

鎌倉時代の宗像社と大宮司　社領は、平安時代後期に鳥羽院領となって以来、中世はいわゆる皇室領であった。領家は承久の変以降は鎌倉幕府である。幕府との関係は深く、大宮司も文治五年(一一八九)以来鎌倉御家人であり、近国の地頭職にも任ぜられていた。

当時大宮司は、神社およびその周辺域に大きな影響力を保持していた。鎌倉時代初期に宗像氏の総領と大宮司は分けられているが、これは社領統治のシステムを変化させることで、宗像氏の独立性を保つような組織再編を企図したとみられる。また、前大宮司宗像氏盛が正和二年(一三〇二)に定めた『宗像氏事書』もその所産といえる。この事書は、

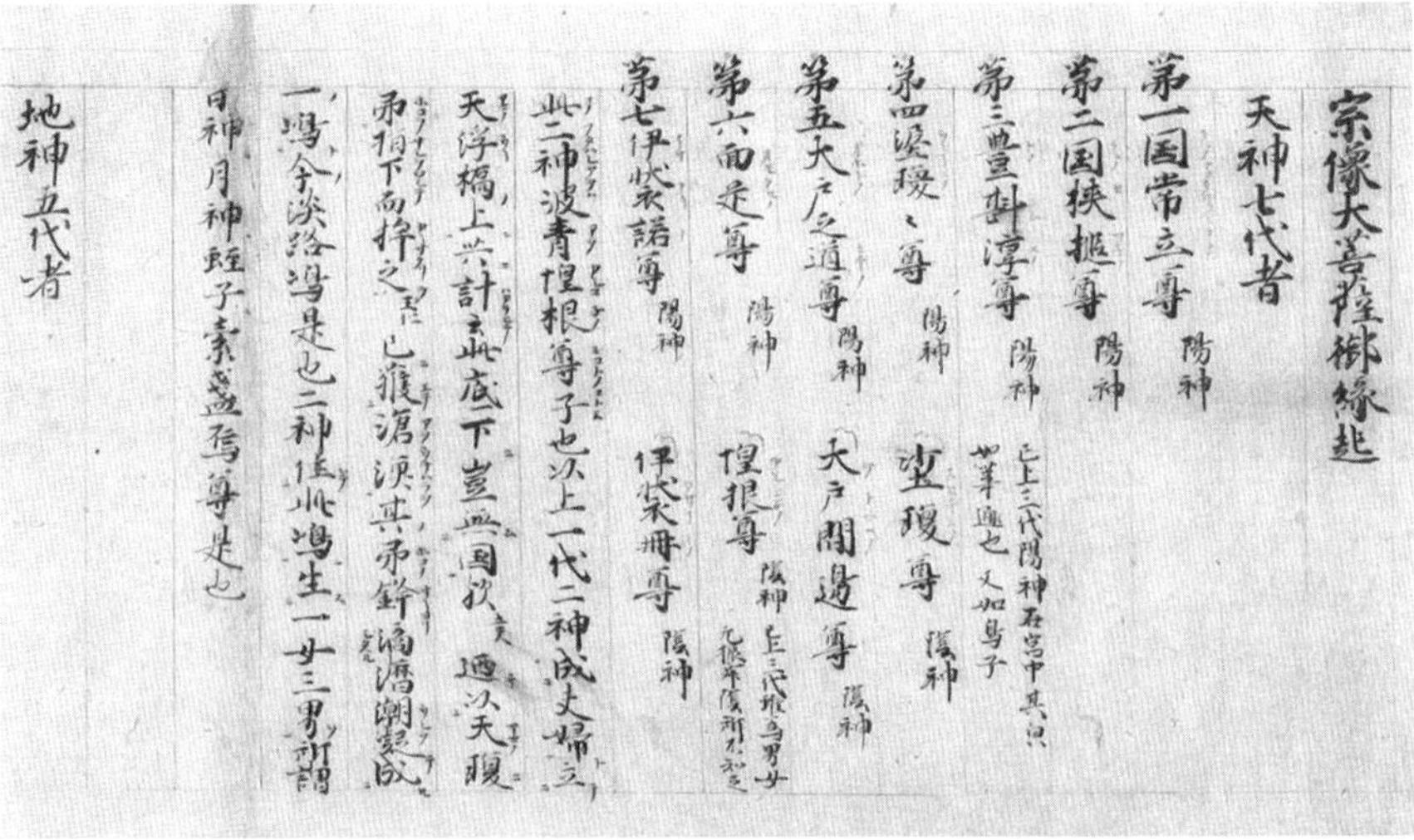
宗像大菩薩御縁起
天神七代者
第一国常立尊　陽神
第二国狭槌尊　陽神
第三豊斟渟尊　陽神
第四泥土煑尊　陽神　沙土煑尊　陰神
第五大戸之道尊　陽神　大戸間邉尊　陰神
第六面足尊　陽神　惶根尊　陰神
第七伊弉諾尊　陽神　伊弉冊尊　陰神
地神五代者

『宗像大菩薩御縁起』(宗像大社所蔵，藤本健八撮影)

単なる神社組織内の取り決めという評価にとどまらず、中世における所領管理・組織運営のための基本法規の典型として著名である。

さらに、鎌倉時代においても、神社独自に、海上交通に基づく大陸との接点を有していた。当時の幾人かの宗像大宮司の室が南宋出身であることは、それを示す著名な事例といえる。

宗像社の年中行事　宗像社の中世神事に関しては、鎌倉後期以降の詳細な記録がいくらか残っているため、その全貌を知ることができる。それらの記録からは、宗像社の独自性と、当時の神社の一般的な傾向との共通性が読み取れる。

現在、同社の年中祭儀の重要かつ大規模なものに、十月初頭の秋季大祭がある。この祭りでは、中津宮近くの大島港から、辺津宮の海からの入り口となる神湊港まで、多数の船が連なる海上神幸が行われる。通称「みあれ祭」と呼ばれるが、このルーツも、中世の年中行事書に、「御長手《おんながての》神事《しんじ》」という名で登場する。

他方で、大宮司が直接関わる正月行事、節句行事、放生会《ほうじょうえ》などは、「大神事」と呼ばれた。これらの中には、神輿による神幸が伴うなど比較的大規模なものもあったが、年中行事書『応安神事次第』によれば、その多くが宮廷行事や、京周辺の神社における神事を参考にして成立したとされており、京から各地に広がる神道祭事伝播の流れに、宗像社が位置付けられていたことがわかる。

年中行事と密接に関わる由緒などの解釈も、宗像社は全国的な神道思想の潮流に任せた形で具体化する。御長手神事を信仰面で支えた『宗像大菩薩御縁起』の成立は、神功皇后西征を題材としている。外寇を防ごうとする、鎌倉末・南北朝期における九州を中心とした人々の意識が反映されたものと考えられる。

中世後期以降の宗像社　戦国時代の後半になっても、宗像大宮司の実質的な支配は宗像郡全域に及び、九州北部の覇権をうかがった少弐氏や大友氏の影響を排除していた。しかし、近世になると、神社の維持基盤の再編期を迎える。江戸時代は福岡藩に属し、社領一三三石が大名黒田氏によって寄進される。その石高は、筥崎宮の一五〇〇石や太宰府天満宮を管理する安楽寺の三〇〇〇石と比較すると少ない。その後、明治維新に至り、明治四年（一八七一）の社格制度制定時は国幣中社、のち官幣中社を経て同三十四年に官幣大社に昇格した。

現代宗像の神は、九州北部における交通安全の神の代表格である。神社所蔵品のうち、沖ノ島神宝約八万点が国宝、中世文書などが国指定重要文化財となっており、辺津宮境内の神宝館で一部が展示公開されている。

建造物は、天正六年（一五七八）再建の辺津宮本殿が国指定の重要文化財、境内全体は国指定史跡となっている。今なお厳しい斎戒の定めがある沖ノ島の社叢は、国指定天然記念物である。

参考文献　宗像神社復興期成会編『沖ノ島　宗像神社奥津宮祭祀遺跡』正・続（一九五八・六一）、同会編『宗像神社史』全三巻、（一九六一―七一）、第三次沖ノ島学術調査隊編『宗像沖ノ島』全三巻（吉川弘文館、一九七九）

（加瀬直弥）

賀茂御祖神社（かもみおやじんじゃ）

鎮座地　京都市左京区下鴨泉川町五十九
祭　神　賀茂建角身命《かもたけつぬみのみこと》・玉依媛命《たまよりひめのみこと》
例祭日　五月十五日

賀茂別雷神社（かもわけいかずちじんじゃ）

鎮座地　京都市北区上賀茂本山三三九
祭　神　賀茂別雷命《かもわけいかずちのみこと》
例祭日　五月十五日

王城鎮護の神　古代より賀茂川の上流に鎮座する賀茂下上の両社は、五穀の豊穣を祈念する農耕神として知られており、桓武天皇が都を大和国から山城国へ遷した頃にその地位は上昇した。延暦三年（七八四）長岡の地に遷都のための造営事業が始まると、天皇は賀茂社に勅使を派遣して幣《へい》帛《はく》を奉り、王城の鎮護を祈願した。ついで延暦十三年の平安京遷都に際して、神階は正二位へ、さらに次の平城天皇の時代、大同二年（八〇七）正一位の最高位を奉授された。このことは、朝廷の当社重視の姿勢を示したものである。

弘仁元年（八一〇）に、嵯峨天皇は平城上皇との対立による「二所朝廷」のなか、天皇の娘、有智子内親王《うちこないしんのう》を賀茂大神に奉仕させるにあたり斎院《さいいん》（別名、斎王《さいおう》）を設けた。斎院は、伊勢の神宮にも置かれる特別な存在であり、神宮につぐ国家の崇敬する神社と位置付けられるようになった。この頃から賀茂祭は国家的祭祀の性格を担うようになり、弘仁十年に中祀となり、式次第も整備された（『儀式』）。

寛平元年（八八九）十一月酉日、宇多天皇は、年間二度の祭りを求める賀茂大神の託宣を受けて、賀茂臨時祭を創始した。さらに醍醐天皇の昌泰二年（八九九）十一月からは毎年行われるようになり、舞人などを献じて両社に幣帛・走馬・賀茂祭（四月中酉日）と賀茂臨時祭（十一月下酉日）が朝廷行事として恒例化した。

十世紀になると、天皇祭祀の中でも最も丁重な形式である天皇みずからが神社に参詣する神社行幸が行われるようになった。承平・天慶の乱平定後、天慶五年（九四二）四月の朱雀天皇の賀茂社行幸に始まり、一条天皇以降の代替わりの行幸、さらに十一世紀末から鎌倉時代にかけては毎年のように行幸が行われた。

平安時代を通して、朝廷から篤く崇敬を受けた賀茂社は、二十二社制では上位三社に位置づけられ、天皇代替わりに

古代（奈良・平安前期）

際しては大神宝を奉献する神社の一社にもなった。このように、両社は王城鎮護の神として、国家祭祀に関わる神社として重要な役割を担うようになった。

『山城国風土記』と祭神　賀茂社の祭神について、『山城国風土記』逸文には次のような記述がある。のちに下社（賀茂御祖神社）の祭神として祀られる賀茂建角身命《かものたけつぬみのみこと》は、日《ひ》向《むか》国の曾峰《そのたけ》に降臨《こうりん》し、神武天皇の先導役として、大和国葛木山や山城国岡田の鴨を経て賀茂川上流の久我に至り、伊《い》可古夜日女《かこやひめ》を妻に迎え子として玉依日子命《たまよりひこ》・玉依日売命《たまよりひめ》たちをもうけた。玉依日売命は、ある時、「石川《いしかわ》の瀬見《せみ》の小《お》川《がわ》」を流れてきた丹塗矢《にぬりのや》（乙訓神社の火雷命《ほのいかずちのみこと》のこととされる）を拾い、寝床に挿し置いたところ、これに感じて身籠り、男児の賀茂別雷命《かもわけいかずちのみこと》を産む。この賀茂別雷命こそが上社（賀茂別雷神社）の祭神であり、母である玉依比売命と祖父の賀茂建角身命は下社の祭神として祀られている。これらの祭神が鎮座する賀茂社の創祀年代については、上社は神武天皇の時代とし（『賀茂縁起』）、下社は、崇神天皇七年に神社の瑞垣を修造したという社伝がある。

『山城国風土記』に登場する玉依日売命の兄弟・玉依日子命の子孫が、のちに賀茂社に奉仕する氏族・賀茂県主《かもあがたぬし》とされ、一族の系譜をひく者が代々神職を世襲した。この祭神伝承と深い関りをもつ当社の禰宜《ねぎ》・祝《はふり》が、天応元年（七八一）、朝廷より笏を持つことを許され、長徳三年（九九七）にはじめて上社の神主職が置かれた。

中世になると、上社では神主・禰宜・祝・権禰宜・権祝の五官が、摂社八社には各々に禰宜・祝が置かれ、本社の五官と合わせて二十一職と称する神職の組織が形成されるようになる。また、十一世紀の下社では、禰宜・祝・権禰宜・川合禰宜・川合祝の職名がみられる（『中右記』）。このように両社の神職は次第に組織化され大きな奉斎集団を形成していった。

御阿礼神事・御蔭山御生神事　下上両社それぞれの神霊を御山から迎える神事（現在は五月十二日、旧暦四月中午日）が古来より行われてきた。上社では御阿礼神事《みあれしんじ》、下社では御蔭山御生神事《みかげやまみあれしんじ》と称し（『嘉元年中行事』『永享年中祝光敦卿年中神事次第』『神事記』）、いずれもこの神事を斎行することにより、国家祭祀である賀茂祭を迎えることができる重要な神事である。

上社において深夜に行われる御阿礼神事は秘儀とされ、奉仕する神職・神人たちによって代々伝えられてきた。御阿礼神事は神山《こうやま》と本殿とを結ぶ線上、本殿後方の五〇〇《メートル》のところに、御阿礼所《みあれどころ》と呼ばれる四間四面の青柴垣《あおふしがき》が造られる。その垣の内部には阿礼木《あれぎ》という榊を立て、その根元に、丸太二本を斜め前方に扇状に出した休間木《おやまぎ》を取り付ける。中世の記録によると、御阿礼所で阿礼木に遷した神を、笏を打ちながら秘歌を声に出さずに歌う中、神職とともに本社まで神幸する（『嘉元年中行事』）。

平安期に遡る伝承によると、賀茂建角身命は御子神（賀茂別雷命）に会う時は、火を焚いて鉾を捧げ持ち、飾り馬を走らせ、奥山から採取した榊（阿礼《あれ》）を立て、色とりどりの飾りと葵楓《あおいかつら》の蔓《かずら》を造り、御子神がやって来るのを厳かに待ったと伝えられている（『年中行事秘抄』所引の逸文）。このように御阿礼神事は、榊の阿礼木に神を迎える形式をとっており、「阿礼」は、「生《あ》れ」のこと、すなわち神霊の出現を意味するものと考えられる。

下社の御生神事は、現代では御蔭祭《みかげまつり》とも称され、昼間に行われる。御蔭山に祀られている御蔭神社において、祭神の荒御魂《あらみたま》を生木《あれぎ》に遷し、それを神馬の背に乗せて錦蓋《きんがい》で覆い、鉾をはじめ神宝類を捧げ持った神職とともに神幸する。境内の切芝《きりしば》と呼ばれる場所で神霊をのせた神馬に対し、東游を奏したのち、本社まで神幸をする。下上の両社ともに、新たな神霊が迎えられたのち、賀茂祭を執り行うことが可能となるのである。

公祭としての賀茂祭　平安貴族の間で「祭」といえば賀茂祭のことであった（『源氏物語』）。賀茂祭は国家公的の祭祀とされる公祭の中でも、もっとも天皇直轄の公祭といえる。

『山城国風土記』逸文（『秦氏本系帳《はたしほんけいちょう》』所引）によると、賀茂祭の起源が記されている。六世紀中頃、欽明天皇の御代、国内が暴風雨に見舞われ、朝廷が卜部《うらべ》の伊吉若日子《いきわかひこ》に占わせたところ、賀茂大神の祟りと判明したという。このため、四月吉日に、鈴をつけた馬に猪の頭をかぶった者が乗り、走馬を奉納したところ、五穀が実り天下が豊かになった。

奈良時代の賀茂祭は、山城国の国司が祭りを検察するように定められ（『続日本紀』）、警護が必要なほど盛大な祭礼であったことがうかがえる。この賀茂祭が国家的祭祀に高められていったのは平安時代に入ってからである。

新緑の季節（現在は五月十五日、旧暦四月中酉日）、京都で行われる賀茂祭は、宮中から遣わされる勅使と、現在は京都の市民の中から選ばれる十二単《じゅうにひとえ》姿の斎王代をはじめとする総勢五〇〇名が、京都御所から賀茂下上社に参向し、奉幣する祭りである。二葉葵を髪飾りとすることから、葵祭とも通称している。一行は、古代の植生がのこる神域の糺《ただす》森《もり》を抜けて下社へ参る。奉幣ののち、賀茂川の土手を牛車

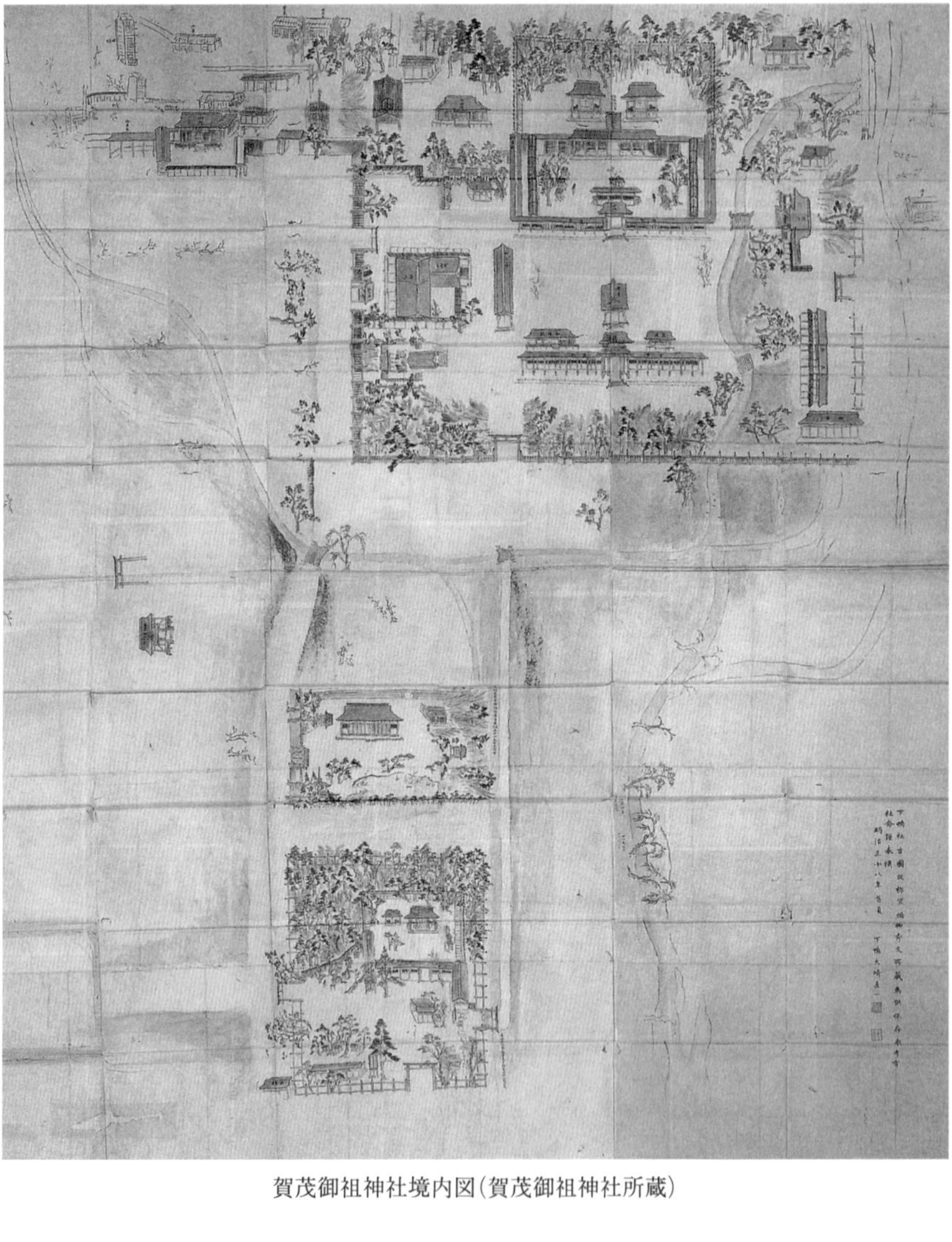

賀茂御祖神社境内図(賀茂御祖神社所蔵)

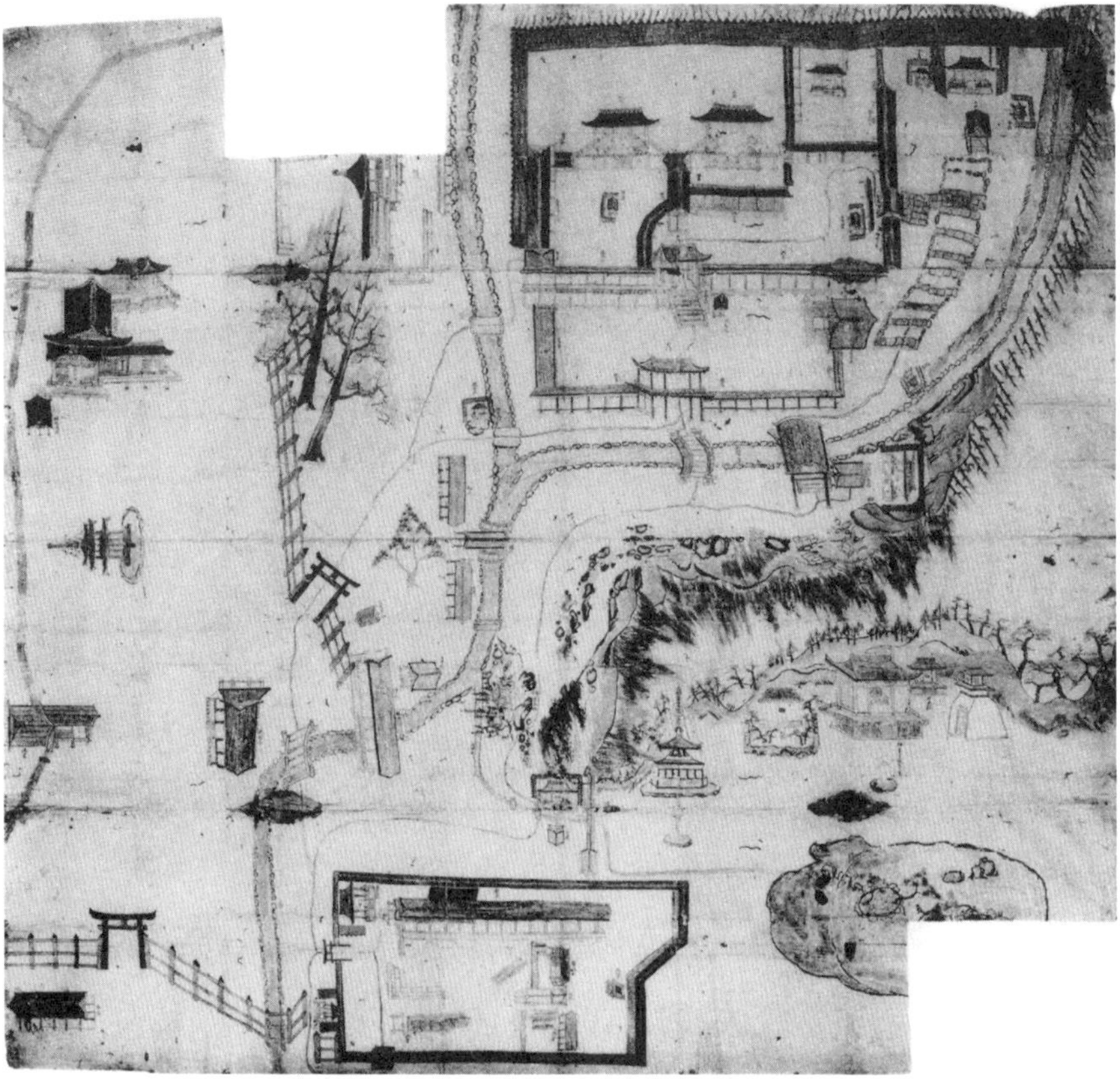

賀茂別雷神社境内絵図(室町時代，賀茂別雷神社所蔵)

とともに進み、上社に到る。祭りに奉仕するために進む行列は、平安絵巻さながらの雅な世界をみせる。

平安時代の賀茂祭についてみると、数日前(四月午日)に、斎王《さいおう》は鴨川で禊をして祭に臨む(斎院《さいいん》御禊《ごけい》)。祭りの中心となる四月中酉日には、宮中において天皇は御禊の後、参列する勅使らの乗る飾馬や行粧を御覧になる(宮中の儀)。勅使一行は宮中を出発し、斎王の行列と一条大路で合流して、下社に向かい、ついで上社へと向かう(路頭の儀)。一行が下上両社に到着すると、斎王は祭祀用の清服に着替え、座につき神事をとり行う。内蔵使《くらのつかい》は天皇からの幣物を捧げ、宣命《せんみょう》を奏上する。終わると幣帛と宣命を禰宜・祝に渡して退出し、近衛使と馬寮使は境内の馬場に向かい、走馬が行われる(社頭の儀)。下上両社での神事ののち、勅使一行は宮中へ帰還し、祭りの無事終了を報告する還立《かえりだち》の儀が行われた。

斎王は、神に奉仕する未婚の皇女が務めた。紫野《むらさきの》の地にある賀茂斎院に斎王は籠り、大勢の役人を組織する斎院司が置かれた。ここでは仏事や不浄をさけるために忌詞を用いるなど、清浄な環境を保ちながら、斎王が中心となり斎院内の祭儀と賀茂祭への奉仕を司っていた。一連の賀茂祭に臨むための道すがらは、斎王に従う二〇〇名程の役人が華やかな行列を作り進むため、その様子は当時の人々の注目の的となった。

藤原摂関時代になると、朝廷より賀茂祭に派遣される近衛使は、有力貴族の子弟から選ばれるようになり、貴族社会では出世の登龍門とされていた。近衛使に選出された家の主や近親者の邸宅では、祭の前に行う出立儀《いでたちのぎ》と、祭を終えてから行う還饗《かえりあるじ》の饗宴が行われ、子弟のお披露目の場ともなった。近衛使に選ばれることは名誉なこととされ、家の者は、百年の費用を失うとたとえられるほど、贅を尽くした装束などを準備した。このため、毎年、近衛使の選任は人々の大きな関心事であった。

このように、賀茂祭では斎王と近衛使は注目され、雅な一行の様子を一目見ようと、人々は一条大路に大挙して集まった。勅使と斎王が大行列をなして通る一条大路には、貴族たちが行列見物のための桟敷を設けるようになり（『御堂関白記』）、十一世紀に入ると、院・法皇なども行列見物するようになった。物見車による見物人もあり、『源氏物語』で描かれる葵上と六条御息所との一条大路での「車争い」の場面は有名である。

年中行事　賀茂社では、元旦から大晦日まで、一年を通じて各種の行事と祭祀が行われてきた。中世に編纂された神社の年中行事書が最も古い記録として残されており、これをもとに当時の様子をみてみよう（『賀茂社嘉元年中行事』『永享年中祝光敦卿年中神事次第』）。

古代において朝廷では、正月元日・正月七日、三月三日、五月五日、七月七日、九月九日を節日と称し、重要な日と定めて朝廷行事が行われていたが、下上両社ともこの節日に、神前で節供神饌を供して神事が行われていた。なかでも正月元日に供える神饌の白散《びゃくさん》は、朝廷の医療を掌る典薬《てんやく》寮《りょう》が供進した。これは、賀茂社の節日行事に朝廷が関っていたことをうかがわせる例といえる。

二月の土解《とけ》祭（土毛祭）、十一月の相嘗会（上社）・卯日神事（下社）は、稲の生育過程にそった行事で、両社とも農耕儀礼を行なっていたことも特色である。

上社を例にみると、土解祭では、卜占によってその年に播く稲種を決めて祓い、籾をこく所作をし、その後、御田に播種する。これは、稲の豊作を願う予祝行事に当たる。また、相嘗会では、神前での神事ののちに、早稲の饗宴がなされ、さらに近世期には、神前に当年の新米を供えるなど、稲の収穫感謝の行事となっている（『賀茂大神宮年中神事略次第』）。

この土解祭と相嘗会は、古代国家の恒例祭祀として行われた穀物（稲）の豊穣を祈願する二月の祈年祭《としごいのまつり》と、十一月に都に近い特定の神社へ収穫感謝を行う相嘗祭《あいなめのまつり》と共通し、賀茂社と朝廷との間で行事の対応関係をみることができる。

正月十四日には、賀茂社の周辺地域にある愛宕郡八ヵ郷の神領から、神前に神饌を供える御棚神事（上社）、御結鎮神事（下社）が恒例行事として行われる。上社の例をみると、河上郷・大宮郷・小山郷・中村郷・岡本郷・小野郷から御棚に入った神饌を各郷一台ずつ神前に奉納し、神職が各々の名主の名を祝詞で読み上げていた（『嘉元年中行事』）。

愛宕郡八ヵ郷は、寛仁元年（一〇一七）に、後一条天皇が賀茂社に寄進した土地で、そののち、両社にとって神社の財政を支える重要な基盤となった。同社には、もともと朝廷から神戸がたびたび与えられてきた。平安時代以降も篤い崇敬を受けるにしたがい、御厨・荘園として土地を寄進されるようになり、賀茂社独自の神領が全国各地に飛躍的に拡大していった。

中世の社頭景観と遷宮　鎌倉時代の社頭景観に関しては、絵図資料によって、その概観を知ることができる。

上社では、本殿、権殿を核にして渡廊、祝詞舎、中門が描かれ、これらの社殿近辺には一ノ鳥居、二ノ鳥居、細殿、土屋、賀茂祭の勅使が宣命を奏上する橋殿、それに玉橋がみえ、現在とほぼ同じ社殿配置であったことが窺える。また、小御所、院御所といった現存しない建物が絵図にあり、賀茂祭における斎王関連の施設であったと推察される。この他、絵図右下には神宮寺観音堂、多宝塔、鐘楼など、神宮寺関連の施設がみえ、左側には経所や多宝塔もあり、鎌倉時代の神仏習合の様子が窺える（『賀茂別雷神社境内絵図』）。

下社は、二棟の神殿を中心にして、祝詞屋、幣殿、東西廊、中門、東西回廊がみえ、神殿の西隣に三井社《みついしゃ》がある。また、中門と楼門の間に舞殿、勅使殿が描かれ、絵図の下の方には河合社がみえる。境内の配置は、ほぼ現在の形になっていたことがわかるが、今は存在しない神宮寺、御経所、経蔵などの仏教施設、また賀茂斎院の御所や神館が描かれており、当時の神仏習合や朝廷との深い関わりが、その景観から読み取れる（『賀茂御祖神社境内図』）。現代の両社の社頭景観は、鎌倉時代にはすでに形成されていたことがわかり、神社建築の形態を知る上でも絵図は貴重な資料といえる。

神霊が宿る神殿は、上社では本殿・権殿(本殿完成まで滞在する仮の御殿)、下社では東本殿・西本殿と呼ばれ、いずれも流造《ながれづくり》の建築様式によるもので、古くから何度も社殿造替が行われてきた(現在、ともに国宝)。

仁治三年(一二四二)に行われた下社の造替の際には二〇年に一度の式年遷宮の制がみえ、上社では社殿の破損をもってすることが定められており(『百錬抄』)、三〇年から五〇年の間隔で造替がなされてきた。

中世における上社の本殿・権殿の遷宮では、まず、遷宮の準備として、旧権殿と同じ位置に新権殿を建て、一方の本殿に関しては、旧本殿の前に新本殿を建てる。これらの準備が整って、はじめて遷宮の儀式が行われる。はじめに、新しく造替した権殿へ仮遷宮の儀式が執り行われ、次に旧本殿を壊し、その跡地に新本殿を轆轤《ろくろ》によって曳いて移動し、遷宮を行なった(『賀茂神主経久記』)。

このように、社殿の構造と配置など両社の伝統的景観を現在にとどめる主な要因は、賀茂社における遷宮の制にあったといえよう。

参考文献　『京都の歴史』一(学芸書林、一九七〇)、岡田莊司『平安時代の国家と祭祀』(続群書類従刊行会、一九九四)、三橋正『平安時代の信仰と宗教儀礼』(続群書類従刊行会、二〇〇〇)、建内光儀『上賀茂神社』(学生社、二〇〇三)、石川登志雄・宇野日出夫・地主智彦編『上賀茂のもり・やしろ・まつり』(思文閣出版、二〇〇六)、新木直人『葵祭の始原の祭　御生神事　御蔭祭を探る』(ナカニシヤ、二〇〇八)

(鈴木聡子)

松尾大社（まつのおたいしゃ）

鎮座地　京都市西京区嵐山宮町
祭　神　大山咋神《おおやまくいのかみ》・中津島姫命《なかつしまひめのみこと》
例祭日　四月二日

「神は、松尾」　京都市内を中心部から西に向かい桂川を渡ると、青々とした松尾山を背に坐す古社がみえる。かつて松尾神社と呼ばれていた当社は、重要文化財の社殿の背後に広がる神奈備山《かんなびやま》、松尾山一帯を境内地とする。

平安遷都以降、皇城鎮護の神として朝廷からも崇敬篤く、貞観元年（八五九）には神階が正一位に達し、『延喜式』では名神大社に列して、二十二社では第四位に並んだ。『枕草子』においても「神は、松尾」と筆頭に挙げられ、「賀茂の厳神、松尾の猛霊」「東の賀茂、西の松尾」と並び称されてきた洛西総氏神である。

秦氏による創建と祭神　松尾山は古くから神奈備山として信仰されていた。五〜六世紀に渡来した秦氏が葛野の地に定住し、桂川の灌漑をはじめこの地を開拓整備する中で、在地の神霊である松尾神を氏神として祀ったのが当社の創始である。

山城国松尾神社及近郷絵図（松尾大社所蔵）

　大宝元年(七〇一)鴨県主《かものあがたぬし》九治良《くじら》の子、秦忌寸都理《はたのいみきとり》が現在の地に社殿を創建、山上にあった磐座《いわくら》より神霊を遷した。そのむすめの知満留女《ちまるめ》を斎女《いつきめ》として以降、明治初年まで秦氏の子孫が主要神職を世襲している。祭神は大山咋神と中津島姫命の二柱で、大山咋神は『古事記』に「葛野の松尾に坐す鳴鏑神」とあり、鳴鏑は音を立て飛ぶ鏑矢、大山咋神の咋の字義は大声で笑う、山に坐してその地を守る神という松尾山の神霊である。中津島姫命は筑紫国宗像から天智天皇七年(六六八)嵐山の櫟谷《いちいだに》に勧請されていたが、このとき秦氏が合わせ祀ったものである。同神は海上の守護神である宗像三神の市杵島姫命の別名とされており、渡来氏族である秦氏とのかかわりが深い。在来の神と氏族所縁の神とを氏神として祀ることで、秦氏はこの地での基盤を強固なものにしていったのである。

　当社にはわが国最古の神像(重要文化財)が三体伝えられている。平安時代初期制作とみられ、二体の男神像は老年相が大山咋神、壮年相は御子神《みこがみ》、女神像は中津島姫命とされている。男神像は撲頭冠《ぼくとうのかんむり》に縫腋袍《ほうえきのほう》、笏《しゃく》を持ち、女神像は大袖の衣姿で、奈良時代から平安時代前期の朝廷における文官・女官の服制に準じている。ほか鎌倉時代までの一八体を含め、神仏習合思想の表出を目にすることができる

女神像と男神像(左は老年，右は壮年)(ともに松尾大社所蔵)

貴重な作品群である。

松尾祭　あたり一面、境内の山吹が見事に咲き誇る中、六基の神輿と月読社の唐櫃《からびつ》が本殿の分霊を受ける。白い法被《はっぴ》姿の輿丁たちは「ほいっと、ほいっと」の掛声とともに、神輿を威勢よく上下して鳴りカンを空高く鳴らし、拝殿を三回まわって社頭を発つ。貞観年間(八五九―七七)に始まったとされる松尾祭は「松尾の国祭」ともいわれ、三月中卯日が神幸祭、四月上酉日が還幸祭であった。現在は四月二十日以後の第一日曜日に出御、二十一日後の日曜日に還御となっている。

神幸祭は「おいで」と呼ばれ、摂末社あわせて七社(大宮社・月読《つくよみ》社・櫟谷社・宗像社・三宮社・衣手《ころもで》社・四之社)の神輿が桂川を渡る船渡御があり、多くの人々でにぎわう。吉祥院地区の氏子から二組の稚児が「榊御面」の役となり、男女の面をつけた榊の大枝を奉持して先導役を務め、祭列は物集女《もずめ》街道から桂離宮横の桂川河川敷まで約五キロを練り歩く。平安後期以降、桂川には桂供御人《かつらくごにん》といって、桂川の鮎を禁裏に上げ、代わりに京内での専売権や桂川の漁猟権を持つ人々がいた。この集団の女性を桂女といい、頭上の桶に生きた鮎を泳がせ京内を売り歩くさまが風物となっていたが、『明月記』には、神輿が川岸まで着くと彼ら供御人が神人として渡御に奉仕していた様子が書かれている。現代では担ぎ手たちが勇ましく川に入って駕輿丁船に神輿を乗せ渡御となる。一基無事に岸に着くごとに観客から拍手と歓声が沸き、左岸の堤防下で七社勢揃いすると河原斎場で神事が行われる。河原の御饌と呼ばれる団子神饌を献じ、神輿は三ヵ所の御旅所にわかれて、「おかえり」といわれる還幸祭まで駐輿するのである。

還幸祭では、本殿や御旅所、神輿、神職の烏帽子《えぼし》などに葵がつけられるため松尾葵祭とも呼ばれている。祭神の大山咋神は『山城国風土記』で丹塗矢《にぬりや》と化し、瀬見の小川を下って玉依比売と婚姻した。そして産まれたのが賀茂別雷《かもわけいかづち》神社(上賀茂神社)の祭神賀茂別雷命であり、社家同士の婚姻も含め葵祭の賀茂社と当社とは関係が深い。また同じ秦氏による創建と伝えられる伏見稲荷大社の稲荷祭にも葵をつける風習がある。そして神輿は西寺跡の旭の社で西の庄の粽《ちまき》の御供、赤飯座《あかいざ》の特殊神饌を献じられるのであるが、稲荷祭の還御祭でも神輿は東寺の門内に立ち寄り御供を受けるのである。西寺は東寺とともに着工された官寺であり、五条通以南の京の氏子圏はほぼ朱雀大路を境界として松尾社と稲荷社に分けられる。稲荷社は左京にある東寺の外鎮守とされていたが、同様に右京の在地神である松尾神の旅所は右京を鎮護する西寺に置かれたのである。

こうして氏子圏を回り終えた神霊はおかえりになる。西寺は衰退し右京は稲作地帯となっていったが、松尾の国祭は洛西の農耕民のまつりとして受け継がれてきたのである。

御田祭　六月二十三日（現在は七月第三日曜）に行われる御田祭は京都市の無形民俗文化財に指定されている。史料上の初見は鎌倉時代初期の嘉禄三年（一二二七）で、古くは御田代神事と呼ばれていた。

下津林・上山田（現在の嵐山）・物市（現在の松尾）の三所から植女とよばれる童女が一人ずつ出て奉仕する。その服装は紗を張った萌黄色の搔取を着て金銀で飾られた花笠をかぶり、紅白縮緬の襷を懸け、葵を髪に垂らすものである。植女は宮司から授けられた早苗の束を持ち、斎庭に出ると壮夫の肩に担がれ先駆の素袍や鍬持ちを従え拝殿の周りを三周する。この早苗を持ち帰ると田の虫除けになると、人々は挙って求めた。『言継卿記《ときつぐきょうき》』には猿楽や田楽などの神事芸能を見物したとあり、貴族から庶民までの祭りであったと思われる。その一方で、早苗を持ち両手を水平に掲げる植女の所作は山城の古くからの稲作神事を伝える貴重なものといわれている。

醸造祈願祭　松尾大社といえば全国の酒・味噌・醬油などの醸造業関係の人々や企業からの崇敬が篤いことで有名である。社伝によれば、祭神の大山咋神が大杉谷の霊泉で集う神々のために一晩で酒を醸したという。境内にはこの霊泉から引かれた「亀の井」がある。酒の元水にこの神泉の水を混ぜるとよいとされ、酒造家は仕込みの際に持ち帰るという。

醸造祖神としての信仰が隆盛したのは交通の発達した近世で、各地から造り酒屋の旦那衆が参詣し太々神楽を奉納した。醸造を始める十一月の上卯日と、春を迎え醸造完了を奉告する四月の中酉日が祭礼日となっている。

参考文献　松尾大社編『松尾大社』（学生社、二〇〇七）、『松尾大社史料集』（吉川弘文館、一九七七―二〇〇八）

（舩井まどか）

平野神社（ひらのじんじゃ）

鎮座地　京都市上京区平野宮本町
祭　神　今木《いまき》神・久度《くど》神・古開《ふるあき》神・比売《ひめ》神
例祭日　四月二日

平野の桜　三月中旬から桜苑には早咲きの桜が咲き始める。「平野の夜桜」として全国に知られ、現在も約五〇種約四〇〇本の桜が咲き誇る。およそ一二〇〇年前の平安遷都よりこの地に坐す平野神社である。本殿は中央の空殿によって連結された比翼春日造の社殿が二棟南北に並び建ち、北から順に第一殿今木神、第二殿久度神、第三殿古開神、第四殿相殿比咩神が合祀された。

当社は延暦十三年（七九四）の平安遷都前後から同二十年の間に創始された。四神ともに祈年・月次・新嘗各祭の案上官幣にあずかり（『延喜式』神名帳）、名神にも加えられ、二十二社の一社である。神階は今木神が貞観六年（八六四）正一位、久度・古開神は、ともに貞観五年、正三位、相殿比咩神は従四位上を最高位として奉授されている。今木神については田村後宮今木大神に対する奉授が延暦元年という早い時期に確認できる（『続日本紀』）。今木神および久度・古開神は、桓武天皇の外祖父母（母高野新笠の出自）和氏、土師（大江）氏の奉斎する神々であり、このように四神がそれぞれ別個に神階奉授される形態は、天皇の外戚氏神である春日・梅宮祭神にも見られることから、同様の位置づけとみられる。これら平野の諸神はのちに、源・平・高階・大江・中原・清原・菅原・秋篠の八姓の氏神（『二十二社註式』）とされる。

皇太子守護神—平野祭—　平野祭は、四月と十一月の上申日に行われた。現在四月二日の例大祭がこれにあたる。創祀は詳らかではないが、皇室守護神、とりわけ皇太子守護神として位置づけられていたことから、皇太子の親祭とされた（『本朝月令』）。当社を「平野神宮」と称し、祝詞のなかで、「皇大御神」と奏されることから、伊勢神宮に準じた扱いをうけていたことになる。

祭には参議以上および桓武天皇後裔の王氏、大江氏・和氏の参会、皇太子・中宮の奉幣、馬寮による奉馬などが規定されている（『延喜式』四時祭）。特に、その特徴としては、近衛将監が勅使として遣わされ、公卿・氏人らの出席を確認する見参を取ること、内蔵寮からの幣物がないこと、皇太子が参向して祭儀に加わること、今木神と久度・古開両神に対する祭儀とが別々に進められ、祝詞も二種、神主も二人置かれていたことなどが挙げられる。

延暦年間までに、伊勢神宮の私幣禁断が定められた後、平野社の皇太子親祭規定が始められている。この関係からは、天皇―神宮、皇太子―平野社という祭祀の対応関係が形成されたと考えられる。

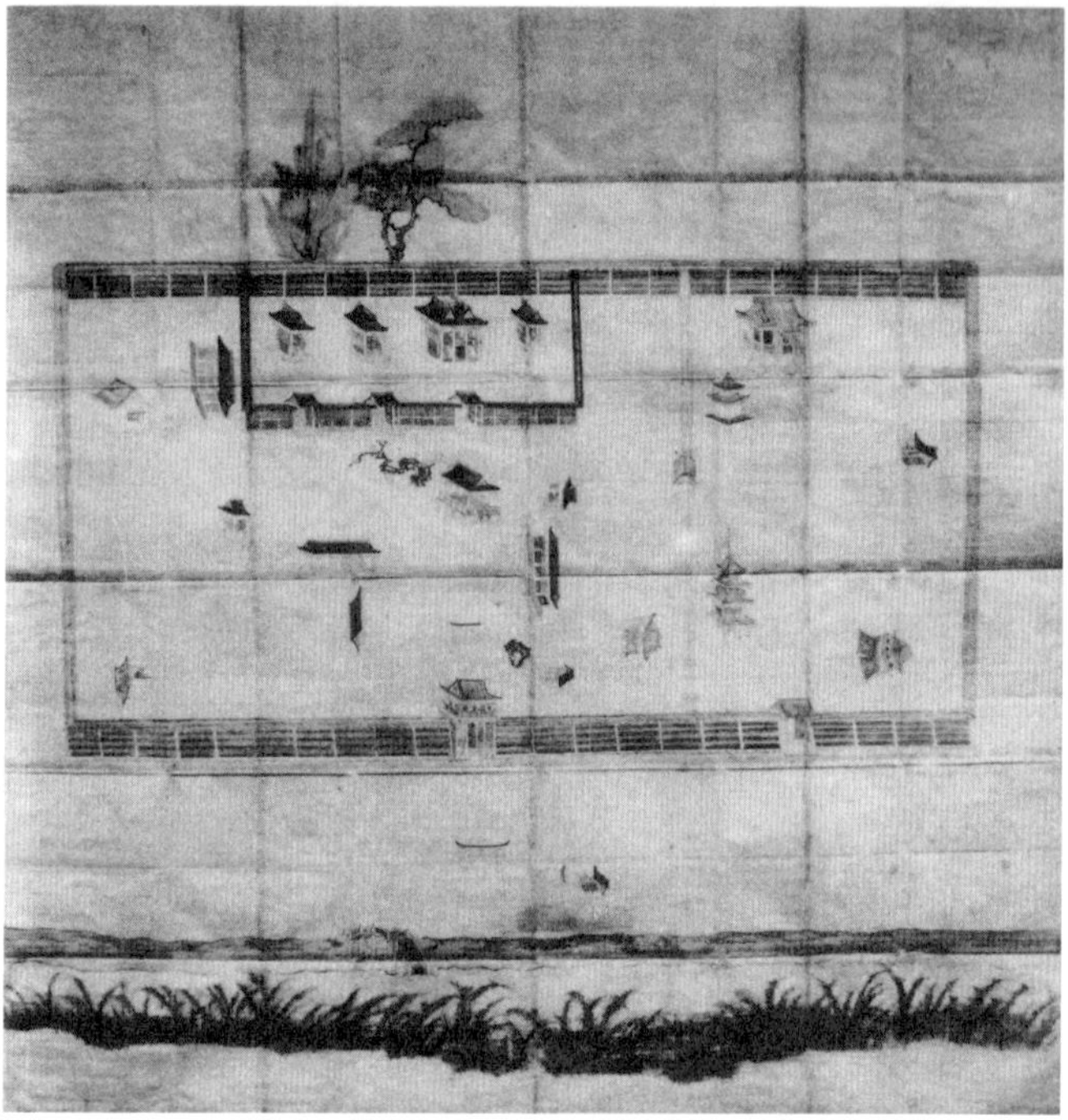

平野神社社頭絵図（彰考館文庫所蔵）

皇城守護神―臨時祭と行幸―　平野祭において天皇による内蔵寮の幣物がないことから、これにかわる御願祭祀として同日に行われたのが平野臨時祭である。花山天皇の寛和元年（九八五）には、内裏から五位の殿上人を遣わして御幣・東遊・走馬を奉ったのをはじめとする。このとき境内に数千本の桜が植えられた。現在四月十日に行われる平野桜祭はこれを起源とし、今に残る。他の臨時祭同様祭使発遣の際に御禊儀などが行われる。

天皇行幸も天元四年（九八一）、円融天皇により始められ、平安時代を通じて行幸・行啓・御幸・祈願・奉幣など絶えることなく社運隆盛した。

参考文献　福山敏男『日本建築史の研究』（桑名文星堂、一九四三）、岡田荘司『平安時代の国家と祭祀』（続群書類従完成会、一九九四）、三橋正『平安時代の信仰と宗教儀礼』（続群書類従完成会、二〇〇〇）

（黒澤　舞）

伏見稲荷大社（ふしみいなりたいしゃ）

鎮座地　京都府京都市伏見区深草
祭　神　宇迦之御魂大神《うかのみたまのおおかみ》・佐田彦大神《さたひこのおおかみ》・大宮能売大神《おおみやのめのおおかみ》・田中大神《たなかのおおかみ》・四大神《しのおおかみ》
例祭日　四月二十日

稲荷山の風景　稲荷山の緑に映える朱の鳥居、豊臣秀吉造営の楼門の前には玉と鑰《かぎ》を銜えた神使の狐が左右から睨みをきかせ、初午の日には「正一位稲荷大明神」と染め抜かれた赤い幟《のぼり》が空にはためく。全国三〇〇〇社を数える稲荷社総本宮、伏見稲荷大社は五穀豊穣から商売繁盛、多数の鳥居から「願いが通る」とも言われ、参拝客が途切れることなく訪れる。

稲荷信仰の発祥の地、稲荷山は京都の東南に位置する神奈備山である。東山三十六峰の南端にあたる三峰から成り、古くは三ヶ峰と呼ばれていた。稲荷山の一ノ峰、二ノ峰、三ノ峰は、それぞれ上社・中社・下社の神座跡とされ神蹟となっている。二ノ峰と三ノ峰との間にある間ノ峰には荷田社が置かれ、三ヶ峰と対する御膳谷奉拝所は、三つの峰を拝し神供をしていた神聖な場所である。古い時代の社殿は戦乱で焼失し、正確な場所は不明だが、清少納言は『枕草子』で登拝の様子を書いており、山口に下の社、かなり上って中の御社、山上に果ての社があったという。里宮にあたる現在の本殿が下社、山宮にあたる山上が上社、御膳谷あたりが中社かと思われる。

稲荷山は山全体が神域であり、往復約四キロの登拝を「お山する」という。「お山」は、特殊な体験である。本殿から末社群を通り抜けると、鮮やかな千本鳥居が姿を見せる。台輪鳥居（稲荷鳥居）と呼ばれる朱色の奉納鳥居が延々と連なり、圧倒的な朱の回廊をかたちづくっている。その中に入り、時空をくぐり抜けるかのような朱一色の世界をひたすら歩くと、回廊は二股に分れて山中を進み、やがて三ヶ峰を遥拝できる奥社へ辿り着く。「おもかる石」に並ぶ人の列や奉拝所で一度ひらけた景色は、その先に進むとまた様子を変え、今度は「お塚」と呼ばれる無数の石祠や大量の小型の鳥居がびっしりと足元を埋めている。小祠の迷路のような坂を下り本殿に戻る頃には、日常と隔絶した「お山」の空間から「帰ってきた」心持になる。

これらの朱の鳥居やお塚は、全国の崇敬者が奉納したものである。鳥居の奉納が盛んになったのは江戸時代、私的

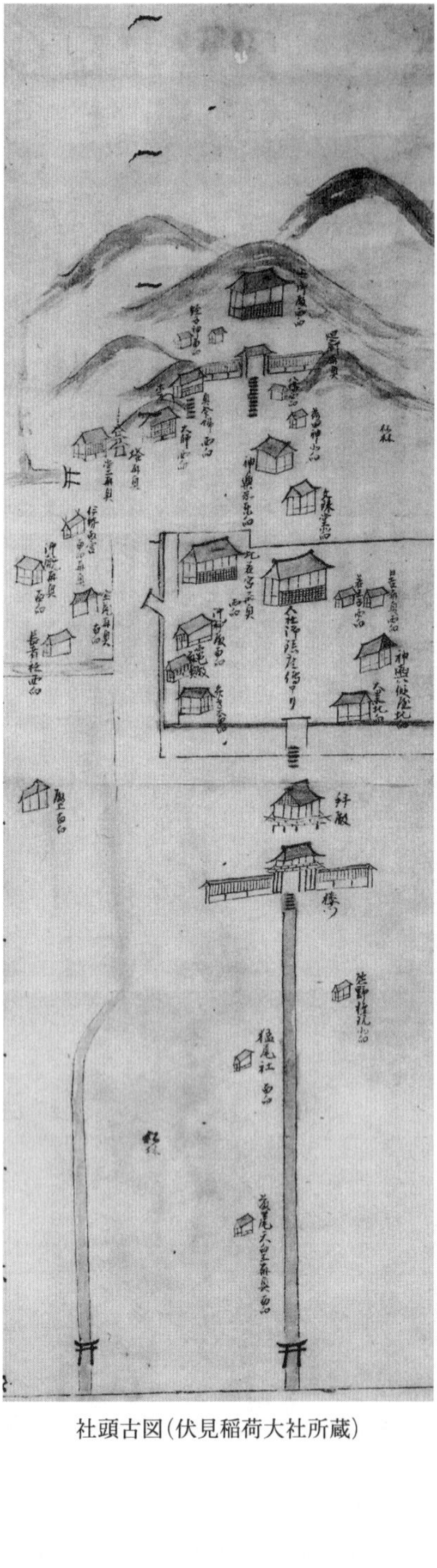

社頭古図(伏見稲荷大社所蔵)

なお塚信仰の隆盛は明治以降のことで、比較的近年といえる。清少納言が汗して登った稲荷山とは違う景色だが、いまも昔も人々の稲荷神への篤い信仰心は変わっていないのである。

稲荷詣と「験の杉」

社伝は和銅四年(七一一)二月初午の日を鎮座日と伝えている。その初午の日に稲荷山に参詣することを稲荷詣と呼び、平安時代には庶民から貴族まで広く流行した。寺院のお山は女人禁制であったが、稲荷山は京に近く、女性も自由に参拝できたため、普段歩き慣れない女房たちも苦労して山道を登ったのである。清少納言は「思い立って稲荷詣に来たものの、中の御社のあたりが道もけわしく息苦しい。涙さえこぼして休んでいると、普段着の女性が『七度参ろうと思っていて、これで三度』と話しているのを聞いてうらやましく思った」と書いている(『枕草子』)。その熱心な参拝の様子は『更級日記』や『蜻蛉日記』など女性の日記に多く見られ、篤い信仰があったことを表わしている。

「験の杉」は、稲荷詣の際に、稲荷山の杉の小枝を折り取って持ち帰ると身を守り願いが成就するといわれるものである。『平治物語』では平清盛が熊野参詣の途中で平治の乱を知り、京に引き返したときに「験の杉」を鎧の袖にさして六波羅の屋敷に向かっている。熊野詣は特に中世に隆盛したが、道中の安全を願って稲荷社に参詣し、「験の杉」をつけて発つことが習わしとなり、帰洛した際も、まずは当社にその無事を奉告に参拝した。稲荷神が護法童子をつけ守護したおかげとされたもので、帰途の参拝は護法送りと呼ばれ、院の御幸においても熊野と稲荷の二社御幸が恒例となった。

現在も初午の日には初午大祭が行われ「験の杉」が授与されている。前々日にあたる初辰の日の辰の刻に境内の各社の柱に「青山飾り」をとりつけると初午詣が始まり、この三日間は「験の杉」を求める参詣者が絶えない。

白鳥伝承と祭神　ここに、稲荷山を舞台として、稲荷信仰の成立を伝える物語がある。『山城国風土記』は、次のように記す。「この地の富裕民であった秦中家忌寸等の遠祖伊《い》呂《ろ》巨《ぐ》(具)秦公が餅を的にして矢を射った。すると餅は白鳥となって飛び去り、稲荷山の峰に降りて子を生んだので、その地を社として祀ることにした。秦氏の子孫は(祖先の奢りによる)過ちを悔い、社の木を抜いて家に植えて祀った」というものである。秦氏は渡来人の技術を持って深草の地に定住し、五世紀以来、水田開拓や養蚕を進めて有力な一族となっていったのである。以降、秦氏の子孫は代々稲荷社の神職となり、のちに深草の在来氏族と伝えられる

稲荷山 初午図(『周李　都名所図会』)

荷田氏が祠官に加わった。このような物語は『豊後国風土記』などにも見られ、稲作信仰を示すものである。子を生む白鳥や餅は穀霊にあたり、矢を射る行為も山の神・田の神の祭儀として広く行われていた。

下鴨神社の社家記録によれば、伊呂巨の兄は葛野にある松尾大社を創建した都理とされる。葛野と深草は山城国における秦氏の二大拠点で、葛野の秦氏と深草の秦氏、そして賀茂社の鴨氏と関係が深い。松尾社も稲荷社とほぼ同時期に、秦氏が松尾山の神霊を氏神として祀ったのが創始とされるが、同様に当社も、もともと神奈備山であった稲荷山の神霊を秦氏が麓に奉斎し、農耕信仰と合わせ祀ったものと考えられる。

五社相殿《あいどの》の本殿(重要文化財)は稲荷造りで、中央に主祭神の宇迦之御魂大神(下社)、左から田中大神(田中社)、佐田彦大神(中社)、大宮能売大神(上社)、四大神(四大神社)が祀られ、五柱を「稲荷大神」と総称する。「稲荷をば三つの社と聞しかど今は五つの社なりけり」(『梁塵秘抄』)と詠まれたように、当初は三柱の神を祀っていたものが、時代を下り、田中大神と四大神が加えられたものである。

稲荷神は「伊禰奈利生」とも伝えられるように稲の神・農耕の神であった。やがて殖産・商業の神、そして屋敷神として広まったが、具体的な祭神名については諸説ある。代表的な論考には伴信友の『験の杉』や前田夏蔭『稲荷神社考』など江戸時代の国学者によるものが挙げられる。

正一位稲荷大明神と東寺　天長四年(八二七)淳和天皇が病を得たため卜占したところ、稲荷山から東寺の造塔用材を伐りだした祟りによるものと出た。慰撫《いぶ》のため、稲荷神は従五位下の神階を受け、以降、賀茂・松尾などと並んでの祈雨奉幣や、東寺との関係などから昇階を続け正一位まで進んだ。その後、全国に稲荷神を勧請する際には正一位の神階を必ず書きつけるようになった(稲荷勧請)。「正一位稲荷大明神」の幟《のぼり》はここから来ている。

東寺は西寺とともに平安京の左京と右京を守る王城鎮護の官寺として計画され、弘仁十四年(八二三)空海に下賜された。天長四年の用材伐採はその後のことである。東寺では、空海が稲荷社を勧請したと伝えている。「弘法大師が東寺に滞在していると、以前紀州で出会った異相の老翁が二人の女と二人の子を連れ、椙の葉を持ち稲を荷って南大門で休んでいると弟子から報告があった。弘法大師は老翁のもとへ行き、神の化身だと喜びもてなした。弘仁四年に寺の杣山の地を社地にしてご鎮座いただいたのが稲荷社のはじまりである」というのである。なかでも稲荷契約と呼ばれる場面は、稲を荷った老翁と空海が東寺鎮守となることを約束した図で、絵巻物などにたびたび描かれている。高野山の丹生明神が空海に神領を譲渡したという説話と同様、東寺はこうして当社との関係を深め、実際当社は東寺の外鎮守となり、現在も稲荷祭の還御祭では神輿が東寺に立ち寄り御供を受けている。また深草地区は神功皇后摂政三年創建と伝えられる藤森神社の氏子圏であり、稲荷社の氏子地域は東寺近隣を中心としているなど、両者の結びつきは深いのである。

東寺中門御供

朝廷からの崇敬が篤くなった当社は承和十二年（八四五）に名神に列し、二十二社制では上七社に加わった。東寺との関係はまた、稲荷神が密教や陰陽道と習合し多様化する一因となった。密教において稲荷神は荼枳尼天となり、真言宗の教化とともに信仰が広がっていったのである。

稲荷祭　風流傘、騎馬田楽、獅子の群、林立する巨大な御幣。これらに先導された神輿、多数の見物人による雑踏。平安末期成立の『年中行事絵巻』に描かれた稲荷祭神幸の様子である。その祭礼は、行列の先頭となる馬長の服装が十家分の財ほど豪奢であったという。猥雑な猿楽から迸《ほとばし》る庶民の力強さ、立派な神事のさまを、貴族らも見物に赴き日記に残している。

都市祭礼といえば祇園祭であるが、稲荷社の祭礼区域は五条以南で、五条通から北は祇園社の祭礼区域であった。やがて稲荷祭も「稲荷御霊会」と表記されたり、嘉吉年間（一四四一～四四）には山鉾巡幸も行われるなど、祇園祭との近似性をみせ賑わった。平安末期、中山忠親の日記『山槐記』では「稲荷祭が延引した場合、松尾祭も延引しなければ疫病が流行する」とあり、これもまた疫神祭祀としての都市祭礼の要素を示すものである。

社伝によれば稲荷祭は貞観年間（八五九～七七）に始まり、天暦年間（九四七～五七）には恒例化したとされる。神幸祭は三月二の午の日（現在は四月二十日に近い日曜日）還幸祭は四月初卯の日（卯の日が三度ある月は中の卯の日であった。現在は五月三日）である。神幸祭では神職や供奉の人々が烏帽子や冠に杉の小枝をつけ、五基の神輿が氏子区域を巡幸する。八条坊門猪熊の上旅所と七条油小路の下旅所へ駐輿し、下旅所は院政期に設けられたが、豊臣秀吉の命により現在は東寺の北東、油小路東寺道の一ヵ所となっている。

還幸祭では、現在も神輿が東寺の慶賀門前で「中門の供御」を受ける。（以前は南大門から入り、中門前で神供が行われていた）遅くともこの立ち寄りは中世には行われており、当社と東寺との深い関係が長く続いたことを示している。

当社の祭礼区域は、ほぼ朱雀大路を境として松尾社と東西に分けられる。左京が稲荷社、右京が松尾社であり、皇城鎮護の寺として建立された東寺と西寺も左右京に置かれた官寺である。両社はともに秦氏による鎮座とされ、右京を氏子圏とする松尾大社の還幸祭では、西寺跡で神事が行われている。また当社の還幸祭では本殿内陣の御簾に葵桂を五連懸ける葵桂奉懸《ほうけん》の儀が行われ、神職らの烏帽子《えぼし》にも葵桂をつけるが、松尾祭でも還幸祭は本殿や神輿に葵をつけるため松尾葵祭と呼ばれている。ここに二社の対応が見られるが、十世紀以降、右京は西寺の衰退と農村化が進み、左京は東寺周辺に商業民が増加していくことで、松尾祭は農村の祭礼を色濃く残し、稲荷祭は都市祭礼としての特徴を濃くしていった。戦乱により一時中断したが、江戸時代に復興され、現在も多くの氏子によって支えられ賑わっているまつりである。

青々とした稲荷山と朱の鳥居は、紅葉の季節にはお山ごと赤く染まって青い空とのコントラストが美しい。正月には商売繁盛を願う初詣の人出が報道され、二月の雪に白く静まる朱の世界もまた見事である。全国で「お稲荷さん」と親しまれる稲荷神の総本社は稲荷山の自然に抱かれ、四季の移り変わる境内を神狐が見下ろしている。

参考文献　『稲荷神社由緒記集成』伏見稲荷大社社務所（一九五三―六八）、山折哲雄編『稲荷信仰事典』戎光祥出版（一九九九）、『伏見稲荷大社御鎮座千三百年史』（二〇一一）

（舩井まどか）

春日大社（かすがたいしゃ）

鎮座地　奈良市春日野町
祭　神　武甕槌命《たけみかづちのみこと》・経津主命《ふつぬしのみこと》・天児屋根命《あめのこやねのみこと》・比売神《ひめがみ》
例祭日　三月十三日

創祀と社頭景観　春日山を背に笠を伏せたような姿を見せる御蓋山《みかさやま》。その西麓に、神護景雲二年（七六八）十一月九日、藤原氏の氏神、武甕槌命（常陸国鹿島大神）・経津主命（下総国香取大神）と、祖神、天児屋根命（河内国枚岡大神）・比売神の四座の神々を合わせ祀る南面の神殿が創建された（『古社記』）。春日大社（春日社）の創祀である。藤原光明子（光明皇后）を母に、藤原不比等を外祖父とする称徳天皇の意を受け、時の左大臣藤原永手によって行われた。

天平勝宝八年（七五六）銘の『東大寺山堺四至図』（正倉院所蔵）には、すでに御蓋山に対し西面した庭上祭祀の場が「神地」と書きこまれている。この神祭りの場を設定した境界と考えられる築地塀の跡が、近年発掘調査により発見され、平城京遷都後、間もない時期に、すでに存在していたことが明らかとなった。この庭上祭祀の場から東方の御蓋山を通して、遥か東国の鹿島・香取の神を拝して祭祀を行なったと推測される。重要な山であった御蓋山は、春日社にとって、平安時代前期の承和八年（八四一）、太政官符により、御蓋山後方にある春日山での狩猟・伐採が禁止され、御蓋山・春日山の神山化進み、神域として整えられていった。

また、平安時代には、春日祭の盛大化に伴って殿舎や境内の整備が進む。貞観年間（八五九～七七）には、その構造は春日造の四神殿を囲む内院、直会殿・幣殿などを構えた中院、その垣外の外院の三重構造となり、現在とほぼ同じ景観に整えられた。

平安時代後期になると仏教的な建造物もみられるようになる。永久四年（一一一六）には、氏長者であった関白藤原忠実が西塔を、また保延六年（一一四〇）には鳥羽上皇が東塔を建立している。これらはともに五重塔で、春日御塔と呼ばれた。

藤原摂関家の繁栄　当社は、藤原氏の氏神社であることから、藤原氏の氏長者が中心となり、祭祀と年中行事を行なった。平安時代になると、藤原氏の地位が高まることに伴い、祭神の地位も上昇した。嘉祥三年（八五〇）に文徳天皇が即位すると、神階の昇叙がなされ、第一殿・第二殿には正一位、第三殿には従一位、第四殿には正四位上の神位

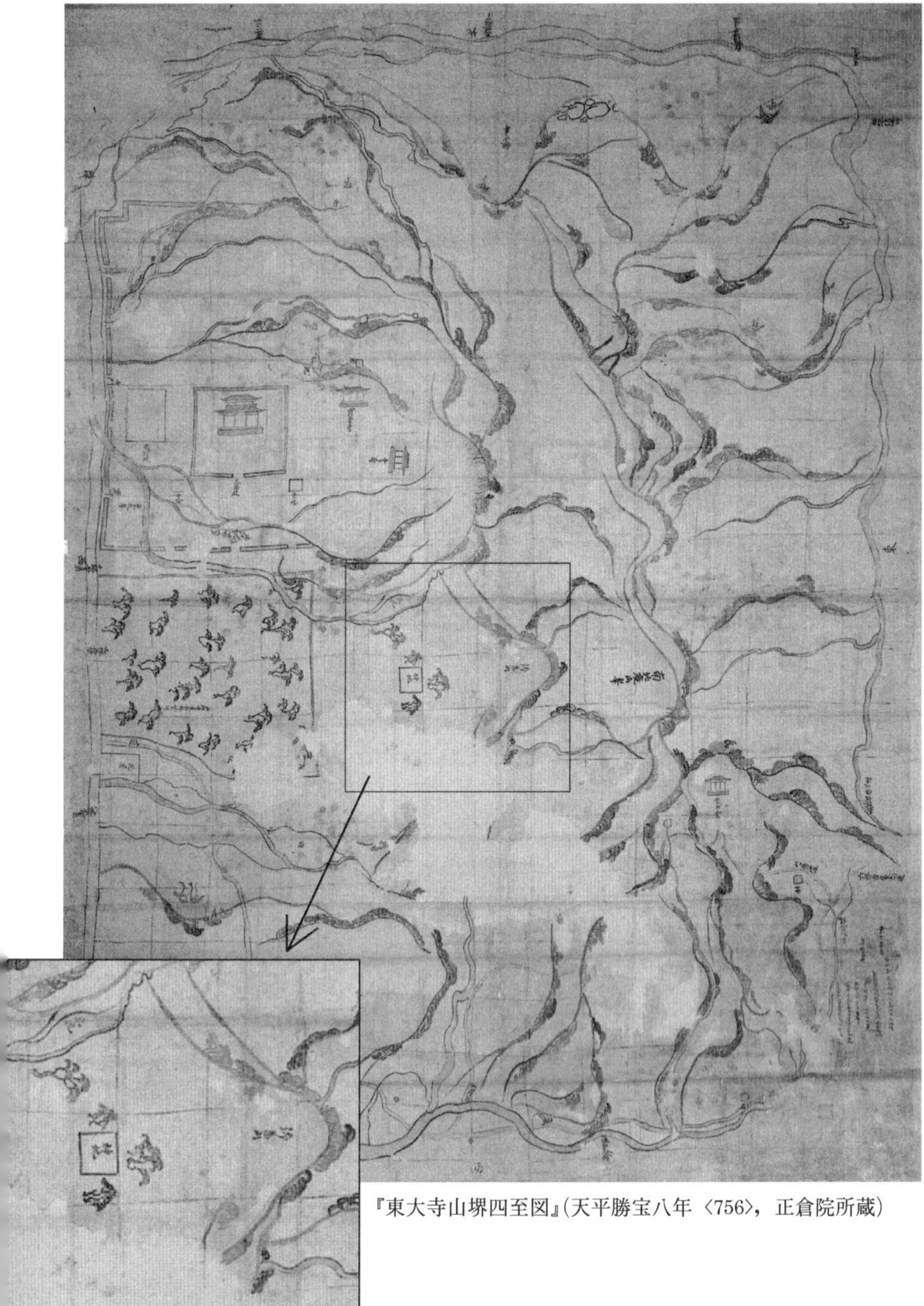

『東大寺山堺四至図』(天平勝宝八年〈756〉，正倉院所蔵)

が与えられた(『日本文徳実録』)。こうした春日祭の公祭化(特定氏族の氏神祭祀が公的な性格を持つこと)や社格上昇の背景には、天皇母方の血縁関係にある藤原氏の氏神に対する天皇の篤い信仰があったとされる。

藤原兼家が氏長者であった時代には、さらなる藤原摂関家の繁栄を祈念するため氏神社へ詣でる摂関家の春日詣《かすがもうで》が始まる。平安京から春日社までの氏長者の行列は、華やかな摂関家の力を誇示するものであった。

十世紀になると、天皇祭祀の中でも最も丁重な形式で、天皇みずからが主だった神社に参詣する神社行幸が行われるようになった。春日社においては、永祚元年(九八九)に藤原兼家の娘詮子を母にもつ一条天皇の最初の行幸がなされて以降、たびたび行われるようになった。

京中の人々は行幸行列を見るため、桟敷《さじき》をつくるほどに注目していた。後一条天皇の春日行幸の際、天皇が葱花輦《そうかれん》に乗輿し華麗な行列をなして春日社へ参詣する道すがら、その行列に田舎の民百姓たちが集まり、天下に君臨するといわれる転輪聖王の姿になぞられ、人々は額に手をあて仏を拝する作法をもって行幸が通過するのを拝んだという(『大鏡』巻五)。当時の人々にとって、春日行幸は、貴賤を問わず国家儀式にふさわしい盛大なものとみられていた。

春日社は、平安時代中期には二十二社制の一社に加わった。また、天皇の代替わりに際しては大神宝を奉献する神社の一つともなり、国家の中心的な神社として位置づけられた。

公祭としての春日祭　春日祭は国家公的祭祀とされる公祭の中でも、天皇との外戚関係をもつ藤原氏の氏神祭として、最も早い時期に公祭化がすすめられた祭りである。

貞観年間には伊勢神宮の斎宮、賀茂社の斎院に準じて、春日社において、藤原氏出身の未婚の女性から選ばれた斎《いつ》女《きめ》が置かれた。貞観八年に藤原須恵子が任命されたのがはじめてで、主に春日祭に参向し、神前近くにおいて神事に奉仕する役割を担った。

平安時代前期の春日祭の様子を概観してみよう。当日は神祇官が物忌童女を率いて奉仕し、上卿や藤原氏人が祭場に着座する。斎女は内蔵寮と中宮・春宮などの御幣や走馬とともに列をなして社に参り、内蔵頭が幣を奉り、斎女が神事のために神態服に着替えて座に着く。内蔵頭・中宮使・東宮使や氏人諸家は幣を奉り、氏人は神饌を供え、神部は酒を供える。春日祭使と馬寮使は前行して神馬・走馬を神前にひく。神主は木綿をつけて祝詞奏上を行い、その後に馬寮が馬を牽いて社の周りを八度回り、春日祭使が東舞を奉納する。直会にうつり神主は和舞を奏し禄を賜わる。最後に走馬がある。

春日祭のために朝廷より近衛使として派遣される春日祭使は、藤原氏の一族のなかから、将来公卿となる有力子弟がおもに任命された。これは賀茂祭における近衛使と同じく注目される存在であった。若い藤原氏子弟に氏神の祭の重役を務めさせることで、氏人としての意識を持たせ、将来の公卿としての責任感を担わせる意義ももっていた。子弟が春日祭使に任命されると、その家の主人（父や親近者）の邸宅では、春日社へ出発する前の出立儀《いでたちのぎ》と、祭りを終えて無事に戻った後の還饗《かえりあるじ》の饗宴が盛大に行われた。この饗宴は、春日祭後の共食や慰労というだけでなく、家の主人にとっては、その家の子弟が春日祭使を無事務め、貴族社会にデビューしたことをお披露目する意味もあったため、盛大に行われた。

春日祭の式日は、平安時代を通して旧暦二月と十一月の上申日に春冬二度行われるようになり、その後も踏襲されたが、明治十九年（一八八六）に年一度の祭りとして新暦三月十三日に定められ現在に至る。

若宮社と若宮祭（おん祭）　全国的に洪水や飢饉、悪疫流行など未曾有の災疫が続き社会不安が増大したため、氏長者である摂関家の藤原忠通は、保延元年に春日若宮社を創建し、翌年九月十七日に若宮祭を始めた（『中右記』）。

若宮祭の創祀に当っては、興福寺の大衆が、大和一国の平安を祈念する祭りとして発願し、藤原忠通が、これを許して始まったともいわれ、平安京の京中祭礼にも劣らぬ盛大な祭りとなった。興福寺領の中に御旅所を設けて、若宮社の神を迎え祭祀を行うことで、この祭りには興福寺の春日祭という性格を持たせてたが、神事自体は春日社の神職により行われた。

鎌倉時代初期の社家日記によると、若宮祭は、旧暦九月十六日に宵宮祭を行い、十七日に御旅所祭を行なっている。祭りの中心となる十七日は、まず、寅刻に若宮神主が若宮社で祝詞を奏上し、御神霊の御霊代を神殿より抱え奉って取り出す。この神霊を護り囲むように立ちならんだ榊を持った神人らとともに神幸し、御旅所に神霊を遷す。若宮祭に参勤する人々は、列を整えて御旅所へ向かう。その後、競馬・流鏑馬・相撲を行い、また、御旅所では幣を拝し、御供を神前に供し、風流や芸能が奉納され、これらが終わると、神は御旅所から本殿へと還御する（『中臣祐明記』建久四〈一一九三〉）。このように十二世紀には、基本的な祭りの構造は、現在の若宮祭とほぼ同じであったことがわかる。

祭りを行う日は、中世以降になると旧暦の十一月十七日や十一月二十七日などに変更され、明治三十三年以降、新暦十二月十七日に定められ現在に至っている。

年中行事と神職　春日社では一年を通してさまざまな祭祀・行事が行われてきた。

中世の社家日記によると、当社の年中行事は、春日祭・

春日宮曼荼羅（鎌倉時代，南市町自治会所蔵）

御八講・若宮祭・二季神楽・三旬御供・節日行事などで主に構成されていた(『安貞三年所謂寛喜元年恒例臨時御神事日記』)。

古代より朝廷では、正月一日・正月七日・三月三日・五月五日・七月七日・九月九日などを節日と称し国家の重要な日と定めて朝廷行事が行われていた。一方、節日は藤原氏一族においても平安時代を通して家の重要な行事とし、邸宅で氏長者を中心に饗宴がなされた。藤原忠実は、氏長者に就任した直後の康和元年(一〇九九)から長治二年(一一〇五)頃に、藤原摂関家の安泰を祈念するため、節日行事を春日社の行事として創始した。この春日社の節日行事は、朝廷行事と藤原氏の家の行事とが連なった形で構成されていった。

氏長者藤原忠通の時代は、保安二年(一一二一)に毎月の朔日、十一日、二十一日に御供を供える三旬御供の行事と、保安三年三月十四日に御神楽(のちの二季神楽)を神社行事として創始した。

このように平安時代後期までに氏長者の意向によって祭祀・行事が創始されていき、年中行事は形づくられていった。また、各行事を行うための神事用途料として氏長者による春日社への荘園寄進がなされたため、春日社の社領は拡充し、経済的基盤が安定していったことも特色にあげられる。

春日社の神事を司る神職は、正暦年間(九九〇〜九五)までは、創建時に仕えていた中臣時風・秀行兄弟の子孫が神《じん》宮預《ぐうのあづかり》・造宮預《ぞうぐうのあづかり》として社務を担い、また、毎年、春日祭のつど、神主として神祇官人の大中臣氏が派遣されていた。しかし、正暦年間以降、大中臣氏を神主として春日社に常住させ、これまでの預職(正預)のほかに権預を置いて増員し、社司の拡充が図られた。春日若宮社が創建された十二世紀には、神主・正預・若宮神主を「三惣官」と称し、その下に権神主・権預・新権神主・次預などから成る神職組織が確立した(『中臣祐賢記』)。

曼荼羅の信仰　平安時代中頃より興福寺と春日社の関係が密接になると、春日四所の祭神に本地仏として釈迦・薬師・地蔵・観音があてられて、春日権現と総称され、また、慈悲の徳をもつ「慈悲万行菩薩」と讃えられるようになる(『春日権現験記絵』)。このような神仏習合思想に基づいて春日社の神の霊験や縁起が説かれるようになっていく。

平安時代後期からは、藤原氏を中心とする貴族の中で、春日の神とその本地仏を描いた「春日曼荼羅」の礼拝が行われるようになった。この春日曼荼羅には、春日社の神々の神影や本地仏の図像を描いた「本地曼荼羅」や、春日山を背景に春日社の社殿や神域の景観を盛り込んだ「宮曼荼羅」、鹿の背に榊を立てた「鹿曼荼羅」などがある。

　春日曼荼羅を春日社そのものとして日夜礼拝することで、お参りに行けない人々でも春日社に参詣したことと同様の御利益があるとする信仰が、興福寺によって大和国一円に広められ、受け入れられるようになった。

　中世以降、庶民の間でも曼荼羅を拝する信仰が広がり、春日講《しゅんにちこう》と称して、主に興福寺の領地を中心として、ムラごとに講が形成されるようになった。春日講は、毎月二十一日にお堂に集まり、春日社の境内を描いた春日宮曼荼羅や春日のお使いとされた神鹿を描いた春日鹿曼荼羅などを本尊として掛け、その前で儀式と宴会を催した。その場では、春日社の神の神徳を称える内容の春日講式《かすがこうしき》が、独特の節回しで詠まれる。このような春日講は、地域に根付いた春日社への信仰行事として、長い歴史の中で受け継がれ、現在も各所で行われている。

　平安時代後期になると、皇室の祖先神である伊勢神宮、同じく守護神である石清水八幡宮、それに藤原氏の信仰を集める春日社の三社を合わせ祀り信仰する三社信仰が成立した。鎌倉時代末期には三社の神号を伊勢を中尊とする三尊形式で銘記し、掛軸にして礼拝するようになった。さらに、三神を正直(伊勢)・清浄(八幡)・慈悲(春日)の神と説く文言が添えられた三社託宣が登場し、近代に至るまで民衆に流布し、広く崇敬された。そしてその徳目は、人々の道徳観念にも影響を与えたのであった。

春日神木と春日権現験記絵の世界　中世以降、春日社には説話や縁起類がつくられたが、特に『春日権現験記絵』は代表的な縁起絵巻である。延慶二年(一三〇九)に左大臣西園寺公衡《さいおんじきんひら》の発願で制作されたもので、祭神の霊験についての様々な説話が収録されている。

　春日社に篤い信仰をもつ藤原氏長者の二条関白殿が宮中に出仕する際に剣を忘れたが、春日の神の守護により、いつのまにか膝の下に剣が置かれていたという説話(巻二)や、孤児の男が春日社への月詣を欠かさず行なっていたため讃岐守に出世した話(巻五)などがある。いずれも春日社に対する人々の篤い信仰心によって神の守護を得た説話の霊験譚とされる。

　このほかにも神の奇瑞に関する説話もある。嘉元二年(一三〇四)興福寺内に騒動がおこり、幕府は鎮圧にあたるため大和国内に地頭を置いた。そもそも鎌倉幕府は全国に守護や地頭を置いていたが、大和国に関しては例外として興福寺がその任にあたってきた。ところが、幕府が地頭を大和国に置くという異例な状況を春日の神が嫌い、春日社を去ったため、春日山の木が枯れ始め社頭の燈火は消えてしまう。これを知った幕府は神の祟りと畏れ、直ちに地頭を撤廃した。するとたちまち神火が飛びかって社頭に燈火を点し、春日山は活き活きとした緑をとりもどしたという（巻二十）。

「巻二十」にみられる神木が枯れるという事象に着目すると、この当時、春日社の神域にある木々（神木）が枯れると、それは神の怒りや拒絶の意志を表しているものと考えられていた。そのため、木々が枯れると藤原氏長者は春日社に鎮謝し神楽を奉奏していた（『百錬抄』）。一方、神域の木々が青や緑で茂っている状態は、神の喜びの神威を表わしているとされた。このため、神域の木々の緑を維持することは、藤原氏や朝廷においても高い関心事としてとらえられていた。

春日社の神木に関しては、平安時代後期以降、春日社と興福寺とが春日神木を奉じて朝廷に対し強訴することがたびたびあった。春日社の神殿の近くには、青榊社と辛（枯）榊社の二社が祀られており、この神が神木動座の際、先駆けの神となった。都へ強訴のための遷座行列には、枯榊を奉じた神人が連なり、希望が叶えられない時は、この枯榊を都に捨て置き帰還した。また、聞き入れられた時には、枯榊から青榊に持ちかえて帰座した。このような神木の動座や入洛があると、春日社の氏人である藤原氏一門はおのおの家に籠って謹慎し、国の政治が滞るなどの影響があった。

このように『春日権現験記絵』は、それを読むことで、当時の春日社の世界観や春日信仰を支えた人々の精神文化をうかがい知ることができる。

参考文献　上田正昭編『春日明神』（筑摩書房、一九八七）、岡田莊司『平安時代の国家と祭祀』（続群書類従完成会、一九九四）、三橋正『平安時代の信仰と宗教儀礼』（続群書類従完成会、二〇〇〇）、『春日大社年表』（二〇〇三）

（鈴木聡子）

生田神社（いくたじんじゃ）

鎮座地　兵庫県神戸市中央区下山手通
祭　神　稚日女尊《わかひるめのみこと》
例祭日　四月十五日

甦りの社　「生田さん」の愛称で知られる生田神社は、神戸一の繁華街三宮の中心部に、古くから鎮座する旧式内社（官幣大社・名神大社）である。当社は戦災（源平合戦、湊川の戦、神戸大空襲）や天災（布引渓流氾濫、阪神大水害、阪神淡路大震災）などで壊滅的な被害を繰り返し受けた経験を持つ。しかし、そのつどたくましく復興を成し遂げてきたことから、最近では「甦りの社」としても知られている。

鎮座地―砂山から生田の森へ―　山陽新幹線で新大阪駅から出発し最初の長いトンネルを抜けると新神戸駅に到着する。その駅の裏山こそ生田神社の旧鎮座地砂山《いさごやま》である。この付近は古くから「熊内《くもち》」といわれる。熊内とは神内のことで、砂山付近に生田神社が鎮座していた名残とされる。

その旧地名は摂津国菟原郡（のち八部《やたべ》郡）生田郷で、砂山脇の布引《ぬのびき》の渓流から駅を抜けて兵庫の海へと流れる川が生田川（新生田川）である。現在の鎮座地へ遷座したのは平安時代で、旧地名は同郡神戸郷である。また江戸時代まで、砂山周辺を生田村、生田神社周辺を生田宮村と称した。

『日本書紀』によると、神功皇后《じんぐう》の一行が新羅征討を終え難波の海に入ろうとしたところ、突然皇后を乗せた船が進まなくなる。そこで、務古水門《むこのみなと》に引き返して原因をトったところ、その船に鎮座する天照大神《あまてらすおおみかみ》・稚日女尊・事代主尊《ことしろぬしのみこと》がそれぞれ広田国・活田長峡国《いくたながさのくに》・長田国《ながたのくに》に鎮め祀れとの

生田神社本殿（春日造）と生田の森

託宣が下った。それが現在の広田神社・生田神社・長田神社の創祀譚である。

生田神社の祭神稚日女尊については諸説ある。ここは長年この問題を研究されてきた加藤隆久の説「天照大神と最も関係の深い御魂」とする。

口碑によると、延暦十八年（七九九）四月の洪水で布引の渓流が氾濫し、砂山西端が崩壊して社殿が傾斜したため、生田村の刀禰七太夫《とねのしちだゆう》がご神体を背負って避難し、自宅の庭石の上に安置した。しかし、そこも危険と察した彼は、生田大神の鎮座場所として良いところを七、八日間探し巡っていたところ、突然背負ったご神体が重くなり、これ以上進めなくなったので、その場所に安置した。そこが生田の森のある現在の鎮座地という。

生田神社と神酒　その洪水から七年後の大同元年、生田神社は広田・長田の二社より三戸多い神戸四四戸が寄進される（『新抄格勅符抄』神封部）。生田神社だけ三戸多いのは、朝貢に訪れた新羅の客人《まろうど》に、敏売崎《みぬめのみさき》（旧式内社敏売神社）で振る舞う神酒をそれで醸造するためであった（『延喜式』玄蕃寮）。

その点に関連して『日本書紀』天武天皇九年（六八〇）に、「活田村に桃・李実れり」との記事がみられる。これは生田が史上に現れた最初であるが、この記事から奥山芳広は、この地域に果実酒を醸造する技術が古くからあった証拠とする。つまり、生田神社は古くから果実酒を醸造する技術があり、平安時代には米による醸造酒の技術力も高かったため、新羅の客人に振る舞う神酒の醸造を命じられた、というのである。

文学にあらわれた生田　それから約二〇〇年後に書かれた清少納言の随筆『枕草子』第一一五段に、神奈備《かんなび》の森（神の宿る神聖な森）として「生田の森」が、同じく第二二九段に、「社は布留の社、生田の社……」と、生田神社は奈良県の石上《いそのかみ》神宮とならび称され、次第に平安貴族の歌にも多く詠まれるようになる。

なにわめに　いくたのもりの　有りければ　むべながらふと　人もいひけり
（『和泉式部続集』）

こひしさに　命たえなば　つの国の　いく田のもりの名にやたがはむ
（兵部大甫『摂津守有綱歌合』）

なにはなる　いくたのもりの　いくたびか　かみをかけつつ　われはちかはむ
（『能因法師集』）

『枕草子』よりも半世紀ばかり前に成立した『大和物語』第一四七段には、生田川における次のような説話を載せる。一人の女性をめぐり二人の男性が熱心に求婚するが、二人とも甲乙付けがたい立派な男性であったため、女性は思い悩んだ末、生田川に浮かぶ水鳥を射た方の求婚を受ける、と約束する。すると、二人の男性は一羽の水鳥を同時に射てしまう。それを見た女性は思い煩うあまりに、

住みわびぬ　わが身投げてむ　津の国の　生田の川は
名のみなりけり

と読んで生田川に投身する。すると男性二人も後を追うようにして投身してしまった。その説話がよほど有名であったのか、それに基づく歌が多く詠まれている。

身を投げて　生田の川の　沈みても　逢ふ瀬なくては
何にかはせむ

いかばかりふかき心の　そこをみて　いく田の川の
身のしづみけむ

これは藤原俊成・定家父子の歌である。

『平家物語』は、生田の森での源平合戦で、梶原源太景季が梅（一説桜）の一枝を箙《えびら》にさし、勇猛に戦ったことを伝える。その箙の梅の香りは、敵の陣まで漂い、平家の公達《きんだち》を感動させたという。当社では、それにちなみ箙の梅が境内に植えられている。

謡曲「生田敦盛」も源平合戦の名残である。敦盛の北の方は、遺児を源氏に捕縛されるのを恐れて道ばたに捨てる。それを法然上人が賀茂明神参詣の帰途拾って養育する。十歳になった遺児は、夢にでも父に会いたいと明神に願い、生田の森へ行く。その夜、甲冑姿の父の幽霊に出会い、父から色々な話を聞く。だが、夜明けになり、親子は引き裂かれるようにして父は消えていった。

生田神社の祭礼―杉盛・神幸・へそだんご―　生田神社は正月になると「杉盛」を楼門前正面参道の中央石段下に設け、その頂上に尾花を付け、そこから楼門へ十二筋の注《し》連縄《めなわ》を曳く。生田神社は洪水から避難して砂山から当地へ勧請した由来をもつ。当時の砂山は松が鬱蒼《うっそう》と茂っていたが、神社を守ることができなかったことから、松を忌み嫌うようになった。そのため当社では「門松」ではなく「杉盛」を設けるという。

例祭は四月十五日で、その前後に大開通《だいかいどおり》の御旅所《おたびしょ》への神幸が行われる。江戸時代までは旧暦八月二十日に、新羅を征討した神功皇后が、帰途上陸したと伝える聖地の兵庫和田岬に、神輿を渡御《とぎょ》する盛大な行事であった。「寛文三年和田崎神幸之図」は、当時の様子をいきいきと伝えている。

なお、例祭当日、「へそだんご」という特殊な餅を神前に供え、子供の健康長寿を願うことも、当社の特色である。

社家―海上・刀禰・後神―　祭神稚日女尊の祭主を最初

につとめたのは、海上《うなかみの》五十《い》狭茅《さち》である。口碑によると、彼は軍船を操縦する船司として、神功皇后の新羅征討に参加し、軍功があったという。その海上氏は、出雲国造と同じ先祖をもち、のち日神祭祀にも従事するようになる上海上国造の一族とされる。海上家は室町時代末期になって衰退し、後神家に祀職を譲るが、その後も和田岬神幸などの大事な神事には副斎主格をもって参加している。なお、江戸時代に神祇道の白川家から、農家で名門海上氏を名乗るのは不適切との注意を受け、それ以降は村田氏を名乗り現在に至る。

生田村の刀禰家は、布引の渓流が氾濫《はんらん》し、被害が砂山にまで及ぼうとした時、ご神体を背負って現在の鎮座地へ勧請した七太夫を先祖にもつ。刀禰家も海上家同様、江戸時代まで和田岬神幸に参列していた。

後神《ごこう》家は、寛正五年(一四六四)海上氏に代わり藤原秀治が斎主を務めてから、十七代萬吉が昭和九年(一九三四)九月に禰宜を辞職するまで続く。後神家は初代から神主職としてつとめてきたが、十四代重樹のとき神主職から大宮司職に変え、十五代秀熙もそれを踏襲する。その後、明治五年(一八七二)に社格が県社と定められ、改めて祠官に任ぜられる。十六代秀運も祠官を踏襲するが、官幣小社昇格により一時禰宜に降格、のち宮司に就任している。

神仏習合　一般に神社は、近代以前は少なからず神仏習合していた。生田神社もその例に漏れないのだろうが、その痕跡がきわめて少なく、確実にわかるのは境内末社として江戸時代に建立された大日堂のみである。おそらく生田神社の祭神が、「天照大神と最も関係の深い御魂」とされることから、天照大神と習合した大日如来を祀る御堂が建てられたのであろう。だが、そこに祀られていた神像は戦災などで焼失したとされ、現存しない。

なお、西田長男は布引の滝に隣接する青竜(清瀧)権現と国家の臨時祭祈雨神祭に預かった生田大神との習合を推論している。その滝寺の宮僧は、江戸時代まで和田岬への神幸祭に参列していた。しかも、神主後神、旧社家の村田と刀禰、そして滝寺宮僧の順で祈念を勤めていることから、かつては生田神社と滝寺(滝勝寺)とは習合関係であったものと思われる。

参考文献　大和田貞策編『生田神社誌』(一九三三)、加藤隆久編『生田神社―神道史研究―』(一九七三)、『生田神社史(上・中・下)―後神家文書―』(一九八〇・一九八四・一九八八)、加藤隆久『生田神社』(学生社、二〇〇五)、『生田神社史』(国書刊行会、二〇〇七)

(西岡和彦)

真清田神社（ますみだじんじゃ）

鎮座地　愛知県一宮市真清田
祭　神　天火明命《あめのほあかりのみこと》
例祭日　四月三日

尾張国一宮の成立　真清田神社は、尾張平野の北部、木曾川扇状地の先端部に位置し、そこには早くから開発の進んだ水田地帯が広がる。また、自然堤防上の畠地では桑作が行われ、織物工業としても知られる一宮市の中心部にあたる。十世紀成立の『延喜式』神名帳では式内社に選定され、名神大社に列せられる。十二世紀半ばには尾張国の一宮と称され、それが市の名称となって受け継がれているのは、全国でも愛知県一宮市のみである。祭神は、尾張氏の祖神である天火明命とされるが、国常立尊・大己貴命とする説もある。

国史上の初見は、『続日本後紀』承和十四年（八四七）十一月十一日条に従五位下を授けられたとある。その後、官社に列し、貞観七年（八六五）には正四位上に叙せられる。ちなみに貞観元年、熱田神社は正二位を授けられており、古代の神階では熱田神社は常に上位であり、当社はそれに次ぐ位置にあったが、のちには尾張国の一宮と称されることになる。この背景については従来から問題とされてきたが、当社が国府と同じ中島郡にあることから国府に最も近く、かつ交通の要衝に位置していたという地理的関係を重視する考えが受け入れられている。近代に至り、大正二年（一九一三）、県社から国幣中社に昇格する。

年中最大行事の桃花祭　旧暦三月三日に行われる桃花祭《とうかさい》は当社の例祭であり、この日を祭神である天火明命の鎮座日であるとも伝えている。明治四十三年以降は四月三日に改められ、現在に至る。この祭祀は、少なくとも応永年間（一三九四〜一四二八）にさかのぼる。霊力があると信じられていた桃の枝で身のけがれを祓い、川に流して除災招福を祈る祭りであった。現在でも神饌の傍らに桃の小枝を添え、神事に奉仕する者は冠に桃の小枝をつける。祭儀の中心となる総勢二〇〇人以上が奉仕する華やかな神輿渡御は壮観なものである。この行列の中には「馬の塔」と呼ばれる馬の背に御幣や人形を飾った馬がならぶ。この「馬の塔」は、尾張・西三河で行われている代表的な祭礼習俗であり、一宮村では十八世紀末から十九世紀にかけて、飾った馬を多くの農民が囲んで献ずるようになったといい、現在でも二〇頭近くの馬が練り歩く。また東西二輌の車楽は、毎年頭

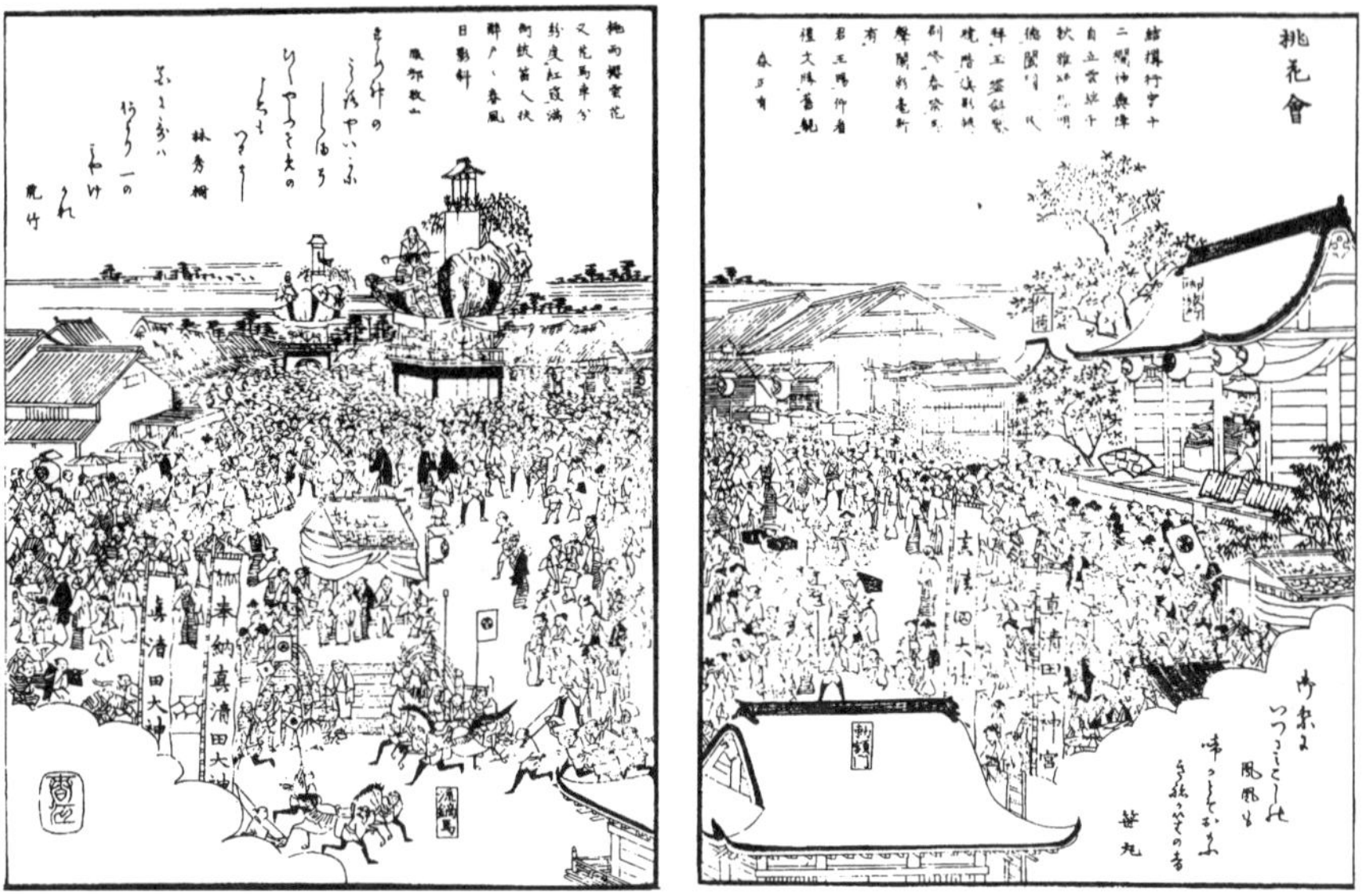

桃花祭（『尾張名所図会』後編六巻）

人を決めてそれらを司らせた。車楽には毎年新たな能人形《のうにんぎょう》が飾られ、その人形の出来具合でその年の豊凶を占ったという。現在では楼門前に東車一輌が飾られ、祭に花を添えている。一方、中世の記録によると、桃花祭とともに重要視されていた祭儀として吉祥祭がある。七月七日に吉祥草（稲穂）を奉納する祭礼であり、国衙《こくが》と当社から一二〇名の舞女が選ばれ神事を行なったという。国衙が関係する一宮の祭祀として注目されるものである。

なお、一宮市が織物産業の町として発展する基礎をなしたのは、戦前まで社前で開かれていた「三八の市」である。この市は享保十二年（一七二七）に始まり、尾張・美濃だけでなく、春秋には信州や越中などからも綿商人が訪れた。現在では七月に「一宮七夕祭」と称して地域自治体とともに機織工業の繁栄を祈願する祭が行われ、境内の摂社服織《はとり》神社《じんじゃ》は、織物の守護神として、篤く信仰されている。

（金原佳子）

参考文献　『新編一宮市史』（一九七七）、『真清田神社史』（二〇〇六）

富士山本宮浅間大社

（ふじさんほんぐうせんげんたいしゃ）

鎮座地　静岡県富士宮市宮町
祭神　木花之佐久夜毘売命《このはなのさくやひめ》
例祭日　十一月三・四・五日(三日前日祭・四日本祭・五日後日祭)

古代の富士信仰　古代の富士山といえば、すぐに『竹取物語』を思い浮かべる人は多いだろう。富士山が登場するのは物語のエンディングである。時の帝の派遣した二〇〇〇人の警護もむなしく、かぐや姫は月の都に帰ってしまい、あとには帝に宛てた一通の手紙と不死の薬壺が残される。帝は姫を思い、薬に返事を添え、天に一番近い山の頂で燃やすように命じた。そこで選ばれたのが駿河国の「ある山」であり、勅使とともに大勢の士《つわもの》が登ったので「富士の山」と名付けたという。

『竹取物語』が現在の形にまとめられたのは九世紀末から十世紀前半とされているが、それ以前にも新穀祭の物忌《ものいみ》のために祖神《おやがみ》の宿泊を断った「福慈神《ふじのかみ》」の話や(『常陸国風土記』)、伊豆に流された役小角《えんのおづぬ》が夜間「富岻嶺《ふじのみたけ》」で修行したという飛来説話(『日本霊異記』)、「不尽《ふじ》の高嶺《たかね》」に坐す神を詠じた長歌などが伝えられ(『万葉集』)、霊峰富士に対する信仰は古くから存在していた。

古代における富士山は常に噴煙をあげているものと認識され、日本最大の活火山として歴史上幾度もの噴火を繰り返してきた。天応元年(七八一)七月に山の麓に灰が降って木の葉が萎れたとあるのを初見とし(『続日本紀』)、延暦十九年(八〇〇)六月および延暦二十一年正月にも噴火の記事がみられる(『日本紀略』)。そして仁寿三年(八五三)七月、駿河国浅間神が名神に預かる(『日本文徳天皇実録』)。頻発する噴火を鎮めるためと考えられ、これが浅間神の国史における初見となる。同月従三位の神階を叙せられ、貞観元年(八五九)正月には正三位に昇叙された(『日本三代実録』)。特に激烈であった貞観六年の噴火に際しては、甲斐国八代郡にも浅間神が祀られている。

当社の歴史は富士山の噴火活動を抜きには語れず、噴火のたびに神社の重要性がクローズアップされ、神職に対して祭祀を厳重にすることが求められている。

社家の成立と神社縁起　当社の社務は、富士氏(和邇部姓《わにべ》)が代々相承した大宮司を頂点として、その一族である公文・案主に、別当を加えた「四家」の合議制で行われ、その下には総社家とよばれる二十七家が存在していた。富士大宮司の初見は元弘三年(一三三三)九月の後醍醐天皇の綸旨であるが、歴史事実に対応した記述の多く含まれる「富士大宮司系図」や、『吾妻鏡』などから、少なくとも平安末期には当社の有力社家として社人を統率していたと考えられる。室町時代にいたると日本の三大宮司の一つとして、厳島社・熱田社とともに広く知られるようになっていた(『臥雲日件録』)。

寛政年間(一七八九～一八〇一)に大宮司の富士民済が撰述した神社縁起によると、第七代孝霊天皇の時に富士山が噴火し国中が荒廃して人々が苦しんだので、第十一代垂仁天皇が山の麓に浅間大神を鎮祭したのが当社の創祀とされる。第十二代景行天皇の御代に日本武尊《やまとたけるのみこと》が今の山宮を祀り、平城天皇の大同元年(八〇六)に坂上田村麿がはじめて神社を経営したという(『富士本宮浅間社記』)。当社の創建については これに拠るほかないが、この伝承は、山霊の所在に近く祭祀のしやすい場所が最初に「里宮」として選定され、その後に「山宮」が祀られるという説と一致しており、ただちに後世の偽作とはできない信憑性を付与している。

富士信仰の展開　富士山への信仰を考える上では、平安中期以降に形成された修験道を無視することはできない。富士山における修行者で広く人々に敬愛された人物としては、十二世紀中葉に活躍した富士上人、末代《まつだい》が挙げられる。末代は駿河岩本の実相寺《じっそうじ》開山、智印《ちいん》に学び、富士山に登ること数百度といわれた僧で、山頂に大日寺という仏閣を構えていた。一切経の書写と富士山への埋納を企図して民衆を勧進し、都に上って鳥羽法皇を結縁させている(『本朝世紀』)。昭和初期に富士山頂の三島岳で埋納経が発掘されたが、経筒の陶片の大部分は十二世紀のものとされ、紙片に墨書された唯一の奥書に末代の名がみえることから、先述の勧進経典である可能性も指摘されている。末代は村山の地に住して伽藍を営んだといい、それがのちに富士修験道の一大拠点となる村山浅間社(興法寺)と伝えられる。鎌倉末に頼尊が富士行を創始して富士登拝が盛んになると、南の登山口にあたる村山には多数の道者が訪れ、先達(御師)の営む宿坊に泊ってその案内で登山している。

近世になると富士山麓の洞穴「人穴《ひとあな》」で修行した長谷川角行《かくぎょう》(一五四一～一六四六)により、富士登山することを人生の最終課題とする富士講が組織される。角行は役行者のお告げにより人穴におもむいて、浅間大菩薩に四寸五分の角木に爪先で立つ一〇〇〇日間の苦行を命じられ、みごとそれを成し遂げたという伝説的人物である。角行を初代として次第に教義が整えられ、庶民を中心に信者を倍増させていった。富士講は江戸において最も広まり、関東各所に今も残る多くの富士塚が築かれる。

山宮神事と流鏑馬神事　現在十一月四日に行われている本社例祭は、古くは山宮神幸・大祭礼の一連の神事として、年に二回斎行されていた。

四月と十一月の初未の日に浅間神社から山宮まで鉾を送るのが山宮神幸である。神霊の鎮まる鉾を担いで行列は山宮へと進む。山宮御迎坂において御迎火が焼かれ、山宮祭場で神事が執り行われる。神事を終えて還幸し、鉾は大祭礼まで五大堂に鎮められる。山宮神幸の翌日、四月・十一月の上申日が大祭礼である。五大堂の鉾を奉じて還幸、内陣に鎮めて大宮司・奉幣使の奉幣が行われる(『富士本宮年中祭礼之次第』)。都良香《みやこのよしか》(八三四～七九)の「富士山記」には、貞観十七年十一月の初申日に、国司から民衆に至る幅広い層により祭礼が行われていたことが記される。「旧《もと》によって祭を致す」とあることからも、現社地へ移った大同年間から続けられてきた蓋然性は高い。

平安時代から中世にかけては国ごとに一宮・二宮が置かれたが、当社も駿河国唯一の名神大社として一宮となっている。流鏑馬《やぶさめ》神事は建久四年(一一九三)に源頼朝が、富士巻狩に際して当社へ流鏑馬を奉納したことに始まるというが、その興行に最も力を入れたのは、文治以降に守護となる北条氏得宗であろう。流鏑馬を通して御家人・在地領主を統制し、文官としての優れた適性を持つ社家を任用して、所領の支配および諸雑務を行わせている。

富士参詣曼荼羅　現存する三点の絹本富士参詣曼荼羅のうち、成立の早さだけでなく風景画として十分に鑑賞にたえうるその美しさからも、傑作とされているのが当社所蔵の国指定重要文化財の一品である(写真)。縦一八六・六センチ×横一一八・二センチの掛幅装で、大幅な上に傷みや汚れの少ないことから、唱導の道具として各地に携帯されたものではなく、普段は神宝として大切に保管し、ハレの日に衆前に掲げて礼拝の対象にされたものであろう。本図は「すやり霞」により六段に分けられるが、俗界とされる最下段には三保松原や清見寺、清見関が描かれ、駿河湾に富士川・潤井川が注いでいる。図中を仕切るすやり霞を越えると当社となるが、本殿は慶長九年(一六〇四)に徳川家康が造営する二階楼閣の「浅間造《せんげんづくり》」以前の景観を示し、檜皮葺《ひわだぶき》の入母《いりも》屋《や》造《づくり》・平入《ひらいり》で、拝殿は板葺となっている。図の右下には狩野元信(一四七六～一五五九)の壺型朱印もあることから、当人の作とは断定できないものの、室町後期の成立とされる。

境内の湧玉池には垢離掻く姿がみられ、道者に参詣のあり方を教えている。上段には先述した村山浅間社があり、中心の大日堂や巫女舞の行われる神楽殿などとともに、ここでも右下の小さな滝で禊をする人がみえる。さらに進んで中宮八幡堂・女人堂・矢立杉を通り、山中最大規模の建物がならぶ御室大日堂に至る。五合目の森林限界を過ぎると岩山登拝になり、白衣の道者が三尊（大日・阿弥陀・薬師如来）の坐す山頂へと続いている。

絹本著色 富士曼荼羅図（富士山本宮浅間大社所蔵）

参考文献　宮地直一『浅間神社の歴史』（古今書院、一九二五）、『浅間文書纂』（一九三一）、『浅間神社史料』（一九三四）、『富士宮市史』上（一九七一）、『静岡県史』資料編四　古代（一九八九）

（古谷易士）

三嶋大社（みしまたいしゃ）

鎮座地　静岡県三島市大宮町
祭　神　大山祇命《おおやまつみのみこと》・積羽八重事代主神《つみはやえことしろぬしのかみ》
例祭日　八月十六日

景観と創祀　現在の正式名称は「三嶋大社」であるが、近代以前は、「三嶋社」や「三嶋宮」、「三嶋明神」などと称した。

鎮座地の三島市は、静岡県東端（旧伊豆国）に位置する。伊豆国田方郡に属した同地は奈良時代以降、伊豆国府とされ、三嶋大社近隣には国庁院や国分寺など、伊豆国の主要な施設が置かれていたとされる。

また、東海道は三島の北方に足柄坂が、東側に箱根峠があるため、三島は交通の要衝でもあり、旧東海道に面する形で三嶋社は鎮座している。なお、三島の地は中世までは「国府」「府中」と呼ばれていたが、三嶋明神・三嶋社の名称にちなみ、室町時代以降、「三島」という地名になったともいわれている。その後、三島は三嶋社の門前町として、また近世には東海道の宿場町「三島宿」として栄えた。

ところで、三嶋社が三島の地に創建された時期について、その経緯・子細は定かでないが、天平五年（七三三）とする社伝が、近世の紀行文を中心にみられる（『東海道名所図会』『伊能忠敬測量日記』など）。これに関連して『新抄格勅符抄』では、「伊豆国三嶋神」が天平宝字二年（七五八）十月に九戸、同年十二月に四戸の計一三戸の神封を与えられており、社伝のとおり、遅くとも奈良前期には、三嶋神が伊豆国内で祀られるようになったと推定される。

なお、当社の神主・矢田部（伊豆）氏の系譜によれば、大化五年（六四九）、三嶋神は伊豆国賀茂郡内の海中を焼き出し島を造って住み始め、慶雲元年（七〇四）に新たに大島を焼き出したために同地へと遷され、その後、神告によって、天平七年に大島から府中へ遷し祀られたという。

噴火の神と島造り　天長九年（八三二）五月、神異の示現により、三嶋神は后神・伊古奈比咩神とともに、名神とされた（『日本後紀』）。

その後、承和七年（八四〇）九月に伊豆国より言上があり、上津島（神津島）が造作されて、阿波神が鎮座したとされる。この神は、「三嶋大社」の本后であるという。承和五年に上津島が火を噴いて海中が焼けたのは、後后・伊古奈比咩《いこなひめ》神が叙位されたのに対して、本后・阿波《あわ》神は五子を生んだにもかかわらず叙階には預かっていないため、位階を求めて祟をなしたことによるという(『続日本後紀』)。ここからは、三嶋神と后神・御子神といった家族神が、噴火により伊豆諸島を造成した神として、広く崇敬されていたことがうかがえる。なお、「三嶋大社」という現在の社名は、この『続日本後紀』の表記による。

巻六，清浄光寺〈遊行寺〉所蔵)

以降、三嶋神は嘉祥三年(八五〇)十月に従五位上に叙せられ、(『日本文徳天皇実録』)従四位・正四位を経て、貞観十年(八六八)七月には従三位にまで昇叙された(『日本三代実録』)。

平安中期の延長五年(九二七)成立『延喜式』神名帳に、当社は伊豆国賀茂郡「伊豆三嶋神社」とみえ、名神大社とされて月次祭・新嘗祭には朝廷から幣帛が奉献された。

また、当社は大神宝使の発遣対象社とされ(『左経記』寛仁元年〈一〇一七〉十月二日条)、伊豆国一宮・総社でもあったため、朝廷からは東海道でも有数の、地方有力大社の一社として重視されていたことがわかる。

なお、古代三嶋社の鎮座地については、神主家の系譜や『延喜式』神名帳の記載などから、当初は伊豆諸島あるいは伊豆半島南部の賀茂郡にあったが、平安中期以降に現在地へ遷座したとする説が定着している(原秀三郎氏ほか)。

源頼朝と二所三嶋詣　古代に伊豆諸島造成の神として信仰されていた三嶋神は、中世以降、その様相が大きく変化した。治承四年(一一八〇)八月十七日、源頼朝は三嶋社の神事に奉幣して先勝を祈願すると、兵を挙げて平氏の目代・山木兼隆を討つことに成功した。その後、三嶋明神の加護

伊豆国三嶋社参詣(『一遍聖絵』

に深く感謝した頼朝は、神領を寄進し、祭料を定めるなど、当社を篤く崇敬した。

そして、頼朝は伊豆権現・箱根権現の二所と三嶋社を「二所詣」の対象社に定めて参詣すると、三嶋社は鶴岡八幡宮・二所と並んで、鎌倉幕府の祭祀制の中枢に位置づけられ、頼朝以降の将軍たちも当社に参詣した(『吾妻鏡』)。

また、北条時政以来の執権・北条氏をはじめ、当社が多くの武家の信仰を集めていたことは、御成敗式目の「起請文」の中にその名がみえることからもうかがい知れる。

さらに、街道に面した三嶋社には、武士に限らず、京都から鎌倉へ下る数多くの旅人たちも参詣していた(『東関紀行』『十六夜日記』『とはずがたり』など)。

このように、武家を中心に広く崇敬を寄せられていた鎌倉時代の三嶋社の様子は、正安元年(一二九九)成立の国宝『一遍聖絵』巻第六「伊豆国三嶋社参詣」(神奈川・清浄光寺蔵)にみて取れる。弘安五年(一二八二)七月に、一遍が当社を参詣した様子を描いたとされる聖絵からは、一遍ほか僧侶をはじめ、武士や女性、旅人など、多くの参詣人で賑わう当時の社頭の様子がよくわかる。

さらに、聖絵に描かれた景観より、神池や神門、廻廊、舞殿、幣殿及び本殿など、当時の施設の様子がうかがえる。

その後、三嶋社は、室町時代の足利将軍家・鎌倉公方から近世の徳川将軍家まで、歴代の武家政権の保護を受け、深く崇敬された。なお、中世以降、当社の暦師・河合氏により発行された「三嶋暦」が東海・関東地方の一部で頒布され、仮名文字で印刷された暦として広く知られている。

やがて近代に至ると、明治四年（一八七一）五月、当社は東海道でも数少ない官幣大社に列せられた。

三嶋大明神と大山祇命　伊豆国・東国を中心に広く信仰されていた当社に対して、伊予国（現在の愛媛県）の大山祇神社も鎮座地・大三島にちなみ「三嶋大明神」と称されていたため、鎌倉後期以降、当社は、伊予国の三嶋大明神を遷したものとする伝承がみられるようになる（『東関紀行』『春のみやまち』）。

その後、鎌倉末期には、伊豆三嶋神社の祭神を大山祇神とする説を、卜部兼方が示している（『釈日本紀』）。

このような三嶋大明神と大山祇命・大山祇神社の関係を示す説話・伝承は、中世以降、三嶋大明神の由縁を記した物語が形成される上で、大きな影響を及ぼしたといえる（『三嶋大明神縁起』『神道集』「三嶋大明神事」ほか）。

なお、祭神については、中世以来の大山祇命説に対して、近世後期以降、事代主神を正説とする動きもみられたが、戦後になって大山祇命と事代主神の二柱を祭神とすることで、論争に決着が図られて現在に至る。

年中行事と特殊神事　中世以前の当社の神事は定かでないが、平安末期には、四月・八月・十一月に恒例の神事があったと推定される。また、元暦二年（一一八五）四月には、源頼朝が当社の「六月廿日臨時祭」「八月放生会」の祭料を寄付している（『吾妻鏡』）。この六月の臨時祭は、流鏑馬神事であるという。

近世になると、当社の祭礼は「年中七拾五度御祭礼」と称され、正月元日・同月十七日・四月中酉日・八月十六日・十一月中酉日の五度の大祭をはじめ、正月七日「御田植祭」、同月十七日「奉射祭」、節句など、多くの神事・祭礼が行われていた（『東海道名所図会』『三島宮御神事式』ほか）。

その後、明治初期に廃された古儀もあるが、戦後になってから復興された。なお、当社の祭礼の中でも、「予祝神事」として稲作行事を狂言風に演じる一月七日の「田祭」は、正確な起源は定かでないが重要な神事芸能であるため、静岡県無形民俗文化財の指定を受けている。

参考文献　『図録　三嶋大社宝物館』（一九九八）、『三嶋大社　略史』（二〇〇二）、原秀三郎『地域と王権の古代史学』（塙書房、二〇〇二）

（吉永博彰）

寒川神社（さむかわじんじゃ）

鎮座地　神奈川県高座郡寒川町宮山
祭　神　寒川比古命《さむかわひこのみこと》・寒川比女命《さむかわひめのみこと》
例祭日　九月二十日

「難波の小池」　正月二日午後八時、境内は一斉に燈りが消され、参詣者の足音が響く暗闇のなか、追儺祭《ついなさい》の神事が始まる。神職・祭員は日陰鬘《ひかげかずら》で作られた兜をかぶり、榊で作られた太刀・金木《かなてき》を持って、拝殿に置かれた追儺板を打ち鳴らし、邪気・災いを払う。このあと、太鼓の音にあわせて、「難波《なんば》の小池、難波の小池」と唱えながら本殿を三周する。神事が終ると、神前に供えられた弓矢は、災難除け・厄除け、幼児の夜泣き防止のお守りとして授与される。また、神事に先立ち、この「難波の小池」から汲み上げた神水を、「清前《きよさき》」と呼ぶ竹筒に入れ、神前に供え、この神水で神域を撒き清める。

この浄闇の秘祭のなかには、寒川信仰の根源が表現されている。皆で唱和する「難波の小池」は、本殿の後方、神《かん》(上)嶽山《たけやま》の麓にある湧水の池で、旱魃のとき池の泥を浚《さら》うと必ず雨が降るといわれ、祈雨に霊験があるとされてきた。

相模国一宮寒川神社境内図　乙図（寒川神社所蔵）

これは寒川信仰が湧水信仰から発生してきたことを伝えているものであり、湧水信仰は神社信仰発祥における主要な構成要素ともいえる。

相模国の名神・一宮　相模川左岸台地に鎮座する神社は社伝によると、神亀四年(七二七)創建など諸説あるが、確定した創祀年代を明らかにすることはできない。さらに遡って、相武《さがむ》国造(『先代旧事本紀』国造本紀)との関係を指摘する見解もある。平安時代に入り、官社制度が整備されるなか、同社は東国の相模国随一の名社とされた。

承和十三年(八四六)同社の「寒河神」は従五位下に神階が叙位され、国家崇敬の神社として認定された。国史上の初見である(『続日本後紀』)。以後、昇階はつづき、『延喜式』の式内社に選定され、霊験の高い神社の格とされる名神大社に列し、東国の大社として著名な存在となる。

同社発展の第二期は、平安後期の諸国一宮制と鎌倉幕府の成立による。諸国の国司と国衙在庁官人との共通した信仰的支柱として構成された一宮は、鎌倉幕府の祭祀制にも引き継がれた。特に源頼朝が鎌倉を幕府の本拠地に定めると、相模国一宮とされた同社は、鶴岡八幡宮・箱根権現とともに、鎌倉幕府祭祀の一翼を担うことになる。寿永元年(一一八二)八月、頼朝は妻政子の安産祈願のため、東国の神社に奉幣使を派遣したが、このなかに「相模一宮」の名がみえる(『吾妻鏡』)。中世後期の祭神は、時代の趨勢のなかで八幡大菩薩とされた(『大日本一宮記』)。近代に至り明治四年(一八七一)、新たな神社行政下において、古代における社格が再認識され、国幣中社に列せられた。

国府祭と浜降祭　一宮制と関連する神事、五月五日の国府祭《こうのまち》は、一宮寒川・二宮川勾・三宮比々多・四宮前鳥・平塚八幡の神輿が、総社六所神社に近い神揃山に集合する相模国総社の創立神事を再現するもので、国衙の総合祭典の形態をよく伝えている。また、七月海の日の早朝、同社をはじめ近在の神輿三十数基が茅ヶ崎海岸に入り、壮観な浜渡御の禊をする浜降祭《はまおりさい》がある。国府祭・浜降祭はともに、神奈川県無形民俗文化財に指定されている。

同社は近年、地相・家相・方位・厄年などの災難を取り除く八方除《はっぽうよけ》の信仰・祈願の参詣者が多く、神社付属の施設として社殿後方の神苑内に、方位関連の展示である方徳資料館が開設され特別祈禱者に開放されている。

参考文献　『寒川神社誌』(一九二二)、『寒川町史』九　別編神社(一九九四)、鎌田東二編『日本の聖地文化　寒川神社と相模国の古社』(創元社、二〇一二)

(岡田莊司)

氷川神社（ひかわじんじゃ）

鎮座地　さいたま市大宮区高鼻町
祭　神　須佐之男命《すさのおのみこと》・稲田姫命《いなだひめのみこと》・大己貴命《おおなむちのみこと》
例祭日　八月一日

参詣の道「氷川参道」　武蔵国一宮である当社の鎮座地、大宮は門前町として繁栄した。その地名は、「おおいなる宮居」に由来する。江戸時代以来、中山道の宿場町としても栄え、長い間人々に親しまれてきた。

旧中山道を行くと、朱塗の鳥居が目に入ってくる。同社の一の鳥居である。ここから境内まで南北約二キロにわたる「氷川参道」が伸びている。鳥居の傍らには「武蔵国一宮」と書かれた社号標が立っている。一の鳥居をくぐると、立派なケヤキ並木が延々とつづく。参道のほぼ中間にあたる、旧国道一六号線と交差する場所に、二の鳥居が立つ。この鳥居は高さ一三メートル、木造鳥居としては関東一の高さを誇る。

江戸時代初期までは、一の鳥居から途中までの参道は、中山道と重なっていた。ところが、神域を通過することは不敬になるうえ、不便であるという理由から、大宮の人びとは関東郡代に街道移設を申請した。その結果、街道が参道西側に移り、参道の風致が保たれたのである。

三の鳥居をくぐれば、ようやく境内である。玉砂利が一面に敷かれ、参詣者が踏みしめる音がさわやかに響く。

武蔵国造の斎き奉る神　社伝によれば、武蔵国造が創祀し、第五代孝昭天皇三年四月の創立とされる。勅願により出雲国氷《ひ》の川（簸《ひ》の川）上に鎮座する杵築《きづき》大社をうつし祀ったことで「氷川神社」の神号を賜わった（『新編武蔵国風土記稿』）という。社名は、「ヒ」が氷の古語であり、「カワ」が泉を表現したものであるともいわれている。また、景行天皇御代に出雲の人々が須佐之男命を奉じてこの地域に移住した（『先代旧事本紀』国造本紀）のがはじまりともいう。日本武尊が東征の折には祈願し、成務天皇御代に兄多毛比命《えたもひのみこと》が国造となって当社を崇敬した。当地方の開拓・発展は、出雲の人びとが入植したことによってなされ、それと同じくして氷川の神が奉斎されたのである。

さて、武蔵国造に焦点をあててみよう。安閑天皇元年（五三四）に、足立・埼玉郡地方を根拠とした武蔵国造笠原使主《かさはらのおみ》は、同族の小杵《おき》との間で相続争いとなり、これを破って朝廷に多摩地方の四つの屯倉《みやけ》を献上した（『日本書紀』）。また、大化改新後もこの一族が武蔵国造の地位にあり、足立郡司などを代々継承した。藤原仲麻呂の乱の功績で武蔵宿禰の姓を賜わり、武蔵国造に任じられた丈部不破麻呂はその一族とされる。武蔵国造の後裔は当社の社家として存続して、岩井・内倉(のち断絶、角井家が継承して西角井家を称す)・角井《つのい》(東角井家)の三家があり、三神主と称した。

氷川の名がつく神社は東京都・埼玉県を中心に関東一円に約二三〇社分布しており、特に隅田川・荒川の流域に集中して鎮座している。この分布範囲からは、河川交通を通して、当社を中心とした、武蔵国造の祭祀圏が構成されていたのではないかとも考えられている。

祭神の須佐之男命・稲田姫命・大己貴命の三柱は、夫婦神と御子神である。平安時代中期の『延喜式』神名帳には祭神一座とある。祭神について諸説あったが、天保四年(一八三三)に神主角井惟臣《ただとみ》が『氷川大宮縁起』を著わし、そのころに現在の祭神となった。

もともと、当社は見沼に隣接していたとされる。見沼は「御沼」とも「神沼」とも書き、享保年間(一七一六〜三六)に埋め立てられるまでは大きな湖であった。そこは神が住む神聖な場所とされており、周辺からは祭祀遺跡が発掘されるなど、祭祀の対象となっていた。また、当社が鎮座する高鼻町付近は早い時期から開けていたようで、籾痕のある弥生式土器が発見され、水田耕作が行われていたことが確認されている。このように、当社は見沼の水源信仰を起源としたのである。

武蔵国の一宮として　氷川神社の初見は天平神護二年(七六六)に武蔵国氷川神に封戸三戸を与えた(『新抄格勅符抄』)という記事である。武蔵国鎮座の神社では、唯一封戸が寄せられている。神階についてみると、天安三年(八五九)に従五位上、ついで貞観五年(八六三)に正五位下、同七年従四位下、同十一年正四位下と順調に位を上り、元慶二年(八七八)正四位上に叙せられ、土御門天皇御代(一一九八〜一二一〇)に正一位の極位に上った。また、平安時代の『延喜式』神名帳では武蔵国唯一の名神大社に列して祈年祭、月次祭や新嘗祭の官幣に預かり、臨時奉幣があったとされる。

このように武蔵国で格別の扱いを受けていたが、当社を三宮とし、別に武蔵国一宮は現在の東京都多摩市一ノ宮に鎮座する小野神社とする説もある(『神道集』)。武蔵国一宮から六宮までの祭神を合祀している総社の大國魂神社(東京都府中市)では、一宮に小野大神、二宮に小河《おがわ》大神(東京都あきる野市二宮鎮座の二宮神社)、三宮に氷川大神が奉斎されている。これは国府に最も近い場所にある小野神社が一時、一宮としての扱いをうけたのであって、格式からいえば、当社が本来の一宮であった可能性は高い。

神社組織については、男体宮、女体宮、簸(火)王子宮の三社が並存し、各々岩井家、角井家、内倉家(往古「大宮」と称す)の三神主が奉斎した。中世末期には門客人社に金杉家(「氷川」と称す)が奉仕して四神主制であったが、延宝四年(一六七六)に京都吉田家の裁決によって三神主に戻され、明治期まで続いた。近世の当社は神仏習合であり、本地仏を聖観世音菩薩として時代による変遷はあるが、観音寺・大聖院・愛染《あいぜん》院・宝積院、常楽院が社僧として奉仕した。

宝永四年(一七〇七)の『武州一宮大明神年中行事古法』によると、年間に大祭礼が五度、小祭礼が一一度、その他の神事が八五度余りあった。大祭礼には橋上御幸之祭(六月十五日)をはじめ、重陽之祭(九月九日)、中之祭(九月十九日)、弟之祭(九月二十九日)、大湯祭(十二月十日)があった。そのうち、橋上御幸之祭は年中で一番の祭礼で、現在八月一日の例大祭、二日の神幸祭と称されている。

ところで、人々の当社への崇敬を物語るものとして参拝・代参を目的にした「氷川講」がある。一般に「太々神楽講」、あるいは「太々講」とも呼ばれた。宝暦年間(一七五一～六四)から盛んに行われた。当日、境内および各社家内

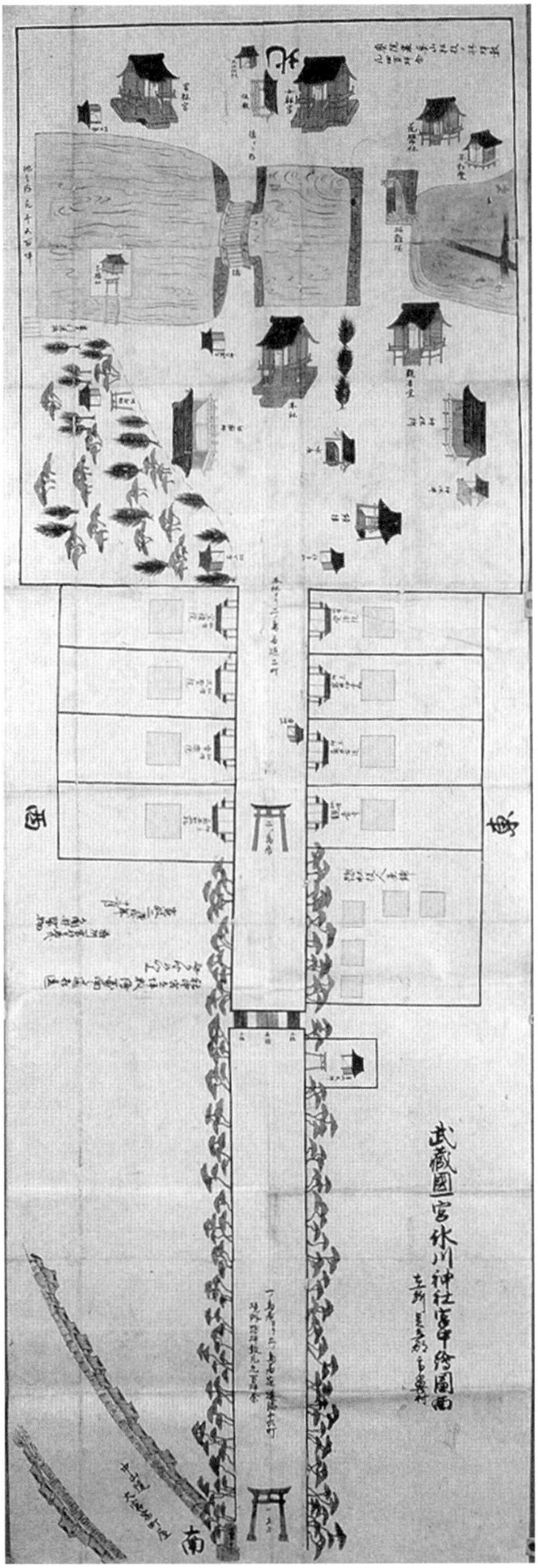

武蔵国一宮氷川神社宮中絵図面(西角井正文所蔵，埼玉県立文書館寄託 No. 11130)

神楽殿に神楽師（社人杉山家出身の神楽太夫）を招いて行われた。特に、毎年三月十五日の永代太々神楽祭には関東一円から講員が集い、夜を徹して神楽が舞われた。この講は、主に五穀豊穣、商売繁盛などを祈願内容としたが、雨乞いや照乞いなども祈られていた。

明治維新と勅祭社　「祭政一致」を掲げた明治政府は、慶応四年（明治元年、一八六八）三月に神仏分離令を公布した。氷川神社では別当寺の観音寺が抵抗したが、明治元年十月頃までに別当寺の廃止や仏具類の撤去などが行われた。同月十七日には政府から当社を武蔵国の鎮守社、勅祭社とする勅書が出され、同時に組織改編も行われた。従来三神主の年番制であったが、岩井家が神主、東角井家、西角井家が禰宜に任じられた。また、本社には、岩井家が重代奉仕してきた須佐之男命を祀る男体宮を当て、他の女体宮・簸王子宮などすべて摂社・末社と定めた。

さて、このような社内の整備を経たうえで、明治元年十月二十八日に明治天皇が行幸された。これ以降、同二年四月十四日には官幣使参向があり、六月十五日には大祭に勅使参向があるなど、名実ともに勅祭社となっていく。翌三年になると、大祭に勅使として参議副島種臣が参向し、同四年五月に官幣大社に列せられる。なお、明治天皇の当社への行幸はその後数回行われた。また、元日の四方拝の対象として宮中祭祀においても重視された。

明治初年以降、お日待ちや節句行事が廃止され、祭祀の簡略化など大きな変化が起きた。さらに、それまで盛んに行われていた太々神楽は衰微して社家や社人の生活に大きな影響を与えた。

現在、当社では四季折々に祭儀が行われ、この地域を華やかににぎわせている。特に、八月一日の例大祭は神輿や山車《だし》、引き太鼓などが数多く周辺町内をめぐり、にぎやかな祭りを演出する。一方、境内楼門内では、勅使が参向して祭典が厳粛に執り行われる。勅使が御祭文を奏上した後、宮内庁楽師により東遊《あずまあそび》が奏奏され、雅に祭りを飾る。時代による大きな変化はあったが、当社をめぐる人々の信仰は古代から連綿と継承され、武蔵の大宮にふさわしく今日なお多くの参拝者でにぎわっている。

参考文献　『大宮市史』第一巻　考古編（一九七一）・第二巻　古代・中世編（一九七五）、西角井正文『武蔵国と氷川神社』（岩田書院、一九九七）

（後藤正明）

日吉大社(ひよしたいしゃ)

鎮座地　滋賀県大津市坂本
祭　神　(東本宮)大山咋神《おおやまくいのかみ》
　　　　(西本宮)大貴己命《おおなむちのみこと》
例祭日　四月十四日

神山から神仏の山へ

当神社は『古事記』に「大山咋神、亦の名は山末之大主神、この神は近淡海国の日枝山に坐す」としるすように、ほんらい比叡山《ひえいざん》に坐す山の神であった。また境内に散在する日吉大社古墳群は後期古墳で、比叡山麓は早くから相当ひらけていたことを物語る。ヒエの神はこれら古代氏族と関連があるとみられ、古墳の集中はそのことをしめしている。ついで大津京遷都によって、社伝によれば天智天皇七年(六六八)に、都の守護神として大和の三輪明神が新たに西本宮にまつられ、これら二つの本宮を中心に日吉社は出発する。『古事記』編纂の四〇年あと麻田連陽春《やす》の『懐風藻』は「近江はこれ帝里、稗叡《ひえ》はまことに神山。山静けくして俗塵寂《しづ》み」と詠み「宝殿空に臨みて構へ、梵鐘風に入りて伝ふ」としるす。ヒエの神山に梵鐘が響き仏堂が建ち、仏教が及んできたことを物語る。そしてヒエの山麓に最澄が誕生し、仏教を学んでヒエに入山し、一乗止観院(のちの根本中堂)を創建する。そのち渡唐、帰国後めざましい活動を展開するが、最澄の没後、桓武天皇より延暦寺の寺号を賜る。そのあと延暦寺は日吉社を地主神、護法神として次第に神仏関係を深めてゆき、これを背景に比叡山の東側山麓にそびえる八王子山の山上山下に中世を通じて山王七社、さらには二十一社、ついには中世を通じ百八社がまつられるにいたった。

具体的関係は円珍からで、承和三年(八三六)松尾・比叡両明神の社頭に於いて法華仏名等の大乗経を講じ、天皇不予で参内し祈禱したところ平癒したため、この功により比叡神に年分度者を願った(『日本三代実録』)。翌年には回峯行の祖とされる相応和尚が日吉社に宝殿を造立し、大比叡社前に塔婆一基を建立し法華経をおさめている。さらに翌年の仁和四年(八八八)の『円珍制戒文』に「大小　比叡山王三聖出世本懐」と明記され、大宮・二宮・聖真子の山王三社の成立がたしかめられ発展の跡がたどれる。そして本地垂迹説が導入され、大己貴神(大宮)は釈迦如来、大山咋神(二宮)は薬師如来、田心姫神《たごりひめのみこと》(もしくは天忍穂耳命《あめのおしほみみのみこと》・聖真子)は阿弥陀如来という本地関係が成立したとみられる。ここに「峯の三仏、麓の三聖」といわれる比叡と日吉、山上山

（國學院大學神道資料館所蔵）

下の一体的関係が確立する。しかしながら『延喜式』神名帳に「名神大」と大社に位置づけられ「日吉神社一座比叡神同」と根本神の一座だけを示している。

ヒエの神が天台宗の守護神として、名実ともに山王神へと変貌をとげてきた。比叡山延暦寺の存在をぬきにして日吉社および山王信仰は語れず、天台教団の全国拡大に乗って発展をみせたのである。最澄に始まる神と仏の基本的関係はその先駆をなすものであり、日本宗教史をリードするものであった。近代前夜、慶応四年の神仏分離まで、その神仏関係は一〇〇〇年近く継続した。

はぐくまれた神仏習合　日吉大社には神域の全体を鳥瞰する『日吉山王宮曼荼羅図』（日吉大社蔵）を伝え、上部に八王子山を背景としほぼ山頂に磐座《いわくら》とされる金大巌、その左右に懸崖造の牛尾宮、三宮の両社が並ぶ。さらにそれぞれの下に仏事を行うための彼岸所が付属した。彼岸所は夏安居や神前法楽を行うための施設で、山王七社にはすべて付属していた。山腹を左にすすむと最澄が比叡山入山に際して拝んだ日吉神宮寺、惣社が霞の間にみえる。近年、九世紀にさかのぼる日吉神宮寺の遺構が発掘されている。東の麓に大山咋神をまつる東本宮、樹下宮、取り囲む瑞垣と廻廊、楼門、たくさんの末社群。西の麓には大巳貴命を祀る

山王祭礼図屏風

西本宮、廻廊をめぐらし舞殿、楼門を配する。その左に七重塔、石塔が立つ。中央には宇佐宮、客人（白山）宮。その下には多宝塔が立つが、将門の乱平定の祈願のため天慶五年（九四二）明達律師が造立との伝承をもつ。山王鳥居、大宮川のせせらぎ、樹海のなかに立ち並ぶこれらの社殿群、堂塔に神仏調和の中世的景観をたしかめることができる。

なお延暦寺との神仏関係で特筆されるのは、神威を借りて政争に用いられた山王神輿である。南都の「山階道理」とよばれた春日のご神木とともに勇名をはせた。白河法皇をして「賀茂川ノ水、双六ノ賽、山法師、コレソ朕カ心ニ従ハヌ者」（『源平盛衰記』）と嘆かわしめたことは、あまりにも有名である。天下三不如意の一つに挙げられたが、山法師は山王神輿の神威を借りたので、まことにやっかいな存在だった。こうした山王神輿の強訴の初見は嘉保二年（一〇九五）十月のことで、美濃国の寺領をめぐる紛争によるものであった。この時は神輿を根本中堂に振り上げて呪詛を行なった。さらに入洛したのは保安四年（一一二三）の七社神輿の都入りであった。また『源平盛衰記』の描く治承元年（一一七七）の加賀の国司師高兄弟の白山末寺焼却に端を発した白山中宮と山王神輿による御所入りの神輿振り事件である。これを発端として、ほんらいの神霊移座の祭具である神輿が、政争の具としてしばしば登場することとなる。

こうした延暦寺の力を背景に、八幡、白山、気比など様様な地方の有力神が勧請され中世を通じて一〇八社を数えるに至る。山上だけでなく山麓のこれら諸神は天台回峯行においで今でもすべてが巡拝されている。

一方、こうした日吉社内の状況とは別に、対外的には全国に分霊社が拡大した。戦前の調査では三八〇〇社にのぼるという。これには良源（九一二〜八六）の時代以降にすすんだ延暦寺の権門化が背景にあり、実体として寺社領の寄進が相つぎ全国的な延暦寺領、日吉社領の拡大があった。こうした所領寄進によって延暦寺の経済は豊かとなり僧兵集団をも擁して権門体制を確立していった。こうした分霊社の拡大は、延暦寺・日吉社の両社寺領の拡大に伴うもので、かならず日吉・山王社が鎮守社として祀られたためであった。

山王祭　日吉社における年間祭祀の中で平安時代にさかのぼる神事は不明である。

わずかに長元五年（一〇三二）の『慈恵大僧正伝』に、良源が地主三聖の祭りのため唐崎神殿や雑舎、そして宝輿を造進しているので一帯の祭祀施設とともに平安中期におけ る山王祭の唐崎神幸をものがたる。これはまた、神木（ヒモロギ）をもちいた榊神事から神輿神事への発端をしめすものかもしれない。いずれにしろ祭祀学上、東西本宮の鎮座時にさかのぼる当初儀礼とみなされるものが山王祭にみとめられる。年間を通じ圧倒的なウェイトを占めるのは山王祭である。

まず年間祭祀を概観する場合、文献上さかのぼれる最古のものは鎌倉時代の『耀天記《ようてんき》』である。わずかな記述であり、同記は祭儀の書では無いが中世祭祀をうかがう数少ない文献である。

『耀天記』がしるす日吉社の中世祭祀の大要は、「八ヶ度神事」と称する本殿の御扉を開く年間八度の重要祭祀である。

列挙すると①正月朔日（現在の歳旦祭）、②二月三日（不明）、③三月三日（節句）、④四月中申日、山王祭、⑤五月五日（端午の節句）、⑥八月八日、⑦九月九日（重陽）、⑧霜月中申日（御火焼か）があげられる。これらの神事には支えるそれぞれ御供料所があって、『日吉社社領注進記』（元応元年〈一三一九〉）によれば近江国内六、摂津国など三、計九ヵ所が充てられていた。これら八ヶ度神事はほぼ近世まで継承されている。いずれにしても八ヶ度神事のなかで山王祭は最大の祭であり日吉社の根幹をなす重要神事であった。

山王祭は現行祭祀でいえば全部で二十余りの神事で構成され、しかも三月初旬のお輿上げから、四月十五日の酉の神事まで約一ヵ月半を要する。

山王祭は大和の三輪明神が大比叡神として山麓に御鎮座する過程を再現する西本宮系祭祀と、山の神である小比叡神が山麓に下る姿を再現する東本宮系祭祀の、これら二系統の祭祀を複合しておこなう祭である。そしてその祭儀は、神輿やヒモロギを使い、約一ヵ月半にわたり場所を変え、同時並行であったり、複雑な様相を展開する。

ヒモロギをつかう四月三日の大榊神事は、西本宮より大津市の天孫神社まで神幸するもので、榊を伐り出したのち出御から還御まで一貫して用いる。「大津の旅宮」(『日吉社祝詞伝書』)とあるように、古式をとどめる御旅所神事である。そして延文年中(一三五六～六一)榊神事から神輿神事に代わり、さらに唐崎神幸が陸の行事から琵琶湖上の渡御に代わった変更点はあるものの、御鎮座過程の再現(儀礼化)など古い姿をとどめている。

『耀天記』によれば、大比叡神の故地は大和国三輪で、天智天皇が大津宮に即位した年に大津与多崎に現われ、舟人田中恒世から湖上で粟津御供を献じたところ嘉納し、子孫々まで伝えることを盟約し、以後　末裔が御供をそなえることとなる。ここで神は宇志丸と出会い大乗流布の地をたずねると、湖上に時おり五色の波が立つことを伝え、祝部として子々孫々まで氏人として仕えるよう命じられる。その五色の波をたどると大宮川をのぼり現社地に至り、桂の御杖が生いついたので宝殿を造立する。

神がこの地に至る当初儀礼の再現として、山王祭の現行祭儀と重ねながらのべる。卯月申の日(四月十四日)、大宮(西本宮)で天台座主の参向のもと、例祭が行われる。内陣神饌を献供、祝詞奏上、桂の奉幣、天台座主以下による五色奉幣、神前読経が奉修される。桂は大宮の地に立てられ芽吹いたため神木とされ、日吉神のシンボルとされる。このあと桂は祭員・座主・参列者・そして駕輿丁に至るまで挿頭《かざし》として身に着けるならわしである。午後、拝殿に安置されていた七基神輿は唐崎に向かい、かって田中恒世が神に献じた粟津御供を供御人《くごにん》たちが湖上で供える。この光景は山王祭の最も華やかな場面として好んで描かれた『日吉山王祭礼図屏風』(國學院大學蔵)や図巻が各所に伝わる。たとえば國學院大學本を見ると、唐崎松と社の前の湖上に七基の神輿を乗せた御座船、そして左に粟津の御供舟を描く。大比叡神がはじめて湖上出現の折に田中恒世と交わした粟津御供を献上する盟約を神事として再現するものとなっている。

東本宮系祭祀では午の日（現行は四月十二日）に午の神事が行われ、八王子山上の奥宮から二座の神々を神輿にのせて山麓の東本宮拝殿まで担ぎおろす。三月初旬、あらかじめ急峻な山道を担ぎあげ、駕輿丁たちによってタイマツを振りかざしながら勇壮に山上の神々が下るのである。『耀天記』の、延暦十九年という年代はともかくとして「榊の神事なり」とするす。駕輿丁の人員調達の問題からみても延暦寺の力を背景に平安中期ごろ神輿を造進し実現したものである。

こうした日吉社の中世祭祀は、元亀二年（一五七一）の信長による比叡山焼き討ちとともに日吉社も全焼し、一旦は祭祀も断絶する。しかし禰宜生源寺行丸や延暦寺による復興活動によって、天正十四年（一五八六）から慶長四年（一五九九）までに山王七社が、ついで山王二十一社がつぎつぎと再建された。こうした中で八ヶ度神事を中心に近世祭祀はほぼ継承された。その主なものは、元旦と三月三日に七社へ餅献備、三月十三日に本礼拝講、同二十五日に新礼拝講、これは延暦寺一山僧侶による問答講である。ほか五月五日・七月七日・八月一日・九月九日はいずれも八ヶ度神事である。

さて近代に入り、八ヶ度神事は山王祭を除いてほぼ全面的に撤廃されている。いま行われている主なものを列挙すると元旦　大戸開神事、二月三日の節分祭、四月は山王祭諸儀、五月二十六日の山王礼拝講、七月二十八・二十九日の唐崎神社みたらし祭などである。

全国に先駆けて決行された慶応四年（一八六八）神仏分離は日吉社が発端となり、社内から仏像、経典、仏具を撤去し、宮仕（半僧半俗）の退去、そして二度の山王礼拝講、山王祭の天台座主五色の奉幣、常態化していた神前読経など仏事を廃止した。いちじるしい祭祀の改革が断行されたのである。

参考文献　嵯峨井建『日吉大社と山王権現』（人文書院、一九九二）

（嵯峨井　建）

貫前神社（ぬきさきじんじゃ）

鎮座地　群馬県富岡市一ノ宮
祭神　経津主神《ふつぬしのかみ》・比売大神《ひめおおかみ》
例祭日　三月十五日

景観と創祀　現在の正式名称は「一之宮貫前神社」という。鎮座地は、群馬県（旧上野国）西部に位置する富岡市で、同市内を流れる鏑川の左岸に面する丘陵上の、北側斜面の中腹を平らかに切り開いて鎮座する。古くは、この丘陵を蓬《よもぎ》ヶ《が》丘《おか》、北側斜面の渓間を綾女谷《あやめがたに》と称した。こうした鎮座地の地形により、丘陵上に位置する大鳥居・総門よりも、楼門・拝殿・本殿といった社殿が低い位置となることから、参道も、総門から階段を下りて向かう「下り参道」の形態となっており、神社の景観としては、全国的に見ても非常に珍しい。その理由として、群馬県は雷が多い気候であることから、これを避けるためであったともいわれているが、群馬県内でもこうした境内の形態は珍しく、詳細は不明である。

このような景観を持つ当社の創祀は古く、社伝によれば、安閑天皇元年三月十五日のことであるとされる。一方で、

貫前神社本殿（貫前神社提供）

近世後期の文政五年（一八二二）正月「上野国一宮記録」には、抜鉾大明神を天武天皇白鳳七年（六七八）に尊崇したとみえ、旧社家・尾崎家蔵「御神譜」では、安閑天皇元年二月の御出現により「小倉季氏朝臣」が「磯部」姓を賜って祭礼を始め、のちの天武天皇白鳳元年に蓬ヶ丘菖浦谷へ遷座とも記されている。安閑天皇元年に創祀され、天武朝に遷座したとする説の伝えられていたことがわかる。

なお、当社の旧大宮司家、一宮（小幡）氏は、物部姓を称している。物部姓「磯部朝臣小倉季氏」などが上毛野国に下向、抜鉾大神「建経津主命」を当社の近隣に鎮座する咲前神社（通称鷺宮・群馬県安中市鷺宮）に祀る。その後の白鳳元年、抜鉾大神を神楽郡（甘楽郡）蓬丘菖蒲谷に遷座したとする伝承もある。このような伝承から、貫前神社の創祀と物部氏との関連も指摘されている。

「貫前神」と「抜鉾神」　現在の社号である「貫前神」についての記録としては、平安中期の延長五年（九二七）成立『延喜式』神名帳に、「名神大」と登載されている。その後、貞観元年（八五九）従四位下勲八等とされ、以降、元慶四年（八八〇）五月に従三位勲七等（以上『日本三代実録』）、延喜十六年（九一六）正月に従二位・名神大社とされた（『扶桑略記』）。

この「貫前神」に対して、『新抄格勅符抄』大同元年（八〇六）牒より「上野抜鉾神」が神封二戸を与えられている。一方で、「抜鉾神」は承和六年（八三九）六月に従五位下とされ（『続日本後紀』）、長元三年（一〇三〇）頃の成立とされる『上野国交替実録帳』には「正一位勲十二等抜鋒大明神社」とみえる。また中世以降も『神道集』「上野国一ノ宮事」に「抜鉾大明神」、貫前神社蔵『上野国神名帳』の鎮守十二社の筆頭に「正一位抜鉾大神」の記載がある。

これら「貫前神」と「抜鉾神」の表記の違いについて、『和名類聚抄』には「貫前」「抜鉾」各々の郷名がみえ、ここから両神は鎮座地が異なっていたことが推定される。よって、「貫前神」と「抜鉾神」とは、当初「二神二社（二つの神で二つの社）」の関係であったが、のちに二神一社の形で扱われるようになったとの説がある（尾崎喜左雄《おざききさお》ほか）。この説に対し、高い神階に叙された神が同時期の上野国内に複数いたとは考えられない点、さらに、『延喜式』臨時祭の名神祭の一つ「貫前神社」には、「或作抜鋒」とあり、二つの神を同一の神とする注記が存在するため、「貫前神」と「抜鉾神」を、一つの神と考えるべきとする説もある。

このように、古代の当社の祭神・社名をめぐる学説は諸説あるが、『上野国神名帳』にみえる鎮守十二社は、『延喜式』神名帳に記載された上野国十二社のことであるとされており、この点より、「貫前神」と「抜鉾神」は、中世以降、同一の神として扱われていたことが読み取れる。「貫前神」と「抜鉾神」の表記は時代の経過とともに混用されてきたが、両神は一つの神として、一神一社の形式に定まっていったといえる。

なお、貫前神社は上野国で唯一の朝廷の大神宝使の発遣対象社とされ（『左経記』寛仁元年〈一〇一七〉十月二日条）。さらに、現在の社名や関係史料名からもわかるとおり、中世以降は上野国一宮とされており、上野国内を中心に、広く信仰されていた。

近世には「抜鉾神」の表記が社家の記録を中心に数多くみられたが、明治四年（一八七一）五月十四日、国幣中社に列せられるに当たり、社号は「貫前神社」と定められた。その後、昭和二十年（一九四五）の終戦に伴い社格制度が廃されると、昭和二十七年十一月、正式名称は「一之宮貫前神社」に改称され、現在に至っている。

年中行事と特殊神事　現在、貫前神社には、年間七一度の祭典がある。この内、例大祭は三月十五日に行われるが、これは、社伝にみえる当社の創建と勅使奉幣祭を記念したものである。

そのほか、主な祭祀・神事に、三月十四日（春）と十二月十二日（冬）の二度行われる「御戸開祭《みとびらきさい》」や、正月元旦の「元日祭」、一月十五日の「筒粥神事《つつがゆしんじ》」、四月十五日の「流鏑馬《やぶさめ》神事《しんじ》」、十二月八日の「鹿卜神事《しかうらしんじ》」などがある。これらの神事は、古く延宝八年（一六八〇）の「神事記」にも記され、節句とともに当社の年中行事として重んじられており、近代以降、特殊神事とされている。

数ある祭典の中でも特徴的なものは、御戸開祭および鹿卜神事である。御戸開祭は、その名のとおり、本殿の御扉が開かれる神事である。春季の御戸開祭は例大祭の前日に行われることから、古来厳重を極め、「注連釣行事《しめつりぎょうじ》」や「御神酒醸神事《みきつくりしんじ》」といった神事を経た上で執行される。一方、

鹿卜神事の八角炉（貫前神社提供）

冬季の御戸開祭も、御神酒醸神事のほか、さらに「御機織《みはたおり》神事《しんじ》」が行われている。

また、御戸開祭に先立ち行われる鹿卜神事では、祭場に鋪設した、注連縄を張った八角の専用炉で焼いた錐を以て鹿の肩胛骨を貫く。その様子から火難を占う神事とされ、当神事が行われる際には、『上野国神名帳』を読み上げて、上野国内の諸神が勧請されている。近世までは二季の御戸開祭に先立ち行われていたが、現在は、冬季のみが執行されている。なお当社では、申年の十二月十二日の「仮殿遷座祭」に始まり、翌酉年の三月十三日の「本殿遷座祭」に至るまで、十二年に一度、式年遷宮祭が行われている。

社殿の構造と特徴　現在の貫前神社の本殿、拝殿、楼門、東西廻廊などの主要建築物は、寛永十二年(一六三五)、将軍徳川家光により造営され、元禄十二年(一六九九)、将軍綱吉によって修理されたものである。

本殿は、一重二階の入母屋造、妻入で、二階部分に内々陣として神座がある。その屋根正面の妻の部分、破風下の嵌板に、絵師、梶川政利の筆とされる雷神が描かれた「雷神小窓」と呼ばれる小窓のあるのが特徴の一つである。本殿・拝殿・楼門は朱塗で、特に、本殿・拝殿の長押より上には数多くの彫刻が施され、極彩色である。これら本殿・拝殿・楼門はともに、国の重要文化財に指定されている。

このほか、境内には二季の「御戸開祭」及び「流鏑馬神事」でしか開かれないため、「不明門《あかずのもん》」と称される門もある。

なお、近世までは、当社の別当であった光明院をはじめ、三重塔や鐘楼、護摩堂、経蔵や経塚、本地堂である弥勒堂や仁王門が存在したとされるが、火災による焼失や明治維新に伴う変革などで現存しない。

参考文献　『一之宮貫前神社　社誌』(一九六五)、尾崎喜左雄『上野国の信仰と文化』(一九七〇)、群馬県教育委員会編『一之宮貫前神社調査報告書』(一九七八)

(吉永博彰)

二荒山神社（ふたらさんじんじゃ）

鎮座地　栃木県日光市山内
祭　神　二荒山大神《ふたあらやまおおかみ》（大己貴命《おおなむちのみこと》・田心姫命《たごりひめのみこと》・味耜高彦根命《あじすきたかひこねのみこと》）
例祭日　四月十七日

二荒山神社（ふたあらやまじんじゃ）

鎮座地　宇都宮市馬場通り
祭　神　豊城入彦命《とよきいりひこのみこと》
例祭日　十月二十一日

下野国の名神大社と一宮　二荒山神社は、下野国では唯一の名神大社であり、一宮でもあった。古代・中世には、承和三年（八三六）に従五位上勲四等から正五位下に神階が上がり、貞観十一年（八六九）までには正二位と進んでいる。貞観二年には、はじめて神主が置かれ、神祇官に「上馬二疋」を貢進していた。後一条天皇の即位の際には大神宝使が発遣され、御体御トに伴い奉幣使を発遣すべき神社の一つでもあった。

下野国の名神大社と一宮である二荒山神社だが、日光と宇都宮に同名の神社が所在する。『延喜式』神名帳の「二荒神」とはどちらの神社を指すのかという、いわゆる式内社相論は、明治時代以降続いており、諸説あっていまだ決定的な説は出されていない。

日　光　新年が明けた一月四日、いまだ厳しい寒さの中、中宮祠境内の中禅寺湖畔の斎場では、群馬県赤城山に向けて鏑矢と雁叉の矢が放たれる。白衣を諸肌脱ぎにした宮司以下神職たちが大声で勝鬨をあげながら行うこの行事は、「武射祭《むしゃさい》」または「蟇目式神事《ひきめしきしんじ》」と呼ばれ、『日光山縁起』に由来するといわれている。縁起では、二荒神と上野国の赤城神は、中禅寺湖水の境界をめぐり、たびたび戦を繰り返していたが、二荒神は子孫にあたる小野猿丸に助力を請う。天下無双の弓の名人である猿丸の放った矢は、百足に化身した赤城神の左眼に深々と突き刺さり、百足は退却していくという筋書きになっている。

縁起には、主人公の有宇《ありう》中将が二荒山の川を渡る際に、山菅を橋とする場面が出てくるが、これは、奈良時代に勝道《しょうどう》が「霊峰二荒山（＝男体山）」の登攀を志し、神護景雲元年（七六七）に「山菅の蛇橋（現在の神橋）」を渡って二荒山大神である三神を奉祀したとする伝承に対応する。

勝道は男体山の登攀を幾度も試みたが、天応二年（七八二）

にようやく山頂を極め、祠を祀った。これが奥宮の創祀とされ、さらに二年後の延暦三年(七八四)には、男体山中腹の湖岸にも祠を祀った。これが、武射祭が行われる中宮祠の創祀とされている。

男体山の山頂遺跡からは、奈良時代以来の銅鏡や祭祀土器類などが数多く出土しており、古くから神体山として崇拝されていたことが明らかになっている。男体山では毎年、登拝神事が行われ、五月五日の「開山式」に始まり、八月一日~七日には「男体山講社大祭」、九月二十一日には「仲秋登拝祭」が行われ、十月二十五日の「閉山式」をもって終わる。五月五日の開山式は、古くは端午禅頂《たんごぜんちょう》といい、中宮祠において祭儀が行われた後、登拝口の門を開いて山頂まで進み、奥宮においても祭儀が行われる。男体山講社大祭は、古くは男体禅頂ともいい、七月一日~七日に行われていた。江戸時代には、登拝する講員は行屋で精進潔斎をし、七日間湖水で水垢離《みずごり》を取り、一日の早朝に白衣姿で登拝した。仲秋登拝祭は、中宮祠「奥宮御神像奉還祭」→奥宮「奥宮御神像奉安祭」「奥宮仲秋登拝祭」「奥宮御神像奉還祭」→中宮祠「奥宮御神像奉安祭」の順で行われる。閉山式は現在では十月二十五日に行われるが、かつては旧暦の九月九日に行われていたため、重陽禅頂《ちょうようぜんちょう》とも呼ばれた。五月から始まる登拝神事はこの閉山式をもって終わり、中宮祠の登拝門は翌年の五月まで閉じられる。

例祭日は、現在では四月十七日だが、古くは三月に斎行されていたため、「弥生祭」とも呼ばれる。神護景雲元年に始まる例祭は「神宮会」と称され、六月一日に斎行されていたが、弘仁十二年(八二一)に三月に変更され、弥生祭、または三月会といわれるようになったのである。例祭では、本社・滝尾・本宮三社の神輿が出る。本宮とは勝道が奉祀したとされる社であり、嘉祥三年(八五〇)に遷座されたが、旧社殿が本宮として存続した。そして、遷座された新宮が本社となり、建保三年(一二一五)に現在地に遷座した。弘仁十一年には、空海が奉斎したといわれる滝尾神社が創建され、新宮(=本社)・本宮・滝尾社を総称して「日光三社」と呼ばれるようになった。

宇都宮　慶長二年(一五九七)、二十二代続いた宇都宮氏が豊臣秀吉によって改易された。これにより、宇都宮氏が代々継承してきた宇都宮二荒山神社の社務職も、宇都宮氏から離れた。

かつて前九年・後三年の役の折、源頼義・義家父子が安倍氏追討のため二荒山神社に戦勝祈願をした際、同行した石山寺座主の宗円が調伏祈願を行なった。勝利の後、宗円はその功により還俗し、下野国守護職とともに宇都宮社務検校となった。三代朝綱の時には、源頼朝によって宇都宮二荒山神社の社務職が安堵され、七代景綱の時代には「宇都宮弘安式条」が制定された。宇都宮弘安式条は「式条」とも呼ばれ、冒頭の記載には弘安六年(一二八三)に制定されたとある。日本最初の武家法である『御成敗式目』が制定されてからわずか五〇年後のことであり、鎌倉幕府の有力御家人であった宇都宮氏は、幕政にも詳しく、それが式条の成立に大きく影響したと考えられている。式条は七十ヵ条から成っており、これを分類すると、社寺に関する規定が二十四ヵ条で、全体の三分の一を超える。式条によれば、御家人として鎌倉に出仕して幕政に参加していても、神事にあたっては、鎌倉番役を中断して社に帰るべきことが定められており、宇都宮氏は、御家人であると同時に、宇都宮二荒山神社の社務を代々つかさどる家であり、社家的性格と武家的性格の両方を持っていたことを示している。また、鎌倉幕府にとっても、二荒山神社は朝敵の征討に神力を発揮する社であり、その神事を尊重する必要があったと考えられる。

式条によれば、二荒山神社の組織は、「検校―神官・神宮司供僧―宮仕輩―宮仕下部―雑人」となっていたと考えられる。検校や神官は領内支配でも中枢におり、御家人である宇都宮氏が、一族郎党をもって神官層を構成していた。

式条における神事と現在の神事とを対応させると、「二季御祭春冬」は一月の「春渡祭」と十二月の「冬渡祭」と考えられる。どちらも「オタリヤ」とよみ、神輿渡御が行われる。「九月会」は現在の例祭にあたり、「秋山祭」または「大湯祭《だいとうさい》」と称され、平将門討伐祈願の成就に由来するといわれる。延宝元年(一六七三)には付祭として「菊水祭」が始まり、最盛期には、六〇台を超える山車・屋台が鳳輦とともに宇都宮市内を渡御した賑やかな祭である。近世には、正月の初子または初午を祭日とする春渡祭、九月初子初午日の大湯祭(秋山祭)、十二月初子初午日の冬渡祭の三祭が大祭であった。

「三月会」は、現在の四月十一日に行われる「花会祭《はなのえさい》」にあたるとされ、桜花の枝が伝供される。祝詞には疫病除けの文言が書かれており、鎮花祭に由来するともいわれる。「五月会《さつきえ》」は「田舞祭《たまいさい》」にあたるとされる。代々農家によって世襲されてきた民俗芸能で、その由来は、前九年・後三年の役の戦勝祈願成就の感謝として、田楽舞を奉納したのがはじまりとされる。

『日光山縁起』　『日光山縁起』は、日光と宇都宮の両二荒山神社の縁起とされる。日光二荒山神社蔵のものは、上巻のみで下巻が欠けている。成立年代は不明。さらに巻首が欠けているため原題も不明である。昭和四十七年（一九七二）に修理された際に『日光山縁起』と題名が付けられた。また、新潟県東蒲原郡鹿瀬町実川に鎮座していた二荒山神社旧蔵は「実川本」、愛媛県大洲市鎮座の宇都宮神社蔵は「大洲本」と呼ばれ、これらは上下巻がそろっている。「実川本」の奥書によれば、至徳元年（一三八四）貞禅の撰とあり、慶長十九年に書写されたものとある。

縁起の内容は、聖武天皇の御代に有宇中将が勘気をこうむり都から離れるという貴種流離譚である。縁起では有宇中将が日光権現、その御子が太郎大明神として、下野国・朝廷・幕府を守護し、それぞれから崇敬を受けたと記される。太郎大明神は、下野国河内郡の小寺山上に遷って若補陀洛大明神と号したとあるから、宇都宮二荒山神社の祭神である。この内容から察せられるように、明治以降、日光・宇都宮両社をめぐって式内社相論がおきたものの、すでに古くから両社の信仰はつながっていたのであり、どちらも欠くべからざる存在として「下野国　二荒山神社」の歴史を積み重ねてきたといえよう。

参考文献　『栃木県史』（一九七四–七五）、『宇都宮市史』（一九八〇–八二）、『日光市史』（一九八六）、『栃木県神社誌』（二〇〇六）

（小林宣彦）

『日光山縁起』（日光二荒山神社所蔵）

志波彦神社　鹽竈神社
（しわひこじんじゃ　しおがまじんじゃ）

鎮座地　宮城県塩竈市一森山
祭　神　(志波彦)志波彦大神《しわひこのおおかみ》
(鹽竈)塩土老翁神《しおつちおぢのかみ》・武甕槌神《たけみかづちのかみ》・経津主神《ふつぬしのかみ》
例祭日　(志波彦)三月二十九日
(鹽竈)七月十日

神社周辺の立地環境　仙台平野の北端に位置し、仙台湾奥部の枝湾、松島湾の西部に接する塩竈は、天然の良港を擁する地である。現在、塩竈港は日本有数の一大漁業基地であり、当地は水産加工業が盛んである。古代においても塩竈の地は、多賀城にあった陸奥国府北方の外港、塩竈津のある場所として、政治上重要な位置を占めていたものと考えられる。

塩竈は歌枕としても有名で、古い例であると、『古今和歌集』に「陸奥はいづくはあれど塩竈のうらこぐ舟の綱手かなしも」など、数首詠みこまれた歌が載録されている。もっともこれらの中には、日本三景である松島近辺の地を「塩竈」と称したとみられるものもある。逆をいえば、それは、塩竈が今よりも広い範囲として、かつ景勝地として認識されていたことを示していよう。

志波彦神社・鹽竈神社は、今の塩竈港やJR本塩釜駅の西、かつての津の平地最奥部とみられる所に接し、松島湾を望む一森山の山上に鎮座する。神社名がならび称されていることからもわかるように、同社は主たる神社二社からなるが、もとは鹽竈神社の社地であり、両社は由緒を異にする。以下、それぞれの由緒について分けて説明する。

鹽竈神社の祭神と社殿　鹽竈神社は現在、三本殿二拝殿からなる独特の社殿構成を有し、主祭神は本殿にそれぞれ一柱祀られている。西面の本殿・別宮には塩土老翁神が祀られ、南面した本殿である左宮・右宮ではそれぞれ武甕槌神・経津主神、すなわち鹿島神宮(茨城県)・香取神宮(千葉県)の神を祀る。

塩土老命は、『日本書紀』『古事記』によれば、釣り針を失った彦火火出見尊《ひこほほでみのみこと》(山幸彦)を助け、無目籠《まなしかたま》で海宮に送り届ける神とされる。その名のとおり、古くから製塩の神としての神威を有していたものと考えられ、その点は後述する藻塩焼神事《もしおやきしんじ》にも関連する。

左宮・右宮に祀られている祭神は、天孫降臨の際の葦原《あしはらの》中国《なかつくに》の平定に大きな役割を果たした神であるが、朝廷が平安初期に陸奥国に進出した際にも、同国に御子神を祀るなどして、ともに国土平定に対する霊験が尊ばれていた。近世の社伝では、塩土老翁神の案内で陸奥国内の平定を鹿島・香取の神がなしたとする。他方では、中近世は「塩竈六所明神」とも呼ばれている。近世においてこの六所明神とは、猿田彦《さるたひこ》・事勝国勝《ことかつくにかつ》・塩土老翁・岐神《くなどのかみ》・興玉命《おきたまのみこと》・太田命《おおたのみこと》とされるが、同体異名の神で、別宮祭神であるものとされた。

左右両宮は鎌倉時代前期の段階で明確に存在し、それぞれに禰宜が奉仕していたものと考えられるが、現在の社殿は、江戸時代の仙台藩第四代藩主の伊達綱村により、信仰に関する事前の考証を経て造営着手がなされ、次代吉村の時、宝永元年（一七〇四）に完成したものである。

鹽竈神社の由緒　古代史料上は「塩竈神」と呼称される。式内社に明確には比定されてはいないものの、平安初期に定められた税に関する法令『弘仁式』主税・『延喜式』主税には、「祭塩竈神料」の出挙式数、つまり朝廷による年間の祭料が一万束とされている。神祇祭祀料を出挙する例としては、出羽国の月山・大物忌神（二〇〇〇束）や、淡路国の大和大国魂神（八〇〇〇束）の例もあるが、塩竈神の祭料はこれらとは桁違いに多い。また、平安中期以降、天皇即位時に一代一度行われていた大神宝奉献に際しては、陸奥国唯一の対象社となっていた。平安時代を通じて同社は、陸奥国の大社として朝廷に位置付けられていた。

平安末期には奥州藤原氏の影響下に置かれたものと見られるが、文治五年（一一八九）の源頼朝による奥州攻め後は、頼朝が神社の神領を保全したことが『吾妻鏡』に記されている。一方で幕府によって陸奥国留守職となった伊沢氏（留守氏）は、その影響下に同社を置き、神主としての地位を有していた。国司がすべき、毎月一日の朔幣行事《さくへいぎょうじ》を行なっていたという近世の記録もある。また、中世には、同社を陸奥国一宮とする記録が残る。

南北朝時代以降は、歴代の奥州管領など、室町幕府の同国における代表格の武将の関与もみられるが、戦国末期には、留守氏の後ろ盾で、当時同氏をみずからの一門とした伊達氏の崇敬を受けるようになる。

なお、社領については、先の『吾妻鏡』の記事から、中世初期には国司との関係が深い所領が存在したことがわかる。その他、具体的な実態が把握できる所領としては、神社の東部にあった竹城保《たかきのほ》がある。同保は鎌倉時代に万雑公事《まんぞうくじ》（賦課）の免除、さらに南北朝時代には所領の安堵が、それぞれ為政者によってなされている。

近世になると、仙台藩祖伊達政宗の慶長期造営をはじめ、三代藩主綱宗・綱村の寛文期造営、先述の綱村・吉村の代の宝永期造営の、仙台藩による三度の大規模造営が行われた。大神主と位置付けられていた代々の藩主は、みずからを陸奥国主と称し、国司の地位を継承するような立場で造営に携わった。また、綱村の時には京の神祇管領吉田兼連《よしだかねつら》（兼敬《かねゆき》）による『塩竈社縁起』が作られており、造営をこれに基づき行うなど、注力のあとがうかがえる。近世の管理体制は、法蓮寺を中心に整備されたが、同寺は明治維新の際に廃絶した。明治七年（一八七二）に国幣中社となり、現在は神社本庁被包括の別表神社である。

同社は、保存状況の良好な文化財が多い。宝物・文書や、船舶・漁業・塩業に関する品は、境内の鹽竈神社宝物館において展示公開されている。

志波彦神社の由緒　志波彦神社は『延喜式』神名帳によれば宮城郡の名神大社で、平安時代、貞観元年（八五九）には従四位下の神階を授け奉られた神社として名を残す。従四位下は当時の国内最高位であった。時を経て近世の段階では、西方の岩切の地、冠川（七北田川）の近くの牛頭天王社にまつられていた。国幣中社への列格は鹽竈神社より早く、明治四年のことであったが、これよりほどない明治七年に、鹽竈神社別宮に遷座した。この時点で新たな社殿を作る予定であったが、現在鹽竈神社の東方にある社殿の完成は昭和十三年（一九三八）のことである。なお、元の鎮座地である仙台八坂神社（仙台市宮城野区）では、境内社冠川神《かむりがわじん》社《じゃ》で志波彦神を祀っている。

志波彦神社　鹽竈神社の年中行事　鹽竈神社の中世以前の祭祀としては、先述した朔幣行事の存在を推測できる。この行事は国司による神事の典型とされる。

近世の年間祭礼の全体像は、享保十六年（一七三一）成立の『塩竈宮年中行事』で知ることができる。左右宮それぞれ独立した祭儀を行なっているのが特徴であるが、七月の流鏑馬の伴うものは、「一歳一度之大祭」とされ、別格となっている。これは、現在七月十日に行われている鹽竈神社の例祭へと展開する。

現代の年中行事のうち、際だった特色を示すのは七月の藻塩焼神事である。本社南麓の御釜神社でなされる神事は、古式の製塩を今に伝えているものとされ、神社東方、七ヶ浜の海上で藻を刈り、松島湾の海水を汲み、御釜神社の釜で作られる塩は、例祭において神前に供えられる。

また、氏子のたずさわる大規模な祭事が多いことも同神社の特徴である。三月の帆手祭・四月の花祭・七月のみなと祭は氏子三祭とよばれ、氏子が神輿を奉じて渡御する。

陸奥国松島之勝景（東北歴史博物館所蔵）

帆手祭・花祭は近世、みなと祭は昭和の戦後に始まったものだが、なかでも、志波彦・鹽竈両社の神輿が御座船に乗せられ、多くの随伴船をしたがえて海上渡御がなされるみなと祭は広く知られている。

『陸奥国松島之勝景』　鵜川常雲筆、江戸時代前期のもの。東北歴史博物館蔵。仙台藩主による鹽竈神社の二度目の造営（寛文期造営）によって作られた社殿は、前後の造営とは社殿配置が大きく異なり、一本殿一拝殿からなる、いわゆる権現造であった。図は、その特徴的で、存続期間が短かった社殿を描いた貴重なもの。なお、これに先立つ慶長期は左右両宮のみが並立していた。現存する宝永期の社殿も、左右両宮を並立させ、かつ別宮を新造したものとなったが、寛文期の本殿は別宮の拝殿となり、拝殿は左右両宮の拝殿として残されたと考えられている。

参考文献　『鹽竈神社史』（一九三〇）、大塚徳郎「鹽竈神社史」（『塩竈市史』別編Ⅰ、一九五九）、押木耿介『塩竈神社』改訂新版（学生社、二〇〇五）

（加瀬直弥）

出羽三山神社（でわさんじんじゃ）

鎮座地　（出羽〈三山〉）山形県鶴岡市羽黒町
（月山）山形県東田川郡庄内町
（湯殿山）山形県鶴岡市田麦俣
祭神　（出羽）伊氏波《いではの》神・稲倉魂《うかのみたま》命
（月山）月読《つくよみ》命
（湯殿山）大山祇《おおやまつみ》命・大己貴《おおなむち》命・少彦名《すくなひこな》命
例祭日　七月十五日（花祭、羽黒山三神合祭殿）

古代の神祇信仰　出羽三山神社とは、出羽神社・月山神社・湯殿山神社の三社を総称したものである。古代における出羽三山は、はじめ神祇信仰として登場する。史料上の初見は月山神で、『新抄格勅符抄』の大同元年（八〇六）の牒に、宝亀四年（七七三）十月に封二戸を授けられたとの官符がみえる。その後、貞観六年（八六四）から次第に位階・勲等を昇叙され、封戸が加増された。元慶四年（八八〇）には従二位勲四等、封四戸となっており（『日本三代実録』）、東北の神々の大半が五位どまりであるのに比して、鳥海山の大《おお》物忌《ものいみ》神とともに突出している。

さらに延長五年（九二七）撰進の『延喜式』によれば、月山神社は名神大社に列し、大物忌神と合わせて二〇〇〇束の神祭料を国府から支出されている。この待遇の篤さは古代律令国家における特別な位置づけを示しており、それは東北経営上の守護神としての性格によるところが大きい。また伊弖波（出羽）神社が名神小社に列しており、これが初出となっている。

以上のごとく、国史における出羽三山の草創は、月山神・出羽神に対する神祇信仰から始まったことがわかる。この山の神への信仰を母体として、後の修験道の世界が育まれていくのである。

羽黒修験の成立　応仁三年（一四六九）成立の『慈恵大師伝』に、貞元二年（九七七）春三月のこととして、羽黒山伏に関する記述がある。天台宗中興の祖として知られる慈恵大師こと良源が、机にもたれて休んでいると、法螺貝《ほらがい》を吹き、頭に頭巾《ときん》を戴き、手に摩尼珠《まにしゅ》を巻いた、「役小角の徒」を名乗る「臥行の者」が、大声で大師に面会を求めた。応対に出た童子が何度も断るが一向に帰ろうとしない。やむなく大師に取り次ぐと、それほどまで私に会いたいなら、明日、那智山に行くからそこに来るよう返答したという。この山伏と思われる人物が、比叡山で修行するために「羽丘の霞」から出てきたというのである。「羽丘の霞」とはまぎれもなく羽黒山を指しており、これが事実だとすると、平安中期の十世紀後半には羽黒山で修行を行う山伏が存在し、他の霊峰との往来があったと解釈できる。

確実な史料としては、『吾妻鏡』承元三年(一二〇九)五月五日条に、羽黒山衆徒が群参して地頭の大泉氏平を幕府に訴え、それが認められるという事件が起きている。当山は先例により地頭の支配を受けず、かつ領内に立ち入り犯人を捕える「入部追捕」も停止するよう、故将軍源頼朝の御書により分明に保証されて安堵していたのに、氏平は一万八〇〇〇枚の田を押領し、山内のことに口入《くにゅう》(干渉)するなどの違法を犯したというのである。おそらくこのとき羽黒山は、「頼朝の御書」なるものを証拠書類として提出したと思われるが、この御書の存在から少なくとも平安時代末期には、強固な独立権を有する修験道教団が羽黒山に成立していたと分かる。山上の御手洗池(鏡池)から出土した、十二世紀を中心とする五〇〇枚近い和鏡からも、当時の羽黒山における宗教熱の高まりが察せられよう。これ以降、中世成立の諸書に、羽黒修験に関する記述が見られるようになっていく。

蜂子皇子伝　修験道では、本山派・当山派ともに七～八世紀に活躍した役小角を開祖とするが、羽黒修験では崇峻天皇の第三皇子とされる参払理《さんふり》の大臣(法名、弘海)を開祖と仰ぐ。永治元年(一一四一)に山城法印永忠が認《したた》め、寛永二十一年(一六四四)に羽黒山別当の天宥が書写したとの奥書を持つ『羽黒山縁起』に、聖徳太子に受けた「能除一切苦の要文」と、三山での修行により得た験力とで、人の苦を能く除くことから「能除太師」と宣下されたと伝えられる。永治元年の撰というのは仮託かと思われるが、延文三年(一三五八)成立の『神道集』「出羽々黒権現事」にも、「かの御山は能除大師の草創」とあり、この伝承の祖形を十四世紀まではさかのぼらせうる。また月山・羽黒山に湯殿山が加わり、三山が一体として称されるようになるのもこの頃のこととされる。

ところで、記紀や皇室関係の系図を見ても、崇峻天皇には蜂子皇子《はちこのおうじ》と錦代《にしきで》皇女の一男一女しかおらず、第三皇子、参払理の存在が確認できない。このことから第三皇子というのは訛伝か書き誤りで、参払理・弘海というのは蜂子皇子その人に相違ないと考えられるようになった。特に江戸時代に入り天宥が羽黒山の別当になると、本山派・当山派から霞場を侵食されないよう、黒衣の宰相といわれた東叡山寛永寺の天海大僧正によしみを通じ、それまで各宗派の総合道場であった羽黒山を挙げて天台宗に帰依させる。みずからも真言宗から離脱して弟子入りし、それまで宥誉と名乗っていたのを天宥と改め、天海の弟子宥海をもらいうけて跡を継がせた。そして宥海の父、水無瀬中納言に能除太子の調査を依頼し、ついに(禁中の)記録にあったとの返答を得たと記される(『羽州羽黒山中興覚書』)。ここに参払理＝能除太子＝蜂子皇子という認識が定まり、「羽黒開山能除太子蜂子皇子」と称されるようになる。

花祭と松例祭　出羽三山神社の例大祭である花祭は、旧暦では六月十五日に行われていたが、これは本来四月八日から九〇日間行われた夏峰の修行が、いつしか抖擻《とそう》行から独立して、羽黒山の大堂(現、三神合祭殿)における「花供《はなく》」の儀礼のみが残ったものである。宝永七年(一七一〇)に三山信仰を流布するために撰せられた、絵入・歌入の名所案内地誌『三山雅集』には、「祭礼古式」として当時の様子が描かれている。神前において全山の衆徒が天下国家の祈願をして御神楽を奏す。湯殿・月山・羽黒三所の神輿を本社に移して神事の後、宝前を出て御手洗池(鏡池)および数ある末祠の前を巡る。以前は池の中に舞台を造って舞楽を奏し、本社には高座を設けて法華八講を務めた。頼朝により建久年間(一一九〇～九九)に建立された麓の黄金堂では、相輪塔に紅白の縄をつけて参詣者たちが善縁を結んだ。

四季の峰中《ぶちゅう》修行のうち冬峰の最後、大晦日から元日にかけて行われるのが松例祭である。文武天皇の慶雲年中(七〇四～〇八)国民を悩ます魔物退散の為に始まり、元正天皇の霊亀元年(七一五)には毎年六度の験競《げんくらべ》があったという。その遺法を継いで、鬮次により二人の「松聖《まつひじり》」が選ばれ、それぞれに分属した験者達は、大松明を用いた様々な神事で勝負を競う。松聖には百日間の精進潔斎が課せられ、里での勧進の他は山から出ることができない。祭の次第は貞享四年(一六八七)成立の『羽黒山年中行事』にも記されており、その起源は花祭とともに中世までさかのぼり得る。

羽黒三山総絵図　門前町の手向《とうげ》は一村総修験で、江戸時代には三三六坊が軒を連ねたが、出羽三山に向かう行者・道者のために刷られた多くの絵図が存在する。これらは各坊におけるいわば私的な営みであるが、寛政三年(一七九一)に「公義」、つまり幕府に差し出すため作製された「羽黒三山総絵図」は、公的な性格を有しており、貴重な資料となっている。写真(上)は巻頭の全体図であるが、このあと羽黒山から月山・湯殿山に至るまでの道筋が、諸堂社の寸法など彩色で正確に描かれる。右に高くそびえるのが月山で、左が羽黒山であるが、湯殿山だけは右端に天地を九〇度変えて小さく表わされる。これは前掲の『三山雅集』などにも共通し、湯殿山は秘所の霊場として省略され、言葉にするのも憚《はばか》るとされた。総奥の院として神聖視された湯殿山への信仰の一端が窺えよう。

東北最大の山岳霊場　近世までの出羽三山は、修験道教団の一大拠点として、西二十四ヵ国は熊野領、九州九ヵ国は彦山領、東三十三ヵ国は羽黒領と称して隆盛を極めていた。修験道は神にも仏にも仕えるという習合信仰に特徴があるが、羽黒修験も古代の神祇信仰をもとに、主に密教の思想が影響して形成されていった。明治元年(一八六八)に始まる神仏分離令および同五年の修験道の廃止を受け、羽黒山と月山は同三年、湯殿山は同七年に正式に神社となるが、「秋の峰入り」に代表される厳しい修行道は連綿と続けられており、出羽三山が東北最大の山岳霊場であることは、今も変わりがない。

(古谷易士)

参考文献　『出羽三山史』(一九五四)、『出羽三山神社』(一九八二)、『羽黒町史』(一九九一)

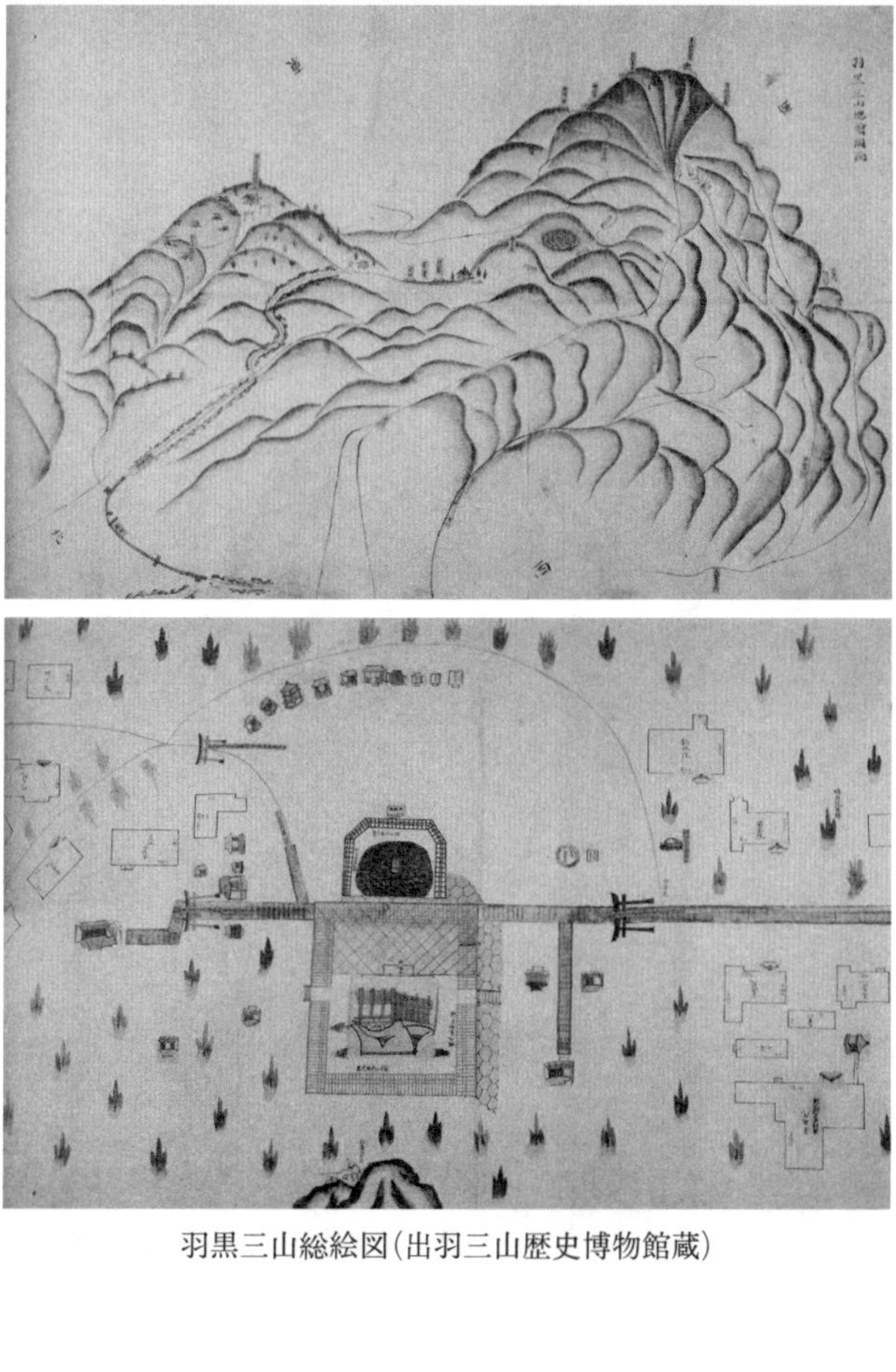

羽黒三山総絵図(出羽三山歴史博物館蔵)

鳥海山大物忌神社

（ちょうかいさんおおものいみじんじゃ）

鎮座地　（本宮）山形県飽海郡遊佐町鳥海山
（吹浦口の宮）同町吹浦
（蕨岡口の宮）同町上蕨岡

祭神　大物忌神《おおものいみのかみ》

例祭日　（吹浦口の宮）五月五日
（蕨岡口の宮）五月三日

神社の立地　秋田・山形両県最高峰の鳥海山は、本荘・庄内両平野を分かち、西麓が日本海に接する活火山である。出羽山地に含まれるが、出羽富士・秋田富士の別称が物語るように、広い範囲で孤立秀麗な山容を眺めることができる。この山の神が祭神、大物忌神である。

古代・中世の大物忌神社　現在の同社は山頂の本社と、南麓、山形県側の里宮に当たる吹浦口の宮、蕨岡口の宮の三所からなる。平安時代から出羽国内の代表的な神社であり、九世紀末までに封戸四戸が充てられ、『延喜式』神名帳によれば、飽海郡の名神大社とされている。当時は神社のある同郡に出羽国府があったとみられ、国司にきわめて

鳥海山の遠景写真

重要視されていたものとみられる。なお現在、吹浦口の宮には月山神が祀られているが、中世にも「両所宮《りょうしょぐう》」と呼ばれていた。月山神は史料上、九世紀半ばには、飽海郡に祀られていたことが確認でき、『延喜式』神名帳でも大物忌神と同様、同郡の名神大社としてその名を留めている。

鳥海山の火山活動は古代から活発であった。平安時代初期から朝廷は、その火山噴火を、大物忌神のいわゆる神異と捉え、さまざまな対応をした。前述の封戸の他、神階も奉られた。神階は月山神とともに、九世紀を通じて昇叙し、その末期には、出羽国の最高位であったばかりでなく、全国的に見ても高位の従二位に至った。さらに、出羽国司が神慮に極めて敏感であり、出羽国の俘囚が蜂起した元慶の乱（元慶二年〈七七八〉）の際には、山の神が賊軍についている、といった観念を持つまでに至った。これは朝廷・国司、さらには地域を拠点とする人々にまで、神威が影響を及ぼしていたことを示すものであるが、こうした事例を具体的に確認できる古代神社は数少ない。朝廷の姿勢はその後も基本的に変わらず、平安時代中期になると、天皇一代一度の大神宝奉献の対象となり、神階もさらに昇叙する。中世以降は一宮とされ、鎌倉幕府も出羽国留守所を通じて修造に関与している。

鳥海山における仏教・修験との関わり　鳥海山は仏教との関係が深く、当社に関連すると見られる古代神宮寺も、神社のある飽海郡にあり、国司から神宮寺料一〇〇〇束が出挙されることになっていた。中世末期以降は山の周囲にいくつかの修験拠点が作られ、近世にはおのおのが領地を有するまでになった。現在の口の宮のある吹浦・蕨岡も主たる拠点で、近世における宿坊の数は、前者は三十坊、後者は三十三坊を数えた。

神事と文化財　現在は、花笠舞などを演じ吹浦田楽と、児舞を舞う蕨岡延年が、それぞれ国の選択無形民俗文化財（記録作成等の措置を講ずべき無形の民俗文化財）となっており、五月初旬の例祭にあわせ行われる。このほかにも、稲などの豊凶を占う管粥神事が正月に、また、鳥海山の山開き・山納めの祭りや、日本海上の飛島に神輿が向く御浜出神事《おはまいでしんじ》が夏期にある。

鳥海山域は国指定史跡。また、国指定重要文化財として、鎌倉期の北条氏雑掌書状と、南北朝期の北畠顕信書状の二通を所蔵する。

参考文献　『鳥海山―自然・歴史・文化―』（一九九二）、『遊佐町史』上巻（二〇〇八）

（加瀬直弥）

白山比咩神社(しらやまひめじんじゃ)

鎮座地　(本宮)石川県白山市三宮町
(奥宮)石川県白山市白峰白山嶺上

祭　神　菊理媛尊《くくりひめのみこと》・伊奘諾尊《いざなぎのみこと》・伊奘冉尊《いざなみのみこと》

例祭日　五月六日

祭神と水の信仰　白山は、越前・加賀・美濃にまたがる霊峰であり、神の山として古くより人びとの信仰をあつめてきた。全国約二〇〇〇社に及ばんとする白山神社の総本宮である白山比咩神社は御祭神を菊理媛尊と仰ぐ。菊理媛尊は『日本書紀』神代巻にある、伊奘諾尊と伊奘冉尊が黄泉《よも》津平坂《つひらさか》で訣別した時に、「是の時、菊理媛神、亦白すことあり」とあり、仲裁をされ、伊奘諾尊はそれを聞いて、誉められたのち、そこから去ったという。しかし、どのようなことをいわれたのかは記載されておらず、菊理媛神もここにしか現われない。

社伝(『白山大神宮御鎮座伝』)によると崇神天皇七年に「勅して、加賀国白山比咩神社の神地を定め、神戸をおく」とあることから、この年を当社の創建と伝えている。

白山は三頂からなり、御前峰には白山奥宮があり、菊理媛神を祀る。大汝峰には大汝神社、別山には別山神社とあり、それぞれ大己貴神、大山祇神が祀られている。白山はその総称である。山頂は一年を通して雪に覆われ、その雄大な姿は、平野部から仰ぎ見る人々には、神聖な神の座として映ってきたのだろう。山の水脈は、石川県へ手取川、福井県へ九頭竜川、岐阜県には長良川となって現われ、里に恵みをもたらす。主峰である御前峰から流れ出る手取川は、その扇状地である加賀平野とそれに接する隣地から、最もよく白山を眺めることができる。これらの水が農地を潤し、生活を支える飲料水となって人びとを育み、水の神として信仰をあつめてきた。さらに日本海を渡る船からはその姿は航海の目印となったことから、航海・漁撈の守護神としての信仰も集めてきた。

神階については『日本文徳実録』仁寿三年(八五三)十月に従三位に叙せられていることが記されており、『日本三代実録』には貞観元年(八五九)に正三位を奉られたことが記されている。寛仁元年(一〇一七)、後一条天皇即位に際し、一代一度の大神宝使《だいしんぽうし》が発遣され、北陸道において、若狭は若狭彦神社、越前は気比社、能登は気多社、そして加賀は当社に奉られたことが『左経記』にみえ、加賀国一宮とされた。

僧泰澄と開山縁起　『白山記』は、長寛元年（一一六三）に加賀国白山中宮の隆厳が、千妙聖人の著述に私注を加えて成立させたと伝えられるものである。当社に蔵されるこの書は室町時代中期の永享十一年（一四三九）の書写本である。

これによると、白山は加賀国石川郡味智郷《みちごう》に所在する名山で、主峰の御前峰には有徳の大明神である「正一位白山妙理大菩薩」が住まうとされ、一間一面（間口が一間で正面に庇が付く）の宝殿に、その本地仏十一面観音の五尺の金銅仏が安置されていたとある。また北方の大汝峰には、阿弥陀如来の垂迹神である高祖太男知が、南に隔たった別山には、聖観音の垂迹神で白山の地主神である別山大行事《べっさんだいぎょうじ》が、それぞれ鎮座していると記されている。

御前峰のすぐ背後にそびえる山を「剣御山《つるぎのおやま》」といい、その麓に白山権現が出生したという「翠池」があって、その水を嘗めれば延命長寿が得られるとある。さらに本来の地主神が御前峰を白山権現に譲って別山の神になったことや、竜尾の麓というところには、白山を開山したとされる越前の僧、泰澄大師《たいちょうだいし》が修行した行場跡があり、その後四百余年を経てなお、草木の生えない場所と伝えている。そして、白山に一度登れば観音の利益をうけると説く。

泰澄による開山とは、霊亀二年（七一六）、船岡山の妙法窟といわれる岩屋に籠って天地に霊験を祈ると、白馬に乗った貴女が現われ、手取川河畔の安久濤ヶ淵《あくどがふち》に結界荘厳の道場を開くよう告げた。翌養老元年（七一七）、白山麓、大野の筥川の東、伊野原の地で、貴女に導かれ林泉に至り、白山天領に登るように告げられる。これにより、同年初めて泰澄は登頂する。そして頂上近くで修行を続け、池に向かい祈念すると、九頭龍王が現われ、さらに祈ると十一面観音が出現した。ついで、別山にて小白山大行事《こはくさんだいぎょうじ》、大汝峰にて大己貴命の出現にあい、ここで養老三年までに至る一千日の錬行を積み下山した。こうして同四年以後、他の行者たちが修行のため登拝するようになったと伝える。

禅定道と白山天台　白山権現が加賀国に垂迹したのちの

絹本著色　白山曼荼羅図（能美市所蔵）

天長九年（八三二）になると、加賀・越前・美濃に、馬場《ばんば》と呼ばれる、山麓における白山登山道の拠点である里宮が開かれ、多くの道俗の人々が白山に参詣するようになった。その道筋は禅定道《ぜんじょうどう》と呼ばれ、どの道も御前峰へ登拝する白山本道の起点であった。三方の馬場から参詣する人々は、それぞれの馬場の別当に御幣を捧げ、願いを込めて祈念した。

九世紀になると、次第に京《みやこ》から白山に登頂する修行僧が増えてゆくが、その場合距離的に近い越前の禅定道を利用する人びとが多かった。のちに白山越前馬場の中心である平泉寺が、久安三年（一一四七）に、延暦寺末寺化の動きを示すと、加賀の白山本宮＝白山寺も、同じ月に延暦寺末寺となった。以後、加賀馬場は、天台系寺社としての再編をはかり、比叡山の地主神である近江坂本の「日吉七社」の例にならい、「白山七社」を形成した。十二世紀中頃には、越前および美濃の両馬場も、延暦寺の末寺化を遂げ、ここに白山禅定道筋に拠点をもつ三方馬場の寺社勢力が天台教団の一翼に組み込まれ、「白山天台」が成立した。山門である延暦寺は、天台系修行僧の白山練行などを通してその交流を深めた。平安中期の長暦三年（一〇三九）頃までには、近江日吉社の境内に白山権現が「客人宮」として勧請されており、平安末期に「日吉山王七社」が成立すると、客人宮は大宮（本宮）・二宮（東本宮）・聖真子（宇佐宮）の日吉三聖に次ぐ第四の地位を与えられていた。また白山加賀馬場が山門別院となったのちは、延暦寺内に「白山別当」「白山権別当」の職が置かれ、その管掌の担当とされた。

白山祭礼　白山本宮における恒例の祭祀は「二季の祭礼」として、毎年四月と十月のそれぞれ上旬の「午日」に行われた。当日は白山の惣神五十四柱を祀り、本宮の本殿をはじめ社内の仏教施設や摂社に餅・魚・和布などが神饌として供えられた。神饌用の魚として、ブリ・ユクヒ・フクラギ・タラ・アマサキ・ゴリなどは供えないことが先例とされており、和布は江沼郡小塩浦から貢納されることが恒例だった。国衙においてもこの本宮の祭礼日には、国司が早朝より沐浴潔斎をし、白山の社例に従い鳥兎類を食することを禁じていた。祭礼当日、本宮の彼岸所前にて神子による神楽、本宮所属の神人による猿楽が奉納されてきたが、南北朝期の貞治二年（一三六三）にその場所は大講堂前に移った。この他に鎌倉初期の安貞二年（一二二八）四月に臨時祭礼が行われたことがみえ、以来、南北朝期の文和二年（一三五三）までに七回催されていたことが、社伝などからみえる。この祭礼は本宮・金剣宮・岩本宮の三社が会合して行うもので、「二季の祭礼」が社家主導型であったのに対し、こちらは三社の寺家・社家方が一体となって挙行する盛大なものであった。催事も御輿のほか競馬・流鏑馬・獅子舞・相撲・舞童・田楽・後宴の催し物などが神子や神人により行われていた。

参考文献　高瀬重雄『白山・立山と北陸修験道』（名著出版、一九七七）、『増訂　図説白山信仰』（二〇一〇）、『白山比咩神社略史』（二〇一〇）

（落合敦子）

気多大社（けたたいしゃ）

鎮座地　石川県羽咋市寺家町
祭神　大己貴命《おおなむちのみこと》
例祭日　四月三日

日本海側の要衝　当社は古くより中央にきこえ、延長五年（九二七）撰上の『延喜式』においては能登国唯一の名神大社に列せられており、のちには一宮として人びとから仰がれた。古縁起（社伝）によると、孝元天皇の御代に人民を苦しめていた化鳥と大蛇を大己貴命が来臨し退治したことから祀られたとされる。

摂社には、本殿両脇に白山神社（菊理媛《くくりひめ》）と若宮神社（事代主神《ことしろぬしのかみ》）が鎮座し、本殿後方には社叢が広がり、奥宮（素戔嗚尊《すさのをのみこと》・奇稲田姫《くしいだひめ》）が鎮座する。そこは「入らずの森」とよばれ、現在も人びとの立ち入りを禁じる聖地となっている。

『万葉集』（巻十七、四〇二五）の大伴家持の歌に当社の名がはじめて文献に現われる。『新抄格勅符抄』によれば大同元年（八〇六）には封戸、三〇戸を給わったことがみえる。神階は延暦三年（七八四）に正三位に叙せられ、貞観元年（八五九）には従一位を授けられた（『日本三代実録』）。奈良から平安時代にかけ、このような厚遇を受けたのは、中央政府の勢力拡大・東北関係の情勢変化と無関係ではなく、この地が新羅・渤海との対外関係に重要な意味をもっていたことが強く影響したものと考えられる。能登半島外浦に面する長い海岸線を持ち、日本海の対外諸国から多くの人や物資が渡来し、延暦二十三年六月には渤海国使送迎のための客院を造るよう能登国に対して命じられていることからも（『日本後紀』）、この地の重要性は強く認識されていた。

平国祭と鵜祭り　気多社には古くより伝わる特殊神事がある。平国祭《へいこくさい》は三月十八日から二十三日まで、七尾市の所口にある気多本宮へと五泊六日をかけて二市五町を神輿が渡御する大規模な神幸祭で、祭神の大己貴命が少彦名命とともに能登国を平定した古式を伝えているといわれる。二十三日に帰社した神輿は拝殿に安置され、そのまま四月三日の例大祭へと祭りが連続しているとされている。

十二月十六日午前三時より斎行される鵜祭は、これより以前に、遠く離れた七尾市鵜浦町で生け捕りした一羽の鵜を同地の鵜捕部三人が鵜籠に入れて二泊三日をかけ道中し、十四日の夕刻に神社に到着する。祭典は夜中に斎行され、撤饌ののち本殿内の燈火を残して消燈。鵜捕部が鵜籠を本殿前方に運び、神職と問答を終えると鵜を本殿に向かって

国幣中社気多神社之景（國學院大學神道資料館所蔵）

放つ。鵜が殿内の台に止まると神職が取り押さえて別の神職に渡し、海浜に放たれる。近世、気多社を篤く保護した加賀藩祖前田利家も鵜祭りの行事を重んじたことが、残された書状によって知られる。

また、入らずの森の背後には、民俗学者の折口信夫と、この地の出身で彼の養子となる藤井春洋《はるみ》の句碑がある。

参考文献　『石川県史』（一九二七）、『羽咋市史』原始・古代編（一九七三）

（落合敦子）

彌彦神社（やひこじんじゃ）

鎮座地　新潟県西蒲原郡弥彦村
祭神　天香山命《あめのかごやまのみこと》
例祭日　二月二日

越後を見守る弥彦山　越後国唯一の名神大社であり、一宮であった弥彦神社の御祭神は天香山命であるが、古くから「伊夜比古神」と称され、篤く信仰と崇敬を集めている。「いやひこじんじゃ」ともいう。社殿は弥彦山の東麓に鎮座しており、『万葉集』では弥彦山そのものを信仰の対象とする歌が残されており、境内古絵図でも弥彦山を正面にして描かれている。また山頂には奥宮として天香山命と妃《ひめ》神熟穂屋姫命《がみうましほやひめのみこと》を祀る御神廟《ごしんびょう》があり、今もなお日本海と越後平野を見守っている。

特殊神事及び神饌とその信仰　社伝によると、天香山命は神武天皇の勅命を受け、越後開拓の神として、農業をはじめとするさまざまな産業を越後国にもたらしたとされている。神事の中には、その年の作物の豊凶および天候を占う「粥占《かゆうら》・炭置神事《すみおきしんじ》」と呼ばれる特殊神事が一月十五日の夕刻から翌十六日の朝にかけて行われており、現在粥占神事で占われる作物は、果物・うり・たばこ・蚕・早稲・中稲・晩稲・大豆・小豆・海幸・川幸・一切草木となる。これらを一二本の藁筒に見立て、その藁筒が入れられた桶に炊いた粥を注ぎ、それぞれの藁筒に入った粥の量と水分の具合から豊凶を占うのである。また天候が占われる炭置神事では、一二個の炭が用意され、炭が燃え尽き灰になれば「照り」、燃え尽きず炭が残れば「雨」、そして灰の状況で「風」と各月の天候を見るのである。この結果は今もなお、多くの農業従事者に伝えられる。その他にも夜宴神事、弓始神事、神廟祭、燈籠神事など多くの神事および祭儀が執り行われており、「彌彦社年中行事」などの社記には詳細なる作法が残されている。そして数ある中でも特に重要な神事には大御膳《おおごぜん》と呼ばれる特殊神饌が献上される。この大御膳は、飯殿と呼ばれる調理場において神職が神事の四日前から参籠し、潔斎を守り、手順通りに調理しており、現在では例大祭、春秋の鎮魂祭、妻戸大神例祭、燈籠神事の五回のみに献上されている。越後の人々は、海をそして平野を見守る弥彦山を神山と崇め、「おやひこさま」という産業と開拓の神を信仰することで、農耕生活を送り、その神人のつながりは現在でも神事に垣間見ることができる。

武将らによる崇敬と保護　弥彦神社では名だたる武将か

らも篤い崇敬を受けてきた。源義家は「後三年の役」（一〇八三〜八七）の戦勝祈願として鏡鞍《かがみくら》と壺鐙《つぼあぶみ》を奉納している。また源義経は奥州へと逃げ落ちる際、神助を願ったようである。そして、兄の源頼朝は文治五年（一一八九）に、三〇〇〇貫の社領を寄進している。戦国期では、上杉謙信が祈願文を納めているが、これは武田信玄との五度目の川中島の戦において、その戦を私利私欲のためではないことを神仏に誓ったものであり、謙信の人柄がよくわかる史料として評価されている。さらに江戸期では幕府から五〇〇の朱印地を寄進された。

越後国成立の背景には東北経営を強固なものにしたい中央の考えがあり、そこに天香山命が越後国を開拓・殖産する神として信仰を集めていくことは密接な関係があったと思われる。現在でも弥彦神社は産業の神様として全国からの崇敬を受けている。加えて『日本書記』天智七年（六六八）七月条に「越の国、燃える土と燃える水とを献《たてまつ》る」とあり、石油関連企業からの崇敬があることも特記すべきであろう。

彌彦神社境内古絵図（彌彦神社所蔵）

参考文献　『彌彦神社叢書』年中行事編（一九四〇）、『彌彦神社』（学生社、二〇〇三）

（永田忠靖）

吉備津神社（きびつじんじゃ）

鎮座地　岡山県岡山市吉備津
祭　神　大吉備津彦命《おおきびつひこのみこと》
例祭日　五月と十月の第二日曜日（七十五膳据神事）

立地と古代の吉備国　吉備津神社は備前と備中の境、名山として古来より歌枕として親しまれてきた吉備の中山の北西部山麓に位置している。

古代においては吉備国として栄え、律令期に備前・備中・備後・美作の四国に分割された吉備地方は、瀬戸内海に面した温暖で肥沃な土地で、農産物・海産物のほか、「真金吹く吉備の中山」と歌われるように鉄も産出された。中山山頂からは岡山平野と瀬戸内海が一望でき、また山陽道にも接している。備中国においては重要な場所であったころがうかがわれる。

主祭神は孝霊天皇第三皇子、大吉備津彦命であり、崇神天皇十年、四道将軍の一人として西道（山陽道）に遣わされ、西国を平らげた。社伝（『備中一品吉備津彦明神縁起』）によるとその後、二百八十一歳で薨去し、吉備の中山に葬られたという。中山山上には大吉備津彦命の御陵と伝えられる茶臼山古墳が在し、その姿を本殿北側から仰ぐことができる。

創建と崇敬　当社の創建は大吉備津彦命が父孝霊天皇を祀らせた跡に、命の五代後の孫、加夜臣奈留美命《かやのおみなるみのみこと》が社を営んだ、と社伝は伝えるが諸説あり詳細は不明である。

国史によると、文徳天皇の仁寿二年（八五二）四品の品位を受け、官社となって封戸を充てられた。『延喜式』神名帳には備中国十八座の筆頭、名神大社として列せられて後、天慶三年（九三九）二月に承平天慶の乱平定に効験有りとして一品の極位を奉授された。位階の原則からすれば、品位とは親王に授けられる位であることから、孝霊天皇の皇子である大吉備津彦命の系譜を意識していた結果といえよう。また、平安時代中期より始まった天皇即位時の大神宝奉献《だいしんぽうほうけん》の対象となっている。

後白河天皇撰『梁塵秘抄』に「関より西なる軍神、一品中山、安芸なる厳島、備中なる吉備津宮」とあり、祭神の事跡にちなみ、軍神として朝廷、後には武家政権の世にも崇敬を受けた。

中世には備前・備中・備後の「三国一宮《さんごくいちのみや》」（『大日本国一宮記』）とも称されていた。十一世紀以後の一宮制確立の時代には国ごとに分立し、備前国一宮は現在も中山をはさんだ岡山市一宮に吉備津彦神社として鎮座している。

温羅伝承にまつわる祭事　吉備地方の伝承によると、百済の王子であった温羅《うら》はその悪行のため、国を追われ、吉備に城を築き、暴威を振るった。朝廷は温羅を退治しようと大吉備津彦命を将軍として吉備に遣わした。命と温羅は陣をひき、矢による合戦を行なったが、双方の力が拮抗し、また、矢が空中で互いに噛み合って勝敗がなかなかつかなかった。その矢合戦の折に命が手でつかみ取った矢を置いた岩とされる「矢置岩《やおきいわ》」が神社正面石段下にあり、現在も正月三日の矢立の神事（古来においては「箭祭《やまつり》」）では四人の射手が矢置岩の前で四方の空中に矢を放って悪を祓う。

命は二本の矢を一度に放ち、温羅の目を射止めると、その首をはねて串刺しにしてこれをさらした。ところが何年たっても温羅の首は大声でうなり響いて止まらず、犬養建に命じて犬に首を食わせたが、髑髏《どくろ》となってもうなり声はやまなかった。命はその首を吉備津宮の御釜殿の竈の下八尺に埋めるも、やはり首はうなり声を発し続けた。ある夜、命の夢枕に温羅の霊が現われ、己の妻、阿曾郷の祝の娘、阿曾姫《あそひめ》に御釜殿で命のための朝夕の神饌を炊かせれば、世に事あるときは釜鳴りで知らせよう、と告げた。以降、阿《あ》曾女《そめ》と称する阿曾郷出身の老嫗が御釜殿に奉仕することとなったという。

この伝承をもととした「鳴釜神事《なるかましんじ》」は御釜殿内部の土竈の上に鉄釜が掛けられ、木製の甑《こしき》がその上に載せられている。祈禱を依頼されると神職は竈《かまど》の前に平伏し、阿曾女の一人が竈の口から松葉を入れ、もう一人が玄米を入れた搔《かい》笥《おけ》を甑の中で振ると、神職の祝詞奏上の頃には釜が鳴りはじめる。その釜の鳴る音で各人は各々の吉凶を占う。この鳴釜神事は室町時代末にはすでに畿内にまでその評判が聞こえ、南都興福寺の塔頭、多聞院の日記に「希代のこと、天下無比なり」としてその記事があげられている。

この大吉備津彦命の温羅征伐は中世には鬼退治の物語として成立し、縁起や勧進帳に現われてくる。この温羅伝承をモチーフとしているとされる民話に、桃太郎があるが、その名から「吉備」を思わせる「きび団子」や温羅の首を食わせたという「犬」、鬼の城への鬼退治といったモチーフがそれを連想させるのである。

春秋の例祭として行われる七十五膳据神事は、温羅退治を喜ぶ備中諸郷の民による凱旋の行事がもととなったとも伝えられる。古くは旧暦九月の中の申の日に行われていた新穀献納の大饗会であり、御供殿で調整された黒漆塗りの御掛盤・平膳・高杯・瓶子に、御盛相《おもっそう》と呼ぶ円筒形に盛った玄米を中心に時節の山海の珍味に柳箸を添えて、神宝や供物類と共に本殿に献供される。藤原定家の歌に「木しげき吉備の社の生鷹はすは（諏訪）の鹿より久しかりけり」と詠まれたように、古くは生鷹の御贄が用いられており、諏訪社とならぶ軍神としての信仰をうかがわせる。

社殿建築　当社本殿の建築は、「吉備津宮は都の方向なので、参詣したところ、御殿の建て方も社のようには思われず、様子の変わった宮殿のような有様で、几帳などの見えるのが珍しい」（『とはずがたり』巻五）と、鎌倉末期に後深草院二条によって記されている。現在、国宝の本殿は南北朝時代の観応二年（一三五一）の焼失の後、勅命により将軍足利義満の指揮のもとに応永三十二年（一四二五）拝殿とともに再建された。

二条が「神社とは思えない」「宮殿のような」と評した、この特異な社殿を吉備津造《きびつづくり》と呼ぶ。檜皮葺の入母屋造の屋根を二つ前後に連結した本殿（比翼入母屋造《ひよくいりもやづくり》）は、白い巨大な亀腹（基壇）の上に建ち、建坪は八〇坪、天竺様の特徴的な肘木《ひじき》などは桁外れに巨大なものである。本殿に接している拝殿は二四坪、背面を本殿屋根に接して、側面から見ると本殿と同化した特異な建物である。

本殿内部は主祭神と相殿に主祭神の兄弟姉妹の神八柱を祀る内々陣・内陣、朱塗りの壇からなる中陣、これらを取り囲む外陣からなる三層構造である。三層それぞれに神が祀られ、先述の温羅も外陣四隅の艮に鎮まり、艮御崎《うしとらのみさき》と呼ばれている。

本殿内部の虹梁などは天竺様の意匠である。天竺様とは、東大寺南大門をその代表例とする建築様式で、入宋し、東

吉備津神社本殿

大寺再建の大勧進を行なった俊乗坊重源が取り入れたものとされる。当社においても建久四年(一一九三)に重源による勧進が行われており、応永以前の社殿造営の際、このような様式を取り入れたものとされる。建物全体に和様・唐様・天竺様の三様式が混合折衷されており、本殿内部だけで二十三柱の神を祀る巨大な建築物であり、応永の再建以前の社殿の様式は明らかではないが、今も昔も特異な建造物として人目を驚かす壮麗な建築物である。

神職組織　『日本書紀』によると、吉備臣の祖、御友別の妹・兄媛は応神天皇の妃となったが、吉備国に里帰りをしていた。天皇が兄媛のもとに行幸された折、御友別や兄弟子息の行なった饗応を喜ばれ、吉備国を分割してその子息らに治めさせた。そのうち上道県を与えられたのが吉備仲彦であり、当社の神職を担った賀陽《かやし》氏の祖とされている(『先代旧事本紀』国造本紀)。

伝承によると古来は三〇〇近くの神官が奉仕していたとされ、神主・祝師《のっとし》(祝詞奏上を職掌とする)を前述の賀陽氏が、神饌に関する職務は藤井・堀家の両氏が、神楽座を組織する河本氏ら七、八〇家が近世まで神事を執り行なっていた。

六正官と呼ばれ筆頭にあった賀陽氏については平安時代より中央の記録にたびたび表われ、その出身者の中でも賀陽貞数の曾孫と伝わる臨済宗開祖栄西は高名である。

また、当社の本地仏は虚空蔵菩薩であるとされ、僧侶が社僧となり、院政期に仁和寺、中世からは青蓮寺、真如院・普賢院・本願寺など、境内に塔頭を建立し、神職と並立して社務を行なっていた。

参考文献　吉田徳太郎編『備中誌』(日本文教出版、一九〇三)、藤井駿『吉備地方史の研究』(法蔵館、一九七一)、『岡山県史』(山陽新聞社、一九九〇)

(松 本 昌 子)

大山祇神社（おおやまづみじんじゃ）

鎮座地　愛媛県今治市大三島町
祭　神　大山積神《おおやまづみのかみ》
例祭日　旧暦四月二十二日

「日本総鎮守大山積大明神」　瀬戸内海、芸予海峡の中央に位置する大三島は、「しまなみ海道」の開通により、交通の便がよくなったが、それ以前は、海路から上陸するほかなかった。対外的な海上安全と海外渡航の神では住吉の神が著名であるが、瀬戸内海においては、平清盛の信仰によって隆盛していった厳島信仰とともに、大三島の大山祇信仰が、国司や武士はじめ海路を利用する多くの人々の信仰を集めた。大山祇神社は大山積神社とも書き、また地名・島名をとって、中世以降は三島社と呼んでいる。

当社の創祀については、『伊予国風土記』の逸文（『釈日本紀』所収）によれば、「御島《みしま》」に坐す神の名は、大山積神、別名は和多志《わたし》の大神と呼んだ。仁徳天皇の御代に顕われたこの神は、百済国から摂津国の御島に迎えられたという。和多志の大神のワタシとは、渡しのこと、渡海と港湾守護の神とされる。また、別の社伝によると、文武天皇の大宝年中（七〇一～〇四）に創祀されたとする（『三島社大祝職並八節供祭礼記録』）。

能書家として知られた藤原佐理《ふじわらのすけまさ》は、長徳元年（九九五）大宰大弐を罷免され、海路帰途の途中、暴風雨に遭い、三島の神の夢告を得て当社の神前において額を書き、「日本一」の「御手」（能書）といわれた。これにより悪天候は静まり、無事帰京することができたという（『大鏡』『古今著聞集』）。同社は瀬戸内海路の渡航安全に霊験が高いとされている。

神社に現存する藤原佐理筆と伝える木造扁額には、「日本総鎮守大山積大明神」（重要文化財指定）と刻まれている。「日本総鎮守」と冠しているのは、同社が伊予一国を超えた瀬戸内海路の要衝に鎮座する国家的守護神であったことを示している。

同社の国史上の初見は、天平神護二年（七六六）大山積神の従四位下をはじめ、伊予国の四神に神階が奉授された記事である。これにあわせて同神に神戸五烟が充てられている（『続日本紀』）。平安時代に入り、承和四年（八三七）名神に列し（『続日本後紀』）、『延喜式』神名帳に登録された名神大社となる。神階は貞観年間（八五九～七七）に従三位から正二位まで順次昇叙し、伊予国内随一の最高位に位置づけられた（『日本三代実録』）。また、仁和四年（八八八）天皇一代一度大神宝使発遣が、伊勢神宮以下五〇社を対象に開始され、南海道六国では、紀伊国の日前国懸社とともに、当社が発遣対象社に預かった。

国司神拝と歌人能因　国司の神祇行政の眼目は、国内の年穀の豊饒な生産、安定的供給にあった。そのため、国司は国内の優勢な神社に対して初任神拝・朔幣《さくへい》・臨時祭を執り行い、神社修理や神事興行に特別の配慮をはらった。

平安時代の著名な歌人である能因は、長暦四年(一〇四〇)伊予国守藤原資業に伴われて伊予国に下向し、翌年春、同社に参詣して、「あまの川なはしろ水にせきくだせ　あまくだりますかみならばかみ」(『能因法師集』)と降雨祈願の歌を詠んだ。これにより神感があり、一昼夜雨が降りつづき、苗代に水を張ることができ、田作りのための円滑な運営が確保された。境内には能因が雨乞いの祈願を行なったとされる楠の大木が、一部朽ちているものの、現在も生育している。

平安後期の保延元年(一一三五)、本社に雷神・高龗《たかおかみ》神を併せて祀り、のち康治元年(一一四二)には下津宮、久安三年(一一四七)には上津宮《かみつみや》を造営して、祭神を分祀する。年穀祈願に関係の深い、農耕の水神・祈雨神を新たに祭神として加えることで、国司と在庁官人、そして農民たちの共通した精神的紐帯として、信仰の受け皿にもなっていった。

伊予国内において、越智郡司としてその勢力を誇ってきたのは越智氏一族である。当社は越智氏の氏神とされてきた。越智氏ら郡司豪族層は、平安中期以後、国衙在庁に進出することで勢威の拡大につとめた。平安末期になると、越智氏との間に系譜関係をもつ新居・高市・別宮・河野氏が台頭し、在庁機構のなかに勢力を扶植していった。古代以来の伝統的勢力を誇る神社のなかから、その国を代表する「国中第一の霊神」として、諸国一宮が成立していく事例が多いが、中世伊予国の一宮に当社が充てられていったのも、これらの氏族に支えられたことによる。

三島大祝と神事・神宝　当社最高の祭祀職を大祝《おおほうり》という。大祝は、越智氏によって継承され、三島大祝氏と呼ばれ、その任免は国衙が行った。現在、その後裔である三島家が宮司職を継承している。

大祝が大三島の宮浦に邸宅を構えたのは、延宝三年(一六七五)からである。それ以前は国府(今治市)に近い越智郡内の高橋郷に居館をもち、神事ごとに大三島に渡海して祭祀に奉仕した。

貞治三年(一三六四)大祝三島安顕が記した『三島社大祝職並八節供祭礼記録』には、大祝の職掌と大祝が祭祀に関わった年中神事について記録がある。それによると、祭神が垂迹したはじめ、神の御告を越智玉澄が書き記し、以来、この書き記された文を神体とし、これを奉読することで神託とした。大祝は「半大明神」と称し、弓矢を取らず、国境の外に出ることなく、祭祀に専念することを職掌とし、神体に準じた扱いになっていた。

年中の八節供の神事は、国衙寄附の地から費用が出される国衙関与の祭祀であり、大祝が祭祀を管轄した。四月・十一月の二十二日、大祝が仕えて神殿三社の御戸開、御供をする。夜の宵祭では、神社内の国司御庁館屋において、

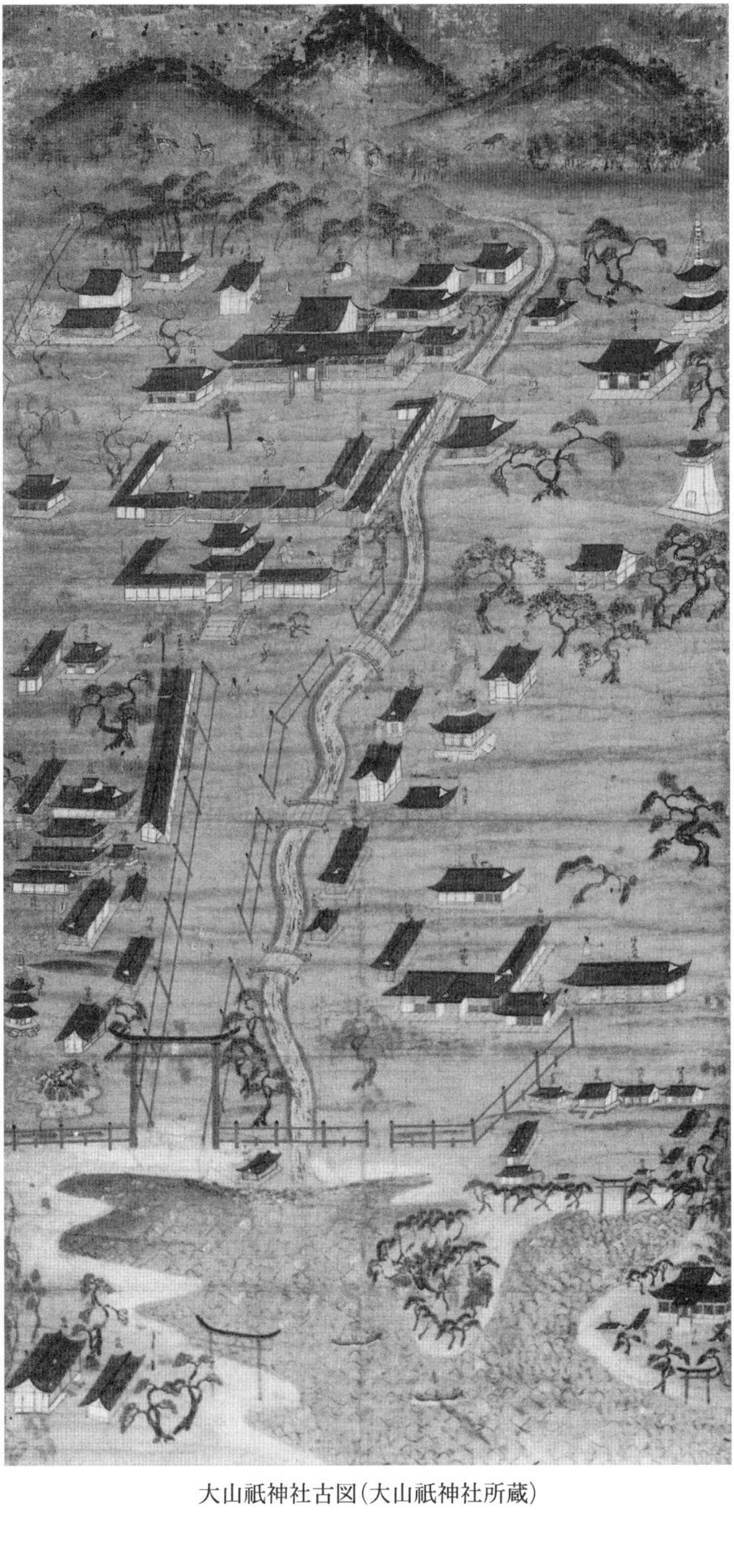

大山祇神社古図（大山祇神社所蔵）

大祝をして大明神に擬し、上卿（国司代官）が対座し、儀式が行われる。翌日上卿をはじめ国衙官人、氏長者・氏人（越智氏）らが参列して祭祀があり、国土安寧が祈念され、国中第一の神事とされた。現在の例大祭は、この日程が受け継がれている。また、旧暦五月五日の御田植祭、旧暦九月九日の抜穂祭にあわせて、無形民俗文化財に指定されている一人相撲が演じられ、年々の豊凶が占われる。

境内にある宝物館では、奉納された甲冑はじめ神宝の多くが常時展示されている。反平家方として源頼朝の挙兵に参画した河野通清・通信父子の活躍は顕著であった。通信は三島水軍一五〇艘を率い、平氏を滅ぼし、戦勝御礼のために紺絲威鎧《こんいとおどしのよろい》を奉納したと伝える。また、源頼朝・義経奉納と伝える紫綾威鎧・赤絲威鎧など、国宝・重要文化財に指定された第一級の品々など、全国に所在する甲冑の四割がここに納められている。

河野通信の孫で時宗を開いた一遍は、最晩年の正応元年（一二八八）生地である伊予国に戻り、当社に参詣した。没後すぐに描かれた『一遍上人絵伝』には、社頭景観と一遍が参詣した様子が精緻に書かれている。また、神社所蔵の「大山祇神社古図」（重要文化財）には、宮浦海岸から大鳥居をくぐり、正面参道の奥には、楼門・拝殿・大宮が描かれ、その左右には、僧坊・庁舎・摂末社・武者所・神宮寺・多宝塔などの建築物が並び、室町期の神社景観を知ることができる。

参考文献　『愛媛県史』学問・宗教編、（一九八五）、『大三島町誌』（一九八八）、『大山祇神社国宝大鑑』（二〇〇〇）、國學院大學日本文化研究所編『大山祇神社史料』縁起・由緒篇（二〇〇〇）

（岡田莊司）

香椎宮（かしいぐう）

鎮座地　福岡県福岡市東区香椎
祭　神　仲哀天皇《ちゅうあいてんのう》・神功皇后《じんぐうこうごう》、応神天皇《おうじんてんのう》（配祀）・住吉大神《すみよしのおおかみ》（配祀）
例祭日　十月二十九日

仲哀天皇・神功皇后と橿日宮　博多湾に面した博多の市街地、その北東の地に香椎宮は緑に囲まれて鎮座する。北東に立花山の山並をひかえ、西には博多湾、さらに玄界灘を望む地である。現在、博多には国際線が乗り入れる福岡空港があり、海外と結ぶフェリーが発着する博多港もあるが、古代においても、この地は海外への窓口として機能していた。香椎宮の歴史も、この海外との関係の中から始まる。それを伝えるのが、祭神の仲哀天皇（足仲彦天皇《たらしなかつひこのすめらみこと》）と神功皇后（気長足姫尊《おきながたらしひめのみこと》）に関する『記紀』の物語である。『日本書紀』を中心に、その経緯をたどってみよう。

仲哀天皇二年三月、九州の熊襲が反乱を起こした。天皇は神功皇后と海路で九州へ向かい、九月には穴門豊浦宮（山口県下関市）に入る。しばらくそこで過ごした後、八年正月、天皇は九州の筑紫へ、二十一日には儺県《ながあがた》に到着し、「橿日宮《かしいのみや》」（以下、この表記は、仲哀天皇の宮を示す）を造営して入られた。儺県は現在の博多、橿日宮《かしいのみや》は香椎宮が鎮座する香椎の地にあたる。かつての香椎宮周辺の景観は、現在の鹿児島本線、香椎宮駅近くまで「香椎の潟」と呼ばれた遠浅の海は広がっており、香椎の地は、今以上に海岸線に近かった。仲哀天皇の橿日宮の立地は、海に近い舟運に利便性のある地と認識されていたのだろう。

ここ橿日宮で、天皇は熊襲征討の準備を進めるが、その時、神功皇后を通して神のお告げがくだる。神は、海の向こうには、金・銀などが豊富な新羅という国があり、もし吾を祭れば、豊かな新羅だけでなく熊襲も戦うことなく従うだろうと告げる。しかし、天皇は、これを偽りとし熊襲を攻め、結果、勝利は得られず、翌年の九年二月、病を得て橿日宮で崩御される。『日本書紀』は、天皇が神の意志に反したため崩御されたと記し、『古事記』では、神の託宣を信じず怒りをかい、天皇は訶志比宮（橿日宮）で崩御したとする。香椎の地は、仲哀天皇の橿日宮がおかれた地であるとともに、崩御の地なのである。

物語は、さらに神功皇后摂政前紀へと続く。神功皇后はみずから神主となり、武内宿禰《たけのうちのすくね》に琴を弾かせ、中臣烏賊津《いかつ》使主《おみ》を審神者《さにわ》（お告げを解釈する役目）として、お告げを下し

香椎宮古宮の図(香椎宮所蔵)

た神名を明らかにする。その神は、伊勢の五十鈴宮の「厳之御魂天疎向津媛命《いつのみたまあまざかるむかつひめのみこと》」(天照大神)と事代主神、そして住吉三神であった。皇祖神とともに航海の神、住吉の神が、ここに登場する。この後、皇后は天皇の崩御を伏せたまま熊襲を討ち、神意に従い朝鮮半島にわたる。その結果、住吉の神の助勢を得て、新羅は逸早く服従の意を示す。百済・高麗も従い、三国は日本への朝貢を約束する。そして、神功皇后は九州に凱旋、仲哀天皇九年十二月十四日、誉田天皇《ほんだのすめらみこと》(応神天皇)を筑紫で産み落とされたという。

『記紀』は、この一連の物語に紙幅を割き大きく取り上げている。大和王権の朝鮮半島政策や熊襲征討で、最も大きな画期が仲哀天皇と神功皇后の時代であり、その皇子が八幡神として信仰を集める応神天皇(誉田天皇)だったと考えられていたのである。大和王権と、『日本書紀』を編纂した律令国家にとって、香椎は仲哀天皇・神功皇后ゆかりの地であると同時に、朝鮮半島諸国や熊襲との関係で特別な意味を持つ地だったのである。

香椎廟の成立と国家鎮護　八世紀前半、この香椎の地に香椎廟《かしいびょう》が造られ朝廷の祭祀を受けるようになる。香椎宮で書き継がれてきた『香椎宮編年記』(以下、『編年記』)によると、養老七年(七二三)二月六日、神功皇后は託宣を下した。

「香椎の古宮のところに三種の重器を埋め、その上に鎧の袖に挿した杉（綾杉）を植え、そこに垂迹して敵国を降伏し、永遠にわが国を鎮護するだろう。そのために今、香椎に示現（姿を現）した。神廟を造営し聖母《しょうも》大菩薩として崇めなさい」と。大宰府はこれを朝廷に奏上、神託に従い神亀元年（七二四）には本宮の社殿が竣工したという。

『万葉集』巻六には、神亀五年（七二八）十一月、大宰府官人らが香椎廟を奉拝した後、香椎浦に馬を留めて詠んだ歌が載っており、大宰の帥であった大伴旅人は「いざ児等香椎の潟に白妙の袖さへぬれて朝菜採みてむ」の歌を残している。この『万葉集』の記載から、少なくとも神亀五年までには、香椎廟が成立していたことは間違いない。

では、なぜ、この時期、神功皇后が託宣を下し、香椎廟を建設する必要があったのだろうか。その背景は、『続日本紀』の以下の記事から明らかになる。養老四年二月二十九日、九州の隼人は反乱を起こし、大隅国守の陽侯史麻呂を殺害したとの報告が大宰府から朝廷にもたらされた。朝廷は三月四日、当時、中納言であった大伴宿禰旅人を征隼人持節大将軍として反乱の鎮圧に向かわせている。のちに大宰の帥として香椎廟に詣で、『万葉集』に歌を残した大伴旅人が、ここに見えることは興味深い。

その一方で、養老四年九月二十八日、今度は東北地方の陸奥国で蝦夷の反乱が発生、按擦使《あぜち》上毛野《かみつけの》朝臣広人を殺害したとの報告が陸奥国から入る。翌二十九日には多治比眞《たじひのま》人縣守《ひとあがたもり》を持節征夷将軍《じせっせいいしょうぐん》、阿倍朝臣《あべのあそん》駿河《するが》を持節鎮狄将軍《じせっちんてきしょうぐん》に任命しただちに鎮定にあたらせた。このように、養老三年以降、日本国内では東北と九州で反乱が発生し、大規模な軍事行動を起こさなければならない国家的な危機状況にあったのである。

そして、養老六年四月十六日には「陸奥の蝦夷、大隅・薩摩の隼人等を征討せし将軍已下有功の蝦夷、ならびに訳語の人に勲位を授く」とあり、九州と東北で発生した隼人・蝦夷の反乱は鎮定され、その功績により将軍以下に勲位が授けられている。この頃には国家的な危機状況を脱することができたのである。神功皇后が託宣を下したという養老七年は、まさにその翌年にあたり、香椎廟の創祀には、養老年間の国家的な危機が背景にあったと考えてよいだろう。八幡神も、『宇佐託宣集』によると、神亀元年、「吾（八幡神）が隼人などを多く殺した報いに、年ごとに二度の放生会を行え」との託宣を下したという。香椎廟と八幡神の信仰は、ともに養老年間の隼人の反乱を背景としていたと考えられる。

この後、香椎廟は新羅との対外的な危機においても、たびたび正史に登場する。『続日本紀』では天平九年（七三七）三月に新羅が常礼を失して、日本と新羅との間で緊張関係が生じている。これに対応し、四月一日には伊勢神宮、大神神社、筑紫の住吉・八幡の二社及び香椎に奉幣し、新羅の無礼を報告している。さらに、天平宝字三年（七五九）八月一日には大宰帥船親王を香椎廟に遣し、新羅の征討を奏しており、同六年十月にも新羅征討に関連して香椎廟に奉幣している。このような隼人や新羅と関係する香椎廟の信仰は、『記紀』の仲哀天皇・神功皇后の物語に基づくものであったことはいうまでもないだろう。

古宮祭と勅使奉幣　国家的な危機に際し奉幣が行われてきた香椎廟の年中行事は、『編年記』によると天平宝字四年に定められたという。『続日本紀』では、対新羅外交で緊張状態にあった時期に当たる。年間の祭りの中でも特に重要なものは、仲哀天皇崩御の日にあたる二月六日と十一月六日に行われた古宮祭である。『編年記』には、祭り当日、橿日宮の跡地、古宮に神供を献じ、大宰の帥以下、国司・郡司が本宮に参詣し、帥が祝詞を奏した。大伴旅人は神亀五年十一月、大宰の帥として香椎廟に詣で『万葉集』に歌を残しているが、時期が十一月であるため、この古宮《ふるみや》祭に参詣していた可能性が高いだろう。

また、この祭りでは、筥崎の海人が紅魚四八尾などを献じている。これは、筥崎の海人の祖先が、神功皇后の征西の時、幡槍を持って仕え、それを賞して漁業権が与えられたことに由来するという。神功皇后の物語は、博多湾の漁撈生産とも深く関わっていたのである。

古宮御鎮座跡は、本殿の東の丘陵上に残り、古宮祭は、明治以降は一ヵ月遅れとなり、現在、三月と十二月の六日に行われている。

もう一つ、古代、香椎廟の信仰を象徴するのが、勅使奉幣である。国難や対外的な緊張状態だけでなく、弘仁元年（八一〇）には薬子の乱鎮定を感謝し、天長十年（八三三）には仁明天皇即位を報告して勅使奉幣を行なっている。この後、鎌倉時代末期、後醍醐天皇の元応元年（一三一二）まで長く勅使奉幣は継続し、多くの場合、宇佐八幡宮への奉幣と併せて実施された。これも、八幡神との伝統的で密接な関係によるものだろう。勅使奉幣は、江戸時代、桜町天皇の延亨元年（一七四四）に再興され、大正十四年（一九二五）以降は十年に一度、古代以来の伝統を守り、宇佐八幡宮と併せて行われている。

香椎廟と香椎宮　香椎廟の信仰は、古代から中世へと時代が推移する中、変化が生じてくる。香椎廟は、創祀された奈良時代の八世紀前半から平安時代の十世紀頃まで、記録上ではほとんど「香椎廟」と表記され、「香椎宮」の使用例は限られている。つまり、古代においては、「廟」として扱われ、一般の神社とは一線を画していた可能性が高い。これを示すように、『延喜式』神名帳にその名は記されず、式部式と民部式で「橿日廟宮」「香椎宮」に関する規定を確認できる。式部式では「橿日廟司」の規定があり、民部式では「香椎宮守戸一烟」とある。守戸は陵墓にも置かれた番人であり、守戸が置かれた香椎廟宮は、天皇・皇族の陵墓に近い扱いを受けていたと考えられる。

ところが、十世紀末の天仁二年（九七九）までには、香椎廟の長官である貫主は「大宮司」を称するようになり、十一世紀以降、「香椎宮」の呼び方が一般化していく。十一世紀は、現在につながる神道信仰が形成される時期でもあるが、それと歩調を合わせるように、古代の「香椎廟」は、大宮司が統括する神社としての性格を持つ「香椎宮」へと変化、鎌倉時代以降を経て、その信仰を現代につないでいるのである。

香椎造と境内景観　現在、祭神の仲哀天皇と神功皇后を祀る本殿は、唯一の香椎造の建築として重要文化財に指定

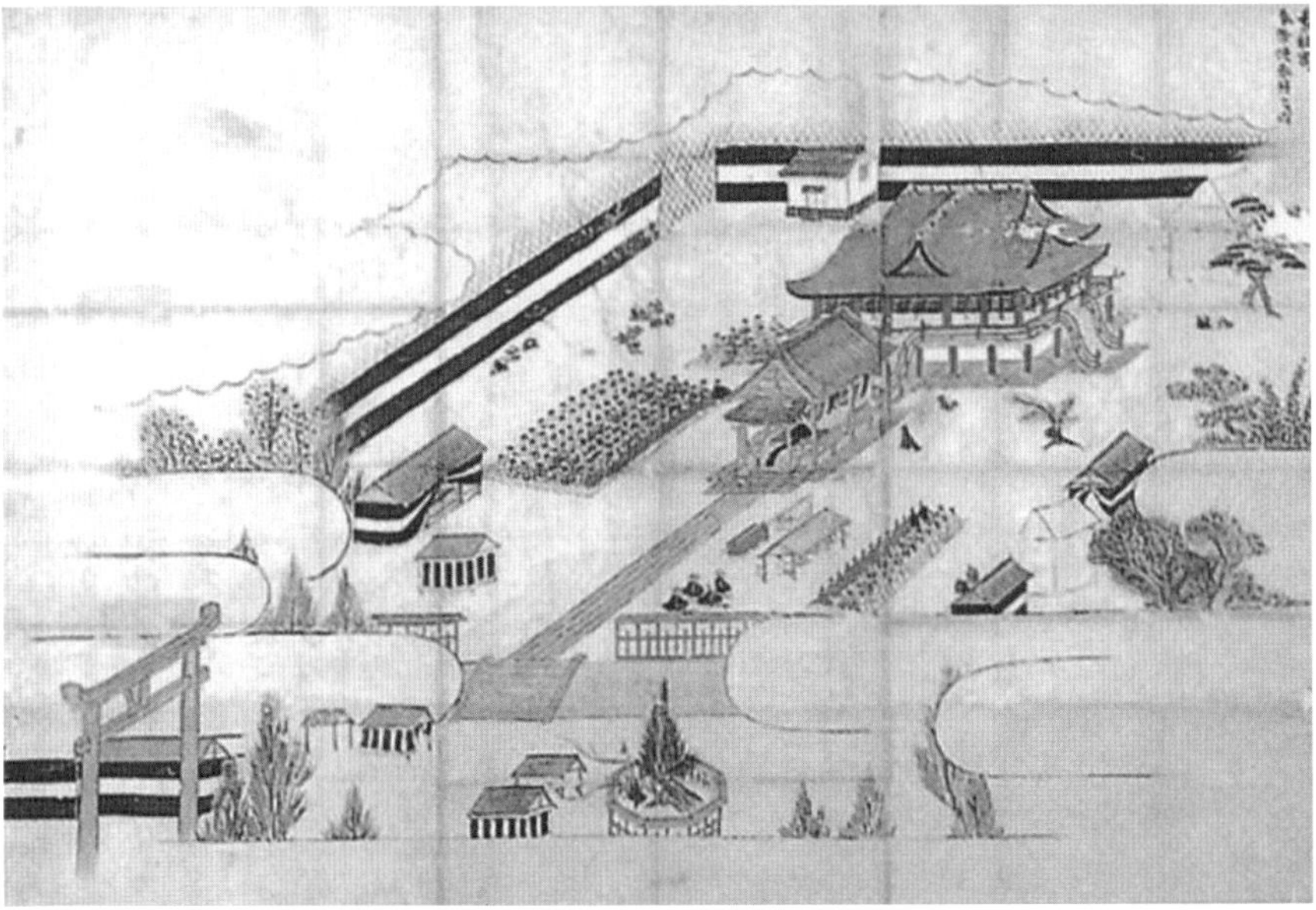

香椎宮奉幣使参拝の図（香椎宮所蔵）

されている。三間社で屋根は入母屋造り、正面に千鳥破風を付け、その左右に車寄せを付けた独特な構造である。二ヵ所の車寄せは、二柱の祭神に対応するのだろう。勅使奉幣が再興された後、享和元年（一八〇一）に再建された。

この本殿を中心に、境内には多くの摂社・末社が祀られている。本殿の東には中臣烏賊津大連を祀る巻尾神社、西には武内宿禰命の武内神社が位置する。いずれも『日本書紀』仲哀天皇紀の登場人物である。また、本殿東側の丘陵には、橿日宮の跡である古宮があり、その北には武内宿禰命の屋敷跡と伝える場所や長寿の彼が使用したという不老水の井戸がある。仲哀天皇と神功皇后が過ごされた「橿日宮」の様子が、現在も境内の景観の中に再現されているようだ。

参考文献　『香椎宮御由緒』（一九八三）、広渡正利『香椎宮史』（文献出版、二〇〇七）

（笹生　衛）

宇佐神宮（うさじんぐう）

鎮座地　大分県宇佐市南宇佐
祭神　八幡大神《はちまんおおかみ》（誉田別尊《ほんだわけのみこと》・応神天皇《おうじんてんのう》）・比売大神《ひめおおかみ》（多岐津姫命《たぎつひめのみこと》、市杵嶋姫命《いちきしまひめのみこと》、多紀理姫命《たぎりひめのみこと》）・神功皇后《じんぐうこうごう》（息長帯姫命《おきながたらしひめのみこと》）
例祭日　三月十八日

外来信仰の受容　九州は天孫降臨《てんそんこうりん》の地であり、八幡神の降臨した地でもある。その九州で最も国家に影響を及ぼした神社が宇佐神宮であろう。宇佐神宮が鎮座する九州北東部は「豊国」とも呼ばれ、大陸から渡来人が移住し、豊かな文化を保有していた。この地域は仏教伝来以前から朝鮮半島の文化をうかがえる遺構や遺物が出土しており、大陸と畿内の交流地点となっていた。

文献資料で宇佐地域と大和政権の関係をみると、豊国地域に居住していた秦氏と「豊国奇巫《とよくにのあしきかんなぎ》」の記事がある。まず、秦氏については『正倉院文書』や出土した木簡によって、九州北東部に秦氏一族の居住が確認されている。この秦氏が宇佐神宮の祝職《ほうり》となる辛島氏の祖であるという。

一方、「豊国奇巫」は『新撰姓氏録』に雄略天皇の病床に呼ばれたことが記され、『日本書紀』には「豊国法師《ほうこくほうし》」が用明天皇の病床で謁見した記録がある。当時の宇佐では最新の呪術や医療が行われていたと考えられる。

ところで、「八幡神」という名が正史にはじめて登場するのは、『続日本紀』天平九年（七三七）四月条「使を伊勢大神宮、筑紫、住吉、八幡二社及香椎宮に奉幣し、以て新羅の無礼の状《さま》を告ぐ」という記録である。対外交渉によって、護国の神として成立した八幡神は養老四年（七二〇）の隼人征伐以降、鎮護国家の代表的な神になった。この「八幡神」の語義には、秦氏の「ハタ」を示すため、その祖先神として成立。八つの幡を建てて八方を護持するという道教に影響した神。「パルマン」という朝鮮半島の土着神の名称。仏教の八正道を保持する神の意味など多くの説がある。このように多く説が生じるのは、宇佐地域で信仰されていた原始信仰に渡来人の信仰が融合し、さらに欽明朝の頃に応神天皇の神格化が加わり、重層的な信仰を持ったためと考えられる。

また、七世紀初頭になると、宇佐地域に法隆寺式（百済式）伽藍配置である法鏡寺が出現する。その後、七世紀後半には、法蓮が弥勒寺や虚空蔵寺を創建した。特に法蓮は、宇佐ではじめて放生会《ほうじょうえ》を執行したという。

放生会　宇佐神宮の神域に建立された弥勒寺は「宇佐神宮寺」と称され、薬師寺式伽藍配置が確認されている。また虚空蔵寺《こくぞうじ》では白鳳期の複弁蓮華文軒丸瓦《ふくべんれんげもんかわら》が出土している。両寺院が創建された時期をみると、『日本書紀』天武天皇五年条に「諸国に放生をせしむ」と詔勅が下されている。この記事はわが国における放生会の初見である。一般的に放生思想は八世紀の義浄《ぎじょう》訳『金光明最勝王経《こんこうみょうさいしょうおうきょう》』「長者流水品《るすいぼん》」によるといわれているが、七世紀の玄奘《げんじょう》訳『薬師《やくし》琉璃光如来本願功徳経《るりこうにょらいほんがんくどくきょう》』にも「幡を造り、生を放ち、福を修する」という教義が示されており、当時の東アジアで流行した思想であった。これは、まさしく大乗菩薩道の思想であり、朝鮮半島では六世紀に放生が行われていた記録がある。わが国では飛鳥時代に百済から大乗菩薩道の思想が伝来し、八幡神がその思想を受容して、「八幡大菩薩」が誕生したのであろう。

ところで放生会は全国の八幡社でも行われる神事であるが、本来は、仏事が神事に変化したものである。宇佐神宮の放生会は、和銅六年（七一三）大隅国設置による隼人の反乱が契機となって執行された。八幡神は朝廷に隼人の平定を託宣し、養老五年に大隅に御幸して、三年間で隼人を鎮圧した。そのときに戦死した隼人の霊が蜷《にな》に生まれ変わったことから、八幡神は多くの人々を殺戮したことを懺悔し、生きとし生けるものを救うという仏教思想に基づいて、神亀元年（七二四）に殺生禁断の託宣を下した。そして、天平十六年に八幡神は宇佐の和間の浜において蜷や貝を海に放つ「放生会」を行なったという。

和間浜浮殿

大仏建立と和気清麻呂　このように八幡神は、放生会を行い、大乗菩薩道を実践した。その最も顕著なものが東大寺大仏建立である。天平十三年、八幡神は大仏建立の詔の翌年に大仏建立に対する神託を下した。大仏建立に際しては、国中公麻呂《くになかのきみまろ》、行基などの渡来系の人々が関わっている。大仏建立では、大量な銅の鋳造技術が必要であり、その銅鉱脈は豊前・周防などの地方で産出されるため、この地域で崇拝される八幡神を信仰したという説がある。また、八幡神の託宣によって天平勝宝元年（七四九）に百済王敬福が陸奥で黄金を発見した。それによって、聖武天皇は八幡神を益々強く崇拝した。天平勝宝二年(七五〇)には八幡大神に神階一品と封戸八〇〇戸、位田八〇町、比売神に神階二品と封戸六〇〇戸、位田六〇町を奉献し、伊勢神宮の戸数を越えて国家第一の神戸を保持することとなった。そして遂に天平勝宝四年、宇佐から八幡神は神輿《みこし》に乗り、大神多麻呂《おおがのたまろ》、杜女《もりめ》とともに東大寺大仏落慶法要に参列したのである。

この時の記録(『続日本紀』)がわが国の神輿の初見である。これを起源とする「御神幸祭《ごしんこうさい》」(別名、けんか祭り)が宇佐神宮で夏越《なごし》神事に合わせて行われ、祓い所に三本の御幣を立てた「菅貫《すがぬき》神事」という解縄串《ときなわくし》による古式の祓神事が行われている。

このように八幡神が中央政権に深く関与すると、政治にも影響を与えた。天平勝宝八年(七五六)に薬師寺僧行信と神主大神多麻呂が厭魅《えんみ》の罪で流刑になると、称徳天皇に寵愛された道鏡が台頭するようになる。そうした中で、道鏡に皇位継承権を授ける神託が発せられた。その神託を確認するため、勅使に選ばれたのが、和気清麻呂とその姉、広虫である。神護景雲三年(七六九)に宇佐へ行き、帰京後に道鏡の皇位継承の神託は誤りであったことを奏上した。それに怒った道鏡は清麻呂を大隅国へ配流する。しかし、称徳天皇が崩御し、光仁天皇が即位すると、道鏡は下野薬師寺に配流となり、清麻呂は再び帰京することになった。そして、二年後に清麻呂は豊前の国司に任ぜられ、宇佐神宮の神職組織を改革したのである。従来の宇佐神職団は、巫《ふ》覡《げき》を中心とする集団であったため、その巫覡信仰によって先述のような皇位継承事件まで起きた。そこで、清麻呂は抜本的にその神職制度の改革を行い、大神氏を大宮司、宇佐氏を少宮司、辛島氏を禰宜・祝として職掌を定めた。

この皇位継承事件の影響によって、奈良時代以降、宇佐神宮の勅使は「宇佐使」といわれ、朝廷では重要な任務となった。特に天皇の即位報告使は五位の和気氏を勅使としたため、「宇佐《うさ》和気使《わけつかい》」と称した。それ以外に即位後の大神宝奉献使や、恒例祭・臨時の朝廷祈願使は五位の殿上人が補任され、神祇官の卜部が従った。この宇佐使は中世に一時中断されたが、現在は、一〇年に

山頂・大元神社

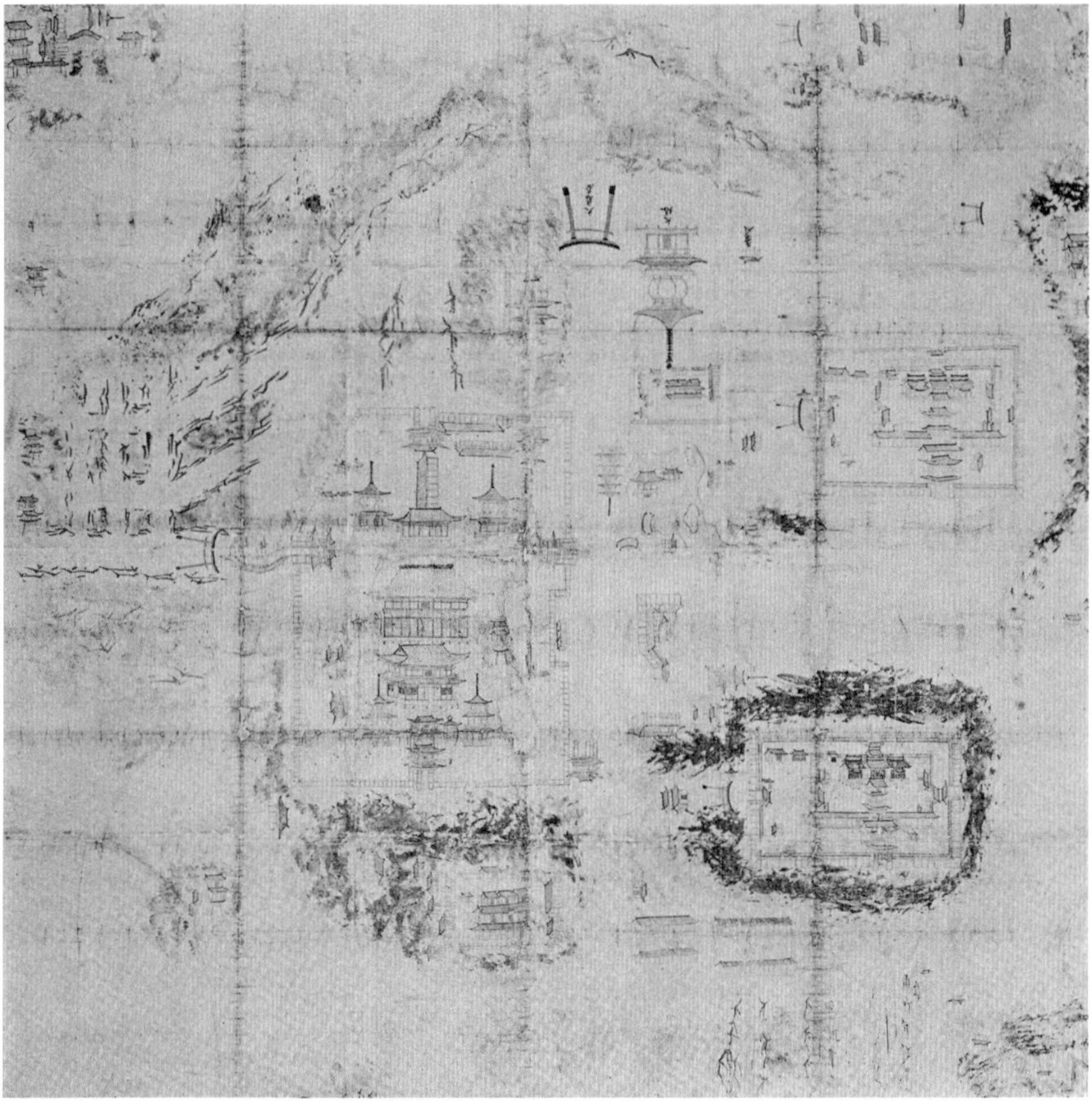

宇佐宮　応永古絵図（宇佐神宮所蔵）

一度、宇佐へ勅使が派遣されている。

八幡神の創祀と神域　「宇佐」の地名は、『古事記』『日本書紀』に「宇沙」「菟狭」と表記され、菟狭津彦命、菟狭津姫命を祖神とする「菟狭氏」が居住していた。神武天皇東征においては、有力な氏族として神武天皇に協力し、仮宮（一柱宮）を造営した。この氏族における祭祀の原形、もしくは古い神祇信仰は、神宮の南西に見える御許山馬城峰《おもとやまきのみね》にその形跡がある。現在、そこには大元《おもと》神社があり、わが国の基層信仰を彷彿とさせる磐座《いわくら》や原始林が神域（禁足地）として残っている。

現在地への創祀時期については、未だ明確ではない。宇佐神宮が正史に登場した八世紀ごろまでの社殿は場所が定まっておらず、宇佐地域を点々と遷座していた。現在の亀山（小椋山）に社殿が定まったのは天平神亀二年（七二五）という。以後、三三年に一度の式年造替が行われていたが、鎌倉時代にその慣例はなくなった。なお、鎌倉末期の大火によって、多くの建造物が焼失したが、応永年間(一三九四～一四二八)に大内氏が大規模な復興造営を行なった。この時に描かれたとされる応永古図は貴重な資料であり、社殿や堂塔の配置(現在は礎石が残る)は、現在の社殿配置とほぼ一致している。

神宮の表参道には寄藻川《よりもがわ》が流れており、そこに架かる唐破風の屋根を持つ「呉橋《くれはし》」が美しい。その奥の小高い山(小椋山)の山頂に上宮の本殿がある。山頂に登ると、回廊と楼門(勅使門)がみえてくる。勅使門の奥に本殿があり、左より順に一の御殿、二の御殿、三の御殿と横一列に三棟の本殿が並び建つ。中央左の一の御殿には八幡大神(応神天皇)が祀られている。通常の八幡社は八幡神を中央に奉祭するが、宇佐は中央ではないことが特徴である。六世紀、菱形池のほとりに出現した八幡大神は「誉田天皇広幡八幡麿」また「護国霊験威力神通大自在王菩薩」と名乗り、仏教においても八幡大菩薩として僧侶たちに崇拝された。次に二の御殿には比売神が祭られている。天照大御神と素戔嗚尊の誓約によって誕生した多岐津姫命・市杵嶋姫命・多紀理姫命の三柱の女神を祀る。筑紫の宇佐嶋(御許山)に降臨したといい、八幡信仰が確立する以前の豊国地域の地主神といいう。最後の三の御殿には仲哀天皇の皇后である神功皇后が祀られている。熊襲や新羅征伐を行ったことで多くの伝説をもつ。特に新羅征伐においては、胎内に応神天皇を宿しながらも、宗像の祭神より海上の守護を得て勝利し、無事帰国して応神天皇を生んだ伝承がある。そのため、神功皇后は聖母神として安産、教育などの守護神として信仰されている。三棟とも前後二つの社殿が連結され、横から屋根を見るとM字形である。この建築様式を「八幡造」といい、国宝に指定されている。現在の本殿は前方の外院と後方の内院に分かれ、江戸時代に再建されたものである。御神体は薦枕《こもまくら》といわれ、昼は外院、夜は内院に八幡神が居坐《きよざ》されるという。

宇佐神宮の重要な資料として、『宇佐八幡宮弥勒寺建立縁起』(承和十一年〈八四四〉平安初期成立、『石清水文書二』、「承和縁起」ともいう)と『八幡宇

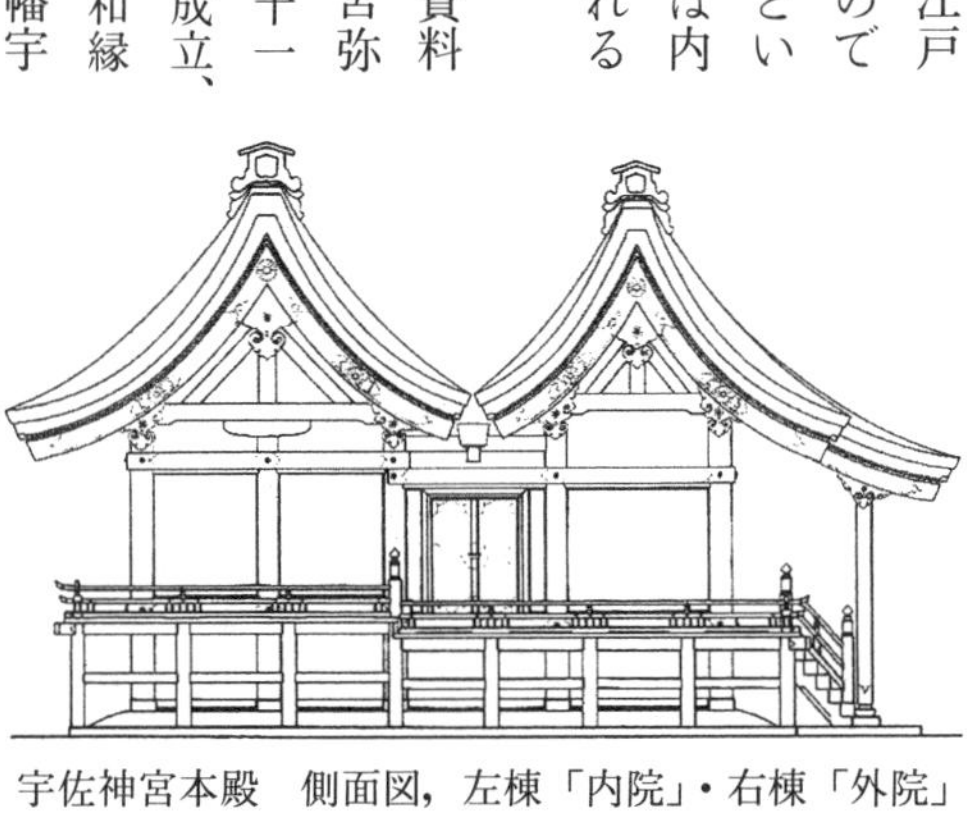

宇佐神宮本殿　側面図，左棟「内院」・右棟「外院」

佐宮御託宣集』(正和二年〈一三一三〉鎌倉末期成立「託宣集」という)がある。前者は、承和五年の火災の後に作成された縁起書であり、八幡信仰の資料としては最古である。神亀二年、宇佐神宮創建及び弥勒寺建立や伽藍の形態、神宮の資財、八幡神の由来などを記録したものである。後者は、鎌倉時代後期、宇佐神宮の学僧、神吽《じんうん》が編纂したものである。戦火で宇佐神宮の古記録文書を失ったため、当時の史書、旧記、諸社の縁起等から八幡関係記事を収集し、正応三年(一二九〇)より二十四年間かけて十六巻に編纂された。八幡縁起、託宣、信仰の伝承を収録している。

両書には、八幡神が欽明天皇の御代に菱形池に出現し、大神比義《おおがのひぎ》に八幡神が応神天皇であることを託宣したことを記している。欽明朝から推古朝に至るまでのわが国の外交問題は、対新羅政策と任那再興であった。そこで当時、新羅征伐に成功した応神天皇と神功皇后を信奉することが、新羅防衛の行為として現われ、従来の宇佐氏、辛島氏に加えて、中央の祭祀氏族である「大神氏」が派遣され、七世紀後半に宇佐神宮の神職三家、宇佐、辛島、大神氏が定まったと考えられている。

中世以後の宇佐　道鏡の皇位継承事件後、和気清麻呂は平安京造営に貢献し、その平安京の王城鎮護のため、大安寺僧行教によって宇佐から石清水八幡宮へ八幡神が勧請された。その後、宇佐神宮と中央政権との繋がりは弱くなり、宇佐神宮の神職三家も変化し、在地の氏族による信仰が展開されていく。鎌倉時代では、大宮司職の大神氏は消滅し、少宮司職の宇佐氏が室町時代まで在地当主として宇佐地域を支配するようになった。その体制は室町時代まで続き、戦国時代には大友、大内氏の争いに関わり、それによって戦火を浴びた。そして江戸時代に細川藩によって焼失した宇佐神宮や弥勒寺が復興された。

明治維新になると、神祇官の改革によって、宇佐神宮は官幣大社となった。その一方、神仏分離令によって、弥勒寺は廃寺となり、失われた貴重な遺産も少なくない。今日、宇佐神宮は、わが国を代表する八幡宮の第一に掲げられている。

参考文献　中野幡能『八幡信仰史の研究』増補版(吉川弘文館、一九七五)、賀川光夫監修『宇佐市史』上・中・下(一九七五―七九)、『宇佐神宮史』史料編、一―一六(吉川弘文館、一九八四―二〇〇三)、文化財建造物保存技術協会編『国宝宇佐神宮本殿修理工事報告書』(宇佐神宮庁、一九八五)、中野幡能編『宇佐神宮の研究』(国書刊行会、一九九五)

(有働智奘)

阿蘇神社（あそじんじゃ）

鎮座地　熊本県阿蘇市一の宮町宮地

祭　神　阿蘇十二明神（健磐龍命《たけいわたつ》・阿蘇都比命《あそつひめ》・国龍神《くにたつ》・比咩御子神《ひめみこ》・彦御子神《ひこみこ》・若比咩神《わかひめ》・新彦神《にいひこ》・新比咩神《にいひめ》・若彦神《わかひこ》・弥比咩神《やひめ》・国造速瓶玉命《くにのみやつこはやみかたま》・金凝神《かなごり》）

例祭日　七月二十八日

創始と社格　阿蘇といえば、日本を代表する火山である阿蘇山がまず頭にうかぶ。当社の歴史もそこから始まる。七世紀前期に中国で編纂された『隋書』東夷伝倭国条に、阿蘇山の噴火の異変に対し山麓の住民が祭祀を行なった記載がある。また『釈日本紀』は、「筑紫の風土記に曰はく」として、阿蘇山の頂上に深い霊沼（火口湖）があり、その沼を持つ中岳そのものが阿蘇神宮であると記されている。『日本書紀』景行天皇十八年には天皇が阿蘇に行ったところあまりに原野が広く人の住いがみられなかったので、人はいないかと尋ねたところ、阿蘇津彦・阿蘇津媛の夫婦神が現われたという。

現在の祭神である健磐龍命がはじめて記録に現われてくるのが、弘仁十四年（八二三）である（『日本紀略』）。日照りがはげしかった時この神に祈ると、雨を降らし国を守り民を救ったとして朝廷が神階従四位下を贈り、封戸をさきげた。その後神階は上昇し、仁寿元年（八五一）十月従二位に叙せられるまでになる。同様に阿蘇比咩神は仁寿二年には従四位下を奉授され、貞観十七年（八七五）には従三位まで昇叙している。

承和五年（八三八）には遣唐使航海安全の祈禱を宗像社、宇佐宮とともに命ぜられ僧侶二人を派遣している（『続日本後紀』）。十世紀に編纂、施行された『延喜式』には健磐龍神社が名神大社、阿蘇比咩神社と国造神社が小社に列している。また一代一度の大神宝を受け、その後肥後国一宮となる。

阿蘇十二神と社殿　阿蘇十二神の起こりは『古事記』から始まる。『古事記』には神武天皇の子に神八井耳命《かんやいみみ》がいて、その子孫に阿蘇君がいる。阿蘇十二神は男女神で一族神である。十二神体制が社殿・大宮司以下社家組織・祭祀に関係していることが当社の最大の特徴である。『阿蘇宮記』『阿蘇宮由来記』によれば、一宮が健磐龍命で『日本書紀』でいう阿蘇津彦、同様に二宮阿蘇都比咩神は阿蘇津媛であるという。十二神体制は、およそ十二世紀には完成

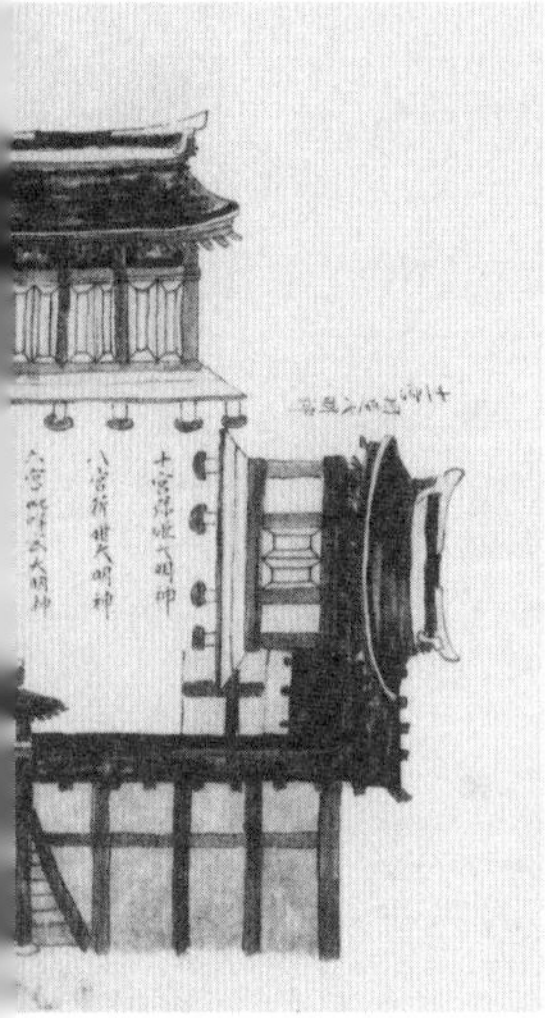

されたと考えられている。

中世の神殿が『阿蘇社縁起絵巻断簡写』に描かれている。そこには東面する四棟の神殿がある。中央南側に一宮で一棟、中央北側に二宮で一棟、一宮の南側に三宮・五宮・七宮・九宮の男神の南神殿、二宮の北側に四宮・六宮・八宮・十宮の女神の北神殿があり、北神殿側に十一宮、南神殿側に十二宮が向かい合っている。

大宮司家　当社の長ははじめ神主と呼ばれていた。承和十年(八四三)には、当社神主に把笏《はしゃく》(笏を持つ身分になること)が許される(『続日本後紀』)。その後神主が大宮司と呼ばれるようになった。おそらく十世紀から十一世紀の事と考えられるが、正確な年はわかっていない。

中世より三宮国龍神が権大宮司家の先祖、五宮彦御子《ひこみこ》神が大宮司家の先祖であるといわれるようになった。源平内乱期に活発な軍事活動をしたことをはじめ、阿蘇大宮司は宮司職よりも武家として成長していく。天正十三年(一五八五)島津氏に攻められ、豊臣秀吉の九州征伐の時、阿蘇神領を没収するなどをして阿蘇氏は衰退するが、慶長年間(一五九六〜一六一五)加藤清正によって復活する。

田作り祭り　中世では二月初巳の日から亥の日までの七日間「田作り祭り」が行われた(『阿蘇社年中行事次第写』)。初巳の日には祭神起こしの神事として、祝が年禰社(歳禰大明神)にお供えをして御神衣を着せる。歳神である歳禰《としね》大明《だいみょう》神《じん》は神輿乗って御幸する。第四日目申の日に神輿は御神衣《ごみそ》木《ぎ》を迎えにいく。樫の木を御神体とし、神衣を着せる。近世では「御前迎《ごぜむか》え」と称し歳禰大明神の妃神を迎える神事としている。第七日目亥の日が田作り祭りである。苗代作り・田植え・成熟にいたる一連の稲作の模擬的神事が行われる。田作り祭りには大宮司は参加しないことから社家が歳神を祀る祈年祭と考えられている。

現在では三月の卯の祭りの期間中に田作り祭りは行われ、御前迎えの夜には、有名な「火振り」が行われる。松明《たいまつ》を振り回す行事である。

おんだ祭り　現在、七月二十八日、当社の例祭日であるこの日に、「御田植神幸式《おんたうえしんこうしき》」(おんだ祭り)が行われる。おんだ祭りといえば、「ウナリ」という頭に唐櫃《からひつ》を載せた女性

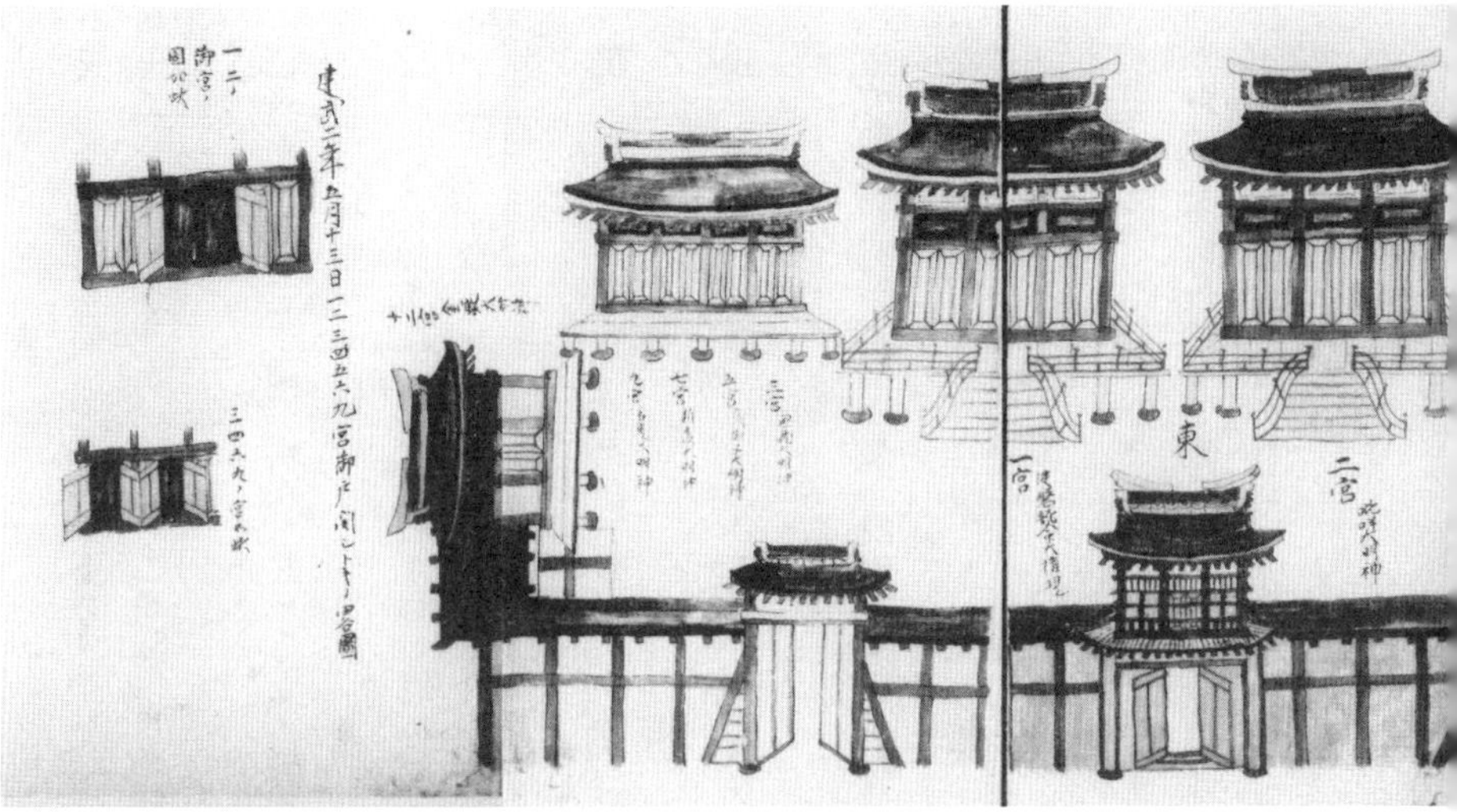

阿蘇社縁起絵巻断簡写（熊本大学図書館蔵）

が歩いている姿が印象的だ。中世と現在を比較してみると、かつては「泥打《のろう》ち」が行われていたこと除いて、大筋では変わらぬ祭りであるといえよう。「泥打ち」とは、中世から近世末期まで行われ、明治維新後すたれた。大宮司をはじめ、家の子郎等、社家、社僧など数十騎が走馬、畑の中を馬に乗ってかけめぐる行事である。泥打ちを行なっても不思議と耕作の障害とならなかったという。神事の一つであり、多くの実りが期待された。

現在の祭りをみてみよう。まず前日二十七日夜に四つの神輿に神々を移す。一の神輿には一宮、二の神輿には二宮、三の神輿には男性神（三・五・七・九・十一・十二宮）、四の神輿には女性神（四・六・八・十宮）と阿蘇十二神がすべて神輿にうつされる（遷座祭）。次に御田植神幸式が二十八日行われる（例祭）。いよいよ昼前から、神輿が出発する（神幸式）。行列は一の仮屋（御旅所）に進む。昼過ぎに到着。仮屋に神饌が供えられる。宮司神輿の前で祝詞奏上の後、直会《なおらい》が行われ酒を飲み食べる。また御田歌《おんたうた》を歌う役の駕輿丁《かよちょう》たちが歌い始め、その後駕輿丁が神輿をかつぎ御田歌を歌いながらまわる。その時に神職や氏子たちが神輿の屋根めがけて苗を投げる。有名な御田植式である。神輿の屋根に苗が多くのるとその年は豊作だという。次に二の仮屋に進む。一の仮屋と同じことが行われる。

そして本社に帰る。還御門から一ノ神殿、二ノ神殿の神域をまわる。宮巡りという。その間御田歌が神域で歌われる。宮巡りのあと、前庭でもまわる。神輿に苗を投げ、御田植式が行われる。御田植式が終わると、神輿が拝殿に安置される。神輿の前に駕輿丁がならび、最後の「歌い納め」が行われる。神職による成就祭が行われ、翌二十九日に阿蘇十二神が神殿にもどされ(遷座祭)、祭りのすべてが終わる。

現在、おんだ祭りは神々が神輿に乗って稲の育成状態を見てまわる行事と説明されている。

放　生　会　現在九月二十五・二十六日両日「田実神事《たのみのしんじ》」が行われる。豊作を感謝し稲穂が神饌として供えられる。拝殿で神事が行われたのち、境内で駕輿丁一四名による相撲が奉納される。その後流鏑馬《やぶさめ》が行われる。

この田実神事は明治の神仏分離から始まったものであろう。それ以前は放生会《ほうじょうえ》が旧暦の八月十五日に行われていた。放生会とは、捕らえた魚や鳥などの生物を供養のために池や野に放す仏教行事である。舞殿や楼門で神職によって舞が行われ、相撲が行われた。流鏑馬は明治以降に行われるようになった。

当社と国造神社を中心にした農耕祭事は昭和五十七年(一九八二)に国指定重要無形民俗文化財になっている。一連の神事で豊作を祈願し、最後には豊作を感謝する祭儀まで一貫して行われている。

参考文献　杉本尚雄『中世の神社と社領』(吉川弘文館、一九五九)、『神道大系』神社編五十　阿蘇・英彦山(一九八七)、村崎真智子『阿蘇神社祭祀の研究』(法政大学出版局、一九九三)

(松　元　　毅)

石清水八幡宮（いわしみずはちまんぐう）

鎮座地　京都府八幡市八幡高坊
祭　神　誉田別尊《ほんだわけのみこと》・比咩大神《ひめおおかみ》・神功皇后《じんぐうこうごう》
例祭日　九月十五日

「石清水男山と云ふ峰」　桂川・宇治川・木津川の三つの川が合流し淀川となる地にたつ男山。当宮はここに鎮座する。古来より交通・産業の要衝として、また平安京の裏鬼門（南西）の方角にあたるこの地は、京都防衛の関門の役割を担っていた。

天安二年（八五八）の冬、清和天皇即位に伴い宇佐宮へ遣わす僧を求めたところ、大僧都真雅が大安寺の僧行教《ぎょうきょう》を推挙した。行教は清和天皇の祈勅使として天安三年三月宇佐へ出発し、貞観元年（八五九）四月から宇佐宮において一夏安居を行なった。七月、宇佐八幡より「吾れ都近きに移座し、国家を鎮護せん」という託宣により八月には山崎離宮に勧請し、再び託宣を得て、石清水男山の地が示された。朝廷は木工寮権允《もくりょうごんのじょう》 橘 良基《たちばなのよしもと》によって六宇の宝殿（三宇正殿・三宇礼殿）の神殿創建に着手し、「三所御躰《さんしょごたい》」を安置した（『石清水八幡宮護国寺略記』『石清水遷座略縁起』）。

当宮の建造物は大きく男山の山上に建つ本殿をはじめとする諸殿舎の総称である上院と北山麓の頓宮殿をはじめとする諸殿舎の総称である下院（別に宿院とも）で構成されている。

表参道入口には高さ八・八メートルの石造の明神鳥居（一の鳥居）。この鳥居の扁額「八幡宮」の「八」の字は向鳩形で、三蹟の一人藤原行成の筆跡を松花堂昭乗《しょうかどうしょうじょう》が書写したともいわれている。

一ノ鳥居をくぐると、右側には放生池、少し進むと左側に男山五水の一つ筒井がある。男山五水は八幡五水ともいい、石清水・筒井・藤井・山ノ井・閼伽井《あかい》を指す。当宮の名「石清水」の由来は、この八幡五水の一つ石清水からとも、石清水寺とよばれる山寺からともいわれる。石清水は、厳冬にも凍らず大旱にも涸れない霊泉として（『男山考古録』）、男山五水の中でも特に尊ばれている。古来より、男山は神仏習合神としての八幡大菩薩が遷座するにふさわしい地とされていた。

下院の中心である頓宮《とんぐう》は、左右の門扉に菊の御紋を置いた四脚門を構え、西側の頓宮神饌所、北側の頓宮参集所とは、渡り廊下でつながれている。この場所には極楽寺が建っていたが、慶応四年(一八六八)の鳥羽・伏見の戦いで焼失した。

頓宮勤番所から右手に曲がり山の手へ進むと当宮の摂社、高良神社が鎮座している。仁和寺に住む僧が、石清水八幡宮は「極楽寺・高良」だけと思い込み、本殿の鎮座する山上の上院へ登らないで帰京したという『徒然草』の話は有名である。

神仏習合の山—男山四十八坊—　山麓と山上は、東谷道・西谷道・南谷道・北谷道・中谷道・湯ノ谷道・祓谷道の葛折りの七筋の参道で結ばれ、これらの両側にはかつて「男山四十八坊」と呼ばれる宿坊が存在していた。

天応元年朝廷が「護国霊験威力神通大菩薩」の尊号を奉ると、延暦二年(七八三)八幡神から「吾が名は大自在王菩薩」との託宣があり、両者を合わせて「護国霊験威力神通大自在王菩薩」と称した(『東大寺要録』『扶桑略記』)。これらの尊号は、八幡神が鎮護国家(護国)に霊験あらたかな神であり、その威力は不可思議で霊妙自在な菩薩という意味である。

「石清水八幡大菩薩宮」「石清水八幡宮護国寺」(『日本三代実録』)とも称される当宮は、八幡神の尊号とともに神仏習合の歴史を歩んできた。石清水寺は護国寺と改称され、初代別当には行教の甥安宗が補せられた。神主が設置されたのは、貞観十八年に行教の甥紀御豊が任ぜられてからであり、安宗による護国寺と石清水八幡宮の経営がなされていた。また当宮の管理、神前読経、祭祀の運営などは僧侶が仏式で行い、神前には魚味を供えずという仏教の精進思想も厳守された。『延喜式』神名帳に当宮の記載がないのは、これによるという(『宮寺縁事抄』)。

当宮は仏事につながる行事が多い。なかでも、一月十五日から一月十九日の厄除大祭中、一月十八日に斎行される青山祭は、古くは道饗祭といわれ、疫神から厄神への変化により、心経会・厄神会などの「法会」として行われ、江戸時代に厄除神へと変化し、厄年の男女が参詣するようになったという。頓宮殿前庭を斎場とし、八角形に竹をたて、南の一方を開く。その竹にそって青柴垣を設け、中央には榊の枝で門形の内青柴垣をさらにつくる。その中央に清砂を約二尺の高さに盛り神籬を立てる。南の入口の左右には忌竹をたて、注連縄を張る。神籬の前面に案を設け、燈火を点じ、夕刻から祭典が始まる。十九日には、古くなった御神矢・御神札・御守などを焚き上げて年中の災厄を除く焼納神事がある。

明治元年(一八六八)三月の神仏分離令により、八幡大菩薩号の禁止および八幡大神への改称、神前に魚味を供すことが命ぜられた。当時十坊ばかりとなっていた宿坊は廃止され、仏教的色彩の濃厚なものは除去された。現在も男山山中には撤去されたこれら宿坊の跡がいくつも残されている。神応寺蔵「行教律師坐像」はもとは当宮三ノ鳥居の少し下、現在の鳩茶屋の前あたりにあった開山堂に安置され

絹本著色 石清水八幡曼荼羅図(大倉集古館所蔵)

行教律師坐像(神応寺所蔵)

ていたが、この廃仏毀釈のうねりの中で焼却処分の危機がせまると頭部に烏帽子を釘付けし、僧侶の像ではないとして、その難を逃れたという。

明治四年に官幣大社に列せられ、男山八幡宮と改称、大正七年(一九一八)に石清水八幡宮の称が復活した。

王城鎮護の神　現存する上院の主な社殿は、寛永十一年(一六三四)に徳川三代将軍家光による修造である。本殿は、檜皮葺・切妻造の平入りの八幡造といわれ、相の間を含めた三殿が横につなげられたとみられている。二棟を前後に配した軒が接する部分にわたしてある「黄金の樋」は、天正八年(一五八〇)に織田信長による社殿修理のときに木製の樋を唐金で鋳たものに取り換えたといわれる。

内陣には、中央に誉田別尊(応神天皇)、東に息長帯比売命(神功皇后)、西に比咩大神(宗像三女神)の八幡三所大神を祀る。

南から楼門・廻廊、廻廊の中に、舞殿、幣殿、本殿の外殿、内殿と建ち並ぶ。いずれも丹漆塗、極彩色の彫刻が施された建造物で国の重要文化財に指定されている。南楼門の存在は、創建当初から仏事建築の楼門形式が導入されていたこと、また現在と同じように南を正面とする社殿形式によったことがうかがわれる。今につづく絢爛豪華な建造物は時代の変化に対応した当宮の歴史の形である。

ここ本殿では十二月十四日夜に御神楽が行われる。醍醐天皇延喜十四年(九一四)より毎年春秋二季(二月十一月上卯日)に行われていた。また天災地変のある時は、臨時の御神楽を奏していた。応仁の乱(一四六七~七七)以来、延宝三年(一六七五)まで、祭祀は中絶されていたが、延宝四年に再興、明治三年再び中絶した。現在の御神楽は、大正六年に再興されたもので、応神天皇御誕辰の日の夜に行われる。

鎌倉時代の作といわれる大倉集古館蔵『絹本著色石清水宮曼荼羅』は、宮曼荼羅の中でも石清水八幡宮全景を俯瞰的に表現した。山麓の頓宮と山上の本殿がほぼ上下に並び実際と異なる位置関係ではあるが、男山の山上山下に散在する本宮・頓宮・摂社・末社・本地堂・経堂・太子堂・宝塔などすべて取り入れた古絵図的要素が多く、社殿が明瞭に表わされている。また、さまざまな参詣者が描かれ、当時の信仰の広がりを示している。

当宮は創祀当初より、皇位を認証する宇佐の神の霊威をうけた天皇守護神として、また都近くに神霊を迎えることにより、王城鎮護の神として位置づけられていた。

王城鎮護としての地位は、貞観三年祈雨奉幣以降(『日本三代実録』)、醍醐朝十六社奉幣の対象社への加列、延喜十六年には賀茂上下社を抜いて奉幣第一社となる(『日本紀略』)。天慶三年(九四〇)伊勢についで、承平・天慶の乱平定の祈禱料奉進など、「石清水の皇大神」「皇大神は我朝の大祖」(『日本三代実録』貞観十二年)、「大菩薩は我朝の顕祖」(『日本三代実録』貞観十二年)の呼称とともに確立され、やがては伊勢神宮と並んで「第二の宗廟」となっていく。

天皇御願祭祀―臨時祭と行幸―　朱雀天皇天慶五年、承平・天慶の兵乱平定の報賽として石清水臨時祭が斎行された。

祈りくる　八幡の宮の　石清水　ゆく末とほく　つかへまつらむ

『大鏡』によれば、朱雀天皇は菅原道真の祟りを恐れ、三歳まで御格子をあげず御帳内ですごされたといい、神仏への信仰は特に強かった。太政大臣藤原良房による外孫清和天皇の即位祈願から始まる当宮の天皇守護神としての性格は、幼い天皇の成長と安泰を父天皇、母后および外祖父による祈願対象として重要な地位となっていた。天皇御願祭祀である臨時祭および行幸の成立はこうした背景にある。乱平定の報賽として斎行された臨時祭に「末長くお仕えしよう」とうたわれたのは、朱雀天皇の御願を表現している。

安和元年(九六八)に冷泉天皇によって、ついで天禄二年(九七一)に円融天皇により恒例化する。この背景には応和元年(九六一)の放生会における村上天皇中宮安子によるわが子守平親王(円融天皇)の成長の報賽目的とした奏楽および走馬・中宮奉幣(『日本紀略』)がある。母后の信仰を背景とした天皇御願祭祀が臨時祭として恒例化されたのである。また貴族社会内での石清水に対する信仰の高まりとともに臨時祭が朝廷の年中行事として定着するのは、円融天皇自身の御願という熱心な信仰があったためである。そのため、年中行事とされてからも特に天皇御願としての性格が保有され、代々の天皇が受け継ぐべきものとして意識された。

天元二年(九七九)の臨時祭と同日、円融天皇は、石清水行幸を開始する。臨時祭と行幸は御願という同一精神にもとづいたものであり、神社行幸は天皇が神社へ直接赴くというさらに丁重な表現手段である。円融朝では臨時祭の代わりに行幸がなされ、ほかの神社行幸も賀茂、平野に限られていたことからも、神社行幸が天皇の神祇信仰を象徴する儀となっていることがわかる。その後天皇や上皇の行幸・御幸は明治に至るまで二〇〇回を超える。

武士と信仰　弓矢の神・戦勝の神として広く知られ、武家の崇敬するところとなった当宮は、特に源頼信が家門の繁栄を祈願して以来、源氏の守護神としての地位をも確立する。前九年の役(一〇五一〜六二)に際し、源頼義は戦勝を祈願し、その報賽のため、相模国の由比郷に石清水八幡宮の分霊を勧請した。これが鎌倉の鶴岡八幡宮の起源である。子の義家は当宮で加冠したので「八幡太郎義家」と称したことは有名である。

源頼朝は、建久元年(一一九〇)初参詣以来、翌年と、同六年に三回みられる。当宮山麓の絹屋殿の東側には「源頼朝手植の松」が存在する。現在の松は二代目であるが、初代は樹齢七百年を超える巨木であったという。『男山考古録』「六本松」の条にも「右大将源頼朝卿奉納」との伝承をもつ松のことが記されている。

当宮は、時代の変遷に柔軟に対応し、さらに武士層の八幡信仰の浸透とともに各地へ勧請されるようになると、その威光はさらに増すようになる。

足利尊氏も、たびたび戦勝を祈願しており、その信仰は代々の将軍に継承された。室町幕府が京都におかれたこともあり、男山奉行の設置など、当宮とのかかわりは密接であった。応永三十五年(一四二八)には室町幕府六代将軍が、当宮宝前でくじ引きにより足利義教に決定した(『満済准后日記』)。近世以降も織田信長・豊臣秀吉・徳川家康等の篤い尊崇を受けた。

石清水放生会　九月十五日午前二時、松明や提燈のあかりだけを頼りに約五〇〇名の神人と呼ばれるお供の列を従えた御鳳輦《ごほうれん》が、男山山上の本殿から山麓の頓宮へと降る「神幸行列」。空が徐々に明けゆく中、粛々と斎行される「奉幣の儀」。平安絵巻さながらの祭儀はゆるやかな時を今も刻んでいる。

年間百余りの祭典を斎行する当宮の中で、とりわけ重儀として知られる三勅祭の一つ石清水祭。かつて「放生会《ほうじようえ》」とよばれたその祭は当宮の歴史そのものを再現している。石清水放生会は、仏教の不殺生戒にもとづいて魚鳥類を放って供養する作善儀式であり、貞観五年八月十五日に宇佐宮に倣い始められた(『宮寺旧記』)。当宮への信仰篤い円融天皇の天延二年には雅楽寮が楽を奏し、左右の馬寮・近衛府に交互に走馬十列を奉ることが規定され、放生会を国家の祭、公祭として組み入れようとしたことが確認できる。ただし公祭とされたのは、後三条天皇の延久二年（一〇七〇）のことである。

他社の祭が公祭化にあたり天皇外戚神たるを理由にしているのに対し、後三条天皇の意向を反映した御願祭祀として成立した点にその特徴がある。宣命において後三条天皇は、東宮時代に皇位に就くことを祈願し、その報賽・感謝の儀礼として始められたこと挙げている（『宮寺縁事抄』）。ここから上卿・参議をはじめとする勅使が立ち、その祭儀は、行幸に準じた重儀で行われるようになる。

この祭祀は神事を基本にしながら放生という仏事を加えた神仏習合最盛時代にふさわしい公家儀礼として成立した。山上から山下に降り祭祀を受けるという形式もまた当時の京中祭礼として形成され始めた御旅所祭祀の形式を取り入れており、時代に即した儀礼構造を持つ祭祀であった。

石清水放生会の祭祀構造は大きく㈠公祭、㈡放生会、㈢神幸祭に分けられ、それが儀式の中で融合されている点に特色がある。

九月十五日の午前二時、神職が参進して本殿へ向かい、八幡三所大神の神霊を御鳳輦（輿）に遷す儀式が行われる。ついで午前三時、御鳳輦が本殿を出御。総勢五〇〇人あまりの神人が御鳳輦に付き添い、暗闇の中を松明で照らしながら麓の絹屋殿まで下山する、行列次第と御輿次第が行われる。御鳳輦が絹屋殿に到着するのは午前三時四十分。ここで里神楽が奏される。はじめに神幸祭の形式がとられる。次に祭儀の中心下院行事にうつる。午前五時半、御鳳輦を上卿が参議以下の諸官をひきいて頓宮へと案内し、八幡三所大神が頓宮へ渡御される。ついで上卿の御祭文の奏上を中心とした種々の儀式が斎行される。神馬の引回し、雅楽の奉納など、公祭の祭儀がここで行われる。そして午前八時より放生行事が斎行される。放生会と称された所以は仏事に併せて行われる放生の儀式にある。頓宮の東側の放生川へ放魚・放鳥の儀があり、安居橋《あんごばし》で雅楽が奏せられ、胡蝶の舞が奉納される。これが放生会の祭儀である。午前十時に舞楽奉納。午後五時より還幸祭が行われ午後六時半ごろ還幸され、本殿に着御されるのは午後八時ごろになる。このように、一連の儀式の中で、異なる三種の祭儀が融合されている。

粛々と行われるその様は、創始当初の時の流れを千年の後も変わらず刻んでいる。男山の山麓の下院に降りた神輿に対して、公家の儀礼、社家・寺家の神事・仏事を盛大に執行することで神の霊威は増進され、行教が宇佐から勧請した時を再現している。それは天皇を擁護する神、皇位継承の守護を掲げて出現する神の威光と交遊することであった。

石清水放生会は文明十五年（一四八三）より中絶、延宝七年に再興された。なお明治元年に中秋祭と改称、さらに同十七年には平安朝以来の旧儀に戻って男山祭と称し、祭日を九月十五日に改められた。そして大正七年以後は石清水祭と改称して現在に至っている。

参考文献　『石清水八幡宮史料叢書』（一九六〇―七五）、『特別展覧会　古絵図』（京都国立博物館、一九六三）、『京都府の地名』（『日本歴史地名大系』26、平凡社、一九八一）、岡田莊司『平安時代の国家と祭祀』（続群書類従完成会、一九九四）、三橋正『平安時代の信仰と宗教儀礼』（続群書類従完成会、二〇〇〇）、『八幡地域の古文書と石清水八幡宮の絵図』（京都府立大学文学部歴史学科、二〇一〇）

（黒澤　舞）

吉田神社（よしだじんじゃ）

鎮座地　京都市左京区吉田神楽岡町
祭神　健御賀豆知命《たけみかずちのみこと》・伊波比主命《いわいぬしのみこと》・天之子八根命《あめのこやねのみこと》・比売神《ひめがみ》
例祭日　四月十八日

平安京の吉田社　貞観年間（八五九～七七）に藤原北家魚名《うおな》の子孫、中納言山蔭が藤原氏の氏神である大和にある春日社の四神を勧請して創建した。

はじめは山蔭の家の氏神としての性格が強かったが、山蔭の子中正の娘時姫が関白藤原兼家の妻となり、詮子（東三条院）を生み、詮子が円融天皇の女御《にょうご》となり、一条天皇を生んだことから、公的性格を帯びるようになった。一条天皇が即位された寛和二年（九八六）十二月に同じく藤原氏一門の氏神である大原野社に準じ、吉田祭が四月と十一月の二回の公祭となる（『日本紀略』）。翌永延元年（九八七）十一月に祭祀が始まり、恒例化される。正暦二年（九九一）祈雨奉幣《きうほうへい》されることにより十九社の一社に列せられ、のちの二十二社奉幣制へと展開していく。また嘉承元年（一一〇六）には太政官符により年四度の幣帛《へいはく》を賜り、平城京の春日社、長岡京の大原野社、平安京の吉田社といわれ、繁栄していくこととなる。

本殿は春日社と同じく四殿から成り、大原野社と同じく南面し、南側に行事所屋と北屋があり、大鳥居を入ると着到殿《ちゃくとうでん》と五間屋があり、鳥居を入ると南屋（舞殿）があり、その奥に中門と本殿四宇があった。

鎌倉時代初期、卜部兼茂《うらべかねしげ》の頃より同社の社司（預職）に卜部氏が任ぜられるようになり、その後南北朝期の兼熈より吉田氏と称し、明治に到るまで兼茂の子孫である吉田卜部氏が世襲した。

吉田兼倶と斎場所大元宮　文明二年（一四七〇）吉田兼倶は独自の教理と私邸に斎場所を建立し吉田神道を創唱した。その後斎場所を吉田社内に移転し、文明十六年に遷座祭を行なった。この斎場所は天神地祇《しんじんちぎ》、八百万神《やおよろずのかみ》、六十余州の式内社《しきない》三一三二の神が毎日降臨する霊場として建立された。殿舎は太元尊神（国常立尊）を祀る八角形の大元宮を中心に伊勢内外両宮、神祇官八神殿、全国式内社を祀っている。公家・武家の祈願所として特別な霊場であった。現存の建物は慶長六年（一六〇一）淀殿の寄進による。

三日間にわたる節分祭　当社の伝統神事であり現在でも行われている節分祭は、二月三日に節分当日祭を中心に、その前後三日間にわたり本社・大元宮で行われ人気を集めている。二日、前日祭に引き続き行われる疫神祭では、疫神《えきじん》をなごみしずませ、神酒洗米《しんしゅせんまい》をまく。同日午後六時から行われる追儺《ついな》式は、四つの黄金の目の面をかぶった方相氏《ほうそうし》が手には矛と盾を持ち、陰陽師祭文《おんみょうじさいもん》をとなえ、こん棒で暴れる赤鬼・青鬼・黄鬼を追い払い、人々の不幸を除き幸福と平和を祈願する。三日午後十一時より行われる火炉《かろ》祭では、本社前に造られた八角形の火炉で古い神札を焚きあげる。また三日間にわたり大元宮の前に厄塚《やくづか》をたてて、参拝者の厄を払う。

参考文献　萩原龍夫『増補版　中世祭祀組織の研究』(吉川弘文館、一九七五)、福山敏男『神社建築の研究』(『福山敏夫著作集』四、中央公論美術出版、一九八四)、岡田莊司『平安時代の国家と祭祀』(続群書類従完成会、一九九四)

(松　元　　毅)

吉田斎場所大元宮屏風
(上＝右隻，下＝左隻，國學院大學神道資料館所蔵)

八坂神社（やさかじんじゃ）

鎮座地　京都市東山区祇園町北側
祭　神　素戔嗚尊《すさのおのみこと》・櫛稲田姫命《くしいなだひめのみこと》・八柱御子神《やばしらのみこがみ》
例祭日　六月十五日

都市祭礼の躍動感　棟門《むねもん》の前では、ささらを持ち田楽に興じる人々の姿。都市祭礼で活気づく平安京の大路に、笛と太鼓、ささらの鳴る音、周囲をとりまく庶民の歓声が響いてくる。

田楽の一団のあと、警備役の騎馬の乗尻《のりじり》・御幣《ごへい》・風流傘《ふりゅうがさ》の女騎馬、市女笠《いちめがさ》を被る騎馬の巫女《みこ》、そして舞楽の散手、太鼓・笛・獅子舞の一行、神木・紙幣・鉾を持つ人々、牛頭天王《ごずてんのう》（素戔嗚尊《すさのおのみこと》）を乗せた第一神輿が練り歩く。このあと、第二神輿の婆利女《はりめ》（櫛稲田姫命《くしいなだひめのみこと》）・第三神輿の八王子（八柱御《やばしらのみ》子神《こがみ》）がつづく。

この場面は「祇園御霊会」の図（祇園会とも、現在は祇園祭と呼ぶ）。平安末期に後白河院の命により、都の儀礼・祭祀を絵画化した『年中行事絵巻』に描かれ、院の秘物を集めた蓮華王院宝蔵に収蔵されてきた。ここに見える神輿《みこし》三基と獅子は、後白河院より寄進されたものとされる。祭礼に参加した人々は、躍動感あふれる豊かな表情で描かれ、平安末期の制作とされる『伴大納言絵巻』と共通した筆致といえる。宮廷絵師常盤光長の作といわれる絵巻の原本は失われ、現存するのは近世の写本が多い。

祇園御霊会と田楽との関わりは、院政期に盛んになり、祭礼行列の前後に田楽が加わるようになる。特に永長元年（一〇九六）には、世に有名な「永長の大田楽」が起った年である。祇園御霊会の数日前から、自然発生的に都の住人たちは遊興のため田楽を催し、そのまま祇園御霊会にも多くの人々がなだれ込み参加した。白河院・鳥羽院は、祭礼に積極的に協賛し、田楽や騎馬行列に院の殿上人や院の雑色《ぞうしき》が繰り出した。

田楽とともに、祇園御霊会の見所は、清少納言が「心ちよげなるもの　御りやうゑの馬をさ」（『枕草子』）と讃えた騎乗の馬長《うまおさ》である。蔵人所から差し出される若衆の凛々《りり》しい勇姿は祭礼の花形とされた。馬長は天皇に悪疫が及ばないようにとの願いから、天皇が内々に差し出す性格のものであった。それは天皇の住まいである里内裏が、祇園御霊会の祭礼区域内にあることによる。

御旅所祭祀　祇園御霊会は旧暦六月七日に神輿迎え（お出で、現在は七月十七日夜）、六月十四日に還幸の祭礼（お帰り、

祇園御霊会の図(旧岡田本『年中行事絵巻』，國學院大學神道資料館所蔵)

現在は七月二十四日)があり、御旅所祭祀、神輿の巡幸によって神霊の霊威は増進される。現行の山鉾巡行(七月十七日午前)は、神幸祭前の神迎えの行事にあたる。

祇園御霊会の起源は牛頭天王の祟りにより疫病が流行したため、貞観十一年(八六九)に始められたという社伝『祇園社本縁録』があるが、その成立は定かではない。

祭礼は大政所の御旅所が確保されてから恒例行事となる。社家に伝えられた『社家条々記録』によると、天延二年(九七四)五月、大政所と称する旅所が高辻東洞院に設けられ、祭礼が開始されたと伝える。祇園の大政所旅所は秦助正の居宅を祇園社へ寄進し、助正は御旅所神主に補任されて以来、神主職を彼の子孫が連綿相続していったという。祇園御霊会をはじめとする平安京中祭礼の恒常的な執行は、旅所の確保と京内住人の有勢者の協力が欠かせなかった。

平安中期には、平安京で疫病が再三流行したため、北野天神会や今宮御霊会など、御霊会系統の祭礼が盛んになり、祇園御霊会にも庶民の熱狂的参加がみられた。現代の山鉾巡行につながる山車《だし》も、この頃から出し物として注目を集めている。特に、雑芸人らは大嘗会に悠紀・主基国の人々によって出される「標《しめ》の山《やま》」を真似た作り物を引き出し、雑多な芸能を伴った散楽の空車が参加した(『本朝世記』)。

空車は屋根をもたない台車・屋台の山車のことで、今も曳かれる山鉾の源流にあたる。また、『年中行事絵巻』に描かれた鉾を持つ神人の姿は、現在の山車に乗せた鉾に受け継がれている。

雑芸者・楽人と京中住人である見物人ら、庶民の参加による祇園御霊会の盛大化は、藤原道長が検非違使らに命じて祭礼を統御する存在となった。庶民信仰に支えられた祇園御霊会には強い措置を講じた藤原道長も、祇園社には特別の崇敬を寄せ、長徳二年(九九六)に祇園社を二十社に加えて二十一社とした。これは前年・前々年(正暦五年〈九九四〉)の疫病流行が大きな原因になっている。

保延二年(一一三六)鳥羽院は冷泉東洞院の少将井御旅所の敷地(現、京都新聞本社)を寄進し、ここに第二神輿が渡御するようになる。神輿は少将井の井戸の上に据えられ、井戸の水を飲むと疫病に罹らないと信仰されてきた。これら二ヵ所の御旅所は豊臣秀吉により、四条寺町の現在地に移り、元の大政所には、地域の人々により小祠が建てられ、毎年、祇園祭の還幸の途次、慣例により第一・第三の神輿が渡御することになっている。また、少将井の小祠も京都御苑内、宗像神社の境内(末社・少将井神社)に移転した。

祇園社の創祀　京都と言えば、祇園さん(祇園社のこと)、祇園祭、そして祇園の舞妓さんが思い浮かぶほど、祇園の名称は浸透している。その祇園といえば、誰もが暗誦してきた『平家物語』冒頭の一節「祇園精舎の鐘の声、諸行無常の響あり」が知られている。祇園精舎は須達長者が釈尊と弟子のために建てた僧院であり、仏教流布の根本道場にあたる。わが国における祇園の名称は、神社と寺院とが一体となった神仏習合の霊地として長く信仰されてきた。

明治以前まで、祇園社と名乗ってきた同社だが、明治の神仏分離により、その鎮座地が古代の地名である八坂郷にあることから、正式の社名は八坂神社に変更されたが、いまも馴染みのある祇園さんと通称され、その祭名も祇園祭と呼んでいる。同社は明治四年(一八七一)官幣中社に列し、大正四年(一九一五)官幣大社に昇格した。

祇園社の創祀については、疫病退散を祈念する御霊信仰の隆盛に符合した展開を遂げている。貞観五年五月、崇道《すどう》天皇《てんのう》(早良親王《さわらしんのう》)はじめ六霊を鎮魂する御霊会が朝廷と京中の庶民が一体となって神泉苑において挙行された。この時、朝廷の使には、藤原基経が遣わされた。祇園信仰と菅原道真の天神信仰とは、御霊信仰の系統のなかにある。祇園・天神信仰はともに、庶民が信仰基盤にあり、これに藤原摂関家が信仰の形成に深く関与した。これらの新たな信仰形成は、古代と現代とを画する神道の信仰史上、大きな転換期であった。

その創祀については、斉明・天智天皇朝に八坂造の祖にあたる渡来氏族の創立説（松浦道輔『感神院牛頭天王考』など）をはじめ、諸説伝えられているが、確定した論はない。諸説あるということは、自然発生的に都市民の間に熱狂的にたかまった御霊信仰の特徴ともいえる。そのなかで、最有力とされるのが、貞観・元慶年間成立説である。

貞観十八年、南都の僧円如が薬師像などの仏像を安置する堂塔を建立したことを起源とする（『伊呂波字類抄』）。その翌年（元慶元年〈八七七〉）、疫病が流行ったため、神祇官・陰陽寮の卜占があり、辰巳の方角の神を捜し求めたところ、祇園の神が確認され、ここに官幣を奉ったと伝える。このことで疫病は鎮圧され、摂政・右大臣藤原基経は自身の建物を壊して寄進し社壇にしたという（『社家条々記録』）。これは自身のもつ物品を寄進して仏の加護を求める喜捨の作法とされる。

疫病鎮静の霊場　円如によって建立された寺院の名は観慶寺（祇園寺）と称した。貞観・元慶の年に建立されていることから名付けられたものであろう。その構造は、仏堂三間一宇・礼堂三間一宇と神殿五間一宇・礼堂五間一宇から成り、神殿には天神・婆利女・八王子の三神が祀られ、仏堂と神殿が寺院内にある神仏習合の様式となっている。十世紀前半の祇園社の社頭の様子は、仏堂より神殿の建造物の方が広く作られている（『二十二社註式』所収、承平五年〈九三五〉六月十三日太政官符）。その神殿は「祇園天神堂」「祇園感神院」などと呼ばれた。

その創建に深く関わった藤原基経について、子息忠平も崇敬し、官寺の定額寺にする格別の扱いを講じている。定額寺への発展の背景には、修行僧・民間僧らの活動も大きかった。また、忠平は病気平癒、南海の平定祈願、承平天慶の乱平定の報賽でも、祇園奉幣をおこなった（『貞信公記』）。

祇園社は天延二年、延暦寺配下の天台別院となり、日吉社の台頭とともに、祇園社の地位も向上していった。翌天延三年六月十五日には、公家の臨時祭が始まる。これは前年の、円融天皇庖瘡御祈の報賽のためであった。あわせて藤原兼通の祇園詣、中宮奉幣もおこなわれた（『日本紀略』）。還幸祭の翌日、十五日は「みあれ」された神霊がもっとも高まる時であった。天皇臨時祭・中宮奉幣・摂関祇園参詣があるのも、前日までの庶民参加の祇園御霊会の祭礼を前提にして斎行されることになる。祇園臨時祭が毎年恒例の祭祀として定着するのは、平安末期、崇徳天皇の天治元年

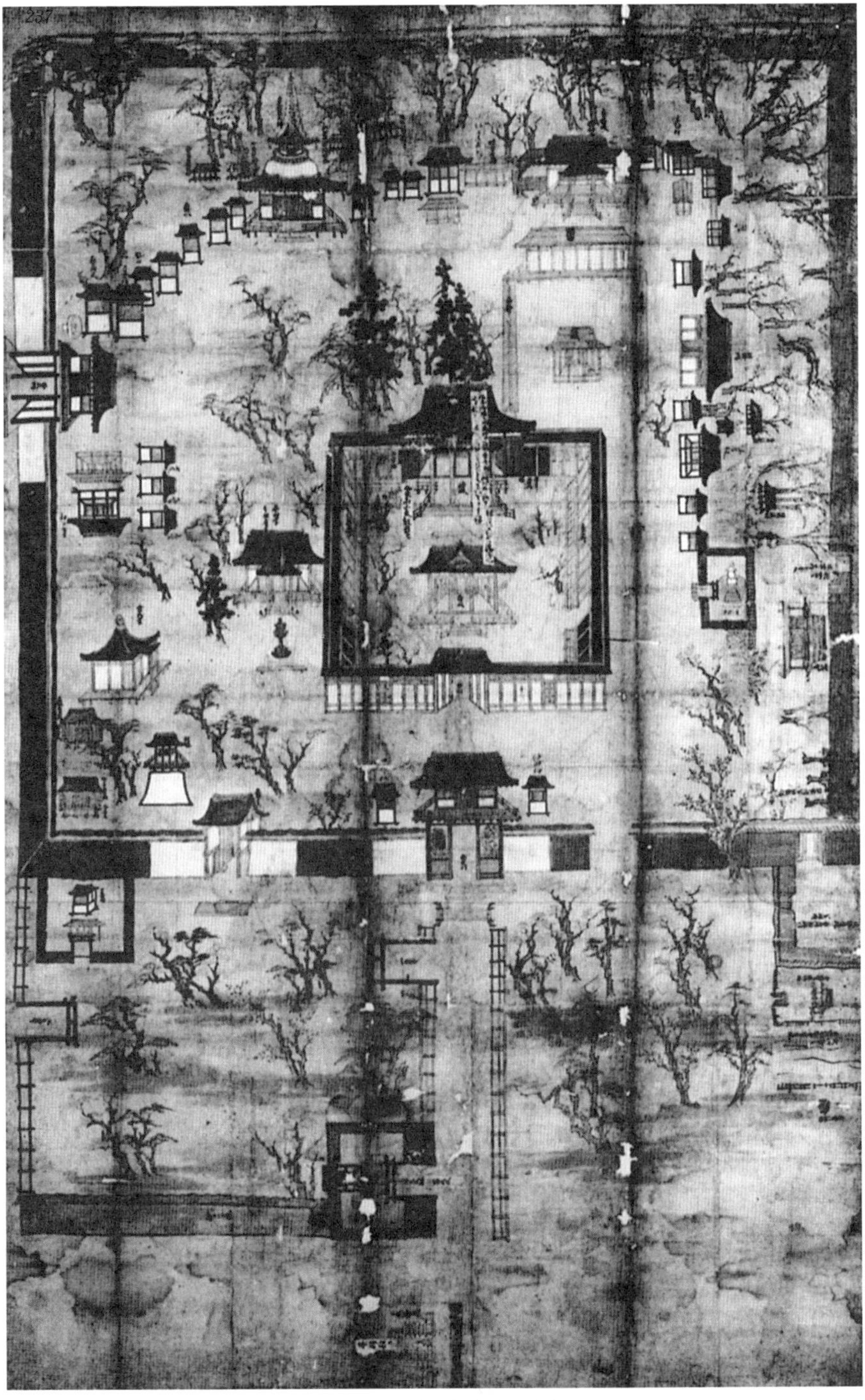

祇園社絵図(八坂神社所蔵)

（一一二四）からであった。

牛頭天王と蘇民将来　主祭神とされた牛頭天王は、インド祇園精舎の守護神に由来する。その姿は牛の頭をもつ忿《ふん》怒《ど》の相で、渡来の防疫神。また北海の武塔神ともいう。この神は南海の神の女子を探す旅の途中、将来兄弟のもとを訪ねるが、裕福な弟はその訪問を拒絶したのに対して、貧乏な兄の蘇民将来は丁重に粟の御飯で持て成した。のちに蘇民将来一族は疫病にかかることなく、繁栄したと伝える。疫病を除くには、茅の輪を用い、家の門口に「蘇民将来の子孫なり」と書いた護符を貼り付けると疫病から逃れられるとされた。祇園御霊会のとき、粟の御飯を御供とするのは、蘇民将来の因縁に基づくものとされる。また、祇園神殿の床下に、龍宮に通じる穴があるのは、南海の神の女子に通じるためと伝える（『釈日本紀』七）。境内にある摂社・疫神社（祭神・蘇民将来）では、現在、七月三十一日の夏越祭《なごしのまつり》において「茅之輪守《ちのわまもり》」と粟餅が授与される。平安後期以降、祭神は渡来の牛頭天王と荒振る神の性格が強い素戔嗚尊とが習合し、祇園信仰の核となっていった。

描かれた社頭「祇園社絵図」　中世の社頭景観を伝えているのが、元徳三年（一三三一）大絵師隆円によって描かれた「祇園社絵図」（重要文化財）である。中央に祇園社の神殿と舞殿を囲む廻廊を設け、それを広く取り囲む築地と南門・西門を配し、薬師如来像を安置する薬師堂は、神殿に比べると小さく描かれている。この社殿配置を見れば、祇園社（感神院）が寺院（観慶寺）より優勢であったことが確認できる。平安中期の創祀のときから、仏堂より神殿が広くとられ、それは近世の名所図会などを見ても、配置に大きな変化はない。

明治以後、神仏分離により観慶寺の本尊、薬師如来像は外部に出され、京都市左京区の大蓮寺に遷された。

参考文献　高原美忠『八坂神社』（学生社、一九七二）、岡田荘司『平安時代の国家と祭祀』（続群書類従完成会、一九九四）、久保田収『八坂神社の研究』（臨川書店、一九九七）、脇田晴子『中世京都と祇園祭』（中央公論社、一九九九）

（岡田荘司）

北野天満宮（きたのてんまんぐう）

鎮座地　京都市上京区馬喰町
祭　神　菅原道真《すがわらみちざね》
例祭日　八月四日

あらひと神・菅原道真　天満宮に祀られる「天神さま」こと菅原道真は、栄達と失脚の波乱に満ちた人生を過ごした平安時代中期の貴族である。藤原氏が台頭してくる宇多朝から醍醐朝にかけて才覚を発揮し、昌泰二年（八九九）には右大臣にまで上り詰めた。しかし同四年、醍醐天皇への謀反の罪により、突如として大宰府に左遷される。道真は配所で無実を訴えたが、二年後に同地で生涯を閉じる。

天神信仰は、非業の死を遂げた人間・菅原道真が、やがて神として朝野を問わず信仰を集めるようになるという、人を神に祀った信仰である。この頃、人々の間では、疫病や災害の原因に「祟り」をみた。なかでも、非業の死を遂げた人物が、その原因となった相手に祟りを為すとされた。いわゆる御霊信仰であり、御霊には主として、仏法による慰撫が図られた。

道真も死後、世間で起こった災害・災異が祟りと結びつけられたが、それまでの御霊とは趣を異にする点がある。それは、祟りなす道真がやがて「天満天神」と呼ばれ、「神」として信仰されていくという点である。道真は菅原《すがわらの》是善《これよし》の実子であるが、縁起では是善の前に突如現われる身寄りのない子供として描かれており、神としての出自があらわされている（『天神記』）。そして平安後期には、すでに「あらひと神」と表現されている（『大鏡』）。

託宣する天神　同宮の歴史は、託宣から始まる。西海での藤原純友の乱、関東での平将門の乱の終息した天慶五年（九四二）、西京に住んでいた多治比文子《たじひのあやこ》という女性に道真の霊が降り、託宣を下す。そこで道真は、「自分は生前、しばしば北野の右近馬場に行った。いま、無実の罪により大宰府で命を落として怨みの心はあるが、右近馬場に祀ってくれればこの胸の炎も少しは和らぐのではないかと思う」という旨を語るのである。しかし文子は、右近馬場には社を造らず、自身の家で祀っていたという。この時点ではまだ、道真は北野に祀られてはいなかった。

文子に託宣が下った後の天慶九年、今度は近江国、比良宮の禰宜である神良種《みわのよしたね》の七歳の息子、太郎丸に、道真は託宣を下す。やはり右近馬場で祀られることを望むものであった。これを受けて良種は上京し、先の多治比文子や北野に住む僧侶、最鎮の協力もあって、正暦元年(九四七)、北野に道真を祀る祠を創建したのであった(『天神記』)。

北野の地は平安京の乾方、つまり北西部に位置する。当時は必ずしも栄えてはおらず、僻地の感が強い土地であった。もともと雨を呼ぶ「雷公」を祀る地といわれ、そのような場所に、このような経緯で、同宮は創建されたと伝えられている。やがて天徳三年(九五九)、藤原師輔が社殿を寄進し(『菅家御伝記』)、また天延元年(九七三)には、焼亡記事であるが、史料に「天満天神北野宮」の文字が確認できる(『日本紀略』)。

道真の祟り　こうして北野に祀られた道真だが、次に恐ろしい祟りをなす側面について見ていきたい。前述のとおり、道真は謀反の罪をきせられ大宰府に左遷された。史料には、死後二〇年を経て、道真の祟りを強く意識する様子がみられる。

延喜二十三年(九二三)三月二十一日、醍醐天皇の皇太子、保明親王が二十一歳の若さで没する。人々の悲しみの声は雷のように響き、皆、皇太子の死が道真の「宿忿」の所為ではないかと噂した(『日本紀略』)。これによって、朝廷は四月十七日に勅祭の賀茂祭を停止し、また、前日の十六日には賀茂祭停止による建礼門前での大祓を執り行なった。

そして、同月二十日には道真を生前の右大臣に復し、重ねて一階位を増して正二位を追贈した。いわば、名誉の回復により宿忿の慰撫を図ったのである。さらに、翌月の閏四月十一日には改元がなされ、元号は「延喜」から「延長」となった。

このほかにも、さまざまな出来事に道真の関わる逸話が散見される。時代は前後するが延喜九年、道真左遷の中心人物とされる左大臣、藤原時平が死去する。安倍・賀茂両氏による陰陽道の祈禱も験なく、時平の病気平癒は稀代の天台僧・浄蔵に託されたが、道真が修法を阻んだという(『扶桑略記』)。また、醍醐天皇の皇子、寛明親王(のちの朱雀天皇)は、三歳まで格子を閉め昼夜にわたって火をともし、御帳の内で育てられたといい、それは「北野」を怖れてのことだったという(『大鏡』)。また朱雀朝の天慶二年、関東で蜂起した平将門はみずからを「新皇」と名乗ったが、この前代未聞の宣言には巫女に神がかりした「八幡大菩薩」が関わり、新皇位の位記は「菅原朝臣之霊魂」が授けるものだと語ったという(『将門記』)。

さらに道真の死後六〇年経った村上天皇の天徳四年には、前年に全焼した内裏を再建する際に、柱に「ツクルトモマタモヤケナン　スガハヤノ　ムネノイタマノ　アハヌカギリハ」という歌が出現したという(『扶桑略記』)。「棟の板間」と「胸の痛み」をかけたこの歌は、平安末期の歌集などにも収録されている。

また、天神縁起に印象的に描かれている有名な逸話に、清涼殿落雷がある。延長八年(九三〇)六月二十八日、貴族らが清涼殿に参集し、祈雨について議していた時、雨なくして清涼殿に落雷があり、死傷者が出た。この時に胸を焼かれて命を落とした藤原清貫は、配所の道真の様子を見に訪れた人物であった。

内裏において死者を出すこの災害の衝撃は、当時の人々にとって如何ばかりであっただろうか。これ以降、醍醐天皇は体調を崩し、同年九月二十二日に寛明親王(朱雀天皇)へ譲位、同月二十九日に崩御する。また縁起では、藤原定国・藤原菅根・源光など、道真左遷に関わったとされる者たちが祟りによって、つぎつぎと死去したとも描かれている。

これらの事件や逸話に共通するのは、多くの場合、祟りが皇位を脅やかすほどにまで及ぶということである。そしてそれまでの祟りとは異なり、官位追贈などの慰霊行為によって鎮めることができないという特徴がみられる。

しかし翻ってみるに、だからこそ、祟りなす御霊が守護の神へと転化されたのちの神威もまた、大きなものであり、人々が崇敬し、国家や摂関家が守護神として祀り、天神信仰は広がりを見せていったのである。

藤原氏の天神信仰　藤原氏は、死去した時平の後、弟の忠平が摂政・関白を歴任した。この出世は、忠平が兄、時平とは異なり道真と親交を持っていたので、忠平の家系は祟りを受けず、護られた結果だといわれる(『天満宮託宣記』)。また、忠平の孫の兼家は、それまで大臣と兼帯であった摂政を独立した職掌として位置付け、寛和二年(九八六)にみずからその職に就いた人物である。ちなみに、有名な藤原道長は兼家の子息であり、いわゆる藤原摂関家の栄華は、兼家から始まったといっても過言ではない。したがって忠平の家系は、いわば摂関家の基礎を築いた一族といえる。

さて、その藤原兼家は永延元年(九八七)、暴風雷雨の日に破損した「北野宝殿」を父の師輔と同様、修造する。この修造にはいわくがあるらしく、この時、天神、道真が託宣で歌を詠み、その間に殿上の殿守司が一人、命を落としたという。人々は天神を怖れ、宝殿を改築し、北野に詣でて作文・和歌を献じた(『百錬抄』『続古事談』)。

この出来事から、死後八〇年以上を経てもなお、藤原氏の天神への畏怖をうかがうことができる。しかし、道真を左遷に追いやって祟りを受けたとされる藤原氏は、道真を恐れる一方で、次第に崇敬するようになっていくのである。

正暦三年(九九二)十二月、大宰府で道真の託宣が下る。その内容は詳細な史料が残っておらず定かではないが、これにより翌年六月二十六日、朝廷は道真に左大臣を追贈し、さらに一階を増して正一位としている。また、重ねて同年閏十月二十日、朝廷は太政大臣の追贈も行うが、これは兼家の子息で内大臣の藤原道兼の夢想によるものという(いずれも『小右記』)。正暦四年に続いた官位の追贈によって、道真は死後約九〇年を経て、人臣としての極官に昇り詰めた。そして藤原氏による天神、道真への信仰は道兼以降、宗忠・師通・頼長などと続くことが、諸史料から確認できる。

北野社の祭礼と発展　藤原兼家が「北野宝殿」を修造した永延元年、八月五日に北野社で北野祭が、朝廷の崇敬を受け公的性格を帯びて執り行われた。当時の朝廷からの宣命には「掛けまくも畏き北野に坐します天満宮天神云々」とある(『菅家御伝記』)。天神の神号は、それまで個人的な信仰として呼称されていたもので、北野祭の宣命で使用されたことは、朝廷が道真を公的に「天満天神」という「神」としたことを示す。さらに正暦二年、北野社は朝廷が特に信仰する、のちのいわゆる二十二社の一つに加えられ、奉幣なども行われるようになり、重要な社となっていく。

また、北野社の特徴的な祭礼として、「ずいき祭り」が挙げられる。この祭りは、村上天皇朝に、西ノ京の神人らが大宰府で彫られた道真の木像に収穫物を供えたことに始まるとされ、もとは九月九日に行う私祭であったという。

現行では、北野祭は八月四日の例祭、ずいき祭りは十月に執り行われている。北野祭では、かつて神輿渡御があったが、現在はずいき祭りの際に行われる。この祭りで神輿と共に渡御し、祭りを特徴付けるのが「ずいき神輿」である。この神輿は、北野祭の際に西ノ京で献じていた野菜類を、やがて大型の一基の神輿にまとめたものとされる。神輿の屋根はずいき芋で覆われ、神輿の各部は穀物や蔬菜、果実、湯葉・麩などで造られている。十月一日、北野社の神輿が西ノ京のお旅所まで巡行する。同月四日に神輿は還御するが、ずいき神輿もともに氏子区域を巡るのである。

平安時代、北野祭の「公祭」化をきっかけとして、道真が祟りをなす例は次第にみられなくなる。平安末期には大宰府・北野以外でもすでに天満宮が創建され、神像も造られるようになり、そして鎌倉時代までには、人々を守護する神へと変化していく。すなわち、無実の罪を被る人も天神に祈ればその霊験に預かり救われるとされたのである。その後、人々は信心を持って天神に自身の出世を求め、福寿を願い、祈請していくのである。

北野宮曼荼羅図(北野天満宮所蔵)

鎌倉時代の天台座主、慈円は、以下のように述べている。すなわち、道真は観音の化現で国を護ろうとする思いを強くしてこの世にあらわれた。そして藤原氏の始祖、鎌足の事跡を受け継ごうと、時平の讒言にわざとかかって命を落とし、今は「摂簶ノ家」、つまり藤原摂関家を守護する神となったとしている(『愚管抄』)。

にぎわう境内、人々を守護する神　このように、人々に深く崇敬・信仰されていく天神だが、本項に掲載する「北野宮曼荼羅図」は、室町時代、十五世紀頃の作とされる。境内には紅白の梅が咲き、参拝者と見られる人々もみえる。中央部分には金色の懸鏡と釣燈籠を左右に配した本殿がある。懸鏡には「天満大自在天」と書かれており、殿内には束帯姿で力強い怒りの形相の天神が坐す。上部の円相には右から不動明王・釈迦・薬師如来・愛染明王・慈覚大師が描かれる。

また、境内には摂末社や多くの堂舎が描かれている。同時代の史料がなく制作背景は不明だが、境内に参詣者を描き、図中の堂社に墨書で説明を加えていることなどから、参詣曼荼羅の意味合いが込められているとされる。絵画形態や賑わう境内の様子などから、当時の篤い信仰の一端をうかがえる貴重な史料である。

天神、菅原道真は平安時代、死後恐れられ、人臣の身でありながらやがて神として朝野に篤く信仰されていった。まさに、わが国で初めて臣下の身でありながら神となった人間といえる。そして鎌倉時代以降、天神は祟りなす存在から、藤原氏や朝廷を守護する神、人々の罪を濯ぐ正直の神、さらに文芸の神、学問・合格の神へと、多様な姿を見せていくのである。

参考文献　坂本太郎『菅原道真』(吉川弘文館、一九六二)、竹内秀雄『天満宮』(新装版、吉川弘文館、一九六八)、竹居明男編『天神信仰編年史料集成』(国書刊行会、二〇〇三)

(伊東裕介)

鶴岡八幡宮（つるがおかはちまんぐう）

鎮座地　神奈川県鎌倉市雪ノ下
祭　神　応神天皇《おうじんてんのう》・比売神《ひめのかみ》・神功皇后《じんぐうこうごう》
例祭日　九月十五日

参詣の道・若宮大路　九州の宇佐を始原とする八幡神は、天皇守護神として山城国男山に石清水八幡宮が創建される。さらに八幡神は東国の地に迎えられ、鶴岡八幡宮が創祀され、鎌倉幕府の守護社となる。中世以降、八幡神は武士の信仰に支えられ、各地に流布することになり、現在、全国で八〇〇〇以上の神社を数え、八幡信仰は神社信仰の第一位を占めている。

三方を山に囲まれた相模国鎌倉は、「鎌倉城」（『玉葉』）とも呼ばれるほど、自然の要害の地であり、ここに鎌倉幕府が開かれると、武家政治の中心地、中世都市として発展した。新たに造成された都市鎌倉の中央部、都でいえば大内裏の場所に鶴岡八幡宮は置かれている。

ＪＲ鎌倉駅を下車し、東口から南北に貫く若宮大路に進むと、その北に二の鳥居がある。ここから神域である三の鳥居まで、桜並木がつづく段丘の参道を、段葛《だんかずら》とか、置石と呼ぶ。幕末の写真（横浜開港資料館所蔵、ベアトー撮影）によれば、並木はなく、参道の左右は段丘だけの簡単な構造である。若宮大路は宮都の朱雀大路《すざくおおじ》を意識して作られた。

寿永元年（一一八二）三月、北条政子の安産を祈願して、北条時政をはじめ御家人たちが石を運び参詣道を築いた。この大路を源頼朝は御家人を引き連れ、何度も参詣した。また、二所詣や遠征のための出陣に際しては、ここが出発地となり、儀礼のための聖なる道として作造されている。

享保十七年（一七三二）の「鶴岡八幡宮境内図」によると、若宮大路の下馬をはじめ三ヵ所に「馬止」と記した木の柵が設けられている（明治四年〈一八七一〉の境内図では、若宮大路の五ヵ所に柵が描かれている）。これは騎馬から降りて、馬を止めておく設備であったが、ここを「釘貫《くぎぬき》」ともいい、防備のための柵の機能ももっていた。明治以前は、海浜に近い一の鳥居まで、段葛は伸びていたが、鉄道横須賀線の開通により、二の鳥居まで短縮された。

源頼朝、祭主となる　当宮の創祀については、奥州の兵乱鎮定のため、鎌倉を前線基地とし、東国に地歩を築きつつあった河内源氏の源頼義が康平六年（一〇六三）八月、鎌倉の海岸由比浜《ゆいがはま》に近い場所に石清水八幡宮の神霊を密かに勧請したことに始まる（現在、鎌倉市材木座鎮座の元八幡、由

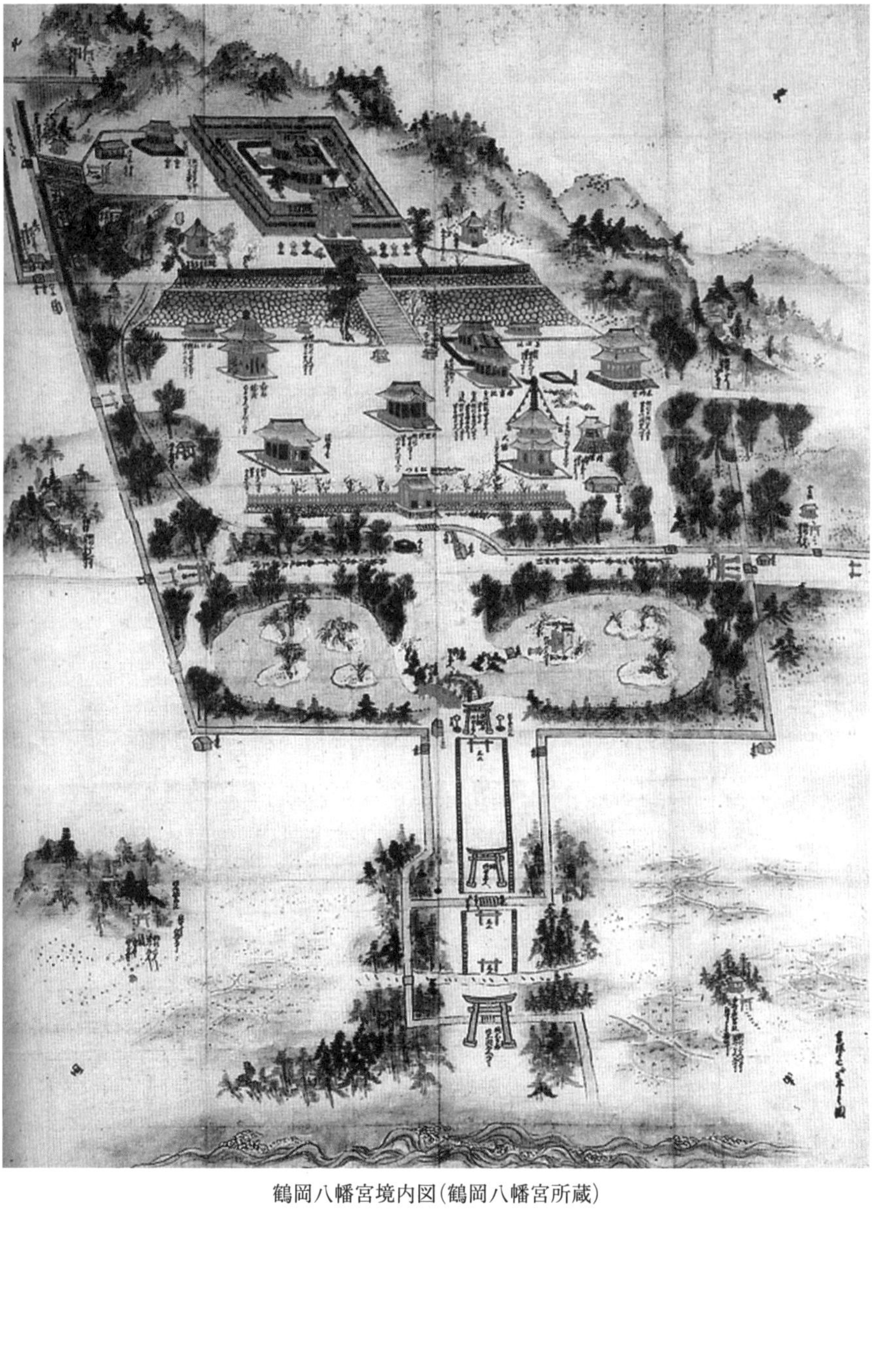

鶴岡八幡宮境内図(鶴岡八幡宮所蔵)

比若宮)。由比八幡は子息義家によって修復されている(『吾妻鏡』)。

頼義から六代目にあたる源頼朝は、以仁王《もちひとおう》の令旨を拝し、治承四年(一一八〇)八月、平家討伐の兵を挙げ、十月七日鎌倉に入る。十二日には、頼朝は祖宗を崇めるため小林郷北山の現社地を、新たな鎮座の場所とした(『吾妻鑑』)。今の下宮若宮の場所とされ、ここを当初「鶴岡八幡新宮若宮」と呼んでいる。石清水八幡の新宮である由比八幡社の若宮という意であった。この時、頼朝は潔斎《けっさい》ののち、みずから祭主となり、籤《くじ》を取り、元の由比若宮と遷座した「新宮若宮」の、どちらを取捨するか、神意を問い、現社地に決めた。同時に、伊豆山権現の専光房良暹《せんこうぼうりょうせん》が、同宮最高の職である別当に、当面の間任命されたが、寿永元年(一一八二)九月、初代別当に頼朝の従兄弟、寺門派園城寺《おんじょうじ》の円暁が正式に任命された。仏事については、別当をはじめとする僧侶に委託されたが、神事については頼朝自身が直接祭祀を掌り、神職の役割を果たした。

年間恒例の将軍主宰の祭祀では、元旦初詣の奉幣、八月十五日の放生会、臨時祭などがあげられる。頼朝は鎌倉に入った翌年、寿永元年元旦、みずから社参して、奉幣と神馬奉献を行なった。以来、元旦を当宮奉幣の日と定め、これが現代につながる元旦初詣の起源になっている。頼朝は元旦に十回、元旦以外に四回の初詣をおこなっているが、実朝と摂家将軍以降は、元旦よりも、元旦以外の日時の初詣が増えている。元旦は幕府秩序の象徴的日程にあたり、御家人による垸飯《おうばん》儀式に先立って、頼朝は「八幡大菩薩の氏人」として鶴岡初詣を実施した(『吾妻鏡』)。

元旦儀礼につづいて、八月十五日の放生会《ほうじょうえ》が文治三年(一一八七)から始まる。文治元年の平家滅亡後も源義経追捕などで世情不安がつづき、頼朝は同宮最大の神事として、御家人を総動員して奉幣・法会・舞楽の儀式を盛大に催した。八月に入ると、東国御家人に殺生禁断が触れられ、八幡大菩薩を称え、生き物を放つ、慈悲の行いが実践される。

建久元年(一一九〇)からは、八月十五・十六日の二日間にわたっての神事となり、二日目には、流鏑馬《やぶさめ》・競馬・相撲・田楽などが行われた(現在、九月十五日例祭・神輿渡御、十六日流鏑馬神事)。また、文治四年以降、頼朝の祈願である臨時祭があり、ここでも流鏑馬・競馬・相撲・舞楽などが奉納されている。文治から建久のはじめになると、祭祀の制度は整いつつあった。

建久二年三月、鎌倉は大火により、社殿は灰燼に帰し、大規模な復興が始まる。若宮神殿の裏、北山(大臣山)の山腹を削り、ここに上宮を造営して、新たに石清水八幡宮から御神体を勧請した。山上に神殿を創建したのは、宇佐・石清水の例に倣ったものである。同年十一月二十一日、遷宮儀を主宰する頼朝は束帯・帯剣にて祭祀の場に臨み、遷宮祭を執り行なった(『吾妻鏡』)。

これにより、上宮・下宮二社による鎌倉幕府の威勢に相応しい結構が整うことになる。その景観は「八幡は鶴岡に立せ給へり、地形石清水に違はず、廻廊有り、楼門有り、作路十余町見下たり」(『平家物語』巻八)とある。また、放生会について「法会のありさまも本社にかはらず、舞楽、田楽、師子がしら、やぶさめなど、さまざまな所にしつけたる事共おもしろし」(『増鏡』)と記され、石清水宮に劣ることのない様子が窺える。鶴岡は地理的配置の上から、また幕府儀礼の場として、都の大内裏になぞらえられ、頼朝の直衣始《のう しはじめ》、征夷大将軍拝命(三浦義澄が代理で受け取る)の儀、将軍実朝の右大臣拝賀の儀など、幕府儀礼の多くは、当宮をハレの場として機能させている。

境内の神々　上宮の祭神は、中御座(八幡・応神天皇)、西御座(姫大神・応神天皇姉)、東御座(神功皇后)の三座と、中と東御座の間に第四座として「御袈裟《ごけさ》」に御供が奉られた。下宮の祭神は、若宮(仁徳天皇)、若殿(仁徳天皇妹)、宇礼(仁徳天皇妹)、久礼(仁徳天皇妹)の四座である(『御殿司憶持記《ごてんすおくじき》』)。

社殿は上宮・下宮をはじめ高良社・松童社・武内社など、石清水八幡宮の末社と同様の諸社のほか、熱田社・三島社・白旗社などが御家人の分担により造営された(『弘安四年鶴岡八幡遷宮記』)。

末社熱田社は元暦元年(一一八四)七月、本社(現在の下社若宮)の隣に新造された。頼朝の母が熱田大宮司の女であることの由縁により、特別に勧請された。また、三島社も文治の末年までには勧請されている。この方は、頼朝が流人時代を送った伊豆国一宮であることから、特別の崇敬を寄せていたことによる。

鎌倉中期、弘安の遷座において、鶴岡の最高位にある別当隆弁は、上宮三座の御正体を神輿に納め、その後で武内社の御正体を抱いて付き従った。武内社の祭神は、応神天皇の忠臣とされる武内宿禰である。嘉禄二年(一二二六)の記録に、八幡三座とともに、武内社の遷座が確認できるので、それ以前の建久二年(一一九一)の上宮創建時に、末社武内社も石清水宮から併せて移祀されたのであろう。鶴岡上宮本殿の横に、常に侍仕しつづける末社武内社の存在は、八幡大神の霊験上昇に最高の効果をもたらすものであった。

末社には、このほか同宮の歴史に深い由縁をもつ人物の御霊《みたま》が祭られている。その一つは源頼朝を祭神とする白旗社、もう一つは新宮(今宮)である。ともに、古代には類例の少ない人霊祭祀であり、源頼朝は英霊祭祀の淵源ともいえる。

源頼朝を祭神とする白旗社は『弘安四年鶴岡八幡遷宮記』にはじめて登場するので、鎌倉中期頃には勧請されていた。当初は上宮廻廊の西側に鎮座していたが(享保十七年〈一七三二〉境内絵図)、明治二十年(一八八七)、下宮若宮の東側に島津久光筆「武衛殿」の扁額《へんがく》を掲げて竣工し、翌年遷座祭が執りおこなわれた。幕府を創立し、同宮の創祀者として、偉大な功績・権威のある源頼朝の人霊を祭祀する白旗社が、上宮の片隅にひっそりと鎮まってきたことは意外である。

天正十八年(一五九〇)七月、後北条氏征伐を終えた豊臣秀吉は、白旗社に詣で、源頼朝像(現在、東京国立博物館所蔵)に語りかけ、天下統一を互いに成し遂げたことで、二人を「天下の友達」と呼び、木像の肩を叩いたという(『関八州古戦録』『武辺咄聞書』)。秀吉の天下統一による安堵感が伝わってくる光景である。秀吉没後に展開する豊国大明神(豊臣秀吉)や東照大権現(徳川家康)のような人霊祭祀の威勢のある建物とは異なる、ささやかな営みといえる。八幡大神の前では、頼朝の御霊は小神の扱いである。

宝治元年(一二四七)四月二十五日、幕府が上宮裏の乾の方角(別当坊・二十五坊の近く)に、後鳥羽上皇の御霊を勧請した新宮(今宮)が創建される。崩御八年後のことである。承久の変により幕府によって配流された上皇の怨霊を宥めるためと、『吾妻鏡』に記されている。この祭祀は、平安期以降の御霊信仰の系譜に基づいている。鎌倉では幕府成立以前の早くから、御霊信仰が展開し、荏柄天神社、御霊神社(祭神・鎌倉権五郎景正)が創建されている。

社務組織　当宮は、明治の神仏分離まで「八幡宮寺」と呼ばれる神社と寺院が一体となった宮寺形式の習合形態からなり、社務を運営したのは僧侶であった。その最高職は別当であり、初代別当には、天台宗寺門派の円暁が頼朝から任命された。以後、寺門派僧侶のほか真言宗東寺の僧侶の就任が多くなる。

別当のなかには、将軍頼家の遺子、公暁《こうぎょう》がいる。別当公暁は父頼家が将軍職を追われ殺害されたことを恨み、叔父実朝を鶴岡の右大臣拝賀の帰途をねらい殺害した。本宮正面の階段近くに聳えてきた、樹齢一〇〇〇年ともいわれる大銀杏《おおいちょう》は、実朝殺害にあたって「別当公暁の隠れ銀杏」と伝えられ、長く神木として存在感を示してきたが、平成二十二年(二〇一〇)三月十日倒壊したことは惜しまれる。

社務組織は別当指揮のもと、頼朝が直接任命した僧侶二十五名からなる二十五坊の供僧《ぐそう》(大神＝大菩薩に供奉の僧)によって構成されている。彼らは、建久年間(一一九〇―九九)までに、北条時政・畠山重忠・梶原景時ら有力御家人の推挙により着任しており、平家一門子弟の就任が多い。これは戦後処理と平家滅亡に対する鎮魂を意図していたとする考えがある。

供僧は法華堂における頼朝追善供養の法会に参加することが禁止されており、大神(大菩薩)へ奉仕する清僧と意識されていた(『吾妻鏡』建保三年〈一二一五〉三月十三日条)。こうした大神に対する僧侶の「神前仏事」は好まれ頻繁に催された。

承久元年(一二一九)には、供僧三坊が別当公暁に与力したため供僧職を解任され、新たに別当より任命された内方《うちかた》供僧と、頼朝任命いらい受け継がれてきた外方《そとかた》供僧とに区分され、それぞれ衆会が催され、社内の運営に当った。鎌倉末期には、内方供僧は十二坊、室町期になると、十七坊に増え、外方供僧は八坊に減少していた。外方供僧は頼朝任命の権威ある系譜をもつことから、壇所勤行を供僧が怠ったときは成敗できること、別当の怠慢には強く意見することが、「神慮」とされており、社内において外方衆会は強い権限をもっていた(『鶴岡事書日記』)。こうした外方衆会の対応に、別当弘賢は反発し、鎌倉公方足利満兼に供僧進止権を返上して、外方供僧の権限削減を図ろうとした。

室町中期になると、外方供僧はわずか三坊となり、香蔵院珍祐は後世に気概のある供僧が出てくることを期待して、『香蔵院珍祐記録』を書き記し、「神慮」と頼朝が定めた御法の遵守に努めた。別当は明応二年(一四九三)足利政氏(のちに古河公方となる)の子息、空然(のち道哲)の就任を最後に、以後は東国の争乱が激化するなかで、別当が置かれることはなかった。

戦国期になると神事は衰微し、大永六年(一五二六)安房の里見義堯が鎌倉に侵入し、北条氏綱と激戦になり、同宮は兵火により焼失した。氏綱は同宮の復興に着手し、近郷はもちろん、京・奈良からも宮大工を集めて造営をすすめ、天文九年(一五四〇)十一月、遷座祭が執り行われ、氏綱は神馬・太刀を奉納した。同年、「散銭櫃」(賽銭箱)がはじめて設置され、氏綱は造営の資金とするように命じた(『快元僧都記』)。

神域景観と神仏分離　後北条氏の征伐を終えた豊臣秀吉

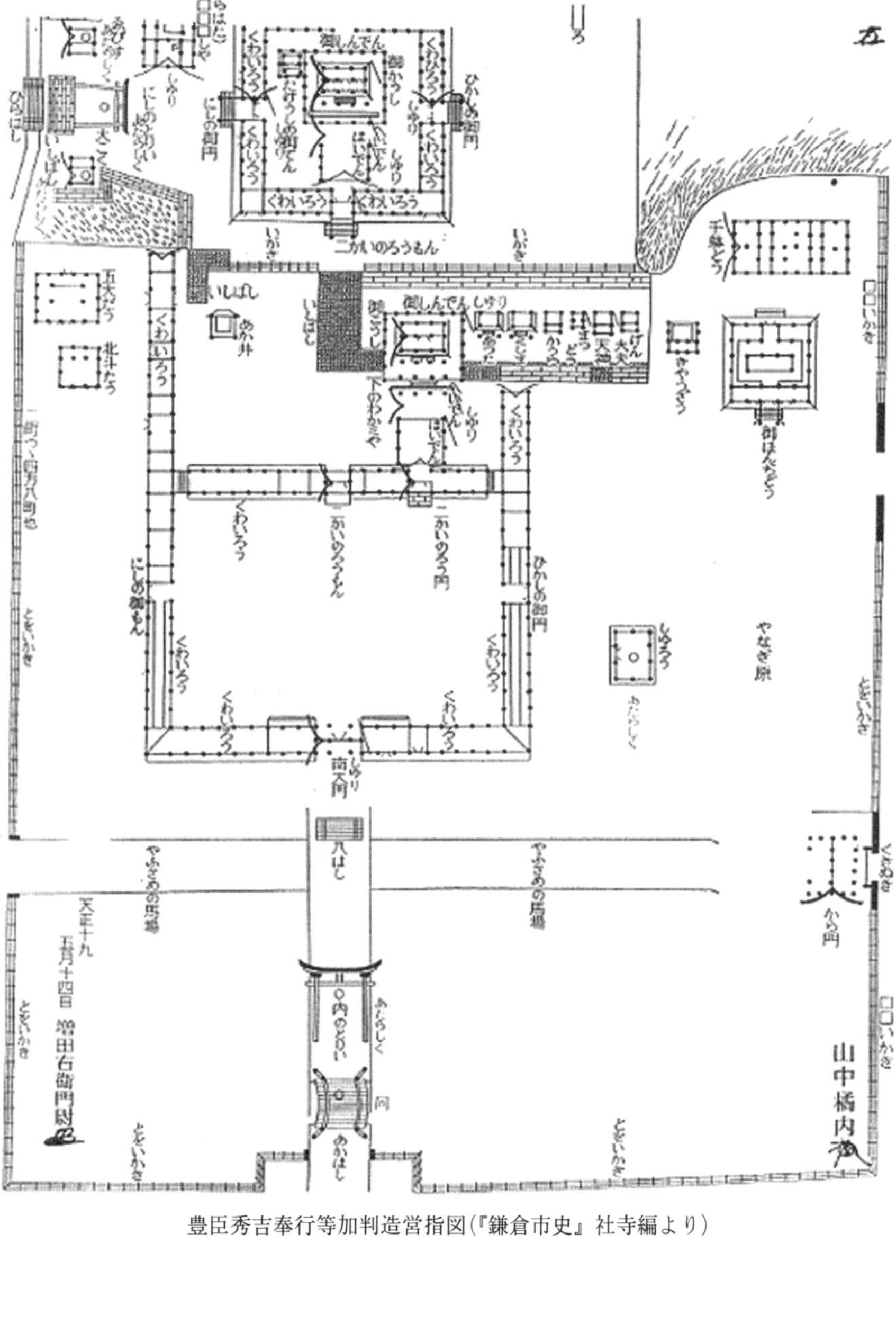

豊臣秀吉奉行等加判造営指図（『鎌倉市史』社寺編より）

は、徳川家康に命じて社殿修理をすすめる。同宮所蔵の天正十九年(一五九一)五月十四日付「造営指図」によると、社殿に「しゅり」(修理)「あたらしく」が朱筆で記入されている。それによると、氏綱の天文造営時の配置は、下宮に二階楼門と廻廊が設けられ、その外側東に経蔵・千躰堂・御本地堂・鐘楼、西に五大堂・北斗堂が描かれている。この一部に修理の手が加えられ、中世後期の景観を知ることができる。同宮の社殿造営は、鎌倉幕府以後も、東国の最高権威者が造営寄進することになっていた。

寛永元年(一六二四)将軍秀忠の命により、造営がはじまる。下宮若宮の社殿は、この時の建造による。享保十七年(一七三二)の「境内絵図」は、寛永造営の景観が描かれている。下宮を囲んでいた廻廊はなく、仁王門・神楽殿を中心に、東に大塔と薬師堂、西に護摩堂、輪蔵が作られた。その後、文政四年(一八二一)置石町より出火し、下社若宮を除く社殿を焼失し、七年後、幕府(将軍家斉)により再建された。現在の上宮社殿は、この時の造営による。下宮・上宮社殿は、ともに国の重要文化財に指定されている。

中世後期には、供僧は七院(坊は院号に改める)に減少したが、徳川家康が五院を復興し、十二院が近世をとおして祈禱活動をつづけた。上宮廻廊内には、僧侶が交代制で四六時中勤行する座不冷壇所《ざさまさず》が設けられていたほか、江戸へ出開帳することもあった。

明治初年の神仏分離により、神主大伴氏の上に、十二院の供僧が還俗して総神主と称した。正覚院の僧から還俗した筥崎博尹《はこざきひろただ》は、総神主となり、一社惣代として、明治以後の同宮の運営に努め、祠官となり、明治十五年(一八八二)県社から国幣中社へ昇格、初代宮司に任ぜられた。また、分離政策の実施により、明治三年までに仁王門・大塔・薬師堂・鐘楼・護摩堂・経蔵など仏教色の建造物と仏像・仏具は排除され、境内の景観は一新し、現在に至っている。

参考文献　『鎌倉市史』社寺編(吉川弘文館、一九五九)、豊田武・岡田荘司編『神道大系』神社編　鶴岡(一九七九)、『御鎮座八百年　鶴岡八幡宮』(一九九一)、『鶴岡八幡宮年表』(一九九六)、貫達人『鶴岡八幡宮寺』(有隣堂、一九九六)　(岡田荘司)

嚴島神社（いつくしまじんじゃ）

鎮座地　広島県廿日市市宮島町
祭　神　市杵島姫命《いちきしまひめのみこと》・田心姫命《たごりひめのみこと》・湍津姫命《たぎつひめのみこと》
例祭日　六月十七日

立地と創建　当社の鎮座する厳島、通称宮島は、現在日本三景として世に知られる。現在、その島内は観光施設や店が軒を連ね、大いに賑わっている。しかし、平氏一門の信仰が篤かった平安末期でも、島に留まることを許されたのは、神に奉仕する女性のみであったと考えられている。

古代この島は「伊都伎島」と呼ばれていた。現在の社名・島名に通ずるその名は、身心を浄めて神まつりを行う斎《いつき》の島であったことに由来しよう。社の後が山、前が海、左が野、右が松原という、中世前期の説話集『撰集抄』の島の描写は、元来厳島に町場がなかったことを示唆している。戦国時代には現在のような賑わいがあったようだが、なお宮島と本州との間には橋がない。この点のみをしても、神の島という古代よりの認識が、今も意味を持っているようである。

神社参詣のため、対岸の宮島口から船に乗ると、島の木木の緑に抱かれた社頭を海から見ることになる。弥山を主とした山々を背後に、朱塗りの回廊に囲まれた社殿、鳥居や他の建物が山裾に、そして海際に鮮やかで優美な姿を現す。それは『撰集抄』の描写そのものである。この自然と建物との調和の取れた社頭の景観美は、平成八年（一九九六）の世界文化遺産登録の理由の一つにもなった。

神社の創建については、六国史などからはうかがい知れない。しかし、平安末期の神社文書には推古天皇元年（五九三）のこととある。この時神事を掌ったとされるのは佐伯鞍職なる人物で、以来、佐伯氏が神主職を相伝していたとされる（仁安三年〈一一六八〉神主佐伯景弘解）。

古代朝廷と神社　厳島社と朝廷との関係を示す史料上の初出は六国史の『日本後紀』で、弘仁二年（八一一）に同国速谷神とともに名神と四時幣に預かったとする。都から離れた七道諸国で四時幣に預かった時期が明らかな例は他にない。『延喜式』神名帳では名神大社とされる。

六国史上、厳島社の名は、神階昇叙の際にもみられる。昇叙の推移は速谷神とほぼ同様ではあるが、確認しうる限り安芸国内では最高位であり続け、貞観九年（八六七）には従四位上にまで叙されている。この時代には、厳島島内の神とみられる「伊都岐島中子天神《いつきしまなかごあまつかみ》」や「伊都岐島宗形小専《いつきしまむなかたおとうめの》神《かみ》」の名が史料から確認できる(『日本三代実録』)。

その後、大神宝奉献対象社として、安芸国では唯一、山陽道では四社の中の一社に選ばれた。同国を代表する神社という位置付けは古代を通じて一貫している。

平清盛と平家納経　平清盛の信仰を受けた時代の厳島社の様子は、当時の神社信仰を知る好例といえる。清盛と神社との最初の明確な接点は見出し難いが、安芸守であった久安二年(一一四六)から保元元年(一一五六)までの間と見られる。実際、任中に高野山の僧から社殿造営を暗示される説話は、『平家物語』や『古事談』にある。

清盛の参詣の初出は平治の乱後の永暦元年(一一六〇)、武士として最初に公卿に列した年のことである。清盛はこれ以降、亡くなるまでの約二〇年の間、一〇度の参詣をはじめ、さまざまな形で神社との関わりを持つが、その信仰の具体例でよく知られたものとしては、まずもって平家納経の奉納があげられよう。

この平家納経は、長寛二年(一一六四)九月に奉納され、法華経二十八巻に開結の無量義経・観普賢経、そのほかに阿弥陀経・般若心経、それに清盛の願文各一巻を加えて計三十三巻を一具とする。その装丁はまこと善美を尽くしたものといえる。清盛の願文は、観音菩薩と厳島社の神が同体であるとし、「衆生利益の本願を具えているのであるから、神前に法華経を納めることが信仰の証であり、願意を叶えてくれるものと確信する」旨を記す。当時流布していた神仏同体の思想の影響を受けていたのである。もっとも、同社の神は密教の中心である大日如来とされるほか、中央においては所見なしとされるなど、当時においても諸説あったようである。

その後、清盛は太政大臣となり、そして辞した仁安二年(一一六七)にもみずから参詣をしているが、その後は、清盛と縁戚関係を深めていた皇室と神社との関わりも密接になる。承安四年(一一七四)には、後白河上皇と、清盛の室、時子の妹である建春門院が参詣する。

さらに、清盛の孫である安徳天皇が践祚した直後、その両親に当たる高倉院と、清盛の女の建礼門院が治承四年(一一八〇)の三月と九月に御幸した。三月の、都合四日間にわたる参詣の様子は『高倉院厳島御幸記』が詳細に伝えるところである。この頃には、公家の参詣も多くみられるようになる。

晩年の清盛は、平氏が天皇の外戚としての地位を確立することに意を払っていた。そのことは厳島社の信仰にも反映されている。後に安徳天皇として即位する若君が生まれ

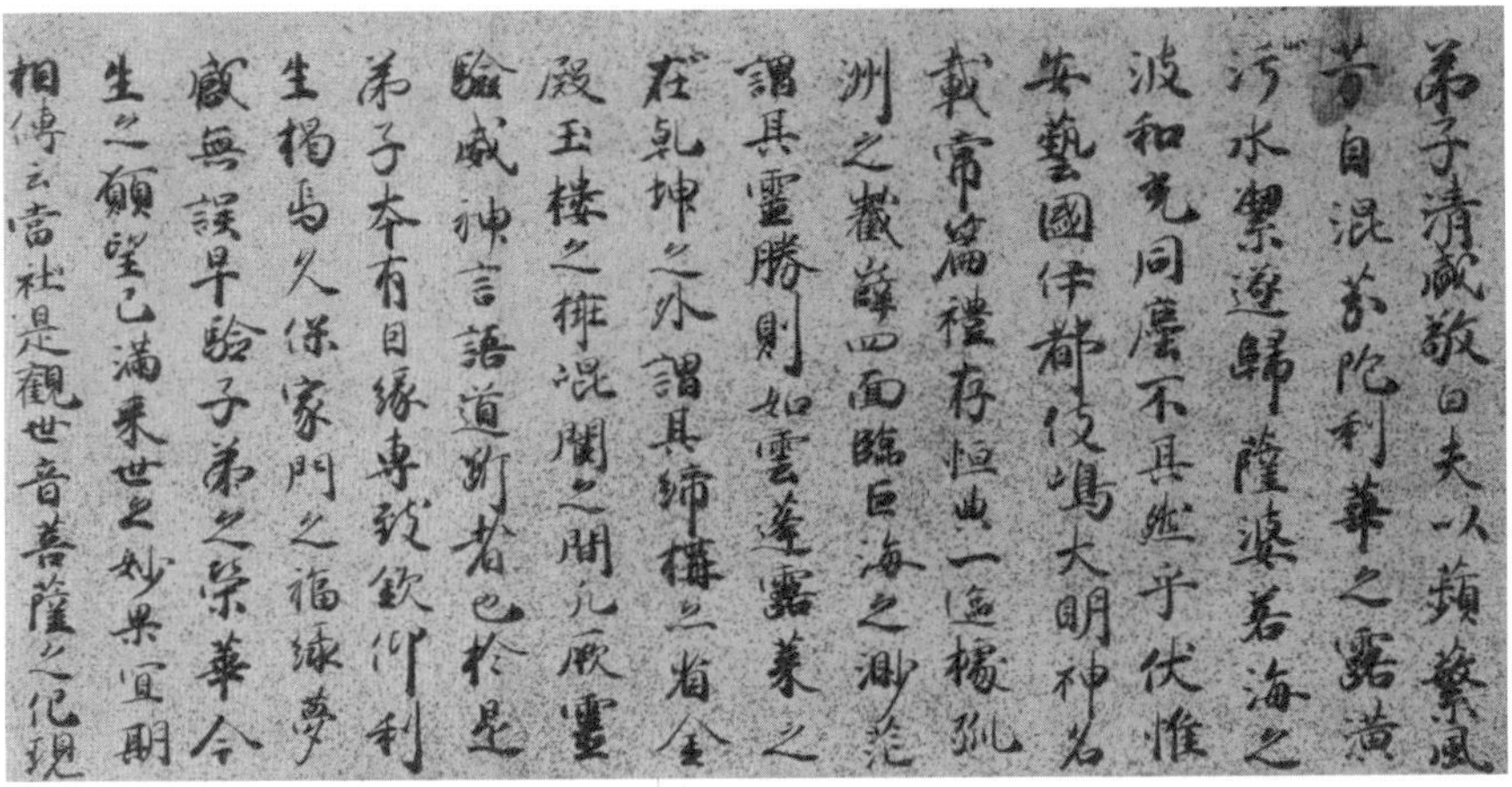
弟子清盛敬白夫以蘋蘩風
蒼自混芬陀利華之露黄
汚水潔遊歸薩婆若海之
波和光同塵不其然乎伏惟
安藝國伊都伎嶋大明神名
載帝篇禮存恒典一區橡孤
洲之巖巒四面臨巨海之渺茫
謂其靈勝則如雲蓬靈萊之
在乾坤之外謂其締構之省金
殿玉樓之排混閣之間凡厥靈
驗威神言語道斷者也於是
弟子本有因緣專致欽仰利
生揭焉久保家門之福緣夢
感無誤早驗子弟之榮華今
生之願望已滿來世之妙果宜期
相傳云當社是觀世音菩薩之化現

長寛２年平清盛願文　冒頭

法華経提婆達多品第12　見返し・巻首と表紙

『平家納経』(嚴島神社所蔵)

平安中期～中世

て間もない治承三年正月に、清盛は神社に参詣している。

そしてこの翌月には、当社を二十二社へ加えることが議されている。結局これは叶わなかったが、二月・十一月の中の日に内蔵寮幣《くらりようへい》を奉ることが定められ、当社の二季祭《にきさい》が公祭となった。ここに至って厳島社は天皇にとって特別な神社として、畿内の諸社と比肩するまでになった。現存する檜扇などの神宝類が、いわゆる御所風であることも、それを示すものである。このような信仰を集めた背景に、皇室と清盛の後押しがあったことは間違いない。

中世の厳島社　平氏が滅亡した文治元年(一一八五)の壇ノ浦の合戦では、時の神主佐伯景弘は平氏方に属していた。景弘は、若年時は清盛の家人であり、清盛の信仰の篤い時代に社領の拡大や造営をなしえたばかりか、滅亡直前には安芸守に任ぜられるまでになっていた。平氏方に立ったのは当然の身の処し方といえる。しかし、滅亡後そのことは厳しく責められず、文治二年三月頃より、景弘は朝廷の命を受けて、海に沈んだ三種の神器の内の宝剣を探索している。これは翌三年九月頃まで続いたが、結局宝剣は探しえなかった。

この宝剣捜索には源頼朝も支援を行なった。鎌倉幕府と厳島社との確認しうる最初の接点である。幕府の関与は、直接的には将軍による剣などの奉献のみだったが、承久の乱以降、草創期幕府の要人、中原親能の息である藤原親実が同社神主となり、後述する仁治度の神社修造に尽力した。そして、親実以降、その子孫は戦国時代まで神主職を継承する。当初神主は在地せず、惣政所を置いて社務にあたり、祭祀の実質は従来の組織によっていた。仏僧なども含め、厳島に神に奉仕する人々が多く島内に留まりはじめるのはこの時期とされる。

南北朝・室町期は大内氏や武田氏など、安芸国内とその周辺の領主の勢力争いの影響を受けるようになる。十六世紀中頃には大内氏の支配下に置かれ、藤原神主家が絶えるまでに至った。だが、その大内氏滅亡の混乱を、当地厳島の戦いで制した毛利氏により、神社の復興がなされることになる。神職の棚守家《たなもりけ》・座主《ざす》方大聖院《がただいしょういん》・造営担当の大願寺を広義の代表とする社務組織の整備のほか、これから述べる社殿修造などは、その毛利氏による復興の代表的な成果である。

社殿・年中行事　緑の山を背にし、青い海上に浮かんだ朱塗りの社殿は、多くの人々にとって、神社を象徴付ける光景になっていよう。本殿を中心に、幣殿・拝殿、摂社客神社などの社殿があり、それらが廻廊で結ばれる様子は、

安芸国厳島神社参詣(『一遍上人絵伝』巻十，清浄光寺〈遊行寺〉所蔵)

平安時代の末には基本的に整っていたものとみられる。仁安三年、神主佐伯景弘は、それらについて、朝廷の差配により修造がなされるよう求め、翌嘉応元年(一一六九)には実際に朝廷で修造の準備がなされた。この朝廷の動きに、平清盛の存在が影響していたことは想像に難くない。

これら建物は、約四〇年後の建永二年(一二〇七)に火災によって焼失した。この時は建保三年(一二一五)に再建されたが、貞応二年(一二二三)に再び火事に見舞われた。これが復興したのは仁治年間(一二四〇～四三)のことで、本殿以下三七棟の内宮と、対岸の地御前に一九棟の外宮が造営された。本殿北にある摂社の客神社は、この時のものである。

この頃の社頭の様子を伝えるものとして、国宝『一遍上人絵伝』が挙げられる。正安元年(一二九九)成立のこの絵巻には、一遍参詣時の厳島社の社頭風景が描かれている。廻廊に囲まれた画面中央の舞台で、髪揚げをした内侍たちが妓女の舞を奏している姿が印象的だが、現在このような形で廻廊はない。仁治年間の造営も現在とほぼ同様であったとされるので、この絵巻は現実とは様子が少し違うようだが、おおよその雰囲気は理解できる。

現在の本殿は、毛利元就が檀那となり、元亀二年(一五七一)に改築されたものである。五間社両流造檜皮葺の建物は、平安末期以来の形式を保っており、国宝に指定されている。

現在は、本殿・幣殿・拝殿など一七棟の内六棟が国宝、その他、大鳥居など一一棟・三基が国の重要文化財に指定されている。それらの中には、海水や風の影響を受けやすい立地ゆえに、そうした被害を軽減する工夫がなされているものも多い。

厳島社の年中行事については、朝廷祭祀を除けば、中世以降の状況をうかがうことができる。平安時代に始まった顕著な特徴を持つものとしては、九月の一切経会が挙げられる。これは承安四年(一一七四)に始められ、当時より五聖楽(五常楽)や狛桙などが演じられた。舞楽の伝統は現在旧暦六月に行われる神事の管絃祭《かんげんさい》にも受け継がれている。

現在、当社の創建に因む神事としては、御島巡式《おしまめぐりしき》神事が著名である。これは五月十五日に、神職と関係者だけで行う。島の北端、聖崎に近い杉之浦神社から、船で島を時計周りに巡りはじめる。その後、島の南部に位置する養父崎神社の海上で、祭神を現在の鎮座地に案内したとする御烏様を迎え、この神事で重要な御鳥喰式《おとぐいしき》を行う。これは、粢《しとぎ》団子を烏に奉るものである。その後さらに半周し、本社近くの大元神社へ参拝して神事は相整う。

参考文献　『広島県史』原始・古代篇、中世・近世篇(一九八〇・八四)、松岡久人『安芸厳島社』(法蔵館、一九八六)

(加瀬直弥)

熊野本宮大社（くまのほんぐうたいしゃ）

鎮座地　和歌山県田辺市本宮町本宮
祭　神　家津美《けつみ》御子大神《このおおかみ》（素戔嗚尊《すさのおのみこと》）
例祭日　四月十三～十五日

熊野速玉大社（くまのはやたまたいしゃ）

鎮座地　和歌山県新宮市新宮
祭　神　熊野《くまの》速玉大神《はやたまのおおかみ》（伊弉諾尊《いざなぎのみこと》）・熊野《くまの》夫須美《ふすみ》大《のおお》神《かみ》（伊弉冉尊《いざなみのみこと》）
例祭日　十月十五日・十六日

熊野那智大社（くまのなちたいしゃ）

鎮座地　和歌山県東牟婁郡那智勝浦町那智山
祭　神　熊野夫須美大神（伊弉冉尊）
例祭日　七月十四日

熊野という地　多くの人々にとって、熊野は別世界として観念される。それは、世界遺産への登録理由がそうであるように、自然と人との生活が融合した空間と当所を見る、現代の人々ばかりでない。前近代に熊野詣をした人々も同じであった。その多くは熊野を神の世界、さらには浄土と認め、そこを目指して長くけわしい祈りの旅路についた。そして、渇仰していた権現に拝し、感動に涙した者さえいたのである。現在と当時とでは、人々の価値観は違う。しかし、それぞれの考え方の背後に、自然の豊かさがあることは共通しよう。

ここで紹介する、本宮・新宮こと速玉・那智の三社、総称熊野三山は、その立地がそれぞれ特徴的で、いずれも神祭りにふさわしい場としての条件を備えている。

巨視的に見ると、紀伊半島を占める大和・紀伊の山々の水を多く集め、太平洋へと流れる熊野川（新宮川・十津川）に注目が及ぶ。神武天皇が大和に入るために熊野を通過したとされた理由に、深い山と広い海とをつなぐ、この川の存在が影響したと考えることは、全くの的外れではなかろう。

その熊野川の下流は、山中をなお流れながらも、平時であれば水勢は緩やかである。事実、熊野詣をした中世の貴紳も、本宮・新宮間は船でこの川を往来している。迫り来る高い山々を左右に眺め、目的の地に快適に移動した人々の多くは、その体験からでも、熊野を特別な地と意識したであろう。そして、本宮は熊野川が緩やかな流れに変わる位置に、速玉社は河口近くに鎮まっている。那智社はその河口近くにおける、特徴ある地形のところにある。

さらに、それぞれの神社鎮座地に視点を絞ってみよう。現在の本宮は山の木々に抱かれるような高台に鎮座するが、明治二十二年(一八八九)の水害までは、熊野川と支流音無川に挟まれた中洲に社殿を構えていた。今の大斎原《おおゆのはら》の地にあたる。伊勢大神宮の重儀である由貴大御饌神事《ゆきのおおみけしんじ》が、元来川の中州で行われていたことで分かるように、川の流れにのまれず残る中州は、神祭りの適地といえる。

速玉社の地は、熊野川との関係で行けば、扇状に広がる、今の新宮の町場の「要」の位置に当たる。さらに、祭神が最初にこの地に降りたとされる摂社・神倉神社は、神倉山の山腹にある巨石・ゴトビキ岩を磐座として崇めている。いうまでもなく、磐座は古い姿をとどめた神祭りの場である。

那智社は最も明快である。背後に那智山を背負い、そこから流れる一段の滝としては落差日本一の名瀑・那智大滝に社地があり、滝自体も摂社・飛瀧神社《ひろうじんじゃ》の御神体である。容姿秀麗な滝への信仰が、神社の発展に大きく影響していることについて、疑問を挟む余地はない。

このように、広く見れば、熊野は交通の要衝たりえる場所であり、具体的に見れば、三山それぞれの神社が、卓越した自然地形の地に鎮まっている。こうした特徴は、古代、神まつりの場として重んじられうる地のそれに他ならない。自然と調和した聖地・熊野への信仰の基層には、神祭りの営みが存在する。

史料に見る古代の熊野　古代から、熊野は朝廷の人々に知られた存在であった。『日本書紀』神代巻には、火神を生んで神去った伊弉冉尊の葬地として、紀伊国の熊野の有馬村が登場する。また、国作りをしていた少彦名命《すくなひこなのみこと》が常世国に去った場所も熊野であった。熊野の中でも花の窟《はなのいわや》(三重県熊野市の花窟神社《はなのいわやじんじゃ》)のように、もっぱら葬地として信仰を集めたところもあるが、熊野全体も、異界との接点と思念されていた。

また、先述の通り、『日本書紀』神武天皇紀に、即位前の神武天皇が日向から大和に東征する際、熊野荒坂津《くまののあらさかのつ》を経由したとある。その際、熊野高倉下《くまののたかくらじ》が、建御雷神の韴霊《ふつのみたま》の剣を得て、天皇に奉ったことになっている。

このように、古代の人々が考えた歴史の中で、熊野は重要な場所として登場する。これらの観念は、中世、祭神の系譜を考えるにあたって再確認されている。

では、神社そのものの実態はどのようになっていたのであろうか。ある程度客観的な古代の史料に基づくと、天平神護二年(七六六)に、熊野牟須美神《くまのむすみのかみ》と速玉神が、ともに封戸を四戸充てられている(『新抄格勅符抄』)。神階奉授もなされたが、貞観元年(八五九)五月には、「熊野坐神」「熊野早玉神」が、従五位上から従二位まで一気に昇叙している(『日本三代実録』)。これは当時でもまれなことだが、同日に、出雲の熊野神と杵築神も、同じ従二位に叙されており、その関連性が意識された可能性がある。なお、貞観五年には熊野早玉神のみが正二位に昇叙し、熊野坐神と一階差ついたが、天慶三年(九四〇)にはともに極位正一位を奉られた。

『延喜式』神名帳では紀伊国牟婁郡の大社として、熊野坐神社と熊野早玉神社をあげる。熊野坐社はあわせて名神とされている。

平安中期における熊野の発展　延喜七年(九〇七)、宇多法皇が熊野に御幸する(『扶桑略記』)。これが院の熊野御幸の最初と考えられている。その道中は困難を重ねていたとされるが、神社への院御幸はおろか、天皇行幸も例になっていない時期の御幸は、紀伊山地を代表するいま二つの霊場、金峯山《きんぷせん》・高野山両所御幸に次ぐものとされる。霊場信仰の広まりを知ることができる。もっとも、熊野における僧の修行は、永興禅師《えいこうぜんじ》の説話などから、すでに奈良時代末期にはなされていたようである(『日本霊異記』)。院御幸は、宇多法皇の時より八十年ほど後になるが、花山法皇の時もあった。

十一世紀初頭になると、熊野と金峯山を結ぶ大峯修験《おおみねしゆげん》の整った姿が確認できる(『本朝法華験記』)。奈良時代以前に役小角が大峯で修行をしていたとは伝わるものの、今の大峯奥駈道がはっきりとした形で整備されたのは平安時代中期のことである。また、大峯の道筋に限らず、僧侶の熊野参詣が隆盛し始めたのもこの時期である。すでに紀伊路・伊勢路の東西参詣路も整備されていたようである(『いほぬし』)。

さらに、この時期においては社務組織の編成が図られた。仏僧を中心とするものであるが、その実務を担ったのは別当であった。この別当について、外部の史料からその存在を確実に確認できるのは、十世紀末に補任されていた増皇である(『権記』)。その後藤原実方の子とされる泰救とその子孫が代々別当を相承していることが明らかである。

このように、平安時代中期の熊野三山は、霊場信仰の中での位置付けを確かなものとし、同時に中央との接点を持つようになっていた。熊野信仰が大いに隆んになるのは、この後まもなくのことである。

熊野詣の隆盛　寛治四年（一〇九〇）、院政開始五年目の白河院は、花山法皇以来久しくなされなかった熊野御幸を果たした。院は、鳥羽離宮で精進の後、正月二十二日に出立、ほぼひと月かけて往復し還御した。この時は、扈従の貴族のほか、園城寺・延暦寺・仁和寺の僧を伴うものであった。還御後、先達となった園城寺の権大僧都増誉を熊野山検校とし、時の別当長快を僧綱《そうごう》である法橋《ほっきょう》に任じた。直接的には御幸に仕えたことに対する賞であるが、同時に、熊野自体にも、院の御幸にふさわしい格が付されたことになる。白河院は九度御幸する。晩年には孫にあたる鳥羽院と、その中宮だった待賢門院とともに詣でている。その鳥羽院や後白河院、鎌倉期の後鳥羽院も、いずれも二〇度以上詣でている。特に後白河院は三〇度以上に及び、さらに、京に新熊野社を創建するに至る。この時院御幸は最盛期を迎え、貴族の参詣もあわせて盛んになった。

この際の参詣路はある程度定まっていた。貴族の日記をみると、精進を経て京より出立し、淀川を下る。その後は王子を拝しながら南下する。この辺りは水陸兼行である。紀伊の南部あたりより内陸に入り、本宮へと向かう（『為房卿記』）。新宮・那智参詣の場合は、本宮参詣の後、船に乗り新宮、那智をめぐり、雲取越の難所を経て再び本宮に戻る、という経路があった（『熊野御幸記』）。

社頭の様子と権現への関心　三山はそれぞれ、証誠殿の御前と称された家都美御子神《けつみみこのかみ》（素盞嗚尊《すさのおのみこと》）と、夫須美神《ふすみのかみ》（伊弉冉尊）と速玉神（伊弉諾尊）を主に祀っている。速玉社の三軀の優美な神像（国宝）の存在を踏まえれば、遅くとも平安前期には現在のように祀られていたことを想起できる。院政期には、文献からも確認できる。（『為房卿記』『中右記』）。

中世の社殿の様子は、『一遍上人絵伝』が参考となろう。絵巻には、一遍が真理を神託により知った本宮はもとより、三山全て描かれているが、その様子は平安以来の古記録の配置と大方一致する。

中世の熊野は、古代と同様、他界との関連性が重要な意味を持っていた。同地においては、極楽浄土と神仏同体の観念が作用し、現世の浄土と位置付けられた。本宮が阿弥陀如来、新宮が薬師如来、那智は千手観音と、三所それぞれに本地仏があてられ、それぞれに浄土があるものとされた。特に阿弥陀如来との関係から、本宮は極楽往生の証明が得られるところとされるようになる。

他方、那智は千手観音の地とされたが、観音の浄土、補陀落の入口とされた。この考え方は、神社の麓の海岸から、南海の彼方を目指す補陀落渡海《ふだらくとかい》につながる。平安末にはそうした考え方があったが、鎌倉武士の下河辺行秀が渡海に臨んだことは、鎌倉幕府でも関心を持たれた(『吾妻鏡』)。当然ながらその行は命がけのことである。

祭神に関する理解としては、御伽草子「熊野の本地」に登場する五衰殿の女御の説話が特徴的である。もといた天竺で、他の妃の嫉妬により弑されながらも王子を育てる。その王子によって蘇り、日本に至り熊野権現とされた女御は、和辻哲郎が指摘したように、人間の苦しみをおのれに背負う神という、中世的な神観念の一典型を反映している(『埋もれた日本』)。

こうした考えとは別に、熊野の祭神がいかなる存在かという点について、朝廷の中で議論されたこともある。平安末における、熊野領甲斐八代荘に対する甲斐国在庁官人の濫妨に際し、熊野の神が、神領で悪事を働いた罪人が重い罰を受けうる、伊勢大神宮の神と同体か否か、何人かの貴族が持論を勘文《かんもん》にして意見した(『長寛勘文』)。ことの顚末は不明であり、しかも多くの勘文は明快な論理構成を伴わず、当時主流の仏教的な理解も見られない。ただ、神の観念をもっぱら『日本書紀』など、日本の古典に即して説こうとした姿勢は、むしろ中世の多様な神理解の存在を表わすものとして評価される。

参詣への誘い 院や貴族の熊野参詣は、熊野信仰の隆盛期を象徴付けるできごとではあるが、それがすべてではない。庶民も多く参詣していた。院の御幸は承久の変後果たされなくなるが、庶民の参詣は中世を通じて盛んであった。「蟻の熊野詣」という語がそれを端的に示していよう(『太閤記』)。しかし、隆盛期の貴族ですら、道中の止宿などに難儀している状況下で、多くの庶民たちの参詣は物見遊山の域を超えていた。難病克服など、極めて重い参詣の動機が多かったことは、小栗判官など、いくつかの伝承が示唆している。

熊野信仰の広まりは全国的なものであった。源頼朝が日々祈念していた神々の中に熊野権現は登場する。東北地方も同じで、奥州藤原氏の拠点、平泉の鎮守として熊野の神は祀られ、当時、名取の熊野別当は郡司と名を並べる存在であった(『吾妻鏡』)。能の題材になった名取老女に通ずる、何度も熊野に参詣した女性の話は平安末期からある(『袋草紙』)。琉球にも、中世には熊野信仰が伝わり、波上権現などの神社がすでにあったことは『琉球神道記』でよく知られるところであろう。

生活の中にも熊野信仰は溶け込んでいた。牛玉宝印《ごおうほういん》はその代表である。熊野の象徴である烏で「熊野山宝印」「那

本　　宮
(『一遍上人絵伝』巻三，清浄光寺〈遊行寺〉所蔵)

熊野速玉神社社殿

『熊野那智参詣曼荼羅』(國學院大學図書館蔵)

智山宝印」と表わし、印を捺した紙は、誓約を明らかにするための起請文の料紙としてよく用いられた。ほかにも牛玉宝印は、町場の民家の入口に貼ったり、田圃の水口に差立てたりするなど、さまざまに用いられた。

現在、本宮や那智社では、正月に牛王刷の神事が行われ、牛玉宝印が一般に頒布される。正月という時期からは、仏事の修正会の影響を想起させるが、その根底には一年の無事を祈る人々の普遍的な意識がある。

このように、多くの人々と密接であった熊野信仰だが、人々を熊野に誘っていた担い手は、実は院の場合と同様、先達たちであった。中世以降、彼らは各自檀那場を持ち、当地の道者の参詣を導いたのである。また、比丘尼と呼ばれる女性たちが、熊野が他界であることをわかりやすく説明し、牛玉宝印を売るなどしていた。

こうした折、人々の理解を深めるために曼荼羅が大きな役割を果たした。熊野に関する曼荼羅は何種類かあり、人間の輪廻転生と成仏とを巧みに示す『観心十界図《かんしんじゅっかいず》』もよく知られているが、境内案内のような性格のものとして参詣曼荼羅も広まった。

特に那智のものは定式化されたものが各地に残っている。曼荼羅には、右に大滝、左に社殿、下には浜の鳥居と海までが描かれており、その範囲は比較的広い。また、院の姿が牛車とともに描かれる他、大滝で滝行をして童子に助けられた文覚上人や、雅やかな装束に身を包んだ和泉式部ともされる人物までもがいる。海にはまさに補陀落渡海に赴かんとする船が帆をあげている。総じて、那智山にまつわる由緒や信仰のあり方がよく示されており、人々はこれを見ることで、現世に現われた浄土の姿に思いを馳せたのであろう。

現在、三社の例祭は違う季節に行われている。本宮は四月に行われているが、これは御田祭を核とする春の農耕祭祀である。近世には大神事とされた。

速玉社例祭は現在十月、もと九月の祭りで、初日、十五日は速玉神が旧摂社の阿須賀神社に向かい、翌日の十六日は、結(夫須美)神が競漕用の早船を伴って新宮川を遡上する。

那智社は、那智の火祭として知られる夏祭りである。神霊のよった扇を、最初の鎮座地である飛瀧神社まで渡す。よく知られる松明行列はその迎え火である。

参考文献　宮地直一『熊野三山の史的研究』(国民信仰研究所、一九五四)、五来重『熊野詣』(淡交新社、一九六七)、豊島修『熊野信仰と修験道』(名著出版、一九九〇)

(加瀬直弥)

筥崎宮（はこざきぐう）

鎮座地　福岡市東区箱崎
祭　神　応神天皇《おうじんてんのう》（八幡大神《はちまんおおかみ》）・神功皇后《じんぐうこうごう》・玉依姫命《たまよりひめのみこと》
例祭日　九月十五日

縁起から見る創建事由　博多湾に向き合い鎮座する筥崎宮は、海岸から本殿までを一直線の参道が結んでいる。お潮井浜と呼ばれる宮前の海岸から大鳥居をくぐり、二之鳥居、一之鳥居へと足を進めると、「敵国降伏」の額を掲げた楼門が姿を見せるが、その豪壮な造りには圧倒される。

筥崎宮は、『延喜式』神名帳に「八幡大菩薩筥崎宮」と記され、名神大社に列せられているが、この「八幡大菩薩」号を受ける神社は神名帳では、筥崎宮と宇佐宮の二社のみである。創建年代について諸説あるが、延長元年（九二三）説が通説とされている。「筥崎宮縁起」には創建の事情として、延喜二十一年（九二一）に八幡大神より筑前国穂浪郡（現福岡県飯塚市大分）に鎮座する大分宮《だいぶのみや》から筥崎松原に遷りたいとの神託があったとしている。その理由として、大分《だいぶの》宮《みや》に移り住んでから三悪が生じたことを挙げている。まず大分宮への道中にあり、伯母である玉依姫命が座す竈門宮《かまどのみや》に対して不敬をする役人がいることは恐れ多い。次に庶人が数日もかけて自分の饗膳《きょうぜん》のために険しい山越をするなど苦労している。最後に、放生会《ほうじょうえ》は海上の神事であり、内地にある大分宮は放生会を行う地ではないと、これら三つの悪を避けるために遷座を望んだわけである。この神託により、筥崎の地に社殿を新たに建立するのであるが、さらに神託には筥崎宮の造営に際し基礎に「敵国降伏」を書き付けたものを置き、柱を立てることとあったので、時の醍醐天皇は「敵国降伏」の宸筆（天皇直筆）を下賜され、これが筥崎宮における第一の神宝とされている。

鎮座地とその周辺　筥崎宮の創建以前より、博多湾沿岸には香椎宮や住吉社など朝廷から篤く崇敬を受ける神社が鎮座していた。そして筥崎宮はその香椎宮と住吉社の中間点に社殿を構えるが、なぜ筥崎宮はその二社に挟まれる状況になったのか。まず香椎宮は筥崎宮の主祭神応神天皇の母神功皇后を祀り、住吉社も応神天皇を身ごもった神功皇后が新羅征討に際し渡海を守護した底筒男命《そこつつのおのみこと》・中筒男命《なかつつのおのみこと》・表筒男命《うわつつのおのみこと》の三神を祀るなど応神天皇に深く関係した二社である。両社ともその創建由緒として神功皇后による新羅征討が大きく関連しており、その神徳として異国より日本を守ることが求められ、筥崎宮も両社同様に、日本の守護を重要な役割として担うことになったはずである。

また「筥崎宮縁起」では神託により筥崎松原と鎮座地を指定しているが、もともと筥崎にはすでに八幡社が存在していたとする説がある。また同縁起には八幡神のために放生会が行われている地であったことも記されている。つまりは筥崎にはすでに八幡社があり、放生会が行われる地として八幡信仰の素地があったであろうし、その周辺には応神天皇との関係深い二社が筥崎宮に先んじて鎮座しており、八幡大神を遷す環境としては十分に整っていたのであろう。

求められた敵国降伏の神力　すでに博多湾沿岸には、異国から日本を守護する香椎宮や住吉社が存在していたが、さらに筥崎宮を必要としたのはなぜであろう。貞観十一年(八六九)五月二十二日に新羅の海賊が博多湾に侵入し、年貢の絹綿を略奪したという記事がある(『日本三代実録』)。当時の日本と新羅の関係は良好ではなく、しばしば新羅による海賊行為があった。これに朝廷は、博多湾警備の怠慢として大宰府を譴責し、伊勢と石清水には新羅来寇を報ずる奉幣を、五畿七道の諸神には新羅の害を防ぐための班幣を行なっている。さらに、貞観十二年二月十二日には新羅が対馬を攻め入る準備をしている報せを受けた朝廷は、同月

筥崎宮縁起絵巻(筥崎宮所蔵)

十五日に宇佐八幡、香椎宮、宗像社などに勅使を派遣し、新羅の来寇を防ぐ奉幣を行なっている。このような新羅との緊張関係は寛平期(八八九～九八)に入っても続き、直接新羅の被害を受けている北九州では特に政情不安にあった

と考えられる。そこで「敵国降伏」の期待を求められたのが、八幡大神の御神力であり、筥崎宮の創建に到ったのではなかろうか。

香椎宮も住吉社も新羅征討に御神徳のある神社ではあったが、新羅に対する神助をさらに得るとともに、両社を補完する役割を持たせるために、武神である八幡大神を筥崎に勧請したと考えることができるであろう。平安後期の学者大江匡房の記す「筥崎宮記」では、筥崎宮は八幡大菩薩の別宮であり、異国の来寇を防ぐために応神天皇の神霊がいるとしている。竹園賢了は筥崎宮の祭神に応神天皇が選ばれた理由は、新羅征討の結果として創建された香椎宮と住吉社が国家の崇敬を篤くし、その両社の祭神と関係があること、そしてそれまで性格が不明確であった八幡神を応神天皇の神霊とすることで、国家的権威を付与したのではないかと論じている。

放生会と年中行事　宇佐や石清水同様に筥崎宮も放生会を重要な儀式としており、先述のとおり「筥崎宮縁起」では遷座の理由の一つに挙げられている。そして「筥崎宮記」では年中行事の中でも特に五月の騎射と八月の放生会が重事であるとしている。

『扶桑略記』には戦の間は多くの殺生があるので、しっかりと放生を行うべきとあるが、文永五年(一二六八)五月の筥崎宮神官等の解状では、放生会が異国降伏の本願のためのものであると認識されていたことがわかる。この時期は元寇により国内不安が高まっており、放生会が滞ることなく斎行されるよう、亀山上皇が院宣を出すことなどもあった。しかし、このように重要視されていた放生会も室町期から戦国期へと経ていく中、退転していったようであり、再び放生会が再興されるのは江戸期に入ってからのことになる。現在の筥崎宮の放生会は例祭として九月十五日に斎行され、自然の恵みを感謝する祭として賑わいをみせている。また筥崎宮では放生会を「ほうじょうや」と呼ぶのが特徴である。

もともと筥崎宮では七〇近くの祭礼神事が行われていたらしいが、徐々にその数は減少していったようである。現在でも行われている祭礼神事をいくつかみると、一月一日には年始め・月始め・日始めの祭りとして「三元祭」があり、一月三日には「玉取祭(玉せせり)」という神事が行われる。この祭りの起源は不詳であるが、筥崎宮の氏子が農村方と漁村方の二つに分かれ、木製の霊玉を競り合って豊凶を占うものであったようである。両者による玉の争奪戦が末社である恵比須神社から本宮まで行われ、最後に玉を神官に渡した方が、豊作及び豊漁を得られるのである。現在では、玉に触れると悪事災難が除けられるとし、また幸運が授かるとのことで、湯気ただよう裸の競り子たちにより勢いのあるお祭となっている。そして十二月十四日は主祭神である応神天皇が御降誕された日として「御降誕祭」を、それに伴い応神天皇が御胞衣《おえな》を筥崎の松の下に埋められたことから「御胞衣祭」が大晦日にと、応神天皇にまつわるお祭など筥崎宮特有の祭祀が執り行われている。

朝廷・武家からの崇敬及び造営　文永二年に筥崎宮は失火により、社殿をはじめ神宝類などが全焼した。筥崎宮は早速、社殿再興及び神宝の新調を願い出る。この時期、政情として国は元と緊張関係にあり、「敵国降伏」を祈願する筥崎宮の再興は急務を要したであろう。文永五年には後嵯峨上皇により神輿・神宝・装束の新調がなされ、社殿も社家の尽力により造営を果たしたが、文永の役(一二七四)により再び社殿は罹災する。

亀山上皇は、建治元年(一二七五)に筥崎宮の神助により蒙古軍が博多湾から姿を消したと、その報賽として社殿の造営に力を入れられた。醍醐天皇が筥崎宮造営に際し「敵国降伏」の宸翰《しんかん》を納めたことに倣ったのであろう、亀山上皇も「敵国降伏」の宸翰を筥崎宮に下賜している。そして筥崎宮への崇敬保護は、朝廷はもちろん武家にまで到り、文治元年(一一八五)に石清水八幡宮の別宮となった筥崎宮は、文治三年に源頼朝により社領として那珂西郷および粕屋西郷の地を安堵されている。また永和二年(一三七六)には足利義満により太刀の奉納があり、武運と国家安寧が祈願されている。特に武門で崇敬を篤くしたのが、大内義隆である。義隆は筥崎宮に対してあらゆる保護をし、寄進奉納もたびたび行なっている。また天文十五年(一五四六)には社殿の造営も行い、現在の本殿と拝殿はその時のものである。

現存するものとして、小早川隆景が文禄三年(一五九四)に建立した楼門があり、「敵国降伏」の額が掲げられ、「伏敵門」とも呼ばれている。また黒田長政は慶長十四年(一六〇九)に一の鳥居を建立している。この鳥居は石造で柱が太く、笠木と島木が一つの石で造られており、また笠木と貫の長さが同じという、ほかには見ない特色を持ち、「筥崎鳥居」と呼ばれている。

参考文献　『筥崎宮誌』(一九二八)、広渡正利『筥崎宮史』(一九九九)

(永田忠靖)

太宰府天満宮（だざいふてんまんぐう）

鎮座地　福岡県太宰府市宰府
祭　神　菅原道真《すがわらのみちざね》
例祭日　九月二十五日

道真の死と創建　天神として今も知られる菅公、菅原道真を祀る太宰府天満宮は、左遷の地、大宰府で没した道真を葬ったその場所に建つ神社である。宇多朝から醍醐朝にかけて活躍し、藤原氏の台頭する政界において破格の右大臣にまで上った道真だったが、昌泰四年（九〇一）正月二十五日、大宰権帥《だざいごんのそち》の職に任じられ、大宰府へ下向することとなる。

当時の大宰府は、長官の「帥」がいわば名誉職であったため、帥に次ぐ「権帥」や「大弐」が事実上の長官であった。しかし、道真が権帥に任命された当時、現地にはすでに大弐が赴任していた。また、そもそもこの職は本来、右大臣が補されるものではない。これは、醍醐天皇に謀反して皇位簒奪を企てたとされる罪による事実上の左遷であり、道真は翌月一日には大宰府へ向けて出発することとなった。道中は謀反人の扱いに倣い、途中の補給をさせないよう諸国に命が下った。配所での道真は、自身の館（府の南館）を出ることはなかったという（『菅家後集』）。

左遷された道真は無実を訴え続けたが、延喜三年（九〇三）二月二十五日、都へ戻ることなく命を落とす。縁起によると、死後、京よりの従者、味酒安行が主人を葬送しようとしていたところ、主人を乗せて進んでいた牛が「四堂《しどう》」のあたりで動かなくなってしまった。安行はこれを「主人の意思であろう」として、その場所に葬った。そこは「安楽寺」の地であったという。さらに延喜十九年、藤原仲平は勅を奉じて大宰府に下向し、社殿造営を行なった（『天神記』）。こうして建てられた道真の廟所は、天神信仰の高まりによって、早い段階から信仰の対象となり、天満宮としての性格を帯びていくのである。

梅と天神　「東風ふかば　にほひおこせよ　梅の花あるじなしとて　春なわすれそ」――この歌は、大宰府への下向を前に、道真が自邸の梅の木を詠んだ歌として後世有名である。天満宮の縁起のみならず、平安後期の歌集などにも収録されている。ここで詠まれた邸内の梅は、道真の死後、主を慕って空を飛び、主が眠る大宰府の地に花を咲かせたという。飛梅伝説《とびうめでんせつ》として有名な逸話である。

室町時代の古図によれば、数本の梅とともに、御殿に向かって右側、現在と同じ場所に、「飛梅」と呼ばれた梅が確認できる（「天満宮古図」）。飛梅はその後の境内図でも確認でき、天神と梅の深い関わりを物語る。そして天満宮と梅は、その後のさまざまな絵画史料にも描かれ、飛梅のみならず境内に梅が多く咲き誇っている往時の様をうかがい知ることができる。

室町時代になると、禅僧の間で、道真が梅を愛したという内容を、詩文などで表現するようになる。また、彼らの間で同時期に、道真が唐より禅を学んで戻ってきたという渡唐天神の思想がうまれてくる。これは、天神信仰が禅宗と結びつき新たな形となったものだが、渡唐天神として描かれる道真の姿は、大陸風の服装に身を包み、梅の枝を手にして描かれる。この頃には、図像に梅を描くことで、暗に道真（天神）を示すほど、梅と天神は密接な関係となった。

梅の別名を好文木という。道真との関係に由来し、学問を好む花で、学問を怠ると散ってしまうためであると伝えられる。梅は現在、天満宮の神紋として用いられている。現代においても、天満宮には一年を通して多くの参拝者が訪れ、道真は学問の神として広く信仰されている。いまも境内には多くの梅が植わっており、社殿の傍らの飛梅は、永い時の中で再生を繰り返し、じっと佇み参拝者を見守っている。

境内施設と荘園　梅の咲き誇る天満宮の境内景観をよく示すものの一つに、次頁に掲げる「天満宮境内絵図」がある。本図は、江戸時代の文政十一年（一八二八）から弘化四年（一八四七）の間に制作されたものとされ、高い視点からの俯瞰で天満宮の境内を描いている。創建当初より時代は大きく降る史料ではあるが、飛梅はもちろんのこと、参道やその周囲に咲く多くの梅花を確認できる。詳しい制作背景・作者などについては不明ながらも、境内各所に摂末社が、左下には石鳥居が描かれており、むしろ現在の景観とある程度重ねることのできる絵図である。

さて、同図にも描かれている本殿と廻廊であるが、廻廊を付した古い例を紐解くと、絵図製作からさかのぼること約九〇〇年、道真の孫、菅原輔正《すけまさ》の手によって行われたことが明らかである。永観二年（九八四）、当時大弐として大宰府に赴任していた輔正は、本殿に中門廊と四十六間の廻廊を付した。輔正は円融天皇の侍読《じどく》であり、天皇は同年、常行堂《じょうぎょうどう》と宝塔院《ほうとういん》を寄進している。こうした天満宮への寄進は、のちの天皇も行なっている（『天満宮安楽寺草創日記』）。また、これらと併行して、境内建物の寄進も多くみられる。

天満宮境内絵図（太宰府天満宮所蔵）

たとえば、治安三年（一〇二三）に藤原惟憲《これのり》が往生院を建立、康和三年（一一〇一）に大江匡房が満願院を建立している。輔正も惟憲も匡房も、当時の大宰府の長官であった。古代における、院や大宰府の天満宮に対する崇敬の一端が垣間みえる。

一方で天満宮は、境内建物だけではなく荘園の寄進も多く受けていた。その特徴は、天満宮が有するこれら荘園のほぼすべてが、大宰府官人などの寄進によって形成された点である。社領の規模は広大で、当時の九州地方で最大の荘園領主であった豊前国の宇佐宮と並ぶほどの規模を有していた。

天満宮と菅原氏　以上のように、創建以来急速に発展した天満宮であるが、その管理は主として別当と呼ばれる者が行なっていた。別当は菅原氏の氏人から選ばれ、氏長者が本流の血筋の者を推挙し、朝廷の許可を得るという手順で任命された。いわば、血縁での私選を経て改めて官から任命されたのである。初代別当は菅原淳茂の二男、平忠で、天暦元年(九四七)に補任された。淳茂は道真の子息なので、平忠は道真の孫にあたる。二代別当は鎮延で、菅原兼茂の長男である。兼茂も道真の子息なので、鎮延もまた、道真の孫にあたる。別当はその後も、代々菅原氏の血筋から選任された。

鎌倉時代以降、別当は在京のままで次第に大宰府へ下向しなくなっていき、天満宮では、留守別当が実質的な中心となった。後堀河院の頃、道真九世の孫に当たる信貞は、勅を受けて大宰府に下向し、社職を務めていたが、子の信昇から、大鳥居・小鳥居・御供屋《ごくうや》・執行坊《しゆぎようぼう》・浦之坊の五つの別当家に分かれた。なかでも大鳥居家と小鳥居家は、留守別当職をかわるがわる務めた(『筑前国続風土記』)。現在の西高辻《にしたかつじ》宮司家は、大鳥居家の末裔にあたり、現在まで道真の後裔によって、代々職掌が受け継がれている。

別当以下の組織はどうだったのだろうか。平安から鎌倉期の組織については、別当のもとに、上座《じようざ》職、寺主《じしゆ》職、都維那《ついな》職、修理行事《しゆりぎようじ》職などがみえ、五綱《ごこう》と称されていた。また、禰宜・大宮司・権大宮司などの職掌もみえる。このほか別当家の下には、満盛院《まんじよういん》・検校坊《けんぎようぼう》・勾当坊《こうとうぼう》という三宮司家があった。彼らは味酒安行の子孫として、別当家とともに、組織の上座に位置していた。現在の味酒《みさけ》禰宜家である。以上の家々の名は年中行事書などに散見されており、祭礼仏事に際しては本殿内に入り、道真への種々の行事を執り行うという重要な役割を担当した(『天満宮社役年中行事』)。

年中行事〜祭宴と神幸祭　古代において、天満宮の年中行事では、「四度宴」が注目される。四度宴とは、一月二十一日の内宴、三月三日の曲水宴《きよくすいのえん》、七月七日の七夕宴、十月五日の残菊宴という四つの行事を指し、本来は宮中の行事である。天満宮の四度宴は、内宴を長徳元年(九九五)に藤原有国が、曲水宴を天徳二年(九五八)に小野好古《おののよしふる》が、七夕宴を永承元年(一〇四六)に藤原経通がそれぞれ始めたとされ、好古は康保元年(九六四)に残菊宴も創始したとされる(『天満宮安楽寺草創日記』『本朝文粋』)。これらの行事は、それぞれ季節を愛で、廟前で詩宴を催す。これらの諸行事の創始者たちは、いずれも大弐や権帥といった大宰府の長官であり、廟前の詩宴には、大宰府官人のみならず九州諸国の役人が、「文人《もんにん》」として詩歌を献ずる役をつとめていた。天満宮への官人たちの崇敬がうかがえる側面である。

大宰府の長官による行事の導入は、四度宴だけではない。七夕宴を導入した藤原経通は、同年に二季勧学会や五節句を創始している。また、六庚申は、昔は国衙ならびに大宰府の役であったとされる。一方では、別当によって創始された行事も確認できる。たとえば法華会は、天元二年(九七九)に四代別当松寿が創始し、示現五時講《じげんごじこう》は永保四年(一〇八四)に十一代別当基円が創始したとされる(『天満宮安楽寺草創日記』)。これら天満宮の一連の行事からは、当時の神仏習合の一端が垣間みえる。

室町時代の年中行事書には、一月の御供の供進、同七日の「鬼おこなひ」、二月の「百僧供養」、八月の「御神事」などがみえる(『天満宮社役年中行事』)。特に、現代でも執り行われている「鬼すべ」(一月十七日)や「神幸祭」などの原形が、すでに中世に成立していたことは注目されるだろう。

「御神事」の創始については、康和三年、時の大宰権帥、大江匡房が、夢想によってはじめて執り行なったとされる。当時は、八月二十一日に道真を乗せた翠華を浄妙寺へ巡行させた。この寺は、生前の道真が住んでいた府の南館があった場所で、現在は榎社となっている。二十三日には還御するのだが、大宰府官人や天満宮の関係者たちは馬に乗って供奉し、本殿南の頓宮に一旦神輿をやすめて、神事を行なったという(『古今著聞集』)。南の頓宮とは、現在も本殿の南に位置する御旅所・浮殿に比定される。

この祭礼は室町期の年中行事書にみえ、江戸期の様子が史料に残る。特に「御神幸絵巻」として嘉永五年(一八五二)の作品を翌年に模写した「嘉永本」と、元治元年(一八六四)に描かれた「元治本」の二種類の祭礼絵巻が遺る。江戸末期の行列の様子を、絵画により具体的に知ることができる(いずれも太宰府天満宮蔵)。

「御神事」は、現行の祭礼では、天満宮の一年最大の重事として斎行される。九月二十二日の夜、境内の明かりが一斉に消され、御神体が移った神輿を装束に身を包んだ青年たちが担ぎ、獅子や矛などが付き従う。神輿は、揺らしてはいけないという言い伝えから、静かに榎社まで行く。この道程は、縁起に由来する道真葬送の道であるという。つまり祭礼日の夜、神霊の乗る神輿が葬送の道を逆に進むのである。夜の闇に太鼓と鐘の「どん」「かん」という音だけが響く行列は勇壮なもので、この音にちなんで巡行路は俗に「どんかん道」とも呼ばれる。

榎社に到着すると、神輿は社殿へと入り、神事の後、そのまま一宿となる。そして翌日の昼頃、神輿は再び天満宮へと還る。まず御旅所の浮殿に着き、神事を行い、その後、神輿は本殿へと還御するのである。

同祭を創始した大江匡房は、天神を「文道の太祖」「風月の本主」などと称えた（「参安楽寺詩」『続本朝文粋』所収）。匡房が活躍した平安後期、天神の生前の碩学ぶりから、貴族たちが個人的に天神へ文道を祈る傾向が散見される。また、四度宴で詩を詠むことは、天神と学問・芸術を結び付ける一端となった。

時代は降って室町時代、連歌師の宗祇は、この地方を訪れた際に天満宮に立ち寄り、廟前で歌を詠んだ（『筑紫道記』）。天神と文道・芸術との繋がりは時代とともに広まり、宗祇のように廟前に連歌や和歌の作品を献じたり、文道の向上を祈ったりと、天満宮には多くの人々が参詣していく。そして天神信仰は、近世の寺子屋や藩校での崇敬を経て、学問の神として現代へとつながっているのである。

参考文献　坂本太郎『菅原道真』（吉川弘文館、一九六二）、竹内秀雄『天満宮』（新装版、吉川弘文館、一九六八）、竹居明男編『天神信仰編年史料集成』（国書刊行会、二〇〇三）

（伊東裕介）

東照宮（とうしょうぐう）

鎮座地　栃木県日光市山内
祭　神　徳川家康《とくがわいえやす》
例祭日　五月十七日・十月十七日

徳川家康と日光東照宮の創建　元和二年（一六一六）四月十七日、徳川家康は、駿府において七十五歳の生涯を閉じた。死に臨んで、家康は、本多正純・南光坊天海・金地院崇伝をよび、以下の遺命を伝えた。すなわち、「遺体は久能山へ納め、葬礼は江戸の増上寺で行い、位牌は三河の大樹寺に置き、一周忌をすぎたら下野の日光山へ小さな堂を建てて勧請すべし。関八州の鎮守とならん」。

家康の亡骸はその日のうちに久能山へ移され、唯一神道にて神葬された。このとき、家康を神として祀る際に、どのような神号にすべきかが議論され、梵舜は「大明神」、天海は「権現」をそれぞれ主張した。大明神は吉田家が唱える唯一神道の神号、権現は天台宗の影響を受けた山王一実神道《さんのういちじっしんとう》の神号であったが、豊臣秀吉が死後に「豊国大明神」となっていたことから、家康には権現が選ばれ、朝廷の勅許によって「東照大権現」となった。

同年十月、二代将軍秀忠は、日光山に神廟を造営すべきことを下命し、遷座の準備に取りかかる。翌三年三月十五日に東照社の社殿が竣工し、四月十七日には「小祥《しょうしょう》の祭礼（一年祭）」が執り行われ、遺言のとおり家康の神霊は日光山に鎮座した。

元和三年の東照社の建物は素朴なものであったが、三代将軍家光は、寛永十一年（一六三四）から大改築に取りかかり、今日の東照宮に見られるような、大規模で壮麗な境内・社殿となった。家光は、東照社への宮号宣下《ぐうごうせんげ》を朝廷に奏請し、正保二年（一六四五）十一月三日に後光明天皇より宮号宣旨が下され、東照社は「東照宮」と称されるようになった。

日光例幣使　後光明天皇の勅使である今出川経季《いまでがわつねすえ》が、東照宮の宮号宣下の宣命・宣旨・正一位の位記を江戸に伝え、日光にも参向して東照宮に奉納した後、家光は朝廷に対して、日光への勅使の発遣を要請した。正保三年には臨時奉幣使が派遣され、翌四年からは毎年、東照宮の例祭に奉幣使が派遣されるようになった。これは「日光例幣使」と称され、慶応三年（一八六七）まで二二一年間続けられた。江戸時代を通じて例幣使が派遣されたのは、伊勢神宮と日光東照宮のみである。日光例幣使に任命されるのは参議の公卿で、約五〇〜八〇人の従者を伴って三月末に京を出発し、東海道〜中山道〜例幣使街道〜壬生通り〜日光街道を経て、四月十五日に日光に到着した。翌十六日には、京から唐櫃《からひつ》で運んできた金の幣帛を奉じて宣命の奉読を行い、家光の死後はその霊廟である大猷院に詣でた後、日光山を出発して江戸経由で帰洛した。往復には約三十日を要した。

将軍社参　将軍による東照宮参詣は、二代秀忠・三代家光・五代綱吉・八代吉宗・十代家治・十二代家慶のときに実施された。特に、東照宮大造替後の寛永十三年(一六三六)の社参は、御三家以下二〇人以上の大名が供奉する大規模なものであった。社参の行程は、主に、四月十三日に江戸城を出発し、日光街道を通って、岩槻・古河・宇都宮に宿泊し、十六日に日光に着き、翌十七日の祭礼に参列し、家光の死後は大猷院に詣でたのち、翌日帰路につくというものであった。毎年の四月の例祭と九月の臨時祭には、高家が将軍の名代、大名が祭礼奉行として派遣されていた。

朝鮮通信使や琉球賀慶使も幕府の要請を受けて日光社参を行なっている。

近世日光山の組織　現在、東照宮は二荒山神社・輪王寺とともに「二社一寺」と総称され、ユネスコの世界遺産に指定されている。建物も、国宝が九棟、重要文化財が九四棟と、その文化的景観が国内外から高く評価されている。二社一寺はそれぞれ独立して存在しているが、明治の神仏分離以前の日光山は、輪王寺宮門跡を首長とする一大組織であった。中世までの日光山は、二荒山神社を中心とした信仰であり、そこにも神仏混淆の要素があったが、さらに、東照宮の鎮座によって山王一実神道という仏教の影響を受けた神道がとり入れられたため、東照宮の行事は社家と僧侶によって奉仕された。

かつて日光山は、豊臣秀吉による小田原制圧の折、小田原方についたため、領地をすべて没収され凋落した。徳川家の時代になり、慶長十八年(一六一三)に天海が日光山第五十三世の貫主に任じられ、さらに家康が東照大権現として祀られることによって日光山は再興する。さらに承応三年(一六五四)、後水尾天皇の皇子である守澄法親王が日光山と東叡山の貫主を兼ねると、法親王には「輪王寺宮」の勅号が下され、「輪王寺宮門跡」が創立された。これ以後、比叡山・日光山・東叡山の貫主は兼務され、歴代の貫主には皇族が迎えられて輪王寺宮門跡の地位が継承されるようになった。

輪王寺宮門跡は江戸の東叡山本坊に居住することが多かったため、日光では本坊留守居が代務者となり、東照宮の祭祀は東照宮別当大楽院が取りしきった。

東照宮の鎮座以後は、二荒山神社に奉仕していた社家・宮仕・八乙女《やおとめ》などが東照宮にも奉仕するようになった。社家の定数は六人であり、近世初期には、大森祝部家・小野家・大森禰宜大夫家・中丸家・加藤家・金子家が奉仕していた。日光山の神主伝によれば、貞観二年(八六〇)の詔により大中臣清真が二荒神の神主として置かれ、その子たちが五家をおこし、別姓の小野家とともに日光山の神主となり、六家の子孫が代々奉仕してきたとする。社家六人の奉仕は、『日光山法式』には「祭祀に勤むべし」「物忌《ものいみ》や触穢《しょくえ》を慎むべし」「社頭の番を懈怠すべからず」と規定されており、実際の奉仕の記録は『社家御番所日記』として現在に伝えられている。

千人武者行列　現在、東照宮の最も大きな神事は、五月十七日と十八日の両日で行われる春季例祭である。十七日には徳川宗家などが参列し、本社・奥社で神事が行われる。その後、三基の神輿が二荒山神社にうつされ、東照宮と二荒山神社の両社の神職によって「宵成祭《よいなりさい》」が斎行される。そして翌十八日には、東照宮最大の行事である「神輿渡御祭」が行われる。これは、神輿が二荒山神社～御旅所～東照宮と渡御する神事で、そのお供として鎧武者をはじめ五三種類・約一二〇〇人の行列が整えられることから、「百物揃千人行列」または「千人武者行列」として名高い。この祭礼行事の由来は、元和三年(一六一七)に家康の神霊が久能山から日光山に遷された盛大な祭典の模様を再現していると考えられている。春季例祭は近世では四月十六日・十七日に行われていたが、戦後に五月十七日・十八日に変更された。なお、十月十七日の秋季例祭でも神輿渡御祭が行われるが、こちらは半分ほどの規模であり、出御する神輿も一基のみである。近世には「臨時祭」として九月に行われていた。

三品立七十五膳　現在の春秋の神輿渡御祭において、神橋のほとりにある御旅所では「三品立七十五膳《さんぼんだてななじゅうごぜん》」という特殊神饌が供えられる。神輿が御旅所に着くと、あらかじめ準備された豪華多彩な神饌が供される。本膳・二ノ膳・三ノ膳・瓶子・四ノ膳・五ノ膳・六ノ膳が四セット整えられ、さらに川魚・海魚・鳥などが献備される。

この三品立七十五膳は、近世には「三品立御膳」「三品立御供」などとよばれ、御旅所においては四月十七日と九月十七日、本社においては正月元旦・二日・三日・十七日、三月三日、五月五日、七月七日、九月九日に供されていた。三品立御供が、四月の「御祭礼」と九月の「臨時祭」に御

日光山古図(『日光山志』より)

旅所で供されるほかに、節句ごとに本社で供されていたのは興味深い。盛大に集められた山海の珍味が、蒔絵がほどこされた器具などに整えられたが、その費用は「四石九斗六升八合」とあるから大変に豪華な饗膳であり、さらには、日光奉行による事前の内見が行われるなど、入念に調達されていた。精進料理であり、さらに火を通して調理してある熟饌であったところが現在と異なっている。

全国の東照宮　東照宮は、日光や久能山以外でも祀られ、近世には、江戸城内や御三家・諸大名の領内、徳川家にゆかりのある社寺の境内など、全国で祀られていた。さらに、個人の邸内でも東照宮を祀るなど、総計五百社以上の東照宮が建てられ祀られていた。

『日光山志』　植田孟縉《うえだもうしん》編輯、渡辺華山他画。文政八年(一八二五)序、天保十年(一八三九)刊行。五巻。日光山の名勝誌を影印・複製したもの。勝道の伝記や日光山の歴史、東照宮の社殿・祭礼・美術工芸など、様々な日光の名所・風物が記述・描写されている。挿画は渡辺華山や葛飾北斎をはじめとして、多数の著名な画家によって描かれている。

参考文献　『栃木県史』(一九七四～七七)、『日光市史』(一九七六)、高藤晴俊『東照宮再発見』(改訂版、一九九一)、栃木県神社庁編『栃木県神社誌』(二〇〇六)

(小林宣彦)

近世

神田神社（かんだじんじゃ）

（神田明神）

鎮座地　千代田区外神田
祭　神　大己貴命《おおなむちのみこと》・少彦名命《すくなひこなのみこと》・平将門《たいらのまさかど》
例祭日　五月十五日

創祀由緒　神田明神は、『江府神社略記《こうふじんじゃりゃっき》』によると、天平二年（七三〇）の創建といわれ江戸東京の中でも古い神社の一つであるが、創建時の由緒は諸説あり定かではない。しかし中世に平将門を祭神に迎えてから武家を中心にした崇敬は深まりをみた。特に徳川幕府の成立以降は、その庇護のもとで、祭礼（神田祭）とともに広くその信仰を得てきた。

平将門公と中世の神田明神　平安時代中期の承平・天慶の乱とよばれる平将門を中心とした関東の戦乱は、武家社会の到来を予兆する歴史的なできごとだった。天慶三年（九四〇）戦乱に敗れた平将門の首は京都・四条河原で晒し首となったが、その後伝説によると京都より飛び来たって千代田区大手町の将門塚に葬られたという。将門塚は、神田神社の旧社地とも接していた。嘉元年間（一三〇三～〇六）当時荒廃してその祟りと疫病が恐れられていた将門塚に一遍の教えを継いだ他阿真教が、諸国遊行の途次に訪れ、徳治二年（一三〇七）には、蓮阿弥陀仏の法号を将門に授けるとともに芝崎道場日輪寺を中興した。さらに延慶二年（一三〇九）には将門の御霊を神田明神に合祀したと伝えられている。その後、文安年間（一四四四～四九）には将門の後裔といわれる芝崎式部少輔《しばさきしきぶしょうゆう》が初代神主となり神社を中興し、以降十五代にわたって明治初期まで芝崎家は社家として、神主職を世襲し江戸における神主の触れ頭の役割を果たしてきた（芝崎家家譜）。その後、太田道灌をはじめ上杉氏、さらには北条氏綱ら、江戸を支配した武家の崇敬を常に受けてきた。『北条五代記』によると大永四年（一五二四）北条氏綱による江戸城攻略の戦乱のため境内において毎年九月に斎行されていた神事能が中止となったとの記述がある。

徳川幕府の庇護　天正十八年（一五九〇）八月一日、豊臣秀吉の命により徳川家康は、関東に移封され江戸城に入城した。その際、神田明神の六代神主の芝崎勝吉《しばさきかつよし》は、小田原に家康を出迎えたと伝えられている。さらに慶長五年（一六〇〇）の関ヶ原の合戦に当たって家康は、神田明神にて戦勝の祈禱を行なったと伝えられている。そして関ヶ原の合戦は、神田明神の祭礼日である九月十五日に大勝をおさめた。

これより徳川家は、神田祭を縁起の良い祭礼として絶やすことなく執り行うよう命じて、幕府の尊崇する神社となった。元和二年(一六一六)には、城下の大規模な拡張に伴って、江戸城の表鬼門に位置する現在の地に遷座した。翌元和三年には幕府の命を受け久永源兵衛《ひさながげんべえ》重勝《しげかつ》が奉行となり壮麗な社殿が造営され、神輿二基・榊台・獅子頭などが幕府から奉納された。

三代将軍家光の寛永二年(一六二五)には、京都から勅使として江戸に来た大納言烏丸光広が、神主の芝崎勝吉に神社の縁起を尋ねたところ「祭神の将門は勅勘の神であるから七百余年開帳せず、わずかに九月十五日に祭礼を行い、神霊を慰めている」と答えたという。烏丸大納言は「将門は朝敵であっても、武勇に優れた者であり京都の八所御霊のように祀るなら国家の鎮守となるだろう」と考え、将軍家に相談して後水尾天皇に奏上して寛永三年には、勅免を得て将門は晴れて汚名を雪ぐことができた。以後、江戸総鎮守として、さらに幕府の篤い崇敬を受けていくこととなる。

神田祭と社家の文化　江戸時代初期の『落穂集』によると豊臣秀吉の能の指南を務めた暮松大夫が、神田明神で神事能を始めたとの記述があり、また江戸名所図屏風(出光美術館所蔵)には、境内で毎年祭礼に興行されていた神事能の賑やかな様子が詳細に描かれている。

また『武江年表』によると天和元年(一六八一)には、祭礼費用の負担が大きいがゆえに山王祭と隔年の祭礼になったと記載がある。この頃より神事能に変わって京都風の山鉾と江戸独自の屋台が混在する祭礼行列が、祭礼の主役になっていった。元禄元年(一六八八)には、初めて祭礼行列が江戸城内へ入り大祭化して、宝永三年(一七〇六)には、山車や練物など祭礼行列が江戸城内に入るとともに五代将軍徳川綱吉の上覧を受けたことが『徳川実紀』に記されている。さらに文化十年(一八一三)以降は、山車《だし》三十六番をはじめ附祭《つけまつり》・御雇祭《おやといまつり》などが繰り出されて、より華やかになり幕府が祭礼費用の一部を負担して、行列が江戸城に入り将軍上覧を受けたことから天下祭・御用祭とも称されて、隔年に行われた山王祭とともに日本三大祭の一つにも数えられる大祭礼となっていった。

江戸時代の神田祭は、神社と町々にとって栄誉ある幕府公認の祭礼であるとともに幕府の管理により厳しく規定された祭礼でもあった。さらに江戸幕府の天下泰平をも祈願する祭礼として、近世都市社会を代表する祭礼文化として広く認知された。祭礼行列の中でも特に附祭は、錦絵や絵

神田神社絵図(神田神社所蔵)

巻にも描かれて江戸っ子の注目を集め人気を博するものが多く、寛政三年(一七九一)に出された「大鯰と要石」や天保二年(一八三一)に須田町一丁目が出した「大江山凱陣の学び」などは著名なものとして知られている。こうした大規模な祭礼は、関連する費えも多いことから天保改革によって天保十二年の祭礼より、附祭十六ヵ所が、わずか三ヵ所に減らされるとともに練り物、地走《じばし》り踊《おど》り、踊り台(屋台)を一組とした行列も三組までと制限されて、幕府による祭礼への規制が強化されることになった。

また、本社は、国学者や茶人などが集う文化交流の場としても知られていた。国学の四大人として知られる荷田春満《かだのあずままろ》は、元禄十三年に江戸に来た際、はじめての門人となったのが神田明神の社家である芝崎好高であった。やがて芝崎家は、荷田家と縁戚を結び関係を深めた。それにより荷田春満や賀茂真淵が、講筵をたびたび神田明神で開催し江戸における国学の拠点ともなった。また京都の表千家より江戸における茶の湯の展開を委ねられた川上不白《かわかみふはく》は、宝暦五年(一七五五)境内に茶室蓮華庵《れんげあん》、さらに宝暦八年には花月楼を造立した。これより江戸における表千家の茶の湯(江戸千家)は、神田明神より広がっていくこととなる。

『御府内備考続編』巻之九(文政十二年〈一八二八〉)によれ

ば、牛天王三社の摂社をはじめ八幡社、疱瘡神社、大國玉神社、諏訪明神社(相殿・三峰)、神明社(相殿・大工祖神)、富士社、山王社(相殿・秋葉・金比羅)、住吉社(相殿・三峰山)、二十一社、淡島社(相殿・猿田彦)、人丸社、末広稲荷社、三嶋明神社(相殿・垂穂稲荷)、恵美須社(相殿・大國玉神)、内山稲荷社(相殿・龍王神)など多くの末社が存在していた。

明治以降の将門伝承と神社　明治維新を迎えて幕府の庇護を失った神田明神は、大きな変革を迎えた。まず明治元年(一八六八)、社名を神田明神から神田神社に改称し、東京の守護神として「准勅祭社」「東京府社」に定められた。明治五年には新政府の方針により社家が免職となった。明治六年三代目祠官となる本居豊穎《もとおりとよかい》が任命され、翌明治七年三月、教部省の指導により平将門霊神を本殿から境内末社に仮遷座して同八月には、新たに茨城県大洗磯前神社より少彦名命の御分霊を本殿に迎えた。そして同九月十九日に明治天皇が、蓮沼行幸の帰路に御親拝をなされた。さらに明治二十七年には、平田盛胤が(初代)社司を拝命する。

大正十二年、関東大震災により境内すべての建物を焼失する。その後、昭和九年に神社建築としては、画期的な鉄骨鉄筋コンクリート造総朱漆塗の耐火耐震構造の社殿が再建された。その結果、昭和十九年から二〇年にかけての空襲によって境内のほとんどの建造物が烏有に帰したが、社殿は延焼することなく現在に至り国登録有形文化財となっている。昭和五十九年には氏子の総意により平将門命が三の宮祭神として、一一〇年ぶりに神田本殿に復座することとなった。

参考文献　小松悦二『神田明神誌』(一九二二)、『御府内寺社備考』(名著出版、一九八六)、『神田明神史考』(一九九二)、『徳川実紀』(『(新訂増補)国史大系』三八―五二、吉川弘文館、一九九八)、『武江年表』(ちくま学芸文庫、二〇〇三)

(清水祥彦)

金刀比羅宮（ことひらぐう）

鎮座地　香川県仲多度郡琴平町
祭　神　大物主命・崇徳天皇
例祭日　十月十日

讃岐の金毘羅さん　古代から交通の要衝として数々の歴史の舞台となった瀬戸内海。この海を見守るように象頭山《ぞうずさん》（五三八メートル）中腹に当宮は鎮座している。「讃岐の金毘羅さん」の名で親しまれ、全国約六〇〇社の総本社である。明治元年（一八六八）三月の神仏分離令までは象頭山松尾寺金光院という寺院内に祀られ、金毘羅大権現として広く信仰されていた。金毘羅神とは一説にはインドの土着神で仏教とともに日本に伝来した、仏法の守護神クンビーラ神（コンピラ神）という。これが日本の大物主命の働きとかさねて、明治以前には両神が同一視されていた（『玉手繦』五）。

象頭山は神体山として崇められ、当宮は農耕神としても信仰されている。特に雷に対する信仰があり、雷に対して琴を掻き鳴らす「コトヒキ」を社名の由来とする説もある。また、『延喜式』神名帳に記載される式内社の雲気神社を比定する考えもある（『讃陽綱目』）。創祀以降の古記録は悉く戦禍で焼失していることから不明な点はあるが、長い歴史の中で身分の上下にかかわらず篤い崇敬を集めてきたことは確かである。

金毘羅船々　追手に帆かけて　シュラシュシュシュ
廻れば四国は　讃州那珂の郡　象頭山金毘羅大権現一
度まわれば……

この民謡は、誰もが一度は耳にしたことがあるほど、親しみ深く、耳にすると当宮の鎮座する瀬戸内の旅情が目に浮かぶようである。

現在では瀬戸大橋が岡山県児島市と香川県坂出市とを結び、自動車や鉄道といった交通手段が増えたが、江戸時代当宮参詣のためには、主に大坂の淀屋橋から毎日出た金毘羅船という和船に乗って海を渡るのが通例であった。また、当宮と四国各地とをつなぐ金毘羅五街道という参詣路もあり、当宮を中心とした交通網が近隣に形成されていた。その信仰の広まりと重要性がうかがえる。

当宮を海の守り神として尊崇した舟人たちが各地に宣伝したことや、高松藩や丸亀藩などの政策により、門前町は江戸中期以降、全国からの参詣の人々で繁栄した。公儀認可の富くじが開かれ、大芝居の常設など、たいへんな賑わいをみせた。はじめは西国大名の参詣・代参が盛んであったが、やがて庶民の間で広まり、伊勢参り、京参りとともに庶民の三大行事の一つとされてブームとなった。弥次郎兵衛・喜多八（北八とも）で有名な十返舎一九の「金毘羅道中続膝栗毛」や滝沢馬琴の「金毘羅船利生纜《りしょうのともづな》」といった読み物もその人気に拍車をかけた。弥次喜多二人は大坂から金毘羅船に乗り、丸亀港に上陸して参詣するが、道中出会った人々の風情や方言、食べ物、風景などの身近な題材を、挿絵を交えながら面白おかしく書かれている。当宮参詣後、彼らは善通寺や弥谷寺にも参詣して、多度津から丸亀に戻っている。旅行が制限された江戸時代では、当宮参詣は単なる参拝のためだけでなく、庶民の娯楽としても捉えられていたのである。読み手は旅心をくすぐられたに違いない。小林一茶や与謝蕪村などの文人墨客も訪れて文芸の舞台となった。

参拝はおおむね集落・仲間で「講」を組織して行われ、「金毘羅講御定宿」などと書かれた看板の旅籠「講宿」に泊まり、これらの宿が案内や連絡などの参詣の便宜を図った。金毘羅参りに行けない場合、空樽に初穂料を入れて「奉納金毘羅大権現」の旗を立てて海へ流し、これをみつけた者が拾い上げ、代参奉納する「流し樽の風習」が現在でもある。また、「こんぴら狗」といって旅人から旅人へと連れられて犬が飼い主の代参をする風習もあった。

今も街道沿いに立ち並ぶ常夜燈や橋桁をもたない屋根橋「鞘橋《さやばし》」、旧金毘羅大芝居（金丸座）が往時のままに残り、参道の石段沿いに軒をつらねる旅館、土産物屋の家並みなど、かつての風情を留めている。

参道の石段　本宮への参道は、石段が延々と続く。山麓から本宮までは七八五段、奥社まではさらに五八三段、合計一三六八段という、聞いただけでも気後れする段数である。「石段の金毘羅さん」とよばれるほど、その石段が与える印象が強い。急な階段が幾重にも続き、参拝者の足腰を悩ます。

参道途中の大門は徳川光圀の兄である松平頼重が寄進し、二層入母屋造の楼上には有栖川宮熾仁親王が揮毫した「琴平山」と書かれた額が揚げられている。大門を入るとすぐ、参道を挟むようにして大きな傘をさしてべっ甲飴を売る五軒の店が目に入る。この五軒は、五人百姓とよばれ、古くから神事に協力して特別に宮域での商いを許されている。

大門から続く「桜馬場」という平坦な石畳の道は、春には満開の桜がアーチをつくり出し名所となる。やがて、天照大神を奉斎する旭社がみえてくる。高さ約一八メートルという一風変わった様式である。寺院風の二階建て、江戸時代ま

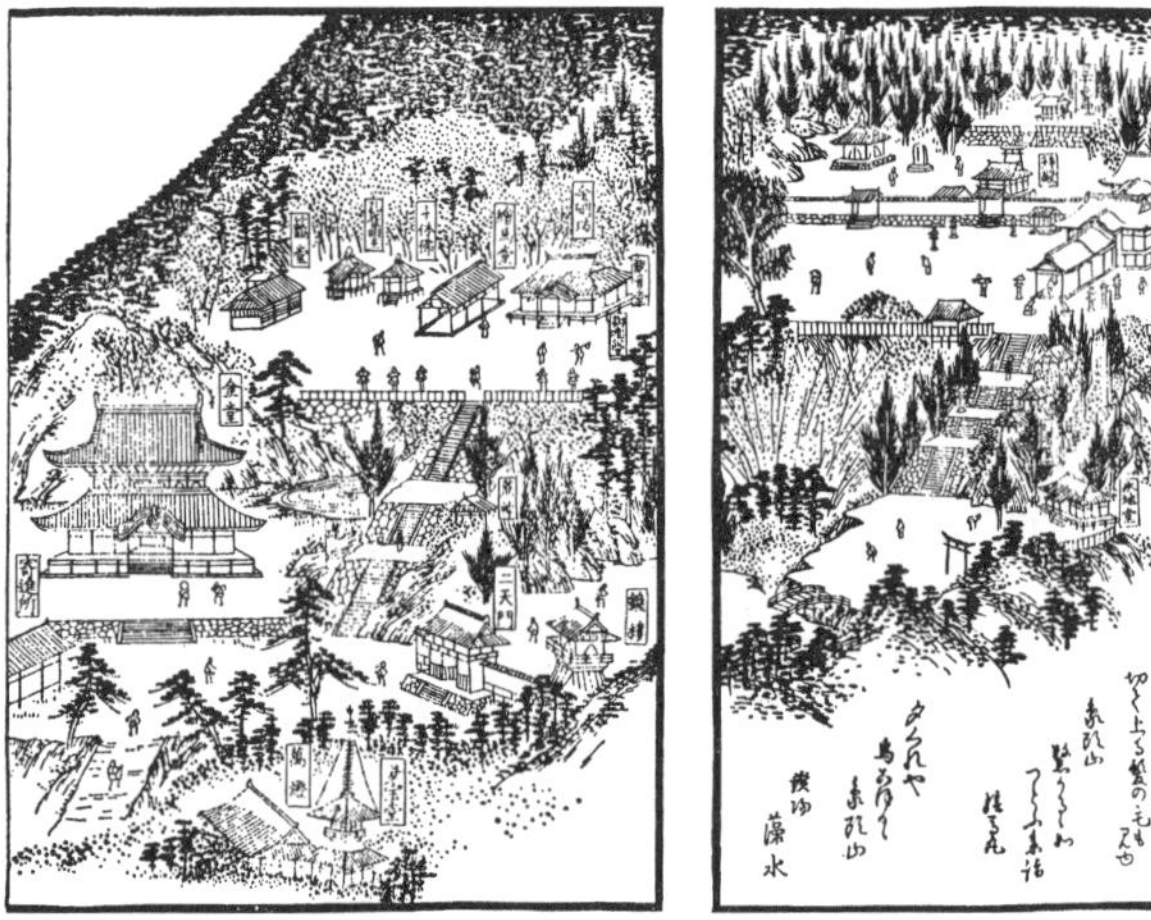
象頭山御本社(『金毘羅参詣図会』)

での松尾寺金堂を社殿に改修したものである。その昔、森の石松が本宮と間違えて、刀を奉納して引き返したという逸話が残るほど立派な建物である。

参道をさらに進むと、視界が開け本宮のある象頭山中腹に至る。本宮は明治十一年に大社関棟造《たいしゃせきむねづくり》に改築され、大物主神と崇徳天皇とを合わせ祀る。展望所からは、讃岐平野を一望できる。讃岐富士とよばれる秀麗な飯野山や瀬戸大橋、瀬戸内の島々まで見わたすことができる。長い石段での疲れをしばらく忘れさせてくれる。

絵馬堂には、所狭しと大小さまざまな絵馬が掲げられ、そのほとんどが船の絵馬である。なかには、宇宙船の絵馬やソーラーパワーで動く船がそのままの状態で奉納されるなど、非常にバラエティーに富んでいる。これらは当宮に対する人々の篤い信仰を物語っており、昔から海の守り神、交通の神として霊験があったことを示している。

大権現から金刀比羅宮へ　金刀比羅宮はもともと「琴平の宮」とよばれていたようだが、時代が下り多くの記録に残る頃には本地垂迹説により、金毘羅大権現として崇敬を集めた。また、九世紀初頭に別当によって奉斎されたという伝説もある。神仏どちら側がはじまりかは不明だが、松尾寺金光院内に祀られていたものが霊験をあらわしていった。社名は明治元年に神祇官の命で「琴平神社」、ついで「金刀比羅宮」と改称され、明治二十二年に社名が確定した。祭神である崇徳天皇は保元元年(一一五六)の保元の乱によって讃岐国へ遷され、死没までの八年間、たびたび参詣した。讃岐白峰御陵に葬られるにあたり、ひそかに本殿に合わせ祀ったといわれる(『金毘羅大権現深秘神霊考』、『玉欅』巻五)。明治時代になって、白峰寺を摂社白峰神社として奉斎して現在も丁重に祭祀が行われている。

明治時代以前は、真言宗の影響の強い両部神道によって祭儀が行われており、別当金光院のもとに、社僧として真光院・万福院・普門院・尊勝院・神護院がおり、役人は約三〇〇人に及んだ。それぞれ職掌が分担され、金光院は大権現の神事に専念する一方で、特に普門院は大門外に置かれて山内一切の仏事を行なった。つまり、ある意味で神仏の区別があったといえる。明治時代になって仏教色を一掃し、時の別当宥常は還俗して「琴陵」の姓を称して宮司となった。また、伝統の神楽歌なども大和春日や宮内省の楽師の指導のもと統一された。ちなみに当宮独特の男舞「讃岐風俗舞」もこの時に創作された。

堂塔や仏具が一掃され、本殿改築が行われたことなど、内外両面が新しくなったが、昔から現在まで連綿と続いている数々の祭儀や特定家筋による奉仕など、脈々と続く信仰と人々の集まりに改めてうなずくところである。

現在、十月九・十・十一日の大祭をはじめ、さまざまな年中行事がある。なかでも大祭は「お頭人様」とよばれ、神幸の行列に祝舎《いわいや》で忌み籠りしていた男女の幼児二人からなる頭人が参加する特殊なものである。五人百姓は献酒したり、祝舎建造の神事に奉仕したり、祭儀においても深いかかわりがある。また、四月十日の桜花祭は桜飾りを祭具や神饌など、ふんだんに用いた華やかで春めいた行事である。俳諧にも多く詠まれ、いかにも晴れがましく見物人も多く集まる。その他、お田植神事など多くの古式ゆかしい祭儀がある。

歴代別当・宮司は文化への造詣が深く、円山応挙の障壁画から近代日本の西洋画を革新させた高橋由一の絵画などがあり、宝物に「なよ竹物語絵巻」や伏見天皇御歌集など、一三〇〇点を超す数多くの文化財コレクションがある。全国でもまれな蹴鞠奉納も行われている。このように、当宮は瀬戸内の文化拠点でもある。

参考文献　『金刀比羅宮絵馬鑑』(一九二七)、琴陵光重『金刀比羅宮』(学生社、一九五〇)、近藤喜博『金毘羅信仰研究』(塙書房、一九八七)、守屋毅『金毘羅信仰』(雄山閣出版、一九八七)、『町史ことひら』(琴平町、一九九八)

(後藤正明)

三　近代の神社

騎馬の巫女(旧岡田本『年中行事絵巻』，國學院大學神道資料館所藏)

1　近代国家と神社制度

近代国家形成と神社

明治期の日本では、西洋諸国に比肩する近代国家として成立することが国家目標に定められ、国内の政治・社会全般にわたる近代化が推進された。神社に関しても明治維新直後より近代的な中央集権化に適応する新たな体制の整備が着手され、政府内に神社行政機関が設置されるとともに、律令神祇官《じんぎかん》の家柄である白川家・吉田家をはじめとする近世までの諸家執奏が廃止されて、全国の神社・神職が国家の管理下に置かれた。また、古代以来の神仏習合《しんぶつしゅうごう》(神仏混淆《しんぶつこんこう》)を解消する神仏分離が行われ、明治四年(一八七一)には、封建的な土地支配制度を廃止する社寺領の上地が実施された後、神職の世襲廃止と合わせて全国の神社が「国家の宗祀」に定められ、神社に関するあらゆる事柄が国家の法制度により規定されることとなった。このような明治初期において確立された神社の国家的位置づけは、近代における神社制度の基盤となった。

近代の神社行政機関

近代において神社を主管した中央行政機関について、明治維新直後に神祇事務科が設置されて以降、神祇官に代表される神社を特化して管轄する行政機関が、明治四年設置・翌五年廃止の神祇省まで置かれた。その後は教部省、内務省社寺局と、神社は仏教などの宗教と同じ機関で管轄されたが、明治三十三年の内務省神社局の設置により、再び神社に特化した機関による管轄となった。昭和十五年(一九四〇)に、神社行政機関は内務省の外局として設置された神祇院に拡充されたが、終戦

表1　近代における主たる神社行政機関の変遷

明治元年一月～明治元年二月	神祇事務科
明治元年二月～明治元年閏四月	神祇事務局
明治元年閏四月～明治二年七月	（太政官内）神祇官
明治二年七月～明治四年八月	（太政官外）神祇官
明治四年八月～明治五年三月	神祇省
明治五年三月～明治十年一月	教部省
明治十年一月～明治三十三年四月	内務省社寺局
明治三十三年四月～昭和十五年十一月	内務省神社局
昭和十五年十一月～昭和二十一年二月	（内務省）神祇院

後の占領政策による神社の国家管理からの分離に伴い廃止された。なお、これら機関以外にも、たとえば靖国神社の管轄は陸海軍省が中心となるなど、神社の性格や社格の別などにより、神社行政機関は近代を通じて多岐にわたった。

近代社格制度

明治維新直後より、神祇官を中心に全国的な神社調査が開始され、この結果、明治四年に神社を「国家の宗祀」とする布告とともに、社格に関する基本的な制度が定められた。同制度により、伊勢神宮を除く全国の神社は官社と諸社とに大別され、官社は官幣・国幣の各々を大中小社、諸社は府・藩・県・郷の各社に分類された(ただし、この直後に廃藩置県がなされたため、藩社への列格はなかった)。また、同年中に定められた郷社定則によって、村社が郷社の附属とされ、後に独立した社格として認められるようになった。このほか、社格を有さない神社は無格社などと呼ばれた。翌五年には別格官幣社の社格が新たに設定され、楠木正成を主神に祀る湊川神社が最初に列せられた。別格官幣社には、皇室や国家のために偉勲を残した人物たちを奉祀する神社が主として列格した。

近代祭祀制度

明治維新以降、古代からの伝統を踏まえつつも、新たな神社体制に適合する国家的規模での祭祀の体系化が進められ、明治四年に皇室祭祀を中心とする全国的な祭祀制度である「四時祭典定則」「地方祭典定則」が制定された。また、明治八年の「神社祭式」により、官国幣社以下すべての神社における祭式の統一化がなされた。

表2　官国幣社以下神社祭祀令における大祭・中祭・小祭

大祭	祈年祭、新嘗祭、例祭、遷座祭、臨時奉幣祭、合祀祭（※合祀祭は靖国神社のみ。昭和十四年より護国神社の鎮座祭・合祀祭が大祭に追加）
中祭	歳旦祭、元始祭、紀元節祭、天長節祭、神社に特別の由緒ある祭祀（※昭和二年より明治節祭が中祭に追加）
小祭	右以外の祭祀

明治五年十二月三日を明治六年一月一日とする太陽暦への改暦により、五《ご》節供《せっく》（人日《じんじつ》・上巳《じょうし》・端午《たんご》・七夕《たなばた》・重陽《ちょうよう》）が廃止され、神武天皇即位日（「紀元節」と改称）と天長節（天皇誕生日）とを「祝日」とすることが布告された。これら両日と新年とを合わせて「三大節」（昭和二年以降は明治天皇誕生日である十一月三日の明治節を含めて「四大節」）と称された。改暦は季節に基づく祭祀にも大きな影響を与え、神社の祭日は旧暦定日を新暦日に充てるよう布告された。また、元始祭（一月三日）、孝明天皇祭（一月三十日）、神武天皇祭（四月三日）、神嘗祭（九月十七日、のちに十月十七日に改定）、新嘗祭（十一月二十三日）が「祭日」の休暇日に定められ、のちに春季皇霊祭（春分日）、秋季皇霊祭（秋分日）が加えられた。これら祝祭日は、宮中祭祀や宮廷儀式と連動しており、その多くの日に各神社でも祭祀や遥拝式《ようはいしき》が斎行された。

大正三年（一九一四）、明治維新以来の祭祀制度を基盤としつつ、伊勢神宮・官国幣社以下神社の祭祀制度を改めて整備した「神宮祭祀令」ならびに「官国幣社以下神社祭祀令」が制定され、大祭・中祭・小祭が各々規定された。同年中には、神社での恒例式として、春季皇霊祭遥拝、神武天皇祭遥拝、明治天皇祭遥拝（昭和三年より大正天皇祭遥拝に変更）、秋季皇霊祭遥拝、神嘗祭遥拝（官国幣社以下神社のみ）、大祓が定められた。これら制度は、昭和の終戦までの祭祀制度における大本となった。

近代合理主義と神社政策

合理主義・科学主義を基調とする近代社会において、神社に対しても世俗・合理的な政策が行われ、ことに西洋のReligion

(宗教)概念の受容を契機に形成された「神社は宗教にあらず(神社非宗教)」に基づき、明治十年代以降、神社の非宗教化政策が推進された。

明治初期より、政府は神道による国民教化政策を進めたが、信教自由・政教分離の導入に伴い、神社非宗教を神社政策の基本方針に据えて、明治十五年に伊勢神宮・官国幣社の神官による宗教的な教化活動と神葬祭への関与を禁止した。こうした政府による神社の非宗教化の推進は、一方で宗教としての神道である教派神道が形成される一因となり、教派神道からはこの後さらに神道系新宗教(神道系諸派)が成立していった。大正から昭和前期にかけては、仏教(浄土真宗)やキリスト教側より、神社を一切の宗教色を排除した記念碑的な非宗教施設にすべきことが唱えられ、これに対し神社界からは批判や反論がなされて、神社宗教・非宗教をめぐる論争が展開された。

神社本庁

また、近代合理主義に基づく神社政策は、政府による神社の合理化につながり、明治前期には国家財政の緊縮などにより、府県社以下神社および神職への公費支出や俸給支給が停止され、官国幣社でも神職の員数が大幅に削減されるなどの措置が取られた。明治末期から大正前期にかけては、政府・地方庁の主導により、一町村一社を目標に、維持が困難で「国家の宗祀」としてふさわしいとされる基準を満たさない神社を統廃合する神社整理が展開され、明治三十一年時点で全国におよそ二〇万社あった神社は、大正五年には約一二万社に減じた。

もっとも、政府において、神社を国家の枠組みの中で具体的にどう位置づけるかについての大局的な計画はなく、近代を通じて、神社政策・法制度は政治・社会情勢の変化に伴い紆余曲折《うよきょくせつ》を辿った。こうした流動的で不安定な神社への扱いに対して、神社界は神社の「国家の宗祀」としての位置づけの実質化や明確化による地位・待遇の向上を訴え続けた。

神道指令と戦後の神社

昭和の終戦直後となる昭和二十年十二月、占領政策を遂行した連合国軍最高司令官総司令部(ＧＨＱ／ＳＣＡＰ、以下ＧＨＱ)は、国家管理下にある神社を「国家神道」と呼び、その廃止を命じる神道指令を発した。国家管理下から離された神社は、同じくＧＨＱにより制定された宗教法人令に基づき、他の宗教団体と同様「宗教法人」となった(この後、昭和二十六年の宗教法人法により、改めて宗教法人となった)。占領初期におけるＧＨＱからの圧力に対し、神社界は一致団結することとし、民間の神社関係団体である皇典講究所《こうてんこうきゅうしょ》・大日本神祇会・神宮奉斎会が発展的に解消して、神社本庁が設立された。神社本庁は、単立宗教法人となった一部の神社や、ほかの神社神道系包括団体に所属する神社を除く、約八万の神社から組織される包括宗教法人である。戦後、全国の各神社では、戦前では制限されていた社頭での教化活動のほか、地域共同体などにおける社会活動が一層展開されるようになり、神社林の保護育成や、建造物のみならず祭礼行事・伝統芸能の保存への取り組みといった文化的役割も果たしている。

(齊藤智朗)

2 軍神

軍神とは

軍神には、古代よりの「軍神(いくさのかみ)」と、近代における「軍神(ぐんしん)」の二種類がある。両「軍神」は一般に分けて捉えられるが、ともに神社の祭神として、武運長久から平和祈願まで、その信仰形態を各時代の社会状況を投影して変化してきたことなど、共通する面も指摘できる。

軍神(いくさのかみ)

古代よりの軍神は、武運を守る神(武神)をいう。『古事記』や『日本書紀』において、天孫降臨に際し、武甕槌神《たけみかづちのかみ》と経津主神《ふつぬしのかみ》が先発して平定したとあるに因み、これら二神を奉祀する鹿島神宮と香取神宮が軍神として崇敬されるようになった。平安時代末期に編まれた『梁塵秘抄《りょうじんひしょう》』にはさらに、都より東の軍神として、鹿島・香取の両神宮のほか、諏訪大社、白髭神社《しらひげじんじゃ》、洲宮神社、小鷹神社、熱田神宮の別宮である八剣宮、多度神社、西の軍神として、厳島神社、吉備津神社、広峰神社、射楯兵《いたてひょう》主神社《ずじんじゃ》、岩屋神社、広田神社、住吉大社が謡われており、当時の争乱の世相を背景

香取神宮

に軍神への信仰が高まったことが窺える。中世以降は、武士の尊崇を集めた神々や仏が軍神としてまつられるようになり、ことに武家の棟梁である源氏が氏神として格別の崇敬をはらった八幡大神が軍神として広く信仰された。一般に、八幡大神、神功皇后(あるいは道臣命)、武内宿禰が軍神三神と称され、仏教者の説では摩利支天《まりしてん》、毘沙門天(あるいは弁財天)、大黒天が軍神三天と総称されたが、軍神をめぐる諸家の説はさまざまで、近世には神仏分離の思潮から、仏を日本の軍神にまつることが批判されるようになった。軍神の性格についても諸説あり、国学者の伊勢貞丈が著わした『軍神問答』には、軍神は殺罰を司るのではなく、武道を守護する神と評されている。

軍神(ぐんしん)

近代に入り、日露戦争以降、その生涯や勇敢な戦死が日本人の心情に適い、国民的な共感や感動を呼んだ軍人たちへの尊称として、「軍神」が新たに用いられるようになる。軍神の具体的な類型として、山室建徳『軍神』(中公新書、二〇〇七)では、国定教科書に示された「軍神」像から、「I　部下を思いやりながら戦場で斃れた中年の指揮官」「II　大決戦を勝利に導いて英雄となった将軍・提督」「III　死を免れない作業を集団で遂行した若手将兵」の三つが提示されている。

近代の「軍神」の最初は、日露戦争の旅順港閉塞作戦において、船内で行方不明となった部下を三度捜索したのち、退却直後に敵弾により戦死した広瀬武夫海軍中佐で、新聞や雑誌で「軍神」と称賛されるなど、国民的な反響を受けた。また、遼陽会戦にて戦死した橘周太陸軍中佐も、その人格の高潔さから「軍神」と讃えられた。軍神にまつわる逸話は、軍国美談

橘周太

広瀬武夫

として、唱歌に歌われ、新聞各紙で取り上げられて、庶民の間に広く浸透した。昭和の戦争時に「軍神」と称された軍人・部隊として、杉本五郎陸軍中佐、西住小次郎戦車長、海軍特殊潜航艇の特別攻撃隊(戦死後、「九軍神」と称された)、加藤健夫陸軍少将、山崎保代陸軍大佐率いるアッツ島守備隊(戦死後、「山崎軍神部隊」などと称された)などがいる。軍神は、ほかの戦没者と同様、靖国神社に奉祀されており、広瀬・橘両軍神を各々主祭神とする広瀬神社や橘神社など、個別の神社が創建されている軍神もいる。また、日露戦争時の大決戦を勝利に導いた乃木希典《のぎまれすけ》や東郷平八郎も、戦没者ではないが「軍神」と呼ばれ、ともに神社が創建されている。

（齊藤智朗）

3　生活のなかの神社

庶民の生活における神社祭祀

近代を通じて、神社は「国家の宗祀」に位置づけられたものの、政府や地方公共団体による神社への経済的援助はわずかであり、また行政対象としては「非宗教」とされたが、庶民の神社に対する宗教的な信仰に、政府は干渉しない方針であったことから、神社維持の大部分は、氏子・崇敬者をはじめとする庶民の崇敬・信仰に基づく支援によるものであった。庶民の間で、神社は日常の生活における崇敬・信仰の対象であり続け、伊勢神宮の神札である神宮大麻をはじめ、氏神神社や崇敬神社の神札を神棚に祀る家庭祭祀がなされ、神社では諸祭が営まれた。諸祭とは、安産祈願祭や初宮詣奉告祭、七五三祭、神前結婚式、厄除祭、神葬祭などの人生儀礼や、地鎮祭、上棟祭といった建築儀礼、また初詣、節分祭の年中行事などに伴う祭祀である。これら諸祭は、古来、宮中・幕府においてや公家・武家の間で行われていた儀式・儀礼が、祭祀としての形式を整えつつ、江戸時代や明治時代以降に社会全般に普及したものが多く、時代とともに、神社の祭祀がひろく一般化していった様子がうかがえる。ここでは明治時代以降の近代において、祭祀の形式が整備された諸祭のうち、神葬祭・神前結婚式・初詣を取り上げる(阪本是丸・石井研士編『プレステップ神道学』弘文堂、二〇一一)。

神葬祭

神葬祭の起源は、広い意味では、仏式が定着する以前の太古・古代における葬儀にもとめられるが、今日のように神葬祭の形式が確立し、一般にひろまったのは近代以降となる。その前段階として、中世後期から近世にかけて、吉田神道や儒家神道などの神道思想や国学による復古思想の興隆により、古代以来の死穢・不浄意識が克服され、神葬祭の復興と普及が唱えられた。ただし、神葬祭は、近世の寺請制度の下では禁止されており、近世後期以降、神葬祭復興運動が全国的に展開されたことで、神葬祭が一部認められたものの、依然として大きな制約があった。幕末に至り、一部の藩で神葬祭が奨励されるようになり、明治維新直後となる明治元年(一八六八)閏四月、明治政府により神葬祭の執行を神職家内に限って認める達が出された。これを発端として、神葬祭を庶民へも普及させるべく、神葬墓地の確保および神葬祭式の統一化が図られ、明治三年に神葬墓地として東京・青山墓地(現、青山霊園)が整備され、教部省時代の明治五年には庶民の神葬祭が承認されるとともに、統一的な神葬祭式を示した『葬祭略式』が全国の神職に配布された。しかし、教部省が廃止される明治十年前後には、神葬祭の普及政策は消極的なものとなった。加えて、明治十五年に伊勢神宮と官国幣社の神官による神葬祭への関与が禁止されたこともあり、教派神道では独自の神葬祭を行なって普及に努めたものの、今日に至るまで葬儀の大部分は仏式で営まれている。ただし、神葬祭が普及している地域も全国各地に点在し、戦後は大半の神職が神葬祭に関与できるようになり、近年では神葬祭への関心が高まってきている(小野和輝監修・礼典研究会編『神葬祭総合大事典』雄山閣出版、二〇〇〇)。

神葬式(『東京風俗志』下より)

神前結婚式

結婚式の作法は、伊勢流などの礼法に基づいて中世後期に確立したといわれ、式場は神社ではなく自邸の床の間であったが、この時から婚儀の席に神を迎える意識の兆候があった。近世になると、結婚にまつわる神への信仰が明確にあらわされ、明治初期には、神前結婚の礼式が具体的に定められるようになった。明治六年に伊勢神宮直属の教導職機関であった神宮教院が刊行した『五儀略式』には、「婚姻ノ式」として、神職の司祭による神前結婚の方式が示され、明治十年代から二十年代にかけては、大社教や大成教などの教派神道において結婚式の教本が作成された。明治三十三年、賢所の神前における皇太子(のちの大正天皇)御成婚の儀式が社会的に大きな関心を呼び、これを受けて神宮教院の後身である神宮奉斎会により作成された神社での結婚礼式に基づいて、明治三十五年に日比谷大神宮(現、東京大神宮)において神前結婚式が行われた。このことが契機となって、各神社での結婚式が挙行されるようになり、挙式数も年々増加したが、全国的には依然として自邸内での結婚式が多かった(平井直房『神道と神道教化』改訂三版、神社新報社、一九九七)。昭和の戦後になると、生活習慣や住宅様式の変化、ブライダル産業の発展などを背景に、自邸以外での結婚式がひろがるとともに、披露宴よりも儀礼としての挙式を重視する意識が強くあること、また各神社でも神前結婚式の普及に積極的に努めたことにより、神前結婚式が一般化するに至った(石井研士『結婚式　幸せを創る儀式』日本放送協会出版、二〇〇五)。

神前結婚式(神田神社提供)

初詣(神田神社提供)

初　詣

新年の初めに神社や寺院に参拝し、その年の幸福や平安などを祈願する初詣は、中世の公家や武家による有名社寺への「年籠り」や、福徳を司る歳徳神のいる吉方位の社寺に参拝する「恵方参り」が、近世において江戸などの都市部に生活する庶民の間で盛んになされるようになり、近代にはさらに全国的にひろまったものといわれる。また、今日のような有名社寺への初詣が普及した理由として、都市化や鉄道などの交通機関の発達に伴い、郊外への社寺参詣が手軽になり、加えて鉄道会社による参詣客誘致が積極的になされたことで、初詣の目的が参拝だけでなく、行楽的性格も合わせもったことが挙げられる(平山昇『鉄道が変えた社寺参詣』交通新聞社新書、二〇一二)。昭和の戦後、高度経済成長の波に乗って、昭和四十年代以降に初詣参詣者が全体的に増加し、その後特定神社への初詣参詣者の集中がみられるようになった。特定神社の参詣者数の増加については、鎮座地の地理的・立地的な要因のほか、神職による日常の熱心な教化活動の成果や、当該神社の景観がもつ清浄感や厳粛性を参詣者が求めてのことによるとの指摘がなされている(石井研士『戦後の社会変動と神社神道』大明堂、一九九八)。

(齊 藤 智 朗)

四　近代の神社十選

大御幣(旧岡田本『年中行事絵巻』, 國學院大學神道資料館所蔵)

近代の神社十選（五十音順）

近江神宮（滋賀県）／橿原神宮（奈良県）／建勲神社（東京都）／東郷神社（東京都）／乃木神社（東京都）／湊川神社（兵庫県）／平安神宮（京都府）／北海道神宮（北海道）／明治神宮（東京都）／靖国神社（東京都）

靖国神社（やすくにじんじゃ）

鎮座地　千代田区九段北
祭　神　嘉永六年（一八五三）以来の国事《こくじ》殉難者《じゅんなんしゃ》
例祭日　四月二十一〜二十三日・十月十七〜二十日
創祀年代　明治二年（一八六九）

英霊祭祀と靖国神社の歴史　靖国神社には、最初に合祀された戊辰戦役での戦没者から、ペリー来航以降の国事殉難者、内外の事変・戦役や対外戦争における戦死・戦病死・戦傷死・公務殉難者二百四十六万六千余柱の英霊が奉祀されている。また、同社は春秋二季の例祭に勅使の参向がなされる勅祭社である。

英霊祭祀は、幕末における「安政の大獄」以降に殉死した尊皇攘夷の志士たちの赦免・収葬とその子孫による祭祀を徳川幕府に命じた孝明天皇による御沙汰書、また国学者の福羽美静《ふくばよししず》ら津和野藩士による京都霊山霊明舎《りょうぜんれいめいしゃ》での殉難志士の招魂祭および祇園社境内における四十六柱を祀る小祠（現在、靖国神社境内にある「元宮」）の創建を契機とする。明治元年（一八六八）には、江戸城西の丸広間において東征大総督有栖川宮熾仁親王《ありすがわのみやたるひとしんのう》により、また京都河東操練場では神祇官によって官軍戦没者の招魂祭《しょうこんさい》が各々斎行された。加えて、幕末の長州藩における招魂場の創設をはじめ、各藩や藩民により殉難者や戦没者を祀るための招魂社なども各地方に創建された。

明治二年、明治天皇の叡慮のもと、長州出身の大村益次郎や木戸孝允《きどたかよし》の尽力により、明治維新を成し遂げるために命を失った同志を慰霊し、その遺志を永く後世に伝えるため、東京九段の地に東京招魂社が創建された。同社は、他の神社が内務省の管轄であったのと異なり、軍関係官省の管轄であったことから社格がなく、神官を置くことが叶わなかった。そこで明治十二年、別格官幣社に列格されるとともに、「靖国神社」と改称されて神官が置かれた。この時、内務・陸軍・海軍三省の共同管理とされたが、明治二十年以降、陸海軍両省による所管となった。なお、各地方の招魂社は昭和十四年（一九三九）に「護国神社」と改称され、内務省管轄とされた。

昭和の終戦直後、占領政策により宗教法人となるも、護国神社とともに占領軍に危険視され、ほかの神社には適用された境内地の取得が保留されるなど、不安定な状態が続いた。占領解除後、国家のために殉じた戦歿者を祀る靖国

靖国神社

神社の祭祀は国家が責任を担うべきとして、「靖国神社法案」が国会に数回上程されたが成立には至らなかった。そのため今日でも、戦没者を国家がいかに慰霊するかの問題を含め、「靖国神社問題(靖国問題)」として、同社を対象とした議論がなされている。

みたままつりと「靖国の桜」　七月十三日から十六日まで行われる「みたままつり」は、昭和二十一年に長野県遺族会主催により民謡奉納および奉納盆踊大会が開催されたことを契機に、日本古来の盆行事に因んで、翌年より毎年執り行われるようになった。英霊を慰めるため、境内には各界名士の揮毫《きごう》による懸雪洞四〇〇燈と、遺族・戦友・崇敬者をはじめ一般の人々や各種団体などから奉納される大小三万を超える献燈が掲げられる。また、盆踊りやみこし振りなどの奉納行事も繰り広げられ、東京の夏の風物詩として親しまれ、毎年三〇万人の参拝者が訪れる。

境内の約六〇〇本におよぶ「靖国の桜」は、木戸孝允により植樹されたのをはじめとし、桜が満開となる四月上旬には、千代田区などが主催するさくらまつりが行われる。品種はソメイヨシノや山桜が中心で、境内のソメイヨシノは、気象庁が東京の桜開花を発表する際の標本木となっている。

参考文献　『靖国神社百年史』資料篇上・中・下、事歴年表(一九八三—八七)

(齊藤智朗)

北海道神宮（ほっかいどうじんぐう）

鎮座地　札幌市中央区宮ケ丘
祭神　大国魂神《おおくにたまのかみ》・大那牟遅神《おおなむちのかみ》・少彦名神《すくなひこなのかみ》・明治《めいじ》天皇《てんのう》
例祭日　六月十五日
創祀年代　明治二年（一八六九）

明治二年（一八六九）、戊辰戦役の終結に伴い、明治新政府は開拓使を新設するとともに蝦夷地を北海道と改称して開拓に乗り出し、同年九月一日、明治天皇の思召《おぼしめ》しにより、東京の神祇官において、開拓三神（大国魂神・大那牟遅神・少彦名神）の神霊を鎮斎する北海道鎮座神祭が斎行された。三柱の神霊は札幌へ奉遷され、明治四年に現社地である円山宮地に本殿が完成されて遷座祭が斎行された。これに先立ち社号が「札幌神社」と定められ、国幣小社に列格された。その後、遷座祭時の神官代で第二代宮司の菊池重賢《きくちしげたか》をはじめ、歴代宮司を中心に昇格運動が展開され、明治五年に官幣小社、明治二十六年に官幣中社、明治三十二年に官幣大社に列せられた。昭和十一年（一九三六）以降、同社では明治天皇増祀を願う運動を展開するも、その後の戦争と占領により中断となった。昭和二十七年の占領解除直後から、改めて祭神増加と社号変更の運動が再燃し、ことに昭和三十六年には北海道関係者を中心に札幌神社奉賛会が組織され、奉賛活動が活発に展開された。これにより昭和三十八年、明治天皇増祀と「北海道神宮」への改称が上聞に達し、翌三十九年に明治天皇鎮座祭および勅使参向による奉幣祭が斎行された。

北海道神宮の例祭は、一般に「札幌まつり」と呼ばれ、札幌に夏の訪れを告げる祭として地元の人々に親しまれている。明治十一年に神輿渡御が始められて以降、時代を追うごとに盛大なものとなった。札幌神社鎮座の直後より、地元の円山村民や札幌区民による祭典への関わりが見られ、同祭も札幌市民を中心とする敬神講社《けいしんこうしゃ》や崇敬講《すうけいこう》、札幌まつり振興会などの奉仕・協賛により催される。また一五〇〇本以上におよぶ桜が植えられた境内は、初代の開拓判官で、同社の創祀に尽力した島義勇《しまよしたけ》の慰霊のため、その従者であった福玉仙吉《ふくたません きち》が明治八年に桜一七〇本を献木したのを起源としており、札幌を中心に北海道各地より多くの人々が花見に訪れる桜の名所となっている。

参考文献 『北海道神宮史』上・下（一九九一―九五）

（齊藤智朗）

建勲神社（たけいさおじんじゃ）

鎮座地　京都市北区紫野北舟岡町
祭　神　織田信長《おだのぶなが》
（配祀）織田信忠《おだのぶただ》
例祭日　七月一日
創祀年代　明治二年（一八六九）

近代を通じて、皇室の安寧や国家の隆盛、民衆の安泰のため、ことに顕著に尽力した功臣を奉斎する神社が数々創建された。これらのうち、戦国時代の武将を祀る神社も数多く鎮祭され、その一つに織田信長を奉斎する建勲神社がある。同社の正式な呼称は「たけいさおじんじゃ」で、「けんくんじんじゃ」と通称される。

明治元年（一八六八）、明治天皇による楠木正成および織田信長、豊臣秀吉を各々奉斎する神社創建の思召《おぼしめ》しに基づき、翌二年に、戦国時代において伊勢神宮や石清水八幡宮《いわしみずはちまんぐう》、熱田神宮の祭祀復興や社殿修造を行なった偉勲などにより、信長を奉斎する「健織田社」の創建が宣下された。同社は明治三年、信長の後裔である天童藩知事織田信敏《おだのぶとし》により、東京の藩邸内および藩内の東城山（舞鶴山）の山頂に創建され、同年中には社号を「建勲社」と改称する旨が太政官より達せられた。その後、政府は信長奉祀の神社について、信長の子孫が先祖を奉祀することは当然だが、国家による奉斎は京都においてすべきと考え、明治八年に京都の船岡山の中腹を鎮座地とする別格官幣社建勲神社の創建が達せられ、例祭日は信長が本能寺の変で自刃した六月二日を太陽暦に換算した七月一日に定められた。船岡山は、豊臣秀吉が信長の菩提寺として天正寺の建立を企図した地である。これにより、明治十三年九月一日に御霊代《みたましろ》が東京・織田邸より遷座されて鎮座祭が斎行され、翌日には信長の嫡子である信忠も配祀として奉斎された。明治四十三年に本殿以下建造物が現在地である船岡山の山頂へ奉遷された。

織田信長が初入洛した十月十九日に斎行される船岡祭は、同社の鎮座当初より行われている。同祭では、桶狭間《おけはざま》の合戦の出陣に際して信長が舞った仕舞「敦盛《あつもり》」や舞楽が奉納され、年によって、長篠の合戦にちなんだ火縄銃三段打奉納が行われる。また、国の重要文化財に指定されている信長所用伝紺糸威胴丸《こんいとおどしどうまる》など、祭神に所縁の宝物を多数納めている。

参考文献　『別格官幣社建勲神社由緒記』、『明治維新神道百年史』第二巻（神道文化会、一九六六）

（齊藤智朗）

湊川神社（みなとがわじんじゃ）

鎮座地　神戸市中央区多聞通
祭　神　楠木正成《くすのきまさしげ》（大楠公）
（配祀）　大楠公夫人《だいなんこうふじん》、楠木正行《くすのきまさつら》（小楠公）、湊川の戦で殉節した楠木正季《くすのきまさすえ》以下一族十六柱、菊池武吉《きくちたけよし》
例祭日　七月十二日
創祀年代　明治五年（一八七二）

楠木正成は鎌倉時代後期から建武中興期の武将であり、その生涯と事績は『太平記』や『梅松論』などに描かれている。後醍醐天皇の勅旨に応じて鎌倉幕府討伐の兵を挙げ、大軍を誇る幕府軍の攻撃を破るなど、幕府滅亡と建武新政の樹立に貢献した。その後、新政への不満から足利尊氏が挙兵するも、正成はこれを破り、尊氏は九州へ逃れた。この時、正成は朝廷に向け、尊氏が再び京都へ攻め入るとして和睦を説いたが、勝利に奢《おご》る諸卿に嘲弄されたという。正成の予期通り、西日本で勢力を増した尊氏は京都へ進軍し、正成は朝議により兵庫で迎え撃ち、決死の覚悟で激しい合戦を交えるも、大軍の前についに敗れ、延元元年（一三三六）五月二十五日、「七生滅賊」を誓って自刃した。

正成殉節の地である兵庫湊川の墓所には、徳川光圀《とくがわみつくに》により「嗚呼忠臣楠子之墓」の碑が建立されるなど、誠忠を貫いた正成への尊崇思想が、ことに江戸時代において高まり、幕末以降は諸藩や多くの志士から正成の神霊奉斎が唱えられた。明治元年（一八六八）、明治天皇による神社創建の御沙汰が発せられ、明治五年に正成の墓所・殉節地を境内地に含む湊川神社が鎮座された。社格は別格官幣社で、同社はその最初に列格された。

湊川神社は一般に「楠公さん」と呼ばれ親しまれ、例祭日は正成が殉節した五月二十五日を太陽暦に換算した七月十二日である。一方、五月二十五日には楠公祭が斎行され、神輿渡御に騎馬武者が供奉する楠公武者行列が行われる。これは建武中興の際、後醍醐天皇の京都還幸を兵庫で迎えた正成が先導した故事にならったものである。昭和十年（一九三五）の大楠公殉節六百年祭の折に装束類が往時のままに新調・整備され、戦後しばらくは十分に行えずにいたが、鎮座百三十年に当たる平成十四年（二〇〇二）に氏子崇敬者や地元関係者などの尽力により復興されている。

参考文献　森田康之助『湊川神社史』上・中・下（一九七八－八七）

（齊藤智朗）

橿原神宮（かしはらじんぐう）

鎮座地　奈良県橿原市久米町
祭　神　神武天皇《じんむてんのう》　媛蹈鞴五十鈴媛命《ひめたたらいすずひめのみこと》
例祭日　二月十一日
創祀年代　明治二十三年（一八九〇）

神武天皇は、『古事記』や『日本書紀』に記されている、九州日向の高千穂宮《たかちほのみや》より東遷し、畝傍橿原宮《うねびのかしはらのみや》に即位して日本国を建国した初代の天皇である。神武天皇を奉斎する神社は古代より見られ、ことに江戸時代末期には神武天皇陵（畝傍山東北陵）の治定や修補、および同陵への遥拝や奉幣がなされた。明治維新の際、王政復古の根本理念として「神武創業」が謳われ、明治五年（一八七二）には改暦とともに神武天皇即位を紀元とし、即位日を祝日として祭典をおこなうことが定められた。翌六年に、即位日を「紀元節」と称し、近代を通じて三大節（昭和二年〈一九二七〉以降は四大節）の一つに数えられた。昭和二十三年に祝日から除外となるも、昭和四十一年に「国民の祝日」である「建国記念の日」として復活された。

明治前期より、神武天皇崇祀の要望が民間からおこるが、橿原神宮創建の直接の契機は、明治二十一年の奈良県高市郡在住の県会議員西内成郷《にしうちなりさと》による橿原宮趾保存の建白で、翌二十二年には高市郡民により同地への神武天皇奉斎の神社創建の請願がなされた。これを受けて、社殿として京都御所の内侍所《ないしどころ》と神嘉殿《しんかでん》が下賜されて、明治二十三年三月に「橿原神宮」の社号と官幣大社の社格が宣下され、翌四月に鎮座された。明治二十四年に紀元節の二月十一日が例祭日に定められ、大正六年（一九一七）に勅祭社に治定された。紀元二千六百年に当たる昭和十五年には、奉祝記念事業として社殿・神苑の整備拡充などが実施され、宮域の造成には全国からの献木を含む約七万六千余本の樹木が植栽された。

神武天皇崩御の日に当たる四月三日には、神武天皇祭が斎行され、宮中では天皇親祭により執り行われる。橿原神宮においては、「春の神武祭」として「神武さん」の愛称で親しまれ、古代衣装行列など、地元の人々が参加しての橿原市を代表する祭となっている。

参考文献　『橿原神宮史』一・二・別巻（一九八一―八二）

（齊藤智朗）

平安神宮（へいあんじんぐう）

鎮座地　京都市左京区岡崎西天王町
祭　神　桓武天皇《かんむてんのう》・孝明天皇《こうめいてんのう》
例祭日　四月十五日
創祀年代　明治二十八年（一八九五）

延暦十三年（七九四）、桓武天皇による平安京への遷都以降、一時期を除き、江戸時代末期の孝明天皇の代まで京都は天皇の住む都に定められた。明治維新直後、近代国家の建設を目指して東京奠都《とうきょうてんと》がなされ、百官有司《ひゃっかんゆうし》が京都を離れたことで、その中心地は空虚となり、景観も大きく変貌した。明治十年代に入り、明治天皇の思召《おぼしめ》しにより京都復興が着手され、特に明治十六年（一八八三）の右大臣岩倉具視による復興策には、桓武天皇の神霊を奉斎する神社の創建が掲げられたが、同年の岩倉の死により頓挫した。その後、明治二十八年の平安遷都千百年における同紀念祭と京都での内国勧業博覧会の開催に臨んで、明治二十六年に設置された紀念祭協賛会を中心に、復元された大極殿を拝殿とする桓武天皇奉祀の神社創建が推進された。これにより、明治二十七年に「平安神宮」の社号と官幣大社の社格が定められ、翌二十八年三月十五日に鎮座された。昭和期には、平安京での最後の天皇である孝明天皇を奉祀する神社創建が京都の有力者や知識人を中心に唱えられ、紀元二千六百年にあたる昭和十五年（一九四〇）十月十九日に社殿の増改築とともに奉斎合祀された。昭和二十年の終戦直後には、昭和天皇の思召しにより勅祭社となっている。

平安神宮の祭事のうち、平安遷都の日となる十月二十二日に、明治維新から平安時代まで遡る各時代の風俗を再現した行列が神幸列に供奉する時代祭は、「京都三大祭」の一つとされる。同祭は、平安神宮の維持組織として明治二十八年九月に発足した、京都市民による平安講社を中心に行われる。平安神宮創建の年より開始され、第二回に神幸列が加わって以降、漸次行列が増やされ、京都御所建礼門から同宮までの間に一大時代絵巻が展開される。同祭は広く海外にも知られ、平成十年（一九九八）には、京都市とパリ市の友情盟約締結四十周年などを記念し、パリ市の中心街において、同市在住の日本人も参加しての時代行列による巡行がなされた。

参考文献　『平安神宮百年史』本文編・年表編（一九九七）

（齊藤智朗）

明治神宮（めいじじんぐう）

鎮座地　渋谷区代々木神園町
祭　神　明治天皇《めいじてんのう》・昭憲皇太后《しょうけんこうたいごう》
例祭日　十一月三日
創祀年代　大正九年(一九二〇)

明治神宮の創祀と祭祀　明治四十五年(一九一二)七月三十日の明治天皇崩御の直後より、明治天皇奉祀の声が民間から起こり、遺詔に基づいて御陵が京都に治定(伏見桃山陵)されると、東京・京都の二都で明治天皇を奉斎すべきとして、東京への神宮創建が広く唱えられるようになった(一方で、東京以外への神宮誘致運動も展開された)。ことに大正元年(一九一二)八月、実業家で男爵の渋沢栄一、東京市長阪谷芳郎《さかたによしろう》、東京商業会議所会頭中野武営の呼びかけによる東京各団体連合協議会委員会において、①神宮は内苑と外苑からなること、②内苑は国費で、外苑は募金によって奉賛会が造営すること、③内苑は代々木御料地、外苑は青山練兵場を最適とすること、④外苑には記念宮殿・陳列館・林泉等を建設することといった神宮創建の基本方針を定めた「覚書」が承認されている。翌二年、政府により神社奉祀調査会が組織され、明治天皇および昭憲皇太后(大正三年四月十一日崩御)と所縁の深い代々木(南豊島御料地)が社地に定められた。そして、大正四年に神社名を「明治神宮」、祭神を「明治天皇・昭憲皇太后」、社格を「官幣大社」とすることが告示され、大正九年十一月一日に鎮座祭が斎行されるとともに、勅祭社に治定された。昭和二十年(一九四五)の空襲により、主要建造物が焼失するも、昭和二十八年に明治神宮復興奉賛会が結成され、昭和三十三年に社殿が再興、本殿遷座祭遷御の儀が斎行された。

明治神宮の例祭日は、明治天皇誕生日である十一月三日で、同日は昭和二年以降終戦まで「明治節」と称し、四大節の一つに数えられた。祭神に所縁の祭祀としてほかに、昭憲皇太后崩御日の四月十一日に昭憲皇太后祭、明治天皇崩御日の七月三十日に明治天皇祭が斎行される。また五月三日には「春の大祭」として、昭和二十一年に創立された明治神宮崇敬会の会員参列のもと、崇敬者大祭が行われる。加えて、昭和二十二年に明治記念館が開館されて、これまで二〇万組以上の結婚式が挙行されており、正月の初詣は例年日本一の参拝者数を集めるなど、広く庶民に親しまれている。

内苑・外苑の造営と「永遠の杜」　大正四年の明治神宮

創建の告示に伴い、内苑の造営を担う明治神宮造営局が政府により設置された。内苑には全国からおよそ一〇万本の樹木が奉献され、「永遠の杜」を目指して、計画的に植栽された。この植栽をはじめ内苑の造営には、全国各地から延べ一一万人におよぶ青年団による勤労奉仕があった。一方、外苑の造営は、財団法人明治神宮奉賛会を中心に国民からの寄付により進められ、明治天皇・昭憲皇太后の事蹟を絵画で再現した聖徳記念絵画館をはじめ、憲法記念館(現、明治記念館本館)、競技場(現、国立霞ヶ丘陸上競技場、一般に「国立競技場」と呼ばれる)、野球場(明治神宮野球場、通称「神宮球場」)などが建設された。この内苑・外苑の造営には、神道学・建築学・林学・造園学などの日本における第一人者・泰斗から新進気鋭までの専門家が参画した。このように造営された明治神宮の内苑・外苑の空間設計は、昭和の戦後における同宮周辺地域の都市整備の基本となり、加えて「永遠の杜」を目指して植栽された同宮の杜は、ほぼ自然林の状態となっていることが確認されている。

明治神宮

参考文献　『明治神宮叢書』一―二〇(二〇〇〇―〇六)、山口輝臣『明治神宮の出現』(吉川弘文館、二〇〇五)、『明治神宮創建を支えた心と叡智』(二〇一二)

(齊藤智朗)

近代

乃木神社（のぎじんじゃ）

鎮座地　港区赤坂
祭　神　乃木希典《のぎまれすけ》
（配祀）乃木静子《のぎしずこ》
例祭日　九月十三日
創祀年代　大正十二年（一九二三）

明治三十七年（一九〇四）、三十八年の日露戦争において、二百三高地での激戦に勝利し、旅順要塞開城を果たした将軍である乃木希典は、大正元年（一九一二）九月十三日、明治天皇大喪の日に、妻の静子とともに東京赤坂の自邸にて殉死した。乃木は、明治十年の西南戦役の際、激しい混戦の中で旗手が戦死し、天皇親授による軍旗を喪失したことに苦悩し続け、また旅順攻略の際に多くの将兵を失った責任と謝罪の念から自刃を奏上するも、明治天皇に諭され、「卿（乃木）もし強いて死せんとならば、朕（明治天皇）世を去りたる後にせよ」との御沙汰を受けたという。この後、乃木は学習院長として、のちの昭和天皇の教育に当たり、明治天皇より篤い信任を受けた。

乃木夫妻の殉死直後から神社創建の声が上がり、神社界をはじめ、書物や新聞紙上などでも「乃木神社」創設が唱えられた。大正二年に、乃木旧邸の保存・維持の組織として乃木会が設立（大正六年に財団法人中央乃木会となる）、殉死した九月十三日には、乃木夫妻の御霊を祀る乃木旧邸内小社にて祭典が毎年執行された。大正八年、中央乃木会により出願された乃木神社創建が許可され、乃木旧邸を中心にその隣地も購入されて境内地と定められた。そして、明治天皇・昭憲皇太后を奉斎する明治神宮の創建を待って、大正十二年十一月一日、鎮座祭が斎行された。翌十三年に府社に列せられ、昭和の戦時中に別格官幣社への昇格運動がなされるも終戦を迎えた。また、空襲により本殿以下社殿が焼失したが、昭和三十七年（一九六二）の祭神五十年祭を期して復興された。

乃木神社では、乃木夫妻殉死の日が例祭日に定められているのをはじめ、戦地より帰国した一月十四日に凱旋記念日祭が斎行されるなど、所縁の年中祭祀が行われ、夫妻に所縁の品々も社宝として収蔵されている。また乃木会館を付設するとともに、結婚式などの人生儀礼も盛んに行われている。

参考文献　『乃木神社　東郷神社』（新人物往来社、一九九三）、『乃木神社由緒記』（二〇〇九）

（齊藤智朗）

東郷神社（とうごうじんじゃ）

鎮座地　渋谷区神宮前
祭　神　東郷平八郎《とうごうへいはちろう》
例祭日　五月二十八日
創祀年代　昭和十五年（一九四〇）

日露戦争の日本海海戦においてロシア帝国海軍のバルチック艦隊を撃滅した連合艦隊司令長官の東郷平八郎は、生前より国内外において世界的な名将として尊敬された。昭和九年（一九三四）五月三十日の薨去直後より、東郷を祀る神社創建のための献金が寄せられ、また全国各地で「東郷神社」建設が計画された。そこで、大角岑生《おおすみみねお》海軍大臣を中心に、「東郷神社」を全国民の事業として中央に一社創建する（ただし、東郷の生地である鹿児島は除く）ことが取り決められ、同年九月に財団法人東郷元帥記念会が設立されて、全国からの献金により神社創建が進められた。鎮座地は、明治神宮付近の景勝浄地として元鳥取藩主池田侯爵邸に定められ、昭和十五年五月二十八日に鎮座祭が斎行された。社格は府社で、昭和十九年に別格官幣社への昇格運動が展開されるも、翌二十年の空襲により社殿をはじめ主要建物のほとんどが焼失した。護持された神体は、終戦直後に仮社殿に奉斎され、昭和三十三年には東郷神社復興奉賛会が設立されて、復興運動が展開された。東郷を尊崇する個人からの寄付を中心に、祭神三十年祭となる昭和三十九年五月に遷座祭をはじめ復興奉祝大祭が斎行された。

東郷神社の例祭日は、鎮座祭が斎行された五月二十八日に定められている。この日は日本海海戦に勝利した日でもあり、その前日の五月二十七日は、同海戦が行われた日として「海軍記念日」であった。祭神に所縁の年中祭祀として、生誕日の十二月二十二日に御祭神誕晨祭《ごさいじんたんしんさい》、命日の五月三十日に御祭神命日祭も各々斎行される。境内には、「潜水艦殉国碑」や「海軍特年兵之碑」が建てられ、東郷の生涯から「海」に関連して、海軍・海事・水産関係者の御霊を合祀奉斎した境内霊社「海の宮」が鎮座している。また社頭では、東郷の真筆からとった「勝」の字を焼印した「勝札」や「百発百中守」など、東郷の武勲に因んだ同社特有の授与品が頒布されている。

参考文献　『東郷神社誌』（一九六四）、『乃木神社　東郷神社』（新人物往来社、一九九三）

（齊藤智朗）

近江神宮（おうみじんぐう）

鎮座地　大津市神宮町
祭　神　天智天皇《てんじてんのう》
例祭日　四月二十日
創祀年代　昭和十五年（一九四〇）

第三十八代の天皇である天智天皇を奉祀する近江神宮は、天智天皇が都を置いた滋賀県琵琶湖西岸の大津宮跡に鎮座する。天智天皇は、即位前には中大兄皇子と称し、蘇我《そが》氏による専横を排する大化改新を行なった。近江国大津へ都を遷した後に即位し、日本最初の全国的な戸籍である「庚《こう》午年籍《ごねんじゃく》」の作成など、後に続く律令国家体制の基礎を築き、歴代天皇の中でも特別な崇敬を受けてきている。

天智天皇を奉斎する神社創建の動きは、明治以降、滋賀県および大津市を中心に展開され、ことに明治四十一年（一九〇八）の大津市制施行十周年に際し、大津宮跡への神社創建の請願運動が開始された。その後、昭和九年（一九三四）まで八回の請願書が提出され、衆議院の請願委員会や建議委員会で採択・可決されるも、建設費用の国費負担に政府が躊躇したため実現しなかった。そこで寄付金をはじめ地元での資金調達が図られ、昭和十年、滋賀県に設置の神社奉祀調査会において、「近江神宮」の社号や鎮座地、造営費のことなどが提起された。こうした県・市の運動が実り、昭和十二年に政府から神社創建の内定を得、翌十三年には皇室により近江神宮の創建と官幣大社への列格が定められて、紀元二千六百年にあたる昭和十五年十一月七日に鎮座祭が斎行された。戦後まもなく、昭和天皇の思召《おぼしめ》しにより勅祭社となっている。

近江神宮では、即位前の天智天皇が大津宮に遷都した四月二十日を例祭日とすることをはじめ、天智天皇に所縁の年中祭祀が数々行われている。たとえば、天智天皇による漏刻（水時計）の設置に由縁して定められた六月十日の「時の記念日」に漏刻祭が斎行され、境内には「時計館宝物館」も設けられている。また天智天皇の御製を巻頭歌とする小倉百人一首に因み、一月初旬にかるた祭が営まれ、祭典に合わせて、高松宮記念杯近江神宮全国歌かるた大会や、競技かるたの日本一を競う「かるた名人位・クイーン位決定戦」も開催される。

参考文献　『新修大津市史』六　現代（一九八三）、『近江神宮―天智天皇と大津京―』（新人物往来社、一九九一）

（齊藤智朗）

付録

田楽(旧岡田本『年中行事絵巻』, 國學院大學神道資料館所蔵)

神社用語解説

○社格・制度

社　格(しゃかく)

公的性格のある神社の格式。式内社、二十二社、一宮の称を社格とみなすことがある。社格制度が明確な形で制定されるのは明治四年(一八七一)。神祇官管轄の神社は官幣社と国幣社に大別され、それぞれ大・中・小社に分けられた。さらに、地方官管轄の府藩県社、村社が定められる。後に藩社が廃され、別格官幣社と郷社が加わった。社格のない神社は無格社とされた。ポツダム宣言により昭和二十一年(一九四六)に制度廃止。

社　号(しゃごう)

一般的には神社の末尾に付く称号を指す。現在は「神社」という名が一般的。「宮」「大社」もあるが、正式には限られる。古代でも、伊勢大神宮関連の神社や、鹿島社・香取社・杵築社など、主として朝廷が重要視した神社に用いられていた。それ以外では明神・大明神といった号や、神仏習合の影響から権現・大権現などのものも用いられたが、近代初期の神仏判然令により、仏教的な社号は見直された。

式 内 社(しきないしゃ)

延長五年(九二七)成立の『延喜式』神名帳に載録された神社の通称。その数は全国で二八六一社(三一三二座)。国史の「官社」という語と同義とされる。古代朝廷祭祀の対象であり、二月の祈年祭《きねんさい》で幣帛《へいはく》を用意される点は全社共通。朝廷祭祀が停滞した中世以降になると、所在不明となるものもあったが、その名は神社の地位を高める呼称として関心を集めた。特定の式内社に比定される神社が複数ある場合、それらを論社という。

式 外 社(しきげしゃ)

『延喜式』神名帳に載録されていない神社の通称。古代の史料にみられる神社を指すことが多い。式外社のうち、六国史にその名が載っている神社を国史現在社と称し区別する場合がある。朝廷祭祀の対象外とは限らず、臨時奉幣や神階昇叙の対象となる例も多い。二十二社の中でも、石清水八幡宮・大原野社・吉田社・祇園社・北野社の四社が式外社に該当する。

官　幣　社(かんぺいしゃ)

古代朝廷祭祀制度の官幣社とは、神祇官で祈年祭幣帛を頒《わか》つ官社の通称。延暦十七年(七九八)に国幣社と区別された。『延喜式』に畿内全官社と七道諸国の一部大社五七三社(七三七座)を載録。近代官幣社の制度は明治四年(一八七一)制定。当初は神宮を除く二十二社などが列格。大中小の区別がある。例祭幣帛料が皇室費(当初は正院式部寮)から拠出。昭和の終戦時には二一八社に増えたが、昭和二十一年(一九四六)制度廃止。

国　幣　社(こくへいしゃ)

延暦十七年(七九八)、祈年祭幣帛の確実な伝達のため、国司が一部神社の幣帛を頒つようになった。国幣社はこの対象となる神社の通称。『延喜式』によれば、七道諸国の大部分の大社と全小社あわせて二二八八社(二三九五座)あった。近代の国幣社は、明治四年(一八七一)当初、諸国一宮を中心に六二社が列格し、制度廃止直前の昭和の終戦時には一〇三社を数えた。国庫から例祭の幣帛料が拠出されることが官幣社との違い。

名　　神(みょうじん)

古代における特に霊験のある神への呼称。『日本後紀』などから、現在と同様、「明神」という語も同義で用いられていたことがわかる。『延喜式』には臨時祭祀・名神祭に預かる神社二〇三社(二八五座)が示されているが、名神の呼称例はそれら神社だけに限らない。六国史《りっこくし》からは、祈雨のほか、災害などの大事にあたっての、名神奉幣などの実例が多く確認できる。この中で特に奉幣対象となった神社には、のちに十六社に数えられたものもある。

神　　階(しんかい)

神に授け奉る位階。史料上は一品から四品までと、正一位から正六位上までの諸位が確認でき、律令の人への位階に対応している。天平三年(七三一)に越前気比神が従三位であったとする『新抄格勅符抄』が初出。平安初期になると、諸国国司の神祇行政ともかかわりつつ対象が広がり、嘉祥三年(八五〇)には初めて天下諸神一斉に奉授された。平安中期には朝廷と密接な神社の多くが極位に達するが、近世吉田神道でも重んじられ、宗源宣旨による叙位がなされた。

二十二社(にじゅうにしゃ)

平安中期から室町中期の間、朝廷神祇制度の中核祭祀の対象となった神社。伊勢大神宮を筆頭に、天皇の母系氏神や平安京近隣の神社、大和の朝廷と関わりの深い神社などからなる。共通の恒例祭祀として、朝廷による年二回の祈年穀奉幣があり、国家の重大事・天変地異には臨時に奉幣された。原型である十六社への奉幣開始は九世紀末で、十世紀末以降その数を増し、永保元年(一〇八一)の日吉社列格で二十二社が確定する。

大神宝社(だいしんぽうしゃ)

宇多天皇の仁和四年(八八八)から中世にかけて、天皇即位に際し、大神宝使を遣わして特定神社に神宝の奉献を行なっていた。大神宝社とはその対象社の通称。摂関期の貴族・源経頼の日記『左経記』によれば、全国合わせて五〇社に及ぶ。これらの神社は、ほとんどが公祭の対象や名神であり、二十二社や一宮も多いため、古代・中世において朝廷が重んじていた神社の代表格とみなすことができる。

一　宮(いちのみや)

特定の地域の代表的な神社への呼称。一般的には国内第一の鎮守に対して用いられる。確実な初出は康和五年(一一〇三)の伯耆倭文神社境内出土経筒銘。当時から国守による神拝がなされるなど、国司の神祇信仰の核であり、鎌倉期には朝廷や幕府の神事の対象にもなった。また、近世大名の神祇政策とも関連し、近代にはいち早く官社列格の対象となった。一宮とされる神社は時期等によって相違する場合もあり、特に前近代には、その地位をめぐって争う事態も出来した。国によっては二宮、三宮のように、一宮に準ずる神社も存在する。

惣　社(そうじゃ)

「総社」とも表記。通常、中世において、諸国国司の神祇信仰上重んじられた神社を指す。伊豆三島社のように、一宮が惣社の役割を併せ持つ例もある。国魂が祀られたり、国内各地の著名神社の祭神が合祀されたりすることが多い。後者の例として、中世前期成立の『白山之記』に登場する加賀府南社や、各地の六所宮があげられる。大概の惣社は国府近隣に所在し、国司祭礼の中心であった。その国司の機能が低下する中世後期に衰微したためか、所在そのものが不分明の国もある。

別格官幣社(べっかくかんぺいしゃ)

近代神社制度における神社の社格の一つ。国家的功績があり、人々に崇められた人臣を祭神とした神社。明治五年(一八七二)制定。官幣小社と同じ待遇を受けた。列格した神社はすべて人霊崇祀の社である。南朝の功臣・楠木正成《くすのきまさしげ》を祀る湊川神社の列格がそのはじまり。前近代の人物を祀る神社のみならず、靖国神社も明治十二年(一八七九)に列格。昭和の終戦時には二八社にのぼった。昭和二十一年(一九四六)社格廃止。

勅祭社(ちょくさいしゃ)

一般的には、明治時代から昭和の終戦直後までの間に、祭祀にあたり勅使が参向し、天皇よりの幣帛を奉ることが定められた神社十六社を指す。東京遷幸時に明治天皇の社参があった氷川神社や、明治十六(一八八三)・十七年に旧儀復興が相ついで果たされた賀茂御祖神社《かもみおやじんじゃ》・賀茂別雷神社《かもわけづちじんじゃ》、春日大社、石清水八幡宮などが含まれる。伊勢の神宮の祭祀にも勅使は参向するが、別格と位置付けられ同宮は勅祭社とはされない。

○祭祀形式

祭　神(さいじん)

神社に祀られている神。国や特定の地域を守護する神や、氏族の氏神を祭神として祀る例は奈良時代にはすでにみられ、平安時代には、神とされた人霊や、特色ある霊威をもつ神なども祀られるようになった。また、記紀の神代の記述に見られる神のほか、外来神も存在するなど、由来も様々である。中世以降になると、二十二社や一宮などの神が各地に勧請され、それぞれの地域の鎮守となった例も多い。

神　体(しんたい)

神霊の存在が意識され、祭祀の対象となるものをいう。伊勢の神宮において、天孫降臨《てんそんこうりん》に際し、天照大神《あまてらすおおみかみ》が皇孫に賜った八咫鏡《やたのかがみ》をいわゆる御霊代としていることは、古典に見られる明確な例である。神社によっては、玉・石・剣・鉾・鈴などが神体とされるが、神体のない神社も古代以来存在する。

鎮　座(ちんざ)

神が特定の場所に鎮まり留まること。神社が所在することを示す場合もある。古代では神意によって神が鎮座する例が確認される。伊勢の神宮はその典型で、天照大神の神意によって、倭姫命《やまとひめのみこと》が現在の地に神霊を遷座している。神道五部書の『天照坐伊勢二所皇太神宮御鎮座次第記』『伊勢二所皇太神御鎮座伝記』『豊受皇太神御鎮座本紀』の書名は、この遷座を指して「鎮座」とした実例。

社(やしろ)

「やしろ」の読みは「屋代」に通じ、祭りの場か、そこに建てられる仮設の神殿のこととされる。「社」という字も祭器を表意し、建物の存在を想定しない。この点、建物の存在を意識して用いられる「宮」という語との差がある。現在では、神の坐す常設の建造物がなくとも「社」と呼ばれるが、一般的には神々を祀るために建てられた建物を指し、もともとあった宮との大きな意味の差もなくなっている。

磐　座(いわくら)

神の座となる岩石のこと。磐座は記紀や『風土記』に記述があるほか、同名を冠した式内社もある。磐座は古墳時代中期の実例が確認され、宗像沖ノ島や三輪山山ノ神遺跡の磐座の周囲からは、多数の鏡・勾玉やそれらの模造品などが出土している。磐座を囲む一定の区画のことを、磐境《いわさか》ということがある。

神　籬(ひもろぎ)

神まつりの際に神霊の存在を示す。『日本書紀』の神代巻には、天照大神が瓊々杵命《ににぎのみこと》のために天津神籬《あまつひもろぎ》を用いたことが記されており、『万葉集』にもその名がみられる。祭壇のようなものを想定することができる。現在は、臨時の祭壇に榊などを立てたものや、または生育している常緑樹そのものが神籬として理解されることが多い。それらは、紙垂《しで》・麻などをつけることが一般的。

神　木(しんぼく)

一般的には、祭神と由緒の上で密接な関係を持ち、神霊を象徴するような樹木を指すことが多い。神社の境内にある樹木のすべてを神木とする場合もある。古代以来神域の樹木を伐採することは神の祟りを招くとされ、神木の保護は神威と密接に関係していた。他方で、中世春日社では、神霊動座の際、神木を用いていた。また、稲荷社の験の杉のように、神符になったりする例もある。

神奈備(かんなび)

神の坐す場所。一般的には神聖な山または丘、あるいは森などとされる。大神神社の三輪山、春日大社の御蓋山や賀茂別雷神社の神山など、秀麗な容姿に注目が集まる場合が多い。社殿が成立する以前の神まつりの場を指し示すとみられ、『延喜式』の出雲国造神寿詞の中には、大御和《おおみわ》・葛木鴨《かつらぎかも》・飛鳥《あすか》の三つの神奈備の名が挙げられている。六国史や『延喜式』神名帳にも「甘南備」「賀武奈備」などの神社名が登場する。

神体山(しんたいざん)

祭祀の対象となり神が鎮まる山。美しい山容を保ち、聖地として扱われ、禁足地とされることもある。富士山や阿蘇山のように、古代は山を「山」と呼ばず「神」と表現することがあり、山そのものが神であるという考え方があったことを示唆している。現在、神体山の典型とされるのは大神神社の三輪山だが、古代においては「神体山」と呼ばれてはいない。

禁 足 地（きんそくち）

神にかかわる場所として人の立ち入りを禁じた区域。『常陸国風土記』行方郡《なめかた》条にある、同郡の箭括麻多智《やはずのまたち》が夜刀神の領域を設定したという例は、禁足地の存在を推測させる文献上の古い例。嚴島神社も古代は島全体が禁足地であったとされる。大神神社の境内に当たる三輪山や、海の正倉院といわれる宗像沖ノ島も著名な禁足地。その他の神社でも、本殿周囲の社叢や古社地が禁足地に指定されている例がある。

○祭神の居所

本宮／本社（ほんぐう・もとみや／ほんしゃ）

別宮、別社、奥宮、奥社、山宮あるいは摂社、末社、境内社などに対し、主となる神を祀る社殿、若しくは主たる神社そのものを指す。旧鎮座地を指すことも少なくないが、本宮などの名称を付す明確な基準はない。また、神の分霊や神社の分祠をした時に、その元となった神社を指す場合もある。

奥宮／奥社（おくみや／おくしゃ）

本宮（本社）など、中心となる神社に対し、奥に位置するとみなされる社殿、若しくは神社。祭神は本宮と同じか、その荒魂が祀られる例がある。その神社の旧鎮座地の場合もあるが、単に山麓の里宮などに対する山上の神社を指すことも多い。

相　　殿（あいどの）

複数の神が相並び坐す殿の意味で、一つの社殿に二柱以上の神を合祀すること。この場合、後から祭った神を相殿神と称し、また配祀神・従祀神・合祀神と同義とされる。相殿神は主祭神と深い関係にある場合が大部分を占めるが、神社合祀などにより、従来関係の薄かった祭神が祀られている場合もある。伊勢大神宮の内外両宮内にもそれぞれ二柱・三柱の相殿神が祀られている。

別　　宮（べつぐう）

神社の称号の一つ。中心となる神社との対応関係によって名が付せられる。『延暦儀式帳』『延喜式』には伊勢大神宮の「別宮」の記述があり、主たる祭神と同じか、その荒魂が祀られている。現在の伊勢の神宮・皇大神宮は荒祭宮をはじめ別宮一〇社、豊受大神宮《とようけだいじんぐう》は多賀宮など四社の別宮がある。中世になると、神社の荘園に勧請された神社を別宮と呼んだ。石清水八幡宮の各地の別宮がその典型。

枝　社(えだやしろ)

主たる神社に属した小さい社に対する呼称の一つ。主たる神社を本として、その祭神の枝、すなわち苗裔神《びょうえいしん》や、縁故のある神などを祀った社である。『皇太神宮儀式帳』には、神嘗祭を斎行する前に所々の枝神を祀る旨の記述がある。現在は摂社・末社とほぼ同じ意味で用いられる。

境内社(けいだいしゃ)

主たる神社の境内に鎮座する社。現在、境内社の大部分は社格・氏子などをもたず、建物も本殿だけのものが多い。境内神社とも称する。主祭神の御子神《みこがみ》などを祀るほか、中世以降になると熊野・八幡・天神・祇園・神明などの神が勧請されることにより境内社が増加した。明治の神社制度では、神宮や官国幣社は摂社・末社、その他については境内社・境外社と称した。

摂　社(せっしゃ)

神社に対する名称。主たる神社とともにあわせ持つ社という意味。主祭神と特に縁故の深い神が祀られる場合が多い。本社の境内にあるものを境内摂社、境外にあるものを境外摂社という。旧官国幣社において摂社は、本宮(本社)祭神の后神《きさきがみ》・御子神その他由緒ある神、旧社地に祀る神社、本社祭神の荒魂、本社の地主神、その他特別の由緒ある神社と定義され、末社より上位に位置付けられた。

末　社(まっしゃ)

中世においては、大社寺の領地の神社を末社と呼んでいたが、神社境内にある小社を指すこともあった。伊勢の神宮に百二十末社・日吉に百八末社・春日に末社五十一神あるなどとされた。近代以降は、摂社より主たる神社の祭神との縁故が浅い神を祀った神社として位置付けられた。現在は境内の小社一般を指す場合がある。

祖霊社(それいしゃ)

祖先の霊を祀る社を霊社といい、祖霊社は祖先累代の霊をあわせて祀った社。唯一神道の宗家吉田家の影響により、邸内・墓所などに祠を建て、これを霊社として一族が祀ったことに始まる。明治元年(一八六八)の神仏判然令によって神葬祭に改めた氏子の霊を祀るため、氏神の境内にも祖霊社が建てられたが、明治十九年にその創立が禁止された。戦後、再び神社境内の祖霊社が創建されるようになった。

邸内社(ていないしゃ)

個人の宅地内・屋敷内やその付属地に祀られた社や小祠。元からその地に鎮座する神を祀ることもあれば、崇敬している神を勧請することもある。信仰圏が広がり、宅地・屋敷内にとどまらず地域の神社となった場合もある。藤原冬嗣が自邸の東京一条第に建立した宗像神社(現在は京都御苑内に鎮座)や、平清盛が京都の邸宅に丹波の神(大芋の社)を勧請した例などがあげられる。

産土社(うぶすなしゃ)

神社のある土地やそこに住む人々を守護する神を祀った社。人が生まれた地の神社という意味を含む。産社・産宮・生社も同じ意味で用いられる。「うぶすな」は、『日本書紀』推古天皇紀に、出身地を意味する「本居」という語の読みとして見られる。『延喜式』神名帳には「宇夫須那神社」の記載がある。『今昔物語』巻三十に、産土神に通じる産神が登場しており、産土社の現在的な観念は中世以前には存在していたようである。

鎮守社(ちんじゅしゃ)

一定の地域や場所を守護する神社。神社を鎮守と呼ぶ明確な初見は天慶二年(九三九)だが、それ以前から宮都や国府近くの神は、それぞれ天皇、諸国の実質的鎮守であり、二十二社や一宮の信仰に結実する。中世以降は村落単位で鎮守が祀られ、近世には、鎮守という語は氏神の社や産土社と同じ意味となる。仏寺を守護する役割を持った神も鎮守と呼ばれるが、これは、東大寺の手向山八幡宮のように、奈良時代から見られるものである。

祠(ほこら)

小さな社をいう。もともとは「ほくら」(神庫・秀庫・宝庫)と考えられる。『日本書紀』垂仁天皇紀には「神庫」が登場し、神宝などが納められていた。高床式の建物が想定される。平安初期には朝廷に重んじられた名神の神社であっても「祠」としている例があるが、現在では、小規模で民間信仰の影響を受けた境内社や、神社の管理下にない路傍の神、道祖神などを祀る小社をいうことが多い。

海外神社(かいがいじんじゃ)

明治以降、国外に移住した日本人が奉斎・創建した神社のこと。日本在住時の氏神・鎮守神を祀り、彼らの祖国・郷土への帰属意識を高め、日本人としての誇りの維持を果たした。明治三十年代創建されたヒロ大神宮・ハワイ大神宮・ハワイ出雲大社のあるハワイの他、移民の多いブラジルをはじめ、アメリカ大陸には今でもいくらか存在する。台湾神社・朝鮮神宮をはじめ、海外の領土に政府が創建した神社も、海外神社と呼ぶ場合がある。

○施　設

境　内（けいだい）

社寺の敷地を指す語。神社における境内の態様は一律ではないが、古代から、人々との生活空間と重なる場合は、朝廷によってその境界が定められ、祭祀の場としての環境維持が図られることもあった。明治四年（一八七一）の社寺領上知令（上地令）以降、上地対象外であった境内地の定義についての問題が生じたが、本殿その他祭祀に必要な建造物がある場所の他、いわゆる社叢などは境内として含まれるように取り扱われた。

本　殿（ほんでん）

境内にある社殿のうち、主祭神が坐すとされる建造物。正殿《しょうでん》・瑞殿《みずのみあらか》・神殿・宝殿も同じ意味で用いられる場合がある。その建築は切妻屋根のものが基本だが、神社の象徴となるような特徴をもつものがある。神明造・大社造・流造・春日造などはその典型である。伊勢の神宮は正殿というが、六国史ではすでに呼称として用いられている。

拝　殿（はいでん）

神に対して祭祀や祈願などさまざまな行為をする建物。広義には祭典を行い、参拝するための建築物を称するが、狭義には祭典に奉仕する祭員の着座する建物とされる。多くは本殿の前方に位置する。大規模な神社では、前後二棟の拝殿を持つところもあり内拝殿・外拝殿とよぶ。逆に、拝殿がなく、舞殿・回廊・門などに拝殿と同じ役割を持たせている神社もある。

幣　殿（へいでん）

祭りの際、神に対して主として幣帛《へいはく》を奉るための建物を指す。本殿と拝殿の間に幣殿を連続して建てることが多い。幣帛を奉る場所としてだけでなく、広く奉納品を納める場となった他、祭祀終了後の直会や饗膳なども行うこともあった。現在では、祭祀の中心的空間としても使用される。また、幣帛を納める建物を幣殿という場合もある。伊勢の神宮の外幣殿がそれにあたる。

神 楽 殿（かぐらでん）

神を慰めるため神前にて神楽を奏舞する建物。天磐戸の前で天鈿女命が俳優したことが神楽の始まりとされている。神楽専用の建物としては、桃山時代の春日大社若宮神社のものや、江戸時代初期に建造された日光の東照宮の神楽殿が著名なものとしてあげられる。

舞　殿（ぶでん・まいどの）

舞楽や里神楽を演ずる建物。古代から多様な使途に供されることがあり、平安時代にはすでに参拝の場となっていたほか、仁王経供養を舞殿で行なった神社や、舞殿を参籠場所とした例もあった。現在でも、神輿の一時奉安の場であったり、祝詞《のりと》奏上《そうじょう》・玉串奉奠《たまぐしほうてん》など、祭儀そのものを行なったりする場とすることもある。

神饌殿(しんせんでん)

祭りにあたり、神に奉る清浄な飲食を準備し調理する建物。御饌殿《みけでん》・御炊殿《みかしぎどの》・御膳殿《みかわどの》・柏殿《かしわどの》とも称する。神前に近い場所に設けられることが多いが例外もある。伊勢の豊受大神宮(外宮)にある御饌殿は、校倉造《あぜくらつくり》という井楼組《せいろうぐみ》の建築で、刻御階《きざみみはし》という一本の丸木を刻んでつくった階段を登る形式になっている。毎日そこでは、皇大神宮(内宮)の天照大神に対する日別朝夕大御饌を奉る。

参集殿(さんしゅうでん)

祭りに参列する人々の便宜を図るための建物。一般的には、祭りそのものではなく、その準備や関連する行事に用いる。現在では祭りの集合場所や、終了後の直会の場となるほか、神前結婚式の披露宴会場、参拝者のための休憩所や、講演会場・会社研修などにも使用される。

長　床(ながとこ)

修験との関係が深い神社に多くみられる、本殿の近くに建つ細長い建物。拝殿としても使用されるが、修験者・行人の参籠・氏子の集会所や、参拝者の休憩所として使用される。寺院などでは、僧などが修行をしたりするための板敷の上に一段座を高くして、横に長く畳を敷いた所などを指し、もとの役割はこれと共通する。

参籠所(さんろうしょ)

境内の浄域内で精進潔斎《しょうじんけっさい》し、心身を祓清める目的で籠る建物。祭祀を行う前に一層の清浄を期するためのもの。神意を伺うこと、若しくは神への奉仕のため、単に神の側近くに控えることも参籠と呼ぶことがある。こうした場合、独立した建物ではなく、拝殿、中門翼廊などで行う場合もあった。

斎　館(さいかん)

神事に携わる前に神職や奉仕者などが心身を清め、潔斎するための建物。伊勢の神宮では、「いむたち」と読み、禰宜《ねぎ》・物忌《ものいみ》・宇治大内人などそれぞれの職掌によって建物が異なっていた。京都の賀茂社では神館と称し斎王にお仕えする者たちも館内に入っていた。神立とも記述されている。現在は、社務所の一室などを斎館の代わりとして充てることも少なくない。

社務所（しゃむしょ）

神社の事務一般を取り扱う建物。神札やお守りなどを授与する授与所や祈禱の受付所を兼ねる場合もある。社務とはもともと、社の内外の執務を行う社官の長を指していたが、明治以降、公務を執行する事務所が必要になり、本部事務所・神職詰所などの建物を社務所と称するようになった。伊勢の神宮の神宮司庁、熱田神宮の宮庁のように、社務所に相当する建物を、特別な名で呼ぶ場合もある。

斎　場（さいじょう）

神を祀る場そのものか、あるいは祭りに伴う諸儀礼を行うために清めた場所を指す。古代、大嘗祭の時には、神饌を準備・調理するために設営された建物全体を斎場といい、平安京北郊に作った。なお、京都の吉田山にある吉田神社に斎場所があるが、これは吉田神社の教説を具体化させた神域で、中心に太元宮を作り、伊勢両宮と式内社を周囲に配している。

絵馬堂（えまどう）

境内にあって絵馬を掲げておく建物。絵馬殿・額堂ともいう。吹放しの建物が多く、現在では建物の中に椅子などを置き、休憩所にしているところもある。神社に生きた馬を奉納する例は古来あるが、馬の造形品を奉納する例も、伊勢大神宮でみられる。板に描いた絵馬も奈良時代には存在しているが、基本的に絵馬堂は、こうした板絵馬を奉納するための建物である。

玉　垣（たまがき）

神域を明確化し、汚穢不浄などを避けるために、神社の周囲や神域に巡らした垣。厚い板に貫を通したものが多いが、木の皮を剝かない黒木の垣や朱を塗った垣もある。垣の名称には、瑞垣《みずがき》、荒垣、板垣などがあるが、玉垣とは、名称の使い分けは神社によるが、正殿周辺に何重にも垣を巡らす伊勢の神宮の場合、内側から瑞垣、玉垣（内玉垣・外玉垣）、板垣とされている。『古事記』雄略天皇記に載録された歌にも詠まれている。

御手洗（みたらい・みたらし）

神に拝礼する前や神域に入る前に、神職や参拝者が手を清め、口をすすぐための場所。河川や湧水などを用いる場合もある。御手洗に当てる場合、その川を御手洗川という。祭典・神事にあたり御手洗川で禊・祓が行われることもある。有名な御手洗川として、賀茂社・多賀社があげられる。伊勢の神宮に流れる五十鈴川《いすずがわ》のように祓川の名で称される川も、御手洗としての役割を持つ。対して水盤などを用いた施設は手水舎ということが多い。

燈　籠（とうろう）

油や蠟燭《ろうそく》などに火を燈した燈明を置くための道具。社殿の軒先に吊るしたり、脚を付けて屋外に立てたりする。材質は銅・鉄製、石製の他、木製のものも用いられる。『延喜式』に新嘗会供奉料には、燈籠に語が通ずる「燈楼」を用意しており、古代から祭祀で用いられていたようである。境内の荘厳のために用いられる例も多い。

狛　犬（こまいぬ）

高麗から伝来したといわれる獅子に似た獣の像。あるいは、獅子と犬の一対の像をいう。神社の社頭や社殿の前などに向かい合わせに置かれる。口の形状から阿形・吽形と区別される。置くことにより神霊に威厳を添え、外敵を防ぐことが期待されていた。宮中の清涼殿では、帳の南北の左に獅子を置いている。門扉・玉座の御帳・几帳や屏風などの重石としての役割もあった。

鳥　居（とりい）

神社の境内、神聖な区域を表示するために造られた門とされる。現在、神社の象徴とされ、地図記号のもとにもなっている。境内の入口のほか、境内の参道や中心部にいくつも設けられる場合がある。伏見稲荷大社の参道には、幾重にも奉納された鳥居が参道に続く。「鳥居」があった事実は平安時代中期に確認されるが、『皇太神宮儀式帳』の「於不葺御門」などもそれに当たると考えられている。天門・神門・華表《かひょう》・額木《ひたいき》とも称される。

行　宮（かりみや・あんぐう）

祭神の神霊が移動（神幸）する際の中継地や目的地のこと。もしくは、それらに設けられる建造物をいう場合もある。頓宮と同義で、御旅所にも通ずる。もともと行宮や頓宮とは、天皇の行幸の際に設けられる仮の宮に対して用いられた語で、転じて神霊を崇めるため、行宮の名称が使用されたものと見られる。

御旅所（おたびしょ）

御旅宮とも称され、神幸の中継地・目的地となり、祭祀が行われる場所。神幸には、鎮座に由縁のある地、祭神の事績のあるところに移動するなどして、氏子区域内の悪疫退散・巡視、さらに神意をなごめる、といった意味がある。御旅所もこれにあわせて、一ヵ所の場合もあれば、数ヵ所の場合もある。『枕草子』には「みこしやどり」とも書かれている。

頓　宮（とんぐう）

天皇行幸や伊勢斎王の群行などの路次に設けられた仮宮『延喜式』では、行幸の際のものを行宮、伊勢斎王の群行の路次に営まれるのを頓宮と書き分けている。また、神幸の際、一時的に神霊を安置する建物を指す場合もある。石清水祭では男山山上の本社から鳳輦の渡御があり、山下の御旅所で本祭を行う。この御旅所を頓宮と称している。

神宮寺(じんぐうじ)

神社近くにあり、神のために仏事を行う寺。寺号を「神宮寺」としない寺でも同様の役割を持つ場合がある。奈良時代ごろからみられ、古い例としては、元正天皇の時代に藤原武智麻呂が創建した気比神宮寺がある。寺内で完結する仏事のほか、その僧は神前読経の担い手ともなった。近世以前は神社自体の管理を担った神宮寺も少なくないが、明治の神仏分離政策で、神社との組織的一体化を目指し廃絶したものや、逆に独立した例もある。

○社殿造営・建築形式

神明造(しんめいづくり)

神社本殿の一建築形式。柱はすべて掘立柱。また、切妻造、平入、すなわち切妻屋根の勾配のある面に入口を設ける形式である。屋根には反りがなく、千木・鰹木をのせる。弥生時代の建築に共通点を見いだすことができる。代表的なものとして伊勢神宮正殿があり、「唯一神明造」という。

大社造(たいしゃづくり・おおやしろづくり)

切妻造、妻入で、殿内中央に太い心御柱が立ち、宇頭柱も太くつくられている。入口は脇に寄り正面扉口前の木階上には霧除けの屋根がかけられる。柱の配列は古代までさかのぼることができ、住居から発展した建築様式と一般的に指摘される。代表的なものに、室町時代に建てられた島根の神魂神社本殿の他、同じく島根の出雲大社本殿があげられる。

流造(ながれづくり)

切妻造、平入の正面に、切妻屋根の前面が長く延びている。この屋根のことを片流れという。柱の数、背面廂や唐破風の有無などの違いが見られ一様ではない。現存する最古のものは京都の宇治上神社本殿。京都の賀茂御祖神社・賀茂別雷神社本殿も有名。

春日造(かすがづくり)

皇子造ともいい、切妻造、妻入。勾配を反らせた切妻屋根の妻の部分に廂が付き、その下に扉がある。柱を井桁に組んだ土台の上に建つ。最古の建築例として奈良・円成寺の春日堂・白山堂があり、典型は奈良の春日大社本殿。

住吉造(すみよしづくり)

切妻造、妻入で、屋根の勾配に反りがなく直線。入口は正面中央に作られており、真ん中の柱は入口の上から棟までしかない。屋根に千木を置くが全体的に簡素である。内部は二室に分かれ、それぞれの正面に板扉を設ける。典型的なものは、大阪の住吉大社本殿。

八幡造（はちまんづくり）　神社本殿の建築形式の一つとされる。切妻造、平入の社殿を前後に二つ並べる。両殿の軒の接するところには、共用の樋を設け、その下を相の間とし二棟を連結した。奥を内院もしくは内殿、手前を外院もしくは下殿と呼ぶこともある。大分の宇佐神宮、京都の石清水八幡宮本殿が代表的。

日吉造（ひよしづくり）　聖帝造《しょうたいづくり》ともいう。切妻造の正面と両側面とに庇をつけたもの。背面以外は入母屋造に似る。滋賀の日吉大社の西本宮、東本宮をはじめ、いくつかの社殿は、この様式の近世初期の作例である。

権現造（ごんげんづくり）　切妻平入の本殿と、その前にある拝殿とを、石の間という建造物でつないだ社殿の総称。古くから北野天満宮がこの形式であったが、その数が増えたのは近世以降である。権現の名は、東照大権現・徳川家康を祀る東照宮で採用されたことに由来するとみられる。

遷宮（せんぐう）　本殿など、神が坐すための場に神霊を移すこと。もしくはそれを中心とする一連の祭儀そのもののこと。遷座、遷霊という語も同じ意味で用いられる。違う場所への移動だけではなく、建造物の新築や改築時にあわせた、同じ敷地内での移動も遷宮と呼ばれる。こうした場合、本来の神の坐す場所から一時的な建造物に神霊を遷すことを下遷宮、逆を上遷宮ともいう。

式年遷宮（しきねんせんぐう）　一定の期間ごとに新殿を造営し、旧殿にある神霊を移すこと。式年造替ともいう。二十年ごとに行われる伊勢の神宮が最も古く、『大神宮諸雑事記』によれば持統四年（六九〇）が初例とされ、中世末の中断期を挟みつつも現代に至る。古代においては、同宮のみならず、『延喜式』に定められた住吉社・鹿島社・香取社のほか、いくらかの有力社で行われていた。建物の定期的な修繕事業をも式年遷宮と呼ぶ。

千木（ちぎ）　神社の建築物などで、破風の先端が棟の上にのびて交差した木。本殿に用いられることが一般的。千木は『延喜式』の中で用いられている語で、ほかには氷椽・氷木・比木・

比疑などとも称する。先端は縦削ぎ・横削ぎの二種がある。伊勢大神宮の正殿などにあるもので、神社・神殿建築における装飾の代表となった。

鰹木(かつおぎ)

本殿の棟に置かれる棟飾り。棟と直交して円筒形の材を等間隔に並べて置く。堅魚木とも書く。屋根の重しと考えられているが、千木と同様、神社、及び神道祭祀に関わる建築物の象徴。

○その他

神紋(しんもん)

神社ごとに決められた紋章。祭神に由縁のある鎮座地・祭神の事績・社名や神職の家紋によって決められることが多い。なかには、祭神が生前に使っていた家紋を神紋とするところもあり、領主の紋が使用される例もあった。大神神社の杉・春日大社の藤・北野神社の梅などがあり、八幡神を祀る神社は巴紋を使用することが多くみられる。葵紋は賀茂両社・日吉大社・松尾大社などが用いている。

神宝(しんぽう)

神社所有の宝物の総称でもあるが、祭神への重要な奉納品や、祭神と深い関わりがある物品に対して、意識して「神宝」という語を用いることがある。古代の例では、比較的耐久性のある武具(鉾・剣・弓)や紡織具などで主に構成される。古典にある代表的な神宝として、伊勢大神宮式年遷宮時の二十一種の御神宝や、天日槍命の八種神宝がある。

幣帛(へいはく)

和名では「みてぐら」等という。狭義には、字義通り祭に際して神に奉る布を指す。ただし、神への供え物全般を幣帛と呼ぶことも多い。この場合、食物や武具のように神饌・神宝と重複する物品もあるが、言葉の使い分けは厳密ではない。『延喜式』には諸祭で奉られる広義の幣帛が列挙されているが、五色絁《あしぎぬ》等の絹布と、食品を基本とし、これに武具や衣料などが加わるような構成となっている。

神饌(しんせん)

神に奉る食物。神道祭祀における神饌の重い位置づけは、天皇祭祀の最重儀である大嘗祭の意義が、新穀奉献に求められる点などからもうかがえる。『延喜式』に定められた諸祭の神饌は、米自体や、酒などの米の加工品の他、あわび・かつお・海藻などの魚介類が中心である。この品目構成は現代の神社の祭に至るまで受け継がれているが、鹿を供える信濃諏訪社など、祭によって特別な品を用意する神社は多い。調理の是非も祭によって異なるが、調理した神饌を特に熟饌《じゅくせん》という。

神　使（しんし）

「つかわしめ」ということもある。神社祭神と所縁のある動物。日本武尊が近江胆吹《いぶき》山の蛇を「荒ぶる神の使」としたり、皇極朝の人々が猿を伊勢大神の使と考えたりした事例は、すでに『日本書紀』に記録されている。中世においては八幡宮の鳩、大和春日社の鹿、近江日吉社の猿などが、神使が特定の神の意を伝える動物として意識されていた。このほか、よく知られる例としては、稲荷社の狐があげられるが、同体とみなされた荼枳尼天《だきにてん》の眷属《けんぞく》であったことが理由の一つとされる。

（老田理恵子・加瀬直弥）

都道府県別・旧官国幣社一覧表

この表は、近代において官国幣社に列格した神社の歴史的経緯を示すためのものである。

配列は、原則社格の高い順としたが、別格官幣社は最末に掲げた。

各都道府県の、配列順に振られた番号は、表外の地図の番号と対応している。番号を囲む図形は、神社の所在する都道府県をわかりやすくするため、便宜的に付した。

そのほか、各項目の具体的な解説は次のとおりである。

【近代社格】

・昭和二十一年（一九四六）時の社格は、同年二月一日勅令第七一号（明治三十九年法律第二十四号官国幣社経費ニ関スル法律廃止等ノ件）により社格制度が廃止された時点のものである。したがって、前年に廃止された海外の官社は含まれない。

【現代社名、現代鎮座地】

・現代の社名及び鎮座地については宗教法人登記記載のものを字形を適宜改め掲載した。通称と相違する場合がある。また、鎮座地については神社明細書の記載等を参考にした。

【古代社名、古代鎮座国郡】

・官社（式内社）については『延喜式』神名帳記載の社名を記載した。『延喜式』神名帳は、虎尾俊哉編『訳注日本史料　延喜式　上』によった。それ以外は『延喜式』が完成した延長五年（九二七）までに、六国史や貴族の日記に記載された神社のみ、その社名・神名を記載した。鎮座国郡の記載の基準は社名に準じた。

・官社の比定は『式内社調査報告』（皇學館大学出版部）によった。近代以降、従来の鎮座地、もしくは由緒のある地から別の場所に遷座した神社は斜体で示した。

【神階・神勲位】

・原則六国史（仁和三年〈八八七〉まで）の記載による。

【律令祭祀、名神】

・『延喜式』神名帳によった。

【公　祭】

・岡田荘司『平安時代の国家と祭祀』（続群書類従完成会、平成六年〈一九九四〉）によった。公祭は〇、臨時祭は□とした。

【大神宝奉献】

・源経頼の日記・『左経記』寛仁元年（一〇一七）十月二日条によった。

【二十二社】

・最後の日吉社が加列された永保元年（一〇八一）時点のものである。十六社は◎とした。

【一　宮】

・一宮研究会編『中世一宮制の歴史的展開』上・下（岩田書院、平成十六年〈二〇〇四〉）による。

【参照・備考】

・個別解説のないもので、二十二社・大神宝奉献社・一宮に該当する神社については、表外の注で簡単な説明をした。また、別格官幣社については主たる祭神名（含通称・尊称略）を示した。

北海道・東北地方

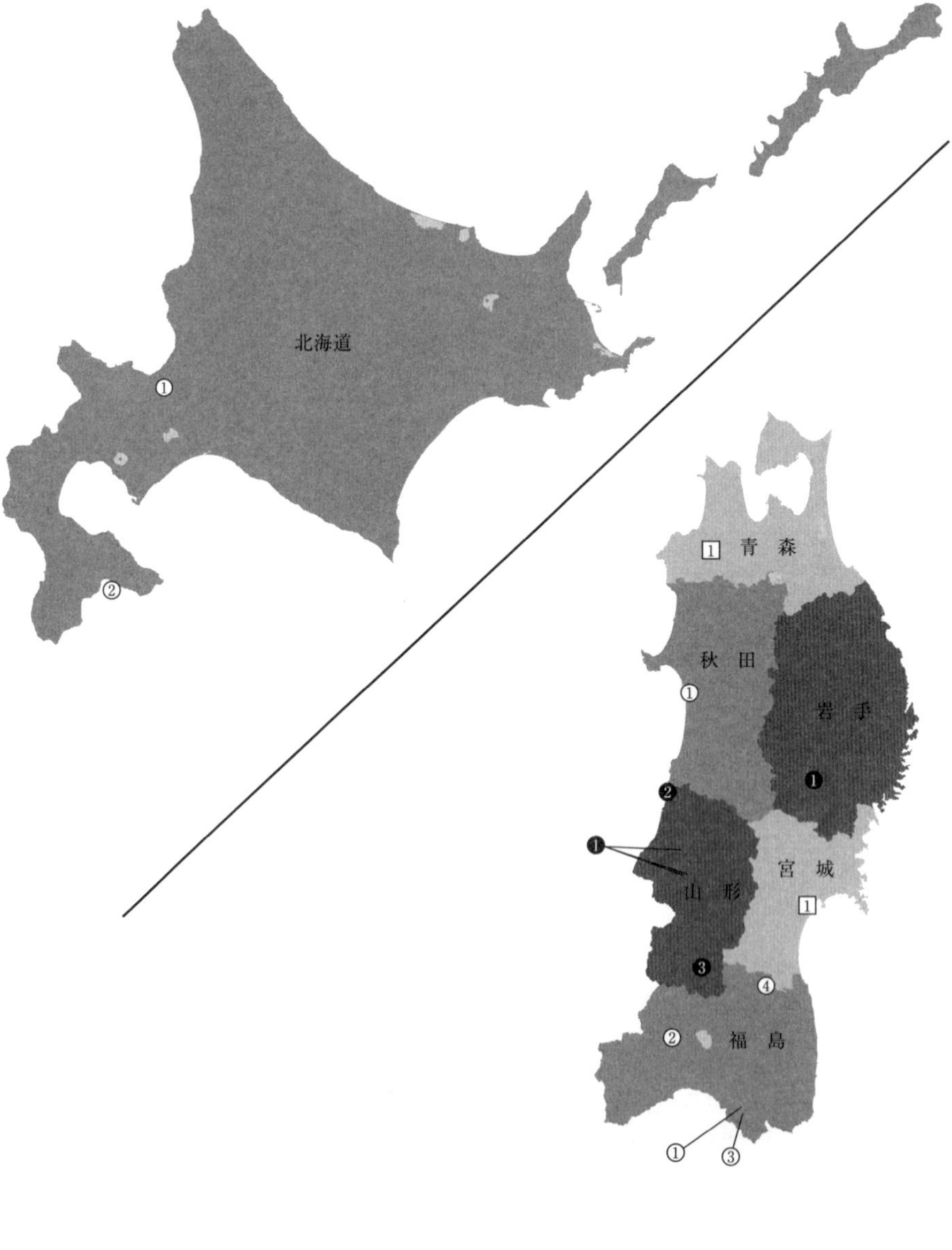

都道府県		近代社格	現代社名	鎮座地	古代社名	鎮座国郡	神階・神勲	律令祭祀	神名	公祭・臨時祭	大神宝奉献社	二十二社	一宮	参照・備考
北海道	①	官幣大社	北海道神宮	札幌市中央区宮ケ丘										P307
北海道	②	国幣中社	函館八幡宮	函館市谷地頭町										
青森	1	国幣小社	岩木山神社	弘前市大字百沢字寺沢										
岩手	❶	国幣小社	駒形神社	奥州市水沢区中上野町	駒形神社	陸奥国胆沢郡	従四位下	祈年(小社)						
宮城	1	国幣中社	志波彦神社	塩竈市一森山	志波彦神社	陸奥国宮城郡	従四位下勲四等	祈年(大社)	○					P181
			鹽竈神社		塩竈神	陸奥国					○		○	
秋田	①	国幣小社	古四王神社	秋田市寺内児桜										
山形	❶	官幣大社	月山神社	東田川郡庄内町立谷沢字本沢／鶴岡市羽黒町手向字手向	月山神社	出羽国飽海郡	従二位勲四等	祈年(大社)	○					P185
山形	❷	国幣中社	鳥海山大物忌神社	飽海郡遊佐町吹浦字布倉	大物忌神社	出羽国飽海郡	従二位勲三等	祈年(大社)	○		○		○	P189
					月山神社	出羽国飽海郡	従二位勲四等	祈年(大社)	○					

県	番号	社格	神社名	所在地	式内社	国郡	神階	祈年						備考
山形	❶	国幣小社	出羽神社	鶴岡市羽黒町手向字手向	伊弖波神社	出羽国田川郡		祈年（小社）						P185
			湯殿山神社	鶴岡市田麦俣字六十里山／鶴岡市羽黒町手向字手向										
	❸	別格官幣社	上杉神社	米沢市丸の内										祭神―上杉謙信
福島	①	国幣中社	都々古別神社	東白川郡棚倉町大字棚倉字馬場	都都古和気神社	陸奥国白河郡	従五位下勲十等	祈年（大社）	○				○	＊1
	②		伊佐須美神社	大沼郡会津美里町字宮林甲	伊佐須美神社	陸奥国会津郡	従五位下	祈年（大社）	○					
	③		都々古別神社	東白川郡棚倉町大字八槻字大宮	都都古和気神社	陸奥国白河郡	従五位下勲十等	祈年（大社）	○				○	＊1
	④	別格官幣社	霊山神社	伊達市霊山町大石字古屋舘										祭神―北畠親房 北畠顕家 北畠顕信 北畠守親

＊1　都々古別神社……承和八年（八四一）に従五位下に叙される。『大日本国一宮記』が当社を一宮とする。

関東地方

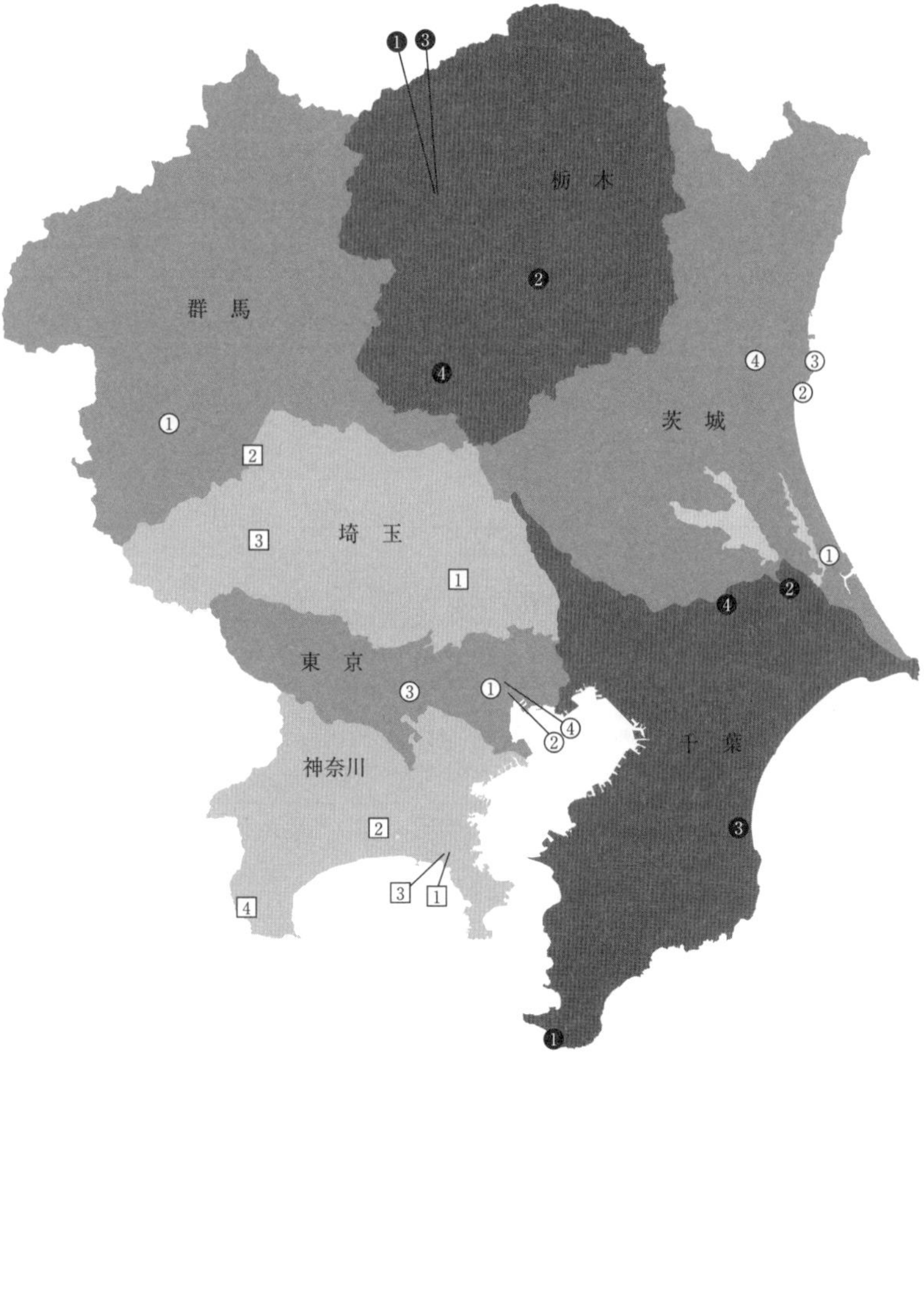

府都県道		近代社格	現代社名	鎮座地	古代社名	鎮座国郡	神階・神勲	律令祭祀	名神	公祭・臨時祭	大神宝奉献社	二十二社	一宮	参照・備考
茨城	①	官幣大社	鹿島神宮	鹿嶋市大字宮中	鹿島神宮	常陸国鹿島郡	正一位勲一等	祈年（大社）月次新嘗	○		○		○	P83
茨城	②	国幣中社	大洗磯前神社	東茨城郡大洗町磯浜町	大洗礒前薬師菩薩明神社	常陸国鹿島郡		祈年（大社）	○					
茨城	③	国幣中社	酒列磯前神社	ひたちなか市磯崎町	酒烈礒前薬師菩薩神社	常陸国那賀郡		祈年（大社）	○					
茨城	④	別格官幣社	常磐神社	水戸市常磐町										祭神―徳川光圀・徳川斉昭
栃木	❶	国幣中社	二荒山神社	日光市山内	二荒山神社	下野国河内郡	正二位勲四等	祈年（大社）	○		○		○	P177
栃木	❷	国幣中社	二荒山神社	宇都宮市馬場通り	二荒山神社	下野国河内郡	正二位勲四等	祈年（大社）	○		○		○	P177
栃木	❸	別格官幣社	東照宮	日光市山内										P277 祭神―徳川家康
栃木	❹	別格官幣社	唐澤山神社	佐野市富士町										祭神―藤原秀郷
群馬	①	国幣中社	一之宮貫前神社	富岡市一ノ宮	貫前神社	上野国甘楽郡	従三位勲七等	祈年（大社）	○		○		○	P173
埼玉	1	官幣大社	氷川神社	さいたま市大宮区高鼻町	氷川神社	武蔵国足立郡	正四位上	祈年（大社）月次新嘗	○				○	P163

神奈川	[1]	官幣中社	鎌倉宮	鎌倉市二階堂									
東京	④	別格官幣社	靖國神社	千代田区九段北										P 305 祭神―靖国の神
東京	③	官幣小社	大國魂神社	府中市宮町									
東京	②	官幣大社	日枝神社	千代田区永田町									
東京	①	官幣大社	明治神宮	渋谷区代々木神園町									P 312
千葉	❹	別格官幣社	小御門神社	成田市名古屋									祭神―藤原師賢
千葉	❸	国幣中社	玉前神社	長生郡一宮町一宮	玉前神社	上総国埴生郡	正四位上勲五等	祈年(大社)	○				○	＊1
千葉	❷	官幣大社	香取神宮	香取市香取	香取神宮	下総国香取郡	正一位勲一等	祈年(大社)月次新嘗	○		○		○	P 77
千葉	❶	官幣大社	安房神社	館山市大神宮	安房坐神社	安房国安房郡	正三位勲八等	祈年(大社)月次新嘗	○				○	P 73
埼玉	[3]	国幣小社	秩父神社	秩父市番場町	秩父神社	武蔵国秩父郡	正四位下勲七等	祈年(小社)						
埼玉	[2]	官幣中社	金鑽神社	児玉郡神川町大字二ノ宮	金佐奈神社	武蔵国児玉郡	従五位下	祈年(大社)	○					

神奈川	2	国幣中社	寒川神社	高座郡寒川町宮山	寒川神社	相模国高座郡	正四位下	祈年（大社）	○				○	P161
	3		鶴岡八幡宮	鎌倉市雪ノ下										P245
	4	国幣小社	箱根神社	足柄下郡箱根町元箱根										

＊1　玉前神社……上総国唯一の名神大社。挙兵間もない源頼朝に加勢したことで有名な上総介広常は、神社のある一宮荘を根拠とした上総の有力在庁官人であった。

中部地方

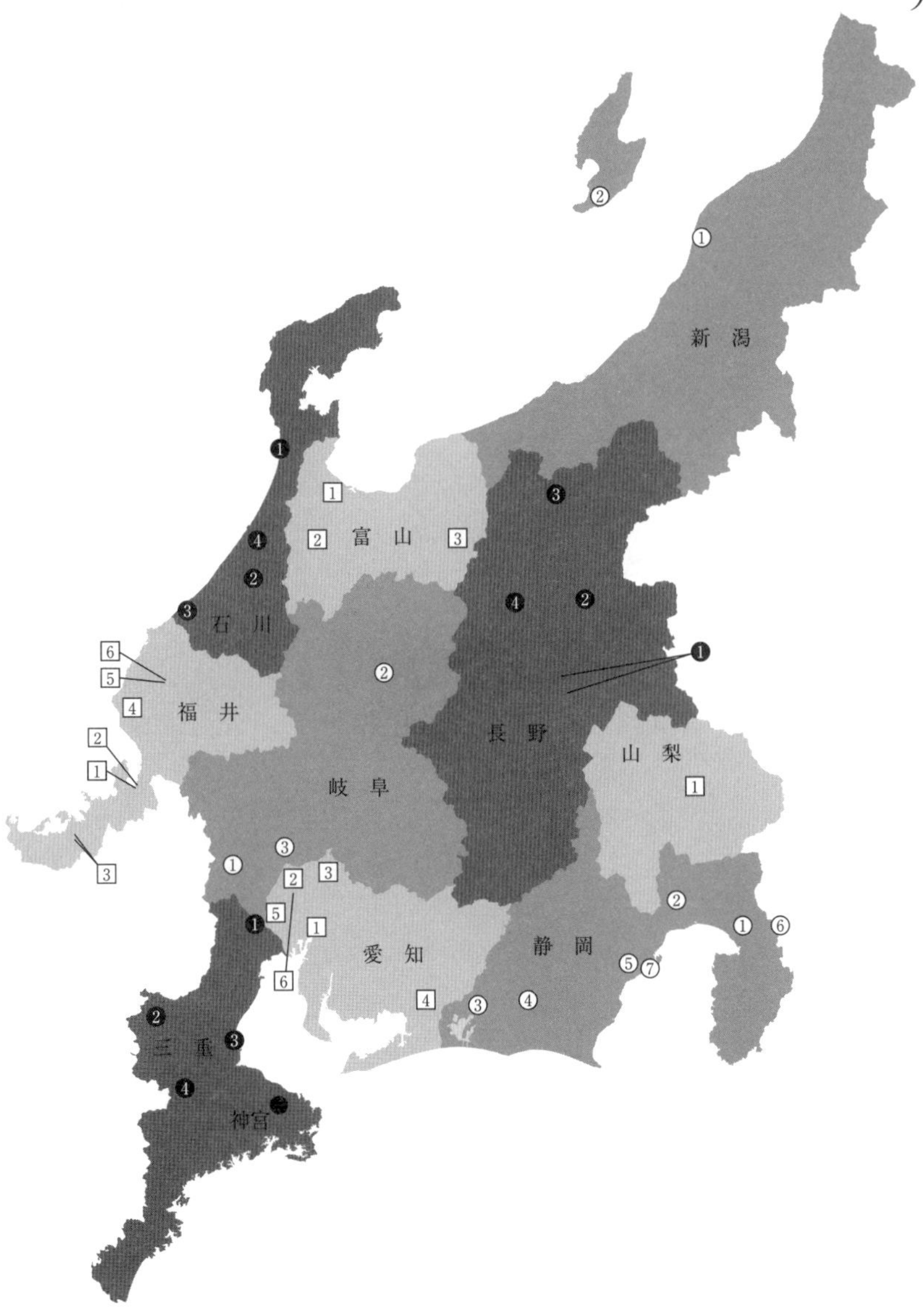

都道府県		近代社格	現代社名	鎮座地	古代社名	鎮座国郡	神階・神勲位	律令祭祀	名神	公祭・臨時祭	大神宝奉献社	二十二社	一宮	参照・備考
新潟	①	国幣中社	彌彦神社	西蒲原郡弥彦村大字弥彦	伊夜比古神社	越後国蒲原郡	従四位下	祈年(大社)	○				○	P197
新潟	②	国幣小社	度津神社	佐渡市羽茂飯岡	度津神社	佐渡国羽茂郡		祈年(小社)					○	＊1
富山	[1]	国幣中社	越中総鎮守射水神社	高岡市古城	射水神社	越中国射水郡	正三位	祈年(小社)					○	＊2
富山	[2]	国幣小社	高瀬神社	南砺市高瀬	高瀬神社	越中国砺波郡	正三位	祈年(小社)					○	＊3
富山	[3]	国幣小社	雄山神社	中新川郡立山町立山峰	雄山神社	越中国新川郡		祈年(小社)					○	＊4
石川	❶	国幣大社	気多大社	羽咋市寺家町	気多神社	能登国羽咋郡	従一位勲一等	祈年(大社)	○		○		○	P195
石川	❷	国幣中社	白山比咩神社	白山市三宮町	白山比咩神社	加賀国石川郡	正三位	祈年(小社)			○		○	P191
石川	❸	国幣小社	菅生石部神社	加賀市大聖寺敷地	菅生石部神社	加賀国江沼郡	正五位下	祈年(小社)						
石川	❹	別格官幣社	尾山神社	金沢市尾山町										祭神―前田利家
福井	[1]	官幣大社	氣比神宮	敦賀市曙町	気比神社七座	越前国敦賀郡	従一位勲一等	祈年(大社)	○		○		○	P97
福井	[2]	官幣中社	金崎宮	敦賀市金ケ崎町										
福井	[3]	国幣中社	若狭彦神社	小浜市龍前／小浜市遠敷	若狭比古神社二座	若狭国遠敷郡	正二位勲八等	祈年(大社)	○		○		○	＊5

静岡	②	官幣大社	富士山本宮浅間大社	富士宮市宮町	浅間神社	駿河国富士郡	正三位	祈年(大社)	○		○		○	P153
静岡	①	官幣大社	三嶋大社	三島市大宮町	伊豆三島神社	伊豆国賀茂郡	従三位	祈年(大社)月次新嘗	○		○		○	P157
岐阜	③	国幣小社	伊奈波神社	岐阜市伊奈波通	伊奈波神	美濃国厚見郡	従四位下							
岐阜	②	国幣小社	飛驒一宮水無神社	高山市一之宮町字石原	水無神社	飛驒国大野郡	従四位上	祈年(小社)					○	＊8
岐阜	①	国幣大社	南宮大社	不破郡垂井町宮代	仲山金山彦神社	美濃国不破郡	正二位	祈年(大社)	○		○		○	＊7
長野	❹	国幣小社	穂高神社	安曇野市穂高字宮脇	穂高神社	信濃国安曇郡	従五位上	祈年(大社)	○					
長野	❸	国幣小社	戸隠神社	長野市戸隠										
長野	❷	国幣中社	生島足島神社	上田市下之郷字中池西	生島足島神社二座	信濃国小県郡		祈年(大社)	○					
長野	❶	官幣大社	諏訪大社	諏訪市中洲／諏訪郡下諏訪町	南方刀美神社二座	信濃国諏方郡	従一位勲八等	祈年(大社)	○		○		○	P91
山梨	1	国幣中社	浅間神社	笛吹市一宮町一ノ宮	浅間神社	甲斐国八代郡		祈年(大社)	○				○	＊6
福井	6	別格官幣社	福井神社	福井市大手										祭神——松平慶永
福井	5	別格官幣社	藤島神社	福井市毛矢										祭神——新田義貞
福井	4	国幣小社	劔神社	丹生郡越前町織田	剣神社	越前国敦賀郡	正四位下勲六等	祈年(小社)						

静岡	③	官幣中社	井伊谷宮	浜松市北区引佐町井伊谷										
静岡	④	国幣小社	小國神社	周智郡森町一宮	小国神社	遠江国周智郡	従四位上	祈年(小社)					○	＊9
静岡	⑤	国幣小社	神部神社	静岡市葵区宮ケ崎町	神部神社	遠江国安倍郡		祈年(小社)						
静岡	⑤	国幣小社	淺間神社	静岡市葵区宮ケ崎町										
静岡	⑤	国幣小社	大歳御祖神社	静岡市葵区宮ケ崎町	大歳御祖神社	遠江国安倍郡		祈年(小社)						
静岡	⑥	国幣小社	伊豆山神社	熱海市伊豆山	火牟須比命神社	伊豆国田方郡		祈年(小社)						
静岡	⑦	別格官幣社	久能山東照宮	静岡市駿河区根古屋										祭神――徳川家康
愛知	[1]	官幣大社	熱田神宮	名古屋市熱田区神宮	熱田神社	尾張国愛智郡	正二位	祈年(大社)	○		○			P67
愛知	[2]	国幣中社	真清田神社	一宮市真清田	真墨田神社	尾張国中島郡	正四位上	祈年(大社)	○				○	P151
愛知	[3]	国幣中社	大縣神社	犬山市字宮山	大県神社	尾張国丹羽郡	正四位下	祈年(大社)	○					
愛知	[4]	国幣小社	砥鹿神社	豊川市一宮町西垣内	砥鹿神社	参河国宝飫郡	従四位上	祈年(小社)					○	＊10
愛知	[5]	国幣小社	津島神社	津島市神明町										
愛知	[6]	国幣小社	尾張大國霊神社	稲沢市国府宮	尾張大国霊神社	尾張国中島郡		祈年(小社)						

三重

❶	国幣大社	多度大社	桑名市多度町多度	多度神社	伊勢国桑名郡	正二位	祈年（大社）	○		○			＊11
❷	国幣中社	敢国神社	伊賀市一之宮	敢国神社	伊賀国阿拝郡	正五位上	祈年（大社）					○	＊12
❸	別格官幣社	結城神社	津市藤方										祭神―結城宗広
❹		北畠神社	津市美杉町上多気										祭神―北畠顕能

＊1　度津神社……『延喜式』神名帳では佐渡国の式内社の筆頭。『大日本国一宮記』が一宮とする。
＊2　射水神社……明治八年（一八七五）に二上射水神社（高岡市二上）より旧高岡城内に遷座。『延喜式』神名帳の一本は射水神社を名神大社とする。神階は祭神に比定される二上神のもの。『白山之記』が一宮とする。
＊3　高瀬神社……神階叙位は二上神と同じ。正三位叙位は貞観元年（八五九）、『諸国一宮神名帳』が一宮とする。
＊4　雄山神社……山岳霊場である立山の神とされる。寛平元年（八八九）に従四位下に叙される。『神道集』が同社を一宮とする。
＊5　若狭彦神社……比古神とともに比売神も六国史に登場し、従二位に叙されている。奈良時代に神宮寺が創建される。中世の神事を把握できる詔戸次第が残る。
＊6　浅間神社……富士山噴火などを契機として、甲斐国司が神を祀った。貞観七年（八六五）に官社に列する。
＊7　南宮大社……古来交通の要衝である不破郡に鎮座。美濃国唯一の名神大社。祭神・金山彦神と金属との関係は『日本書紀』神代巻からうかがえる。
＊8　飛驒一宮水無神社……六国史では飛驒国神階最高位。国内官社はすべて小社だが、九世紀後半になると、この神社単独で高い神階が奉られるようになった。
＊9　小國神社……遠江国の式内小社としては仁和三年（八八七）段階で神階最高位であった。『朝野群載』に平安中期の神祇官による神主補任の記録が残る。
＊10　砥鹿神社……仁和三年（八八七）までにおける三河国内の神階は最も高く、のちに二宮とされる碧海郡知立神社とはほぼ同様に昇叙していた。
＊11　多度大社……伊勢国内名神大社二社のうち一社。六国史上での神階は国内で最も高く、近隣では尾張熱田社や美濃仲山金山彦社と同じ。奈良から平安初頭の神宮寺の由緒などを記した『多度神宮寺伽藍縁起資材帳』が伝わる。
＊12　敢国神社……伊賀国唯一の大社。六国史にある別名は「敢国津大社」。社名は郡名に通ずる。中世には南宮社と呼ばれるようになる。

近畿地方

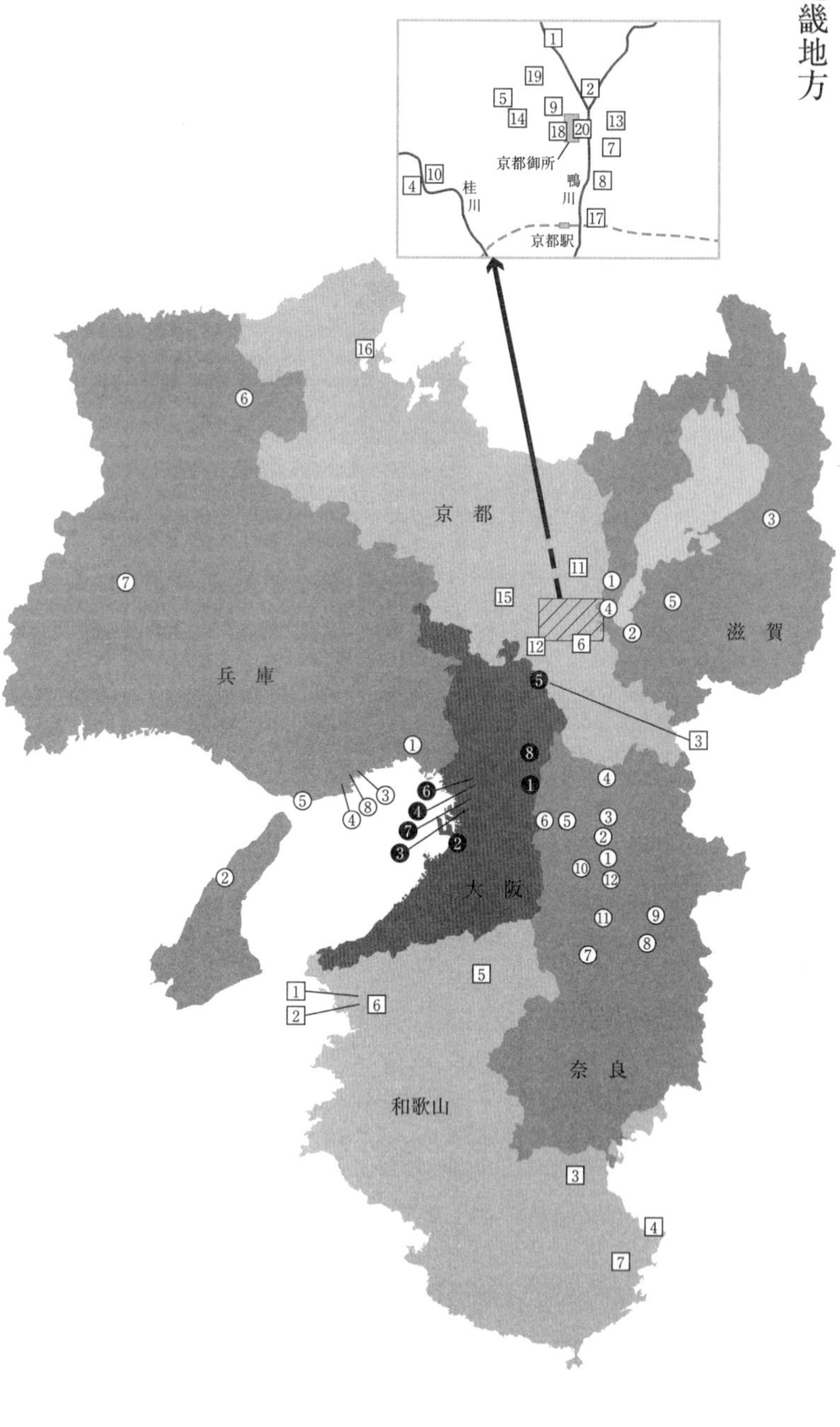
京都御所
桂川
鴨川
京都駅
京都
滋賀
兵庫
大阪
奈良
和歌山

都道府県	番号	近代社格	現代社名	鎮座地	古代社名	鎮座国郡	神階・勲位	律令祭祀	神名	公祭・臨時祭	大神宝奉献社	二十二社	一宮	参照・備考
滋賀	①	官幣大社	日吉大社	大津市坂本	日吉神社	近江国滋賀郡	正一位勲一等	祈年(大社)	○	○	○	○		P167
	②		建部大社	大津市神領	建部神社	近江国栗太郡	従四位上	祈年(大社)	○				○	＊1
	③		多賀大社	犬上郡多賀町大字多賀	多何神社二座	近江国犬上郡		祈年(小社)						
	④		近江神宮	大津市神宮町										P316
	⑤	官幣中社	御上神社	野洲市三上	御上神社	近江国野洲郡	従三位	祈年(大社)月次新嘗	○					
京都	1	官幣大社	賀茂別雷神社	京都市北区上賀茂本山	賀茂別雷神社	山城国愛宕郡	正一位勲一等	祈年(大社)月次相嘗新嘗	○	○□	○	◎	○	P119
	2		賀茂御祖神社	京都市左京区下鴨泉川町	賀茂御祖神社二座	山城国愛宕郡	正一位勲一等	祈年(大社)月次相嘗新嘗	○	○□	○	◎	○	P119
	3		石清水八幡宮	八幡市八幡高坊	石清水八幡大菩薩宮	山城国				○□	○	◎		P223
	4		松尾大社	京都市西京区嵐山宮町	松尾神社二座	山城国葛野郡	正一位勲二等	祈年(大社)月次相嘗新嘗	○	○	○	◎		P127

京都													
5	官幣大社	平野神社	京都市北区平野宮本町	平野祭神四社	山城国葛野郡	正一位	祈年（大社）月次新嘗	○	○□	○	◎		P131
6		伏見稲荷大社	京都市伏見区深草藪之内町	稲荷神社三座	山城国紀伊郡	従三位	祈年（大社）月次新嘗	○	○	○	◎		P133
7		平安神宮	京都市左京区岡崎西天王町										P311
8		八坂神社	京都市東山区祇園町北側	祇園	山城国				○□		○		P233
9		白峯神宮	京都市上京区今出川通堀川東入飛鳥井町										
10	官幣中社	梅宮大社	京都市右京区梅津フケノ川町	梅宮坐神四社	山城国葛野郡	従三位	祈年（大社）月次新嘗	○	○		○		＊2
11		貴船神社	京都市左京区鞍馬貴船町	貴布禰神社	山城国愛宕郡	正四位下	祈年（大社）月次新嘗	○			◎		＊3
12		大原野神社	京都市西京区大原野南春日町	大原野神	山城国				○	○	◎		＊4
13		吉田神社	京都市左京区吉田神楽岡町						○		○		P231

大阪	❷	官幣大社	大鳥神社	堺市西区鳳北町	大鳥神社	和泉国大鳥郡	従三位勲八等	祈年（大社）月次新嘗	○				○	＊8
大阪	❶	官幣大社	枚岡神社	東大阪市出雲井町	枚岡神社四座	河内国河内郡	正一位勲三等	祈年（大社）月次相嘗新嘗	○	○	○		○	＊7
京都	20	別格官幣社	梨木神社	京都市上京区寺町広小路上ル染殿町										祭神―三条実万 三条実美
京都	19	別格官幣社	建勲神社	京都市北区紫野北舟岡町										祭神―織田信長
京都	18	別格官幣社	護王神社	京都市上京区烏丸通下長者町桜鶴円町										祭神―和気清麻呂 和気広虫
京都	17	別格官幣社	豊国神社	京都市東山区大和大路正面茶屋町										祭神―豊臣秀吉
京都	16	国幣中社	籠神社	宮津市字大垣	籠神社	丹後国与謝郡	従四位上	祈年（大社）月次新嘗	○				○	＊6
京都	15	国幣中社	出雲大神宮	亀岡市千歳町千歳出雲	出雲神社	丹波国桑田郡	正四位下	祈年（大社）	○				○	＊5
京都	14	官幣中社	北野天満宮	京都市上京区馬喰町						○		○		P239

大阪	❸	官幣大社	住吉大社	大阪市住吉区住吉	住吉坐神社四座	摂津国住吉郡	正一位勲三等	祈年(大社)月次相嘗新嘗	○		○	◎	○	P59
大阪	❹	官幣大社	生國魂神社	大阪市天王寺区生玉町	難破生国咲国魂神社二座	摂津国東生郡	従四位下勲八等	祈年(大社)月次相嘗新嘗	○					
大阪	❺	官幣大社	水無瀬神宮	三島郡島本町広瀬										
大阪	❻	官幣中社	坐摩神社	大阪市中央区久太郎町	坐摩神社	摂津国西成郡	従四位下勲八等	祈年(大社)月次新嘗						
大阪	❼	別格官幣社	阿部野神社	大阪市阿倍野区北畠										祭神―北畠顕家 北畠親房
大阪	❽	別格官幣社	四條畷神社	四條畷市南野										祭神―楠木正行
兵庫	①	官幣大社	廣田神社	西宮市大社町	広田神社	摂津国武庫郡	従一位勲八等	祈年(大社)月次相嘗新嘗	○			○		*9
兵庫	②	官幣大社	伊弉諾神宮	淡路市多賀	淡路伊佐奈伎神社	淡路国津名郡	一品勲八等	祈年(大社)	○				○	*10
兵庫	③	官幣中社	生田神社	神戸市中央区下山手通	生田神社	摂津国八部郡	従三位勲八等	祈年(大社)月次相嘗新嘗	○		○			P147

奈良	①	官幣大社	大神神社	桜井市大字三輪	大神大物主神社	大和国城上郡	正一位勲二等	祈年（大社）月次相嘗新嘗	○	○	○	◎	○	P47
奈良	②	官幣大社	大和神社	天理市新泉町	大和坐大国魂神社三座	大和国山辺郡	従一位勲三等	祈年（大社）月次相嘗新嘗	○		○	◎		*14
奈良	③	官幣大社	石上神宮	天理市布留町	石上坐布留御魂神社	大和国山辺郡	正一位勲六等	祈年（大社）月次相嘗新嘗	○		○	◎		P53
兵庫	④	官幣中社	長田神社	神戸市長田区長田町	長田神社	摂津国八部郡	従四位下勲八等	祈年（大社）月次相嘗新嘗	○		○			*11
兵庫	⑤	官幣中社	海神社	神戸市垂水区宮本町	海神社三座	播磨国明石郡	従五位上	祈年（大社）月次新嘗	○					
兵庫	⑥	国幣中社	出石神社	豊岡市出石町宮内字芝	伊豆志坐神社八座	但馬国出石郡	正五位上	祈年（大社）	○				○	*12
兵庫	⑦	国幣中社	伊和神社	宍粟市一宮町須行名	伊和坐大名持御魂神社	播磨国宍粟郡	正四位下勲八等	祈年（大社）	○		○		○	*13
兵庫	⑧	別格官幣社	湊川神社	神戸市中央区多聞通										P309 祭神―楠木正成

奈良												
④	官幣大社	春日大社	奈良市春日野町	春日祭神四座	大和国添上郡	正一位勲一等	祈年（大社）月次新嘗	○	○	○	◎		P 139
⑤	官幣大社	廣瀬神社	北葛城郡河合町大字川合	広瀬坐和加宇加乃売命神社	大和国広瀬郡	正三位	祈年（大社）月次新嘗	○			◎		＊15
⑥	官幣大社	龍田大社	生駒郡三郷町立野南	龍田坐天御柱国御柱神社二座	大和国平群郡	正三位	祈年（大社）月次新嘗	○			◎		＊16
⑦	官幣大社	丹生川上神社下社	吉野郡下市町大字長谷	丹生川上神社	大和国吉野郡	正三位	祈年（大社）月次新嘗	○			◎		＊17
⑧	官幣大社	丹生川上神社上社	吉野郡川上村大字迫	丹生川上神社	大和国吉野郡	正三位	祈年（大社）月次新嘗	○			◎		＊17
⑨	官幣大社	丹生川上神社	吉野郡東吉野村大字小	丹生川上神社	大和国吉野郡	正三位	祈年（大社）月次新嘗	○			◎		＊17
⑩	官幣大社	橿原神宮	橿原市久米町										P 310
⑪	官幣大社	吉野神宮	吉野郡吉野町大字吉野山										
⑫	別格官幣社	談山神社	桜井市大字多武峰										祭神——藤原鎌足

和歌山													
1	官幣大社	日前神宮	和歌山市秋月	日前神社	紀伊国名草郡		祈年(大社)月次相嘗新嘗	○		○		○	P109
		国懸神宮		国懸神社	紀伊国名草郡		祈年(大社)月次相嘗新嘗	○					
2	官幣大社	竈山神社	和歌山市和田										
3	官幣大社	熊野本宮大社	田辺市本宮町本宮	熊野坐神社	紀伊国牟婁郡	従二位	祈年(大社)	○					P259
4	官幣大社	熊野速玉大社	新宮市新宮	熊野早玉神社	紀伊国牟婁郡	正二位	祈年(大社)						
5	官幣大社	丹生都比賣神社	伊都郡かつらぎ町大字上天野	丹生都比女神社	紀伊国伊都郡	従四位上勲八等	祈年(大社)月次新嘗	○				○	＊18
6	官幣中社	伊太祁曽神社	和歌山市伊太祈曽	伊太祁曽神社	紀伊国名草郡	従四位上勲八等	祈年(大社)月次相嘗新嘗	○				○	＊19
7	官幣中社	熊野那智大社	東牟婁郡那智勝浦町大字那智山	熊野牟須美神	紀伊国								P259

＊1　建部大社……鎮座地は近江国府の近隣にあり、九世紀中頃から朝廷との関わりが密接になった。一宮であることを示す初出史料は『源平盛衰記』。
＊2　梅宮大社……橘諸兄を祖とする橘氏の氏神。平安初期・仁明天皇の母系氏神であったことから公祭・梅宮祭が行われ、二十二社にも列した。
＊3　貴船神社……平安京の北の山中にある祈雨の神。大和丹生川上社とともに平安時代より朝廷の奉幣の対象となり、十六社に組み込まれた。
＊4　大原野神社……大和春日社と同じく、藤原氏の氏神を祀る。文徳天皇の時代から公祭がはじまる。九世紀には十六社に列していた。

＊5　出雲大神宮……出雲神社は丹波国での神階最高位。『吾妻鏡』は同社への武士の妨害を禁ずる源頼朝の動きを伝えている。
＊6　籠神社……『延喜式』神名帳では山陰道唯一の官幣社。平安中期の古系図によれば海部氏により祀られていた。
＊7　枚岡神社……藤原氏の祖神・天児屋命と比売神を祀る。大和春日社第三殿・第四殿の祭神と同じ。貞観七年（八六五）に公祭に預かった。
＊8　大鳥神社……和泉国唯一の名神大社。『大鳥神社流記帳』が現存し、平安時代中期の神社の状況が推測できる。
＊9　廣田神社……天照大神の荒魂を祀る。神功皇后征西の帰途に神託により祀られたとされる。中世には神祇伯を代々務めた王氏（のちの白川伯家）が領していた。
＊10　伊弉諾神宮……記紀には伊弉諾尊が淡路国に「幽宮」を作り移ったとされる。貞観元年（八五九）には他とは別に一品の位階を奉られる。皇統につながる神であることを意識されたものと見られる。
＊11　長田神社……創建は、事代主神の神託により、神功皇后が長田国に祀ったことによるとされる。平安時代中期には摂津国の一部の大社と同様の神階昇叙を重ねたが、その中で唯一大神宝に預かった。
＊12　出石神社……『日本書紀』によれば垂仁天皇の時代、天日槍命が将来した神物を但馬国に納めたとされる。大同元年（八〇六）には一三戸の封戸があった。
＊13　伊和神社……『播磨国風土記』は国内各地の伊和大神の伝承を数多く伝える。六国史による神階は播磨国内で最も高い。
＊14　大和神社……殿内での神威をおそれた崇神天皇により、神社が創建されたことが記紀に記載。『延喜式』神名帳によれば淡路にも祀られている。
＊15　廣瀬神社……大和盆地の河川が集まる場所に鎮座。同社で行われる防水害のための大忌祭は天武天皇の時代以来の律令祭祀。
＊16　龍田大社……生駒山地と金剛山地の間、大和盆地の風の通り道に位置する。律令祭祀・風神祭は大忌祭と同日に行われる。
＊17　丹生川上神社……神託により山中に鎮座する。祈雨の神として奈良時代以来朝廷の奉幣を受ける。山城国貴船社と対になる形で十六社に列した。
＊18　丹生都比賣神社……高野山近くの盆地に鎮座。空海の高野山開山を助けた神として真言僧から崇められた。鎌倉後期には一宮とされている。
＊19　伊太祁曽神社……大宝二年（七〇二）に大屋都比売・都麻都比売両社と分遷されたものとされる。当社を一宮とする文書には久安四年（一一四八）の年号が残る。

中国・四国地方

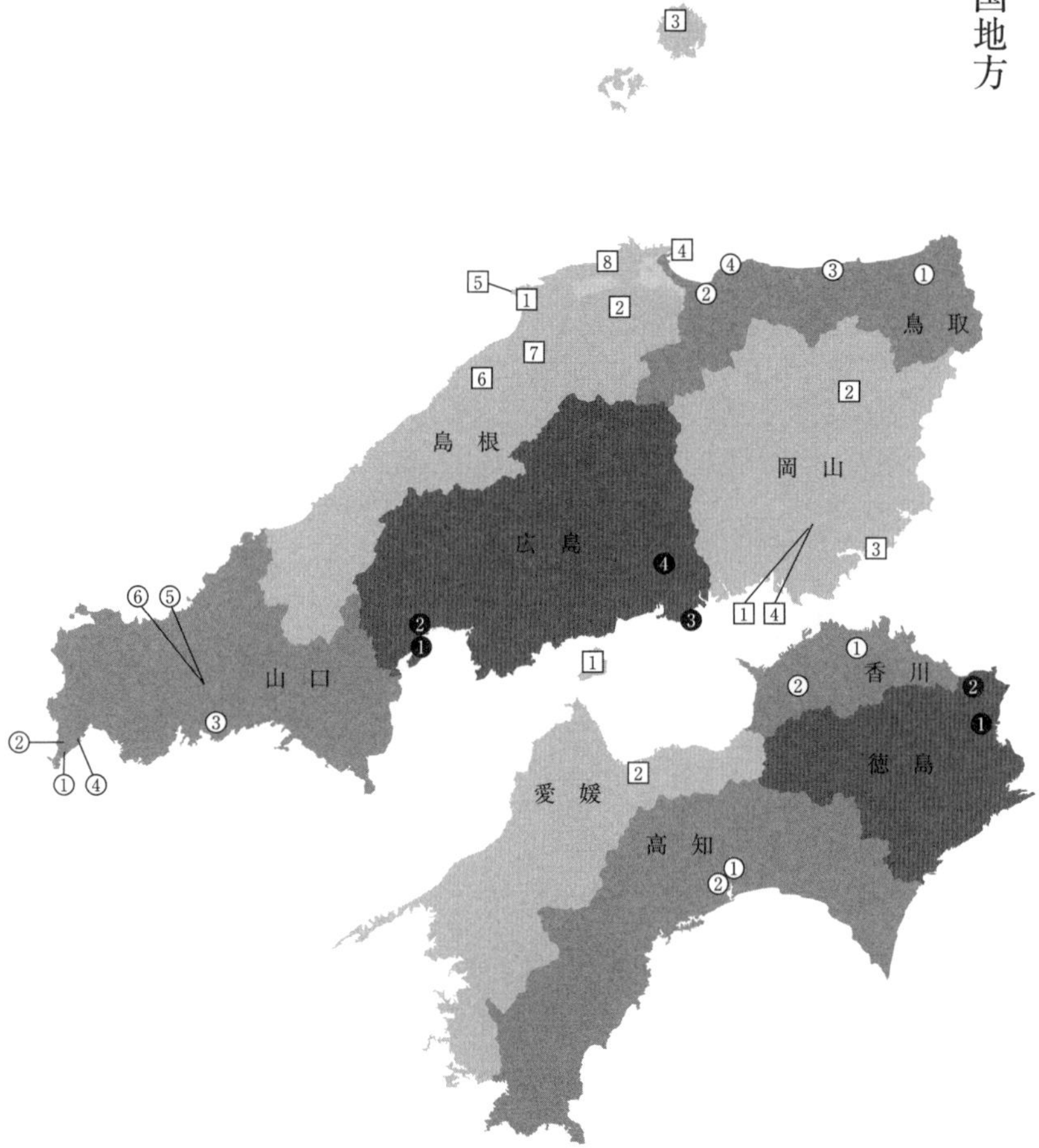

府都県道		近代社格	現代社名・鎮座地		古代社名・鎮座国郡		神階勲位・	律令祭祀	名神	公祭・臨時祭	大神宝奉献社	二十二社	一宮	参照・備考
鳥取	①	国幣中社	宇倍神社	鳥取市国府町宮ノ下	宇倍神社	因幡国法美郡	正三位	祈年(大社)	○				○	＊1
	②	国幣小社	大神山神社	米子市尾高	大神山神社	伯耆国会見郡	正五位上	祈年(小社)						
	③		倭文神社	東伯郡湯梨浜町大字宮内	倭文神社	伯耆国河村郡	従五位上	祈年(小社)					○	＊2
	④	別格官幣社	名和神社	西伯郡大山町名和										祭神—名和長年
島根	1	官幣大社	出雲大社	出雲市大社町杵築東	杵築大社	出雲国出雲郡	正二位勲八等	祈年(大社)	○		○		○	P101
	2	国幣大社	熊野大社	松江市八雲町熊野	熊野坐神社	出雲国意宇郡	正二位勲七等	祈年(大社)	○		○			
	3	国幣中社	水若酢神社	隠岐郡隠岐の島町郡	水若酢命神社	隠岐国穏地郡		祈年(大社)	○				○	＊3
	4		美保神社	松江市美保関町美保関	美保神社	出雲国島根郡		祈年(小社)						
	5	国幣小社	日御碕神社	出雲市大社町日御碕	御碕神社	出雲国出雲郡		祈年(小社)						
	6		物部神社	大田市川合町川合	物部神社	石見国安濃郡	従四位下	祈年(小社)					○	＊4
	7		須佐神社	出雲市佐田町須佐	須佐神社	出雲国飯石郡		祈年(小社)						
	8		佐太神社	松江市鹿島町佐陀宮内	佐陁神社	出雲国秋鹿郡	従四位下	祈年(小社)						

岡山	1	官幣中社	吉備津神社	岡山市北区吉備津	吉備津彦神社	備中国賀夜郡	二品	祈年（大社）	○		○		○	P199
	2	国幣中社	中山神社	津山市一宮	中山神社	美作国苫東郡	正三位	祈年（大社）	○		○		○	＊5
	3		安仁神社	岡山市東区西大寺一宮	安仁神社	備前国邑久郡		祈年（大社）	○					
	4	国幣小社	吉備津彦神社	岡山市北区一宮									○	＊6
広島	❶	官幣中社	嚴島神社	廿日市市宮島町	伊都伎島神社	安芸国佐伯郡	従四位上	祈年（大社）	○		○		○	P253
	❷	国幣中社	速谷神社	廿日市市上平良字堂垣内	速谷神社	安芸国佐伯郡	従四位上	祈年（大社）月次新嘗	○					
	❸	国幣小社	沼名前神社	福山市鞆町後地	沼名前神社	備後国沼隈郡		祈年（小社）						
	❹		吉備津神社	福山市新市町大字宮内字上市									○	＊7
山口	①	官幣大社	赤間神宮	下関市阿弥陀寺町										
	②	官幣中社	住吉神社	下関市一の宮住吉	住吉坐荒御魂神社三座	長門国豊浦郡	正四位下	祈年（大社）	○				○	＊8
	③	国幣中社	玉祖神社	防府市大字大崎	玉祖神社二座	周防国佐波郡	従三位	祈年（小社）					○	＊9
	④	国幣小社	忌宮神社	下関市長府宮の内町	忌宮神社	長門国豊浦郡	従五位上	祈年（小社）						

高知	②	別格官幣社	山内神社	高知市鷹匠町										祭神——山内豊信
高知	①	国幣中社	土佐神社	高知市一宮しなね	都佐坐神社	土佐国土佐郡	従五位上	祈年(大社)					○	*12
愛媛	2	国幣中社	伊曽乃神社	西条市中野甲	伊曽乃神社	伊予国新居郡	従三位	祈年(大社)	○					
愛媛	1	国幣大社	大山祇神社	今治市大三島町宮浦	大山積神社	伊予国越智郡	正二位	祈年(大社)	○		○		○	P203
香川	②	国幣中社	金刀比羅宮	仲多度郡琴平町	雲気神社	讃岐国多度郡	従五位下	祈年(小社)						P285
香川	①	国幣中社	田村神社	高松市一宮町	田村神社	讃岐国香川郡	正四位上	祈年(大社)	○				○	*11
徳島	❷	国幣中社	大麻比古神社	鳴門市大麻町板東字広塚	大麻比古神社	阿波国板野郡	従四位上	祈年(大社)	○				○	*10
徳島	❶	国幣中社	忌部神社	徳島市二軒屋町	忌部神社	阿波国麻殖郡	従四位下	祈年(大社)月次新嘗	○					
山口	⑥	別格官幣社	野田神社	山口市天花										祭神——毛利敬親
山口	⑤	別格官幣社	豊栄神社	山口市天花										祭神——毛利元就

＊1　宇倍神社……因幡国府の防火に霊験を示したことから嘉祥元年（八四七）に官社に列した。院政期には、国司が国内神社を巡拝する際の最初の神社となっていた（『時範記』）。

＊2　倭文神社……境内出土の康和五年（一一〇三）の経筒に刻まれた「一宮」の文言は、時期の確かな史料としては最も古いもの。鎌倉期の所領配分を示した図として知られる『東郷荘絵図』にも記載。

＊3　水若酢神社……官社に列したのは平安中期・承和九年（八四二）のこと。隠岐島後の名神大社二社の内の一社。

＊4　物部神社……九世紀後半から石見国内最高の神階を奉られていた。『大日本国一宮記』で一宮とされる。

＊5　中山神社……九世紀後期・貞観年間に官社に列し、神階昇叙を重ねる。後白河院撰の『梁塵秘抄』に「いくさかみ（軍神）」として名を残す。

＊6　吉備津彦神社……備中吉備津神社と同じ吉備の中山に鎮座。寛仁元年（一〇一七）には備前吉備津宮の名が史料に見られる。

＊7　吉備津神社……備前・備中・備後はいずれも吉備津彦命の社が一宮。平家一門が所領としていた。『一遍上人絵伝』に境内の様子が描かれている。

＊8　住吉神社……住吉神の神託により荒魂が鎮座した経緯は『日本書紀』に明記。平安時代初期において同国に住吉神の封戸は六六戸あった。南北朝時代には大内氏により本殿が再建される。

＊9　玉祖神社……国司が神社造営を行ったことを示す天平九年（七三七）の記録が正倉院に残る。一宮のことは『今昔物語集』にも記載。東大寺大勧進重源による社殿造営のことを記した鎌倉時代の文書も残る。

＊10　大麻比古神社……阿波国式内社四六社の内、名神は当社と忌部神社のみ。平安末期には神祇官に年貢を納める神社であった。『大日本国一宮記』が一宮とする。

＊11　田村神社……讃岐国名神大社三社のうち一社。九世紀後半の三〇年の間に官社となり、神階も国内最高位となる。細川勝元による『讃岐国一宮田村大社壁書』は中世の神社運営を知る好史料。

＊12　土佐神社……土佐国で唯一の式内大社。神刀を天武天皇に進った記事が『日本書紀』にある。『土佐国風土記』逸文（『釈日本紀』所載）によると、大和国の葛城に坐す高鴨神・一言主神を祀るとされる。

九州・沖縄地方

②

⑨⑧③①②
⑦
⑤　①
福　岡
佐　賀
長　崎
①
大　分
⑥
②④
③
③
②
④
①
③
熊　本
③
②
宮　崎
③
鹿児島
③　①
②
②
⑤　①
④　②

沖　縄

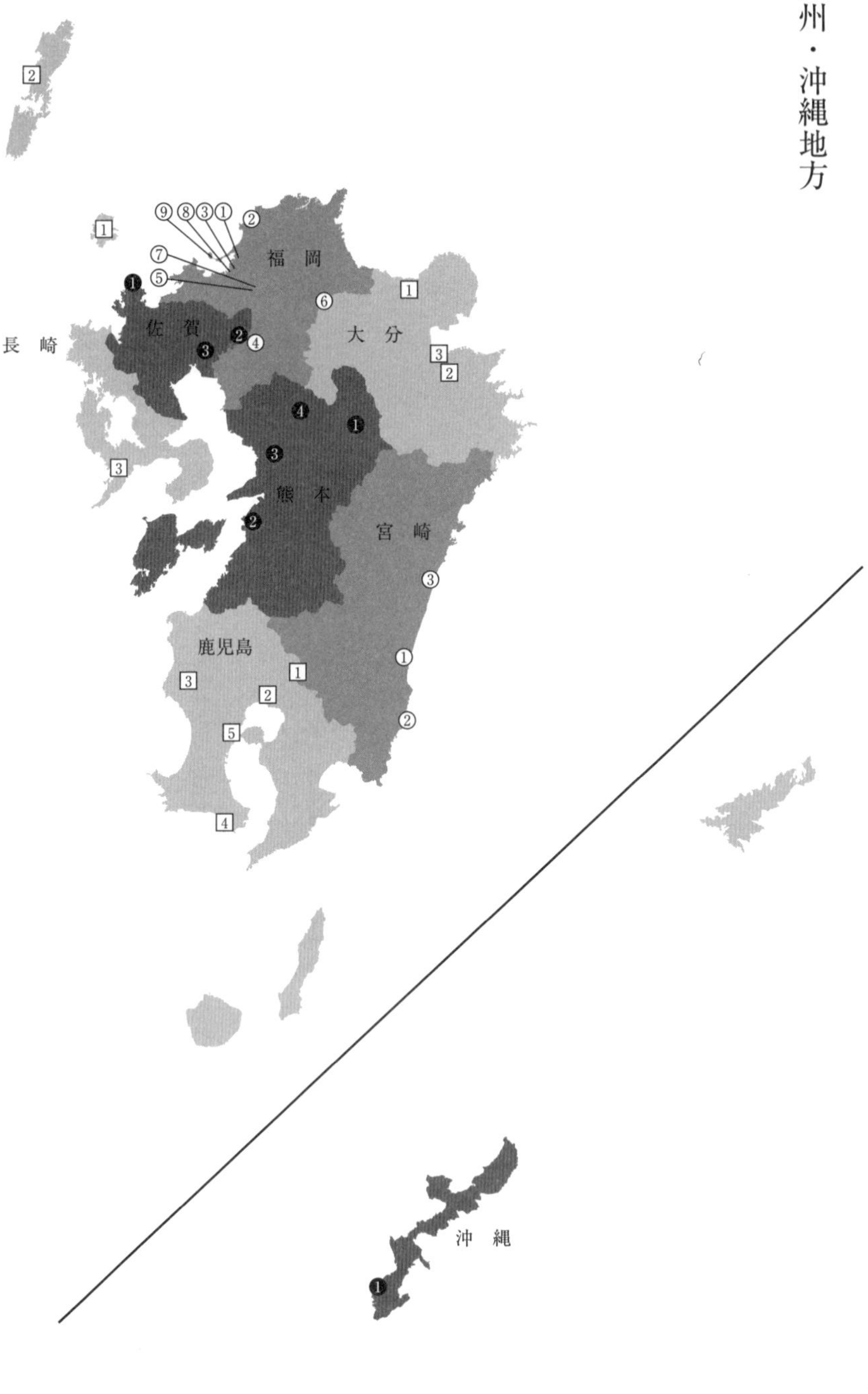

都道府県		近代社格	現代社名	鎮座地	古代社名	鎮座国郡	神階・神勲位	律令祭祀	神名	公祭・臨時祭	大神宝奉献社	二十二社	一宮	参照・備考
福岡	①	官幣大社	香椎宮	福岡市東区香椎		筑前国					○			P207
福岡	②	官幣大社	宗像大社	宗像市田島	宗像神社三座	筑前国宗像郡	正二位 勲八等	祈年(大社)	○		○			P113
福岡	③	官幣大社	筥崎宮	福岡市東区箱崎	八幡大菩薩筥埼宮	筑前国那珂郡		祈年(大社)	○				○	P267
福岡	④	国幣大社	高良大社	久留米市御井町	高良玉垂命神社	筑後国三井郡	従一位	祈年(大社)	○		○		○	＊1
					豊比咩神社	筑後国三井郡	正四位下	祈年(大社)	○					
福岡	⑤	官幣中社	太宰府天満宮	太宰府市宰府										P271
福岡	⑥	官幣中社	英彦山神宮	田川郡添田町大字英彦山										
福岡	⑦	官幣小社	竈門神社	太宰府市大字内山字御供屋谷	竈門神社	筑前国御笠郡	従四位上	祈年(大社)	○					
福岡	⑧	官幣小社	住吉神社	福岡市博多区住吉	住吉神社三座	筑前国那珂郡	従五位下	祈年(大社)	○		○		○	＊2
福岡	⑨	官幣小社	志賀海神社	福岡市東区大字志賀島字勝山	志加海神社三座	筑前国糟屋郡	従五位上	祈年(大社)	○					
佐賀	❶	国幣中社	田島神社	唐津市呼子町加部島	田島坐神社	肥前国松浦郡	正四位上	祈年(大社)	○					

佐賀	❷	国幣小社	千栗八幡宮	三養基郡みやき町大字白壁									○	＊3
佐賀	❸	別格官幣社	佐嘉神社	佐賀市松原										祭神―鍋島直正
長崎	1	国幣中社	住吉神社	壱岐市芦辺町住吉東触	住吉神社	壱岐島壱岐郡	従五位上	祈年(大社)	○					
長崎	2	国幣中社	海神神社	対馬市峰町木坂	和多都美神社	対馬島上県郡	正五位下	祈年(大社)	○				○	＊4
長崎	3	国幣中社	諏訪神社	長崎市上西山町										
熊本	❶	官幣大社	阿蘇神社	阿蘇市一の宮町宮地	健磐龍命神社	肥後国阿蘇郡	正二位勲五等	祈年(大社)	○		○		○	P219
					阿蘇比咩神社	肥後国阿蘇郡	従三位	祈年(小社)						
熊本	❷	官幣中社	八代宮	八代市松江城町										
熊本	❸	国幣小社	藤崎八旛宮	熊本市中央区井川淵町										
熊本	❹	別格官幣社	菊池神社	菊池市隈府										祭神―菊池武時 菊池武重 菊池武光
大分	1	官幣大社	宇佐神宮	宇佐市大字南宇佐	八幡大菩薩宇佐宮	豊前国宇佐郡	一品	祈年(大社)	○		○		○	P213
					比売神社	豊前国宇佐郡	一品	祈年(大社)	○					
					大帯姫廟神社	豊前国宇佐郡		祈年(大社)	○					

大分	2	国幣中社	西寒多神社	大分市大字寒田	西寒多神社	豊後国大分郡	従五位下	祈年（大社）					○	＊5
大分	3	国幣小社	柞原八幡宮	大分市大字八幡									○	＊6
宮崎	①	官幣大社	宮崎神宮	宮崎市神宮										
宮崎	②	官幣大社	鵜戸神宮	日南市大字宮浦										
宮崎	③	国幣小社	都農神社	児湯郡都農町大字川北	都農神社	日向国児湯郡	従四位上	祈年（小社）					○	＊7
鹿児島	1	官幣大社	霧島神宮	霧島市霧島田口	霧島神社	日向国諸県郡	従四位下	祈年（小社）						
鹿児島	2	官幣大社	鹿児島神宮	霧島市隼人町内	鹿児島神社	大隅国桑原郡		祈年（大社）					○	＊8
鹿児島	3	国幣中社	新田神社	薩摩川内市宮内町									○	＊9
鹿児島	4	国幣小社	枚聞神社	指宿市開聞十町	枚聞神社	薩摩国頴娃郡	正四位下	祈年（小社）					○	＊10
鹿児島	5	別格官幣社	照國神社	鹿児島市照国町										祭神――島津斉彬
沖縄	❶	官幣小社	波上宮	那覇市若狭										

＊1　高良大社……高良玉垂命の六国史神階従一位は、西海道では宇佐宮に次ぐ高位。その後間もない寛平九年（八九七）に極位・正一位に昇叙（同社蔵『筑後国神名帳』）。中世においては一国平均役による修造が制度化されていた。

＊2　住吉神社……天平三年（七三一）の年紀のある『住吉大社神代記』に社名が記載。六国史の初出は天平九年（七三七）。筑前国の住吉社封戸も三六戸と比較的多く、同社が九州北部における住吉信仰の一拠点であったものと見られる。

＊3　千栗八幡宮……石清水八幡宮の五所別宮の一社。その造営に当たっては他国にも役が課されていた。

＊4　海神神社……『延喜式』神名帳では対馬島二九社の筆頭に数えられる。中世には八幡宮ともされる。

＊5　西寒多神社……豊後国唯一の大社。貞観十二年（八七〇）に従五位下に昇叙。『大日本国一宮記』が一宮とする。

＊6　柞原八幡宮……平安時代中期より三十三年に一度の式年遷宮があったと伝わる。嘉応三年（一一七一）の文書に同社が一宮とある。

＊7　都農神社……日向国式内社四社のうち一社。九世紀半ばの神階昇叙は、他の式内社より一階高く、高智保神と同じであった。

＊8　鹿児島神宮……全国最南の式内大社。中世には大隅正八幡宮とも呼ばれ、石清水八幡宮の九州における主要拠点である五所別宮に数えられた。

＊9　新田神社……中世には新田宮と称され、国衙が行事に関与した。枚聞神社とともに一宮と称された。

＊10　枚聞神社…開聞岳の神。貞観十六年（八七四）の噴火に当たり、朝廷が封戸を充てている。仁和三年（八八七）までの薩摩国神階最高位で、『延喜式』神名帳、同国二社の内の一社。

（加瀬直弥）

年中行事と祭り一覧表

一　ここに収載した祭礼は、各社の例祭を基本とし、その他については本文中で触れたものを優先的に取り上げた。
二　項目は、①祭礼の日時、②神社名、③神事・祭礼名、④神事・祭礼の概要とした。
三　下段の頁は、本書におけるその祭礼の関連ページを示す。
四　ゴチックは、近代の神社とその祭礼を示す。

正　月

三日	筥崎宮	玉取祭	氏子たちが陸組と浜組に分かれて玉(木製の宝球)を競い取り吉凶を占う行事。陸組が玉を取れば豊作、浜組が取れば豊漁とされる。	P 269
七日	住吉大社	白馬《あおうま》神事	正月七日に青馬を見ると邪気が防げるという古代中国の風習が伝来したもの。日本では白馬が神聖視されたため白馬が使われた。宮中では奈良時代から行われ、神社の行事にも組み込まれた。	P 59
	鹿島神宮	(白馬祭・白馬奏		P 83
	賀茂別雷神社	覧神事)		P 119
十五日	二荒山神社(宇都宮)	春渡祭	下宮の御旅所まで神輿渡御する祭礼。近世期には	P 179

正月初子・午日に行われた。現在は「おたりやさい」と呼ばれる。

十五〜十六日　彌彦神社　粥占炭置神事

粥占で、さまざまな農作物の吉凶を占い、炭置神事では、炭を燃やし、その燃え具合で各月の天候を占う。年頭にあたり神職が厳格に行う神事で、特に農家の篤い信仰がある。　P 197

二　月

二日　彌彦神社　例大祭

二月一日〜四日にかけて行われ、二日の例大祭が最も中心となる神事。二基の神輿を中心に行列をなして神幸が行われる。この神幸で、「大御膳」という特殊神饌が神前に供される。　P 197

二〜四日　吉田神社　節分祭

節分に行われる追儺式。方相氏《ほうそうし》と呼ばれる者が大声を発して鉾で盾を打ち、赤・青・黄の鬼を追い詰め、群臣役が桃弓で葦の矢を射かけて鬼を追い払う。　P 231

十一日　橿原神宮　例　祭

明治二十四年に紀元節の日が例祭日と定められて以降、現在に至るまで当日に行われている。　P 310

十七日　諸　社　祈年祭　豊稔を祈る予祝行事。当日は近代官社制度下における式日で、現在もこの日に行う神社は多いが、個々の事情により別の日に行う神社もある。古代の朝廷においては旧暦二月四日に神祇官で班幣儀式が行われ、全国の式内社二八六一社を対象とした。

三　月

六日　香椎宮　古宮祭　かつては、祭神の仲哀天皇崩御日の旧暦二月六日と、旧暦十一月六日に行われた祭礼で、仲哀天皇が営んだ橿日宮の古宮に神供を献じ、大宰帥が祝詞を奏したとされる。現在は新暦に三月のほか、十二月に行われる。 P 210

十三日　春日大社　春日祭(例祭)　かつては、旧暦二月と十一月の上申日に行われ、平安時代より公祭とされた。現在も宮中から勅使が参向する。勅使が奉幣する神事では、御棚神饌と呼ばれる古式神饌を奉るなどの祭礼が行われる。 P 141

最初の卯日〜　阿蘇神社　田作祭　十三日間行われる農耕祭礼。中世の史料によると、 P 220

次の卯日　旧暦二月に行われていた。一連の農耕神事の中で、亥日には、田作神事として、稲作を再現した田遊びが行われる。

十四・十五日　貫前神社　御戸開祭・例祭　近世期までは旧暦二月初申日～戌日の間行われており、本殿の御戸を開く際、七五膳の特殊な神饌を供していた。現在は三月十四日に御飯・御菓子・醴酒・清酒・斗餅・魚・雉などが供えられる。翌十五日は例祭。御戸開祭は十二月にも行われる。　P 175

十八～二十三日　気多大社　平国祭　本宮の神祭と、羽咋市・七尾市、旧羽咋・鹿島郡内の所々への神幸があり、神職・神人・神子らが供奉する祭り。かつては旧暦二月申日に行われていた。祭神の大己貴尊が国を平定したことから平国祭と呼ばれ、また、能登の神の御出と尊崇されて「おいで祭」とも別名称される。　P 195

四　月

二日　平野神社　平野祭(例祭)　平安時代に公祭とされ、勅使の差遣と皇太子みずからが社頭に参向して祭儀に加わったことを特徴　P 131

とする祭礼で、皇室守護のなかでも、より皇太子守護の性格を持つ。明治七年以降、四月二日に祭日が変更され、現在、例祭として行われる。

三日　真清田神社　桃花祭(例祭)
古くは旧暦三月三日に行われた祭礼で、祭神の鎮座日とされる。神輿が楼門前に神輿渡御し、御供とともに桃枝を奉る。神輿渡御の行列の中に馬の背に御幣や人形を飾った馬の「馬の塔」が古くから有名で、現在でも二〇頭の馬が練り歩く。
P 151

三日　**橿原神宮**　**神武天皇祭**
祭神(神武天皇)崩御日にあたる四月三日に、古代衣装行列など地元の人々が参加して行われる祭礼。
P 310

九日　大神神社　大神祭(例祭)
平安時代には公祭として朝廷より勅使が遣わされた。現在は、本社での例祭の後、若宮の分霊が町を神輿で渡御する若宮神幸祭が行われる。
P 50

十日　平野神社　平野桜祭(桜祭神幸祭)
境内の桜花を愛で、大正十年に始まる。平安時代の花山天皇の時、創祀され、中世後期に途絶えた平野臨時祭を起源とする。平安時代、平野臨時祭は平野祭と同日に行われ、天皇が祭使を遣わして御幣・東遊・走馬を奉った。
P 132

十四日　日吉大社　山王祭(例祭)
かつては、旧暦四月中申日に行われ日吉祭と呼ば
P 170

れ、平安時代より公祭として行われた祭礼。現在、三月初旬より山王祭に関連する祭礼が行われ、最も中心となる四月十四日は、七基の神輿を船にうつし、唐崎沖へ船渡御して粟津の御供を供える神事などが行われる。

十四・十五日　香取神宮　例祭・神幸祭　現在、十四日に例祭を行い、翌日に二〇〇名の行列を整えて参道入り口まで御輿が神幸し御駐輦祭を行い還幸する。かつては旧暦三月初巳午日に行われ、当社から津宮まで、三槽の御船木を担ぐ行列を先頭に、神馬・検非違使・神職などとともに神輿が神幸する様子などが史料からみられる。　P78

十五日　諏訪大社（上社）　例祭・御頭祭　かつては、旧暦三月酉日に神前に七五もの鹿頭が献じられた。鹿肉をはじめ、饗膳と酒が用意され、神人同座で会食する。　P96

十五日　熊野本宮大社　例祭（御田植神事）　近世期の史料によると、神輿渡御があり、早乙女の御田植や獅子や猿楽が行われている様子がみえる。現在、四月十三日に稚児や神職たちが、近くの湯峰温泉につかって沐浴潔斎をする湯登神事を行い、四月十五日に本殿での祭礼ののち、明治期　P266

			に洪水で流出した前の旧社地に神輿御渡をして御田植神事を行う。	
十五日	生田神社	生田祭（例祭）	古くは八月二十日に行われる祭礼で、新羅を征伐した神功皇后が帰途上陸したと伝わる兵庫和田岬に神輿を渡御していた。現在は、四月十五日に例祭を行い、祭日に近い吉日に神幸祭が行われる。	P 149
十七日	二荒山神社（日光）	弥生祭（例祭）	かつては旧暦三月に行われる祭礼であったため、弥生祭・三月会と呼ばれる。三基の神輿が渡御する例祭。また、各町内から出された花屋台が神社に練り込み奉納される。	P 178
十八日	吉田神社	吉田祭（例祭）	平安時代より四月・十一月の吉田祭が公祭となり、勅使が遣わされ、また藤原氏長者から神馬が奉納された。現在、例祭として行われる。	P 231
二十日に近い日曜日	伏見稲荷大社	稲荷祭（神幸）	平安時代に公祭とされ、京中庶民の祭りでもあった。当時、風流傘や獅子の群とともに神輿は、八条坊門猪熊と七条油小路の御旅所へ神幸し、祭祀が行われた。室町時代には山・鉾なども登場していた。古くは旧暦三月中午日に御輿迎の儀を四月上卯日に還幸していた。現在は九条御旅所へ神幸	P 137

二十日前後の日曜日～三週間後の日曜日　松尾大社　松尾祭（神幸）　がある。現在、本社と摂末社の神輿が桂川を渡る船渡御があり、河原の斎場で団子神饌を供す神事の後、御旅所まで神幸する。三週間後の日曜日に還幸祭が行われる日まで神輿は御旅所に駐輿する。古くは国家の公祭とされ、旧暦三月中卯日に神幸し、四月上酉日の還幸まで神輿は御旅所にとどまっていた。　P129

二十日　近江神宮　例　祭　祭神（天智天皇）が、天皇即位前の四月二十日に大津宮に都を遷都したした日に因む。　P316

（旧暦）二十二日　大山祇神社　例大祭　古くから旧暦四月二十二日に行われてきた本殿の御戸開と御供をする祭礼。一宮であったため、国衙が大祝（当時の神職）とともに神事を行う重要な祭礼として行われてきた。現在の例祭も当時の祭礼の日程を受け継いでいる。　P205

五　月

三日　伏見稲荷大社　稲荷祭（還幸）　八条坊門猪熊と七条油小路の御旅所へ神幸した神　P138

			輿が本社へ還幸する。現在は九条御旅所を出発、還幸の途中に東寺に立ち寄り、寺から御供が奉られる。古くは旧暦四月上卯日に行われた。	
三・五日	鳥海山大物忌神社	例　祭	五月三日は蕨岡口の宮の例祭で、児舞が舞われる蕨岡延年が行われる。五月五日は吹浦口の宮の例祭で、花笠舞などが演じられる吹浦田楽(延年)が行われる。	P 190
四日	熱田神宮	酔笑人《えようど》神事	夜、境内の清雪門などで、神職たちが面を袖に隠し持ち、歓喜の声を上げて笑う祭礼。盗まれた神宝の剣が熱田神宮へ還座した時、熱田神宮の社人が歓喜笑楽した故事に由来する神事。	P 70
五日	熱田神宮	神輿渡御神事	神輿が境内の西門(鎮皇門跡)まで渡御し、そこから皇居に向かい神事が行われる。神剣が還座した際、熱田の地において、熱田神が王城を守護することを約束した故事に基づく祭礼。	P 70
五日	寒川神社	国　府　祭	相模国一宮である寒川神社の他、二宮の川勾神社・三宮の比々多神社・四宮の前鳥神社・五宮の平塚八幡神社・六所神社の合祭。相模国総社の創建に伴う神事を再現するものとされる。古くは、天下	P 162

祭や端午祭とも称された。

六日　白山比咩神社　例大祭
かつては旧暦四月と十月の上午日に行われた祭礼で、加賀国の一宮であるため国司が参列する祭礼であった。
P194

十二日　賀茂御祖神社　御蔭祭
賀茂別雷神社　御阿礼神事
神霊を社殿に迎える神事。賀茂別雷神社は御阿礼神事と称し、深夜に御生所に神を降臨させ本殿へ神霊を迎える。賀茂御祖神社は、御蔭山の御蔭神社から祭神の荒御魂を鞍を神座として、神馬に乗せ鞍を錦蓋で覆い神幸し、本社へ渡御する。かつて両社とも旧暦四月中午日に行われ、賀茂祭の前儀とされる。
P120

十四〜十六日　出雲大社　大祭礼(例祭)
古くは三月会と称し、旧暦三月一〜三日まで行われた。現在は、例祭として五月十四日に古来から伝わる的射祭が先立って行われ、また、本殿で神事が行われ、その後、流鏑馬神事が行われる。十五日は二の祭、十六日は三の祭が行われる。
P101

第二日曜日　吉備津神社　七十五膳据神事(例祭・春季大祭)
かつては旧暦九月中申日に行われ、大饗会と呼ばれていた。新穀献納をして五穀豊穣を感謝する祭礼。神前に七十五膳の神膳を供える。現在、十月
P200

十五日　賀茂御祖神社　賀茂別雷神社　賀茂祭(例祭)　の秋季大祭においても同様の神事が行われる。かつては旧暦四月中酉日に行われ、平安時代より天皇直轄の国家的祭祀となる。現在は、毎年京都市内から選ばれた斎王代などを中心に、数百名の行列が組まれ両社へ参向する。下社・上社それぞれにおいては、皇室から遣わされた勅使の奉幣・御祭文奏上がなされる。その後牽馬・東遊・走馬などの神事が行われる。　P121

十五日　嚴島神社　御島巡式神事　島が祭神を鎮座地に案内したという故事に因む神事。島北端の杉之浦神社から船で巡り、海上で烏に団子を供え御烏喰式を行う。　P258

十五日に近い週末　神田神社　神田祭(例祭)　江戸時代、神輿渡御とともに山車や造り物が多く登場した。当時は、神輿・山車が江戸城内に入り、徳川将軍の上覧を得た祭りで、天下祭と呼ばれた。明治時代、電線敷設などの近代化により、山車は一端姿を消して、神輿中心の祭礼となったが、平成になり、造り物が再興され祭りが行われる。　P282

十七・十八日　東照宮　春季例祭　十七日には、本殿の将軍着座の間に徳川宗家が座り神事が行われる。十八日には三基の神輿を中心　P279

にして多くの行列をなして御旅所まで神輿渡御がなされ、千人武者行列がお供として列を整える。御旅所において豪華な御膳に山海の珍味を盛つけた数々の神饌「三品立七十五膳」を供える。古くは祭日が祭神、徳川家康の命日である、旧暦四月十六・十七日であった。

二十八日　東郷神社　例　祭

明治三十八年、日露戦争の日本海海戦においてバルチック艦隊を撃滅した連合艦隊司令長官の東郷平八郎は、死後、祭神として東郷神社に祀られた。日本海海戦に勝利した日で、神社の鎮座祭が行われた五月二十八日を例祭日として、神事が行われる。

P315

六　月

五日　熱田神宮　熱田祭(例祭)

古くは旧暦六月二十一日に行われた。勅使が参向する祭礼。近世期の史料によると、摂社の南新宮(天王社)を包括する祭礼であり、近隣の村から大山・車楽の山車が出される。現在、夕刻より提燈

P71

			をつけた「献燈まきわら」が各門に奉飾点燈する。	
十五〜十七日	伊勢神宮	月次祭	古代より六月と十二月に行われてきた祭。神嘗祭とともに神宮の三節祭と呼ばれ、皇室より幣帛が奉られる。現在、宵と暁の二度、由貴大御饌を供進し、奉幣の儀が行われる。内宮は十六・十七日に、外宮は十五・十六日に行われる。十二月にも同様の祭儀がなされる。	P 3
十五日	北海道神宮	札幌まつり（例祭）	明治十一年に御輿渡御が始められ、札幌市民を中心とする崇敬講社や敬崇講などの奉仕により行われる。	P 307
十六日	気比神宮	午《ご》腸《ちょう》祭	九月に行われる例祭を中心とした一連の祭礼のはじまりとされ、この日、神前に神饌を奉る。また、九月の祭礼で曳かれる山車の行列順番をくじで決めて山車行列次第を定める。かつては旧暦は五月十六日に行われた。	P 100
十七日	大神神社 摂社率川神社	三枝祭	古代には疫病除けの国家公的な祭りとして行われた。大神神社の摂社率川神社で行われ、現在では、神前に三枝の花(笹ユリ)で飾られた酒樽を供える。	P 50
三十日	石上神宮	神剣渡御祭	末社の神田神社まで邪気を祓いながら神剣(七支刀)	P 55

（旧暦）十七日　嚴島神社　管弦祭　が渡御する祭礼。神田神社では御田植祭が行われる。満潮時の深夜、祭神を御座船にうつし、管弦を奏しながら対岸の地御前神社に遷幸する。　P44

七月

一日　建勲神社　例　祭　祭日は、祭神（織田信長）が本能寺の変に遭った六月二日を、太陽暦に換算した日である。　P308

十日　志波彦神社　鹽竈神社　鹽竈神社例祭　藻塩焼神事　七月六日に摂社の御釜神社で行われる藻塩焼神事は、海上で海藻を刈り取り、海水を汲み釜で古代の方法によって塩を作る神事。七月十日の例祭でこの塩を神前に供える。　P183

十二日　湊川神社　例　祭　当社の祭神（楠木正成）は、鎌倉幕府滅亡と建武新政の樹立に貢献した人物で、足利尊氏との合戦で延元元年（一三三六）五月二十五日に敗死した。現在の例祭は、この日にちなみ、太陽暦に換算した七月十二日に神事が行われる。　P309

七月十三日〜　靖国神社　みたままつり　昭和二十一年以降、英霊を慰めるため、日本古来　P306

十六日

の盆行事にちなんで行われるようになった祭。大小三万を超える献燈が掲げられ、盆踊りやみこし振りなどの奉納行事が行われる。

十四日　熊野那智大社　扇会式(例祭)

以前は旧暦六月十四日に行われており、近世史料によると、扇会式を行い、その後、田楽や御田植式が行われる様子がみえる。現在は七月十四日に行われ、神霊の宿った扇を、飛瀧神社まで、大松明を担いだ白装束の男たちに先導され神幸する様子は有名な一場面である。那智の火祭とも呼ばれる。

P 266

十五日　出羽三山神社　花　祭

湯殿山神社、月山神社、羽黒山神社の各神輿の渡御が行われる。稲の花をかたどった献燈も神輿に巡行し、参拝者は、この献燈の花を持ち帰り、五穀豊穣を祈る。以前は旧暦の六月十五日に祭礼が行われた。

P 187

十七～二十四日　八坂神社　祇園祭

かつては旧暦六月七日に御旅所まで神輿渡御をし、十四日に本社へ還幸する日程で行われた。中世には、山鉾が数多く登場する町衆の盛大な祭礼となった。現在は七月十七日に御旅所へ神幸し、二十

P 233

第三日曜日　松尾大社　御田祭

四日に還幸の祭礼が行われる。よく知られる山鉾巡行は、神幸前の神迎え行事として氏子が行う。

かつては旧暦六月二十三日に行われた農耕祭礼。中世では、植女による田植えが行われ、その際、猿楽・田楽・笛・鼓が行われた。現在、植女として選ばれた童女三人が、宮司から授けられた早苗を持ち、壮夫の肩に担がれ、神職らの先駆のもと拝殿を三周する。

P 130

海の日　寒川神社　浜降祭

寒川神社をはじめ寒川町や茅ヶ崎市から三十数基の神輿が茅ヶ崎海岸の浜に降りて、海水に入り、禊する神事。多くの近隣神社が参加して浜降祭を行う。近世期の史料には、浜でお供物や御神酒を奉っていたことがみえる。

P 162

二十八日　阿蘇神社　御田植祭礼（例祭）

四基の神輿に祭神が遷り、各御仮屋(御旅所)を神幸する農耕祭礼。神輿渡御の行列には、獅子や早乙女、田楽のほか、唐櫃を乗せたウナリという女性がともに参列する。御仮屋において御田歌を歌い、神輿に向かい苗を投げる御田植式を行う。明治初年頃まで旧暦六月二十六日に行われていた。

P 220

三十一～八月一日　住吉大社　住吉祭(例祭)

社殿においてお祓い神事を行い、当地の人々に「おはらい祭」として親しまれている。翌日には、堺にある宿院頓宮への神輿渡御が行われ、祓行事が行われる。かつては、荒和御祓と称し、旧暦六月晦日～七月一日に行われた。　P65

八　月

一日　諏訪大社(下社)　遷座祭(例祭)

かつては旧暦正月一日より六月末日まで、春宮に遷り、七月一日から十二月晦日まで秋宮に遷る半年ごとに御座所を遷座する祭礼。現在は、新暦の二月一日と八月一日に行われる。八月一日は、春宮から秋宮に神霊が遷御する際、遷御の行列の後に翁媼二体の人形を乗せた御舟を氏子によって曳行される。御舟祭とも呼ばれる。　P95

一・二日　氷川神社　例大祭・神幸祭

明治維新以降、勅使が参向して神事を行い、東遊が宮中楽師らによって奉奏される。翌二日は神幸祭が行われる。かつては、旧暦六月十五日に行う祭礼であった。　P166

四日　北野天満宮　北野祭(例祭)

平安時代に公祭となった祭礼。平安時代後期からは、旧暦八月一日の神輿神幸、四日に還幸という御旅所祭祀が行われていた。現在の北野祭は、氏子の西ノ京の農家が作った野菜を奉納し、かつて行われた神輿渡御は十月のずいき祭の際に執り行われるようになる。

P242

十六日　三嶋大社　例　祭

十六日は、例祭や源頼朝旗挙出陣奉告祭などが行われ、前日には宵宮祭、翌日には、流鏑馬神事・後鎮祭が行われる。

P160

九　月

一・二日　鹿島神宮　例　祭

一日の例祭の後、神輿が町内を行宮まで神幸し、翌日還幸する祭礼。かつては、旧暦七月十一日を中心として行われ、神功皇后西征の戦勝祝賀に起源をもつ。古くは御船祭と称し、船で海上渡御し、香取神宮末社津宮の渚まで遷座していた。このような船渡御の形式の祭礼は、現在は十二年に一度、式年大祭の九月二日に行われる。

P86

二〜十五日	気比神宮	例　祭	二日に宵宮祭、三日に御輿渡御がなされ、四日に例大祭が行われる。三・四日に壮麗な練山が引き出される。十五日の月次祭が行われると、一連の祭礼は終了する。以前は旧暦八月二日〜十五日に祭礼が行われた。	P 100
十三日	乃木神社	例　祭	当社の祭神(乃木希典)は、日露戦争において二百三高地での激戦に勝利し、旅順要塞開城を果たした将軍で、大正元年九月十三日の明治天皇大喪の日に妻とともに殉死した。現在、この殉死した日に例祭として神事が行われる。	P 314
十五日	石清水八幡宮	石清水祭(例祭)	かつては放生会と称し、旧暦八月十五日に行われた。仏教の殺生戒に基づくもので、魚鳥などの生物を山野池水に放って供養する儀式。平安後期より勅使が参向して祭祀が行われた。現在、九月十五日に御鳳輦が本殿から頓宮へと神幸し、そこで勅使による奉幣の儀式などが行われる。その後、放魚・放鳥などの放生の儀式がなされ、本社へ還幸する。	P 228
十五日	筥　崎　宮	放生会大祭(例祭)	かつては旧暦八月十五日に行われた祭り。現在は、	P 269

十五・十六日	鶴岡八幡宮	例祭 神輿渡御 流鏑馬神事	例祭として実りの秋を迎えて海山の幸に感謝し九月十五日を中心に祭礼が行われる。十五日は、本殿で例祭を行い、その後、神輿三基が出御して威儀物、神職・楽人・八乙女などの行列を整えて二の鳥居まで進み、御旅所祭が行われ、還御する。十六日には流鏑馬神事が行われる。かつては旧暦八月十五・十六日に行われた鎌倉幕府将軍主宰の祭礼。	P 247
二十二〜二十五日	太宰府天満宮	神幸式大祭(例祭)	九月二十二日の夜に御輿で、菅原道真が生前住んでいた場所に建つ榎社へ神幸する。翌日、御旅所の浮橋へ巡行し、神事ののち、本殿へ還幸する。二十五日は例大祭が行われ、夜に一〇〇〇本の蠟燭を燈す千燈明がなされる。かつては旧暦八月二十一〜二十三日に行われた祭礼。	P 275
二十六日	日前神宮・国懸神宮	例大祭	かつては臨時御祭と称して旧暦九月二十六日を中心に行われた祭礼で、御供や奉幣・流鏑馬・相撲などが行われていた。現在は当時の祭礼日程を継承している。	P 109
(旧暦)九日	大山祇神社	抜穂祭	初穂を刈り取り神前に献ずる収穫祭。この祭礼に	P 206

合わせて収穫の豊凶を占う一人相撲(角力)が奉納される。現在も近世以前から続く旧暦の日程のまま神事が行われる。

十月

一～三日　宗像大社　秋季大祭
現在、三日間に渡り祭礼が行われる。十月一日に大島港から神湊港まで、数百隻の漁船を従える御座船による海上神幸がなされる。通称「みあれ祭り」と呼ばれる。
P 116

一～四日　北野天満宮　ずいき祭
村上天皇の頃、西ノ京の神人らが大宰府で彫られた木像に収穫物を供えたことに由来する。北野祭の際、西ノ京の人々が野菜など献ずるようになり、これらの野菜類を大型の一基の神輿(ずいき神輿)にまとめた形となった。現在は、十月一日の神幸祭と四日の還幸祭の際、神輿渡御とともにずいき神輿も巡行する。
P 242

九～十一日　金刀比羅宮　例大祭(例祭)
十月十日に例祭としてこの日の夜に神幸が行われ、行列にはお頭人様という男女の幼児が参列する。
P 288

前日には宵宮祭、後日には御旅所での祭礼が行われる。

十五日　石上神宮　ふる祭(例祭)

かつては旧暦九月十五日に行われた祭礼。現在は、田町の御旅所まで神がのる鳳輦が二〇〇名ほどの行列を整えて渡御する。例祭の前日には宵宮祭、翌日には後宴祭を行う。

P56

十五・十六日　熊野速玉大社　御船祭(例祭)

十月十五日は速玉神が阿須賀神社に向かい、翌日は熊野川の川原で神霊が神幸するための船に遷座し、また競争用の早船を伴って遡上する。かつては旧暦九月十五・十六日に行われた。

P266

十五～十七日　伊勢神宮　神嘗祭

全国の神社における新嘗祭に先立つ収穫感謝祭。内宮は十六日から、外宮は十五日から行われ、宵暁二度の由貴大御饌を奉り、その後の日中、皇室から遣わされた勅使による奉幣が行われる。かつては旧暦九月であった。

P3

第二月曜日を含む土～月曜日　宇佐神宮　仲秋祭

明治以前まで放生会とよばれ、旧暦八月十四・十五日に行われた祭礼。現在、神輿が、神宮前を流れる寄藻川の河口近くの和間浜まで巡幸し、浮殿で祓・奉幣を行い、神職が船に乗り蜷貝を海に放

P214

			つ放生の儀式が行われ、その後、神輿が本社へと還御する。	
第二日曜日	吉備津神社	七十五膳据神事（例祭・秋季大祭）	かつては旧暦九月中申日に行われ、大饗会と呼ばれていた。新穀を奉納して五穀豊穣を感謝する祭礼。神前に七五膳の神膳を供える。現在、五月の春季大祭においても同様の神事が行われる。	P 200
十七日	東照宮	秋季祭・渡御祭	東照宮の一基の神輿が新宮へ渡御をする祭礼。渡御の行列に千人武者行列がお供する。御旅所において豪華な御膳に山海の珍味を盛つけた数々の神饌「三品立七十五膳」を供する。かつては旧暦九月に行われていた。	P 279
十九日	建勲神社	船岡祭	祭神（織田信長）が初めて京都に入った十月十九日に行われる祭。桶狭間の合戦の出陣の際に信長が舞ったとされる仕舞「敦盛」・舞楽などが奉納される。	P 308
二十一日	二荒山神社（宇都宮）	秋山祭（例祭）	平将門の討伐祈願の成就に由来する。現在、鳳輦と山車が町内を巡幸する。かつては、旧暦九月に行われ、九月会と呼ばれていた。	P 179
二十二日	平安神宮	時代祭	平安京遷都の日に当たる十月二十二日、明治維新	P 311

から平安時代まで、各時代の風俗・装束を再現した行列が供奉する祭礼。

二十四日　大神神社　大神祭（例祭）　大田田根子に大神神を祀らせたことに由来する祭とし、かつて旧暦の四月と十一月の上卯の日に行われた。平安時代に公祭となる。現在、二十四日に大神祭が行われ、町内氏子が中心となり太鼓台が曳かれる。　P50

（旧暦）十〜十七日　出雲大社　神在祭　古来より、全国の神々が出雲大社に集まり、神々の間で各々の土地にある問題などを、当社の祭神大国主大神のもとで話し合う神議をする神在祭が行われる。十日夜、稲佐の浜で神々を迎える神迎神事を行い、最終日には、各地に神々が還るための神等去出祭が行われる。　P107

十一月

三日　明治神宮　例　祭　祭神（明治天皇）の誕生日に当たる十一月三日に例祭として行われる神事。　P312

三〜五日　富士山本宮浅間大　例祭（大祭礼）　かつては、旧暦十一月の上の末日に、本宮から山　P155

社　宮まで御鉾が神幸し、上申日にはその御鉾を本宮に移し、その内陣に奉っていた。旧暦四月と九月にも同様の祭礼があった。現在は十一月の例祭に受け継がれ、山車や屋台が繰り出される。

二十三日　諸　社　新嘗祭　稲の収穫を寿ぐことを本義とする。宮中においては、天皇みずから神前に新穀を供える祭祀。古代は旧暦十一月の二番目の卯の日に行っていた。近代の官社では十一月二十三日が式日で、現在でも全国各地の神社でこの日に祭儀が行われる。

二十三日　出雲大社　古伝新嘗祭　近代より前は出雲国内の神魂神社（松江市）で行われていた新嘗祭。相嘗の式で奉られる神饌は、燧臼と杵で起こした忌火で調理したもの。その後、国造みずから両手に榊を持ち、百番の舞を奉納する。　P108

三十日　香取神宮　大饗祭　近世期まで、旧暦十月三十日に行われ、さまざまな神饌を神前に奉る饗宴の祭。現在、雌雄一対の鴨をさばき、再び羽を広げて飛び立つ様に飾りつける。「鴨の羽盛」や、「巻行器」と称する菰で組まれた容器に蒸した米を盛り奉る古式の神饌が特色。　P79

十二月

十日　氷川神社　大湯祭　本殿や摂末社の神前に合計一一〇膳もの神饌を供える。これを百味の神饌といい、海山の様々の種類からなる。十二月一日より神職は斎戒沐浴する。 P165

八日　貫前神社　鹿卜神事　鹿骨を焼いて地域の吉凶を占う神事。江戸時代以前は、旧暦二月と十二月に行われる御戸開祭に先立ち行われ、『延喜式』に記載されている上野国の神々を勧請して神酒を供し、村々における吉凶を鹿卜していた。 P175

十四日　石清水八幡宮　御誕辰祭　醍醐天皇によって延喜十四年より始められた、御神楽を奏す夜の神事。かつては旧暦二月上卯日の、祭神が宇佐宮に顕現した日と、旧暦十一月上卯日の祭神の誕生日に行われ、「御神楽」と呼ばれた。 P226

十六日　気多神社　鵜　祭　神前に生きた鵜を放し、放たれた鵜を神職が捕える。この時の鵜の動きによって豊凶が占われる。その後、鵜を近くの海辺で放つ。かつては、旧暦十一月初卯日の丑刻に行われた。 P195

十七日　春日大社　若宮祭(おん祭)　春日大社で行われる若宮社の例祭で、若宮社から P142

神霊を御旅所まで神幸する祭礼。多数の神事芸能が行われることで有名。御旅所祭の前に参勤の人人が「影向の松」の下を通り、御旅所へ向かう「御渡り式」などある。創始の頃は旧暦九月十七日に行われていた。

二十二日　安房神社　神《み》狩《かり》祭《まつり》　下の宮の祭神・天富命が阿波より安房に上陸して開拓を始めたころ、農作物を荒らす獣の害が多かった。そこで、これらの害獣を狩ったことが、この祭の由来とされる。この日から正月四日の有明祭に至るまで、日々の朝と夕に神饌が奉られ、最終日の朝の神饌に獣の舌の形をした「舌餅」が供えられる。 P76

三十一日～元旦　出羽三山神社　松例祭　一〇〇日間の勤行を行った松聖と呼ばれる山伏が、各々修行で得た験の力を競いあう験競べを行う祭り。験競べでは、「烏とび」「兎ぱね」が行われる。また、「位上」と「先途」の二手にわかれた若者たちによって大松明が曳かれ、曳く速さや火の燃え方で、翌年の豊作や大漁を占う。 P187

（鈴木聡子）

あとがき

二十一世紀を迎えた現在、世界各地では、気候温暖化や環境汚染などの環境問題が深刻化する一方で、宗教と関係する紛争が多く発生している。その意味で、現在は、人間と自然環境は如何に関係すべきか、そして、人間にとって宗教とは何かという問いを改めて考えなければならない時代となっている。このような問いに答えようとする場合、自然と深く関係し、寛容を特徴とする神社信仰は、有益な視点を与えてくるはずであり、世界へ発信できる価値を持つと思われる。

神社信仰と、神祭りの場である神社は、四季折々に行われる祭りや神事芸能、鎮守の杜と朱塗りの鳥居など、日本の伝統文化を象徴するイメージとして語られ、最近ではパワースポットブームも手伝って注目を集めている。多くの日本人は、神道や神社に対して、古くから伝わる有り難い存在と感じているだろう。しかし、古代から現代に至る歴史的な経緯、その信仰の本質を広く認識しているとは限らない。

神社信仰が、現代的な課題に貢献し、世界に発信されるためには、その正確な歴史を、多くの人々が知り、価値を認識する必要がある。そのためには、まず、史・資料にもとづいた神道・神社の正確な歴史叙述は必要不可欠である。本書は、この必要性に少しでも応えるべく企画・執筆したものである。神社は、四・五世紀頃、その原形が明らかになった後、長い歴史を経て現在に至っている。本書を通じて、その歴史の流れを知り、各神社に寄せられた信仰の息吹を感じ取っていただけたら幸甚である。

平成二十五年二月

笹生　衛

執筆者紹介

伊東裕介(いとう　ゆうすけ)　1980年生　神社新報社編輯部
担当　北野天満宮／太宰府天満宮

有働智奘(うどう　ちじょう)　1972年生　國學院大學兼任講師，奈良県 薬師寺僧侶
担当　宇佐神宮

老田理恵子(おいた　りえこ)　1973年生　國學院大學大学院博士課程後期在籍
担当　付録 神社用語解説

岡田莊司(おかだ　しょうじ)　別掲
担当　一-2 国家と神社／一-5 人を祀る神社の系譜／一-6 祭りと年中行事／伊勢神宮／出雲大社／寒川神社／大山祇神社／八坂神社／鶴岡八幡宮

落合敦子(おちあい　あつこ)　1965年生　國學院大學大学院博士課程後期在籍
担当　白山比咩神社／気多大社

加瀬直弥(かせ　なおや)　1975年生　國學院大學神道文化学部准教授
担当　一-3 神社景観／一-4 神社信仰の分布と背景／住吉大社／宗像大社／志波彦神社 鹽竈神社／鳥海山大物忌神社／嚴島神社／熊野本宮大社・熊野速玉大社・熊野那智大社／付録 神社用語解説／付録 都道府県別・旧官国幣社一覧表

金原佳子(かねはら　よしこ)　1967年生　愛知県 富部神社宮司
担当　熱田神宮／真清田神社

黒澤　舞(くろさわ　まい)　1974年生　國學院大學大学院博士課程前期修了
担当　平野神社／石清水八幡宮

後藤正明(ごとう　まさあき)　1984年生　國學院大學神道文化学部祭式補助員，愛媛県 高忍日売神社権禰宜
担当　氷川神社／金刀比羅宮

小林宣彦(こばやし　のりひこ)　1974年生　國學院大學兼任講師，栃木県 太平山神社禰宜
担当　諏訪大社／二荒山神社／東照宮

齊藤智朗(さいとう　ともお)　1972年生　國學院大學研究開発推進機構准教授
担当　三-1 近代国家と神社制度／三-2 軍神／三-3 生活のなかの神社／靖国神社／北海道神宮／建勲神社／湊川神社／橿原神宮／平安神宮／明治神宮／乃木神社／東郷神社／近江神宮

嵯峨井　建(さがい　たつる)　1948年生　京都國學院講師，京都府 八幡宮社禰宜

担当　日吉大社

笹生　衛(さそう　まもる)　別掲

担当　一-1　神社の発生／安房神社／香取神宮／鹿島神宮／香椎宮

清水祥彦(しみず　よしひこ)　1960年生　東京都 神田神社権宮司

担当　神田神社

鈴木聡子(すずき　さとこ)　1979年生　國學院大學兼任講師，千葉県 白幡天神社権禰宜

担当　一-6　祭りと年中行事／賀茂御祖神社・賀茂別雷神社／春日大社／付録年中行事と祭り一覧表

永田忠靖(ながた　ただやす)　1979年生　宗教法人みたま教管長

担当　彌彦神社／筥崎宮

西岡和彦(にしおか　かずひこ)　1963年生　國學院大學神道文化学部准教授

担当　生田神社

船井まどか(ふない　まどか)　1972年生　國學院大學大学院博士課程後期修了

担当　松尾大社／伏見稲荷大社

古谷易士(ふるや　やすし)　1975年生　國學院大學大学院博士課程後期在籍

担当　富士山本宮浅間大社／出羽三山神社

松元　毅(まつもと　つよし)　1969年生　鹿児島県 益救神社権禰宜

担当　阿蘇神社／吉田神社

松本昌子(まつもと　まさこ)　1978年生　國學院大學大学院博士課程後期在籍，岐阜県 大津神社権禰宜

担当　気比神宮／吉備津神社

吉永博彰(よしなが　ひろあき)　1982年生　國學院大學研究開発推進機構研究員，群馬県 三嶋神社禰宜

担当　三嶋大社／貫前神社

渡辺瑞穂子(わたなべ　みほこ)　1976年生　國學院大學大学院特別研究員

担当　大神神社／石上神宮／日前神宮・国懸神宮

編者略歴

岡田荘司

一九四八年　神奈川県に生まれる

一九七八年　國學院大學大学院(文学研究科)修士課程修了

現在、同大学神道文化学部教授、博士(歴史学)

〔主要編著書〕

『大嘗の祭り』(学生社、一九九〇年)

『平安時代の国家と祭祀』(続群書類従完成会、一九九四年)

『日本神道史』(編著、吉川弘文館、二〇一〇年)

笹生　衛

一九六一年　千葉県に生まれる

一九八五年　國學院大學大学院(文学研究科)博士課程前期修了

現在、同大学神道文化学部教授、博士(宗教学)

〔主要著書〕

『神仏と村景観の考古学』(弘文堂、二〇〇五年)

『日本古代の祭祀考古学』(吉川弘文館、二〇一二年)

事典　神社の歴史と祭り

二〇一三年(平成二十五)四月十日　第一刷発行

編　者　岡《おか》田《だ》荘《しょう》司《じ》

笹《さ》生《そう》衛《まもる》

発行者　前田求恭

発行所　株式会社　吉川弘文館

郵便番号一一三—〇〇三三

東京都文京区本郷七丁目二番八号

電話〇三—三八一三—九一五一(代)

振替口座〇〇一〇〇—五—二四四番

http://www.yoshikawa-k.co.jp/

印刷＝株式会社 東京印書館

製本＝誠製本株式会社

装幀＝岸　顯樹郎

ISBN978-4-642-08085-9